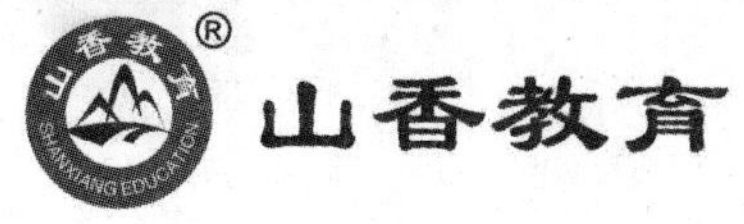


# 教师招聘考试
# 历年真题解析及预测试卷

# 参考答案及解析

## 中学语文

山香教师招聘考试命题研究中心　主编

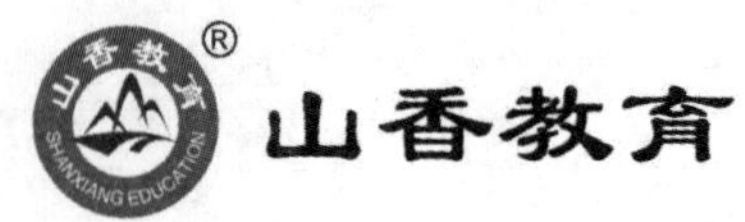


# 教师招聘考试
# 历年真题解析及预测试卷
# 中学语文

山香教师招聘考试命题研究中心　主编

**图书在版编目(CIP)数据**

教师招聘考试历年真题解析及预测试卷. 中学语文 / 山香教师招聘考试命题研究中心主编. -- 北京 : 首都师范大学出版社, 2022.10

ISBN 978-7-5656-7194-4

Ⅰ. ①教… Ⅱ. ①山… Ⅲ. ①中学语文课—教学法—中学教师—聘用—资格考试—习题集 Ⅳ. ①G451.1-44

中国版本图书馆CIP数据核字(2022)第187360号

教师招聘考试历年真题解析及预测试卷
**ZHONGXUE YUWEN**
**中学语文**
山香教师招聘考试命题研究中心　主编

策划编辑　张文强
责任编辑　车　慧　曹亮亮　　　封面设计　山香教育
首都师范大学出版社出版发行
地　　址　北京市海淀区西三环北路105号
邮　　编　100048
咨询电话　010-68418523(总编室)　　010-68982468(发行部)
网　　址　http://cnupn.cnu.edu.cn
印　　刷　河南黎阳印务有限公司
经　　销　全国新华书店
版　　次　2022年10月第1版
印　　次　2023年1月第2次印刷
开　　本　787mm×1092mm　1/16
印　　张　16
字　　数　328千
定　　价　42.00元

# 前　　言

近年来，国家扩大和补充教师队伍的政策力度不断加大，教育部指出："深化教师队伍补充机制改革，确保教师聘用质量。全面推行新任教师公开招聘制度，形成长效机制。"这意味着教师招聘考试各方面将日益规范和深入。对每一位立志成为人民教师的考生来说，这既是新的契机，也将是巨大的挑战。教师招聘考试（教师入编考试，简称招教）是我国公开招聘教师的选拔性考试，其目的是为教育行政部门录用优秀教师提供参考。各地依据考生笔试成绩，结合面试情况，按已确定的招聘计划择优录取。

考生如何在严峻的教师招聘考试中脱颖而出呢？除了要具备扎实的专业知识外，短时间内系统、针对性地复习和训练也是必备的。为了让更多的考生有针对性地备考，使复习有方向、有条理，作为国内研究开发教师招聘考试辅导教材的专业机构，山香教育专门为有志于教育事业、需要通过教师招聘考试实现人生理想的广大考生朋友推出了本套试卷。2022年，我们根据新的招教考试文件和考试精神，结合历年真题，修订了《教师招聘考试历年真题解析及预测试卷. 中学语文》。

本试卷具有以下特点：

第一，真题新。本套试卷历年真题部分精选了全国各地教师招聘考试最具有代表性的真题，知识点涵盖全面且题型丰富多样，透视了课程标准和考试大纲的要点，预示了教师招聘考试的命题趋势。

第二，内容精。预测试卷部分是在充分研究各地考情和历年真题的基础上修订的。它注重对思想和方法的考查，注重对能力的考查，同时兼顾试题的基础性、综合性和现实性，重视试题间的层次性，合理调控综合程度，坚持多角度、多层次的考查，努力实现综合素养的要求。

本套试卷难免存在一些不足之处，衷心希望各位读者朋友批评指正，同时希望这套试卷能为考生顺利通过招教考试提供帮助。

编　者

# 目　录



**注：**标星的试卷涵盖《义务教育语文课程标准》(2022年版)的预测考点。

**参考答案及解析单独成册**

# 2022年江苏省南京市教师招聘考试真题试卷(精编)(一)

## 语　文

(满分100分)

本套试卷共22小题,包括单项选择题(10小题)、文言文阅读题(5小题)、现代文阅读题(3小题)、教学设计题(3小题)、写作题(1小题)。目前已收录21小题。

### 一、单项选择题(本大题共10小题,每小题2分,共20分)

1. 下面语段中加点字字音和空缺处的字形,全部正确的一项是(　　)

真正的知识分子应当能直面现实,针(　　)时弊,而不会在熙熙攘攘的尘世中为名利所挟持,摈弃原则,(　　)灭良心,蜕变成一个精致的利己主义者。

A. 贬　xiá　bǐn　抿　　　B. 砭　xié　bìn　泯

C. 贬　xié　bìn　泯　　　D. 砭　xiá　bǐn　抿

2. 下列语句中加点的成语,使用正确的一项是(　　)(常考)

A. 经过一段时间的认真准备,小赵在模拟考试中不孚众望,再一次取得了骄人的成绩。

B. 尽管生活条件十分艰苦,但小钱却不以为然,天天早出晚归,决心要为祖国做出贡献。

C. 老孙平日里与同事相处融洽,也常热心助人,退休后,来看望他的人不绝如缕。

D. 老李喜欢吹牛,经常胡乱剪辑一些耸人听闻的假新闻视频,发在自媒体上吸引流量。

3. 下列作家、作品和作品人物对应正确的一项是(　　)(易错)

第3题

A. 孔尚任—《桃花扇》—侯方域

B. 肖洛霍夫—《静静的顿河》—聂赫留朵夫

C. 莫言—《许三观卖血记》—大乐、二乐、三乐

D. 莎士比亚—《叶甫盖尼·奥涅金》—奥菲利亚

4. 对下列语文知识的理解,不正确的一项是(　　)(易错)

第4题

A.“成功有三个重要因素:一是天时,二是地利,三是人和。”句中冒号的作用是总领下文。

B.“小学”这个词古今意义相同,都是指6~12岁儿童所经历的学习阶段。

C.“郊原草树正凋零,历历高楼见杳冥。”首联呼应诗题“岁暮登黄鹤楼”,营造出旷远幽寂的氛围。

D.“主人下马客在船,举酒欲饮无管弦”与“谈笑间,樯橹灰飞烟灭”有相同的修辞手法。



5. 下列宣传标语与括号中的校园场景对应不恰当的一项是(　　)

第5题

A. 一年之计在于春,一日之计在于晨。(教室)

B. 谁知盘中餐,粒粒皆辛苦。(食堂)

C. 问渠那得清如许?为有源头活水来。(图书馆)

D. 学而不思则罔,思而不学则殆。(会议室)

6. 下列各句中,没有语病的一项是(　　)

A. 某些品牌经销商为了在“年度单王”评选中获得好名次,不惜通过造“假单”制造销售火爆的假象,这显然违背了活动组织方原来的初衷。

B. 文化古镇不仅是中国的建筑遗产,有些还进入世界文化遗产名录成为全世界人民共同的文化财富。

C. 高三年级管委会自从请张教授做了学习方法和效率的讲座之后,同学们的学习方法得到改善,学习效率大大提高。

D. 河南卫视《舞千年》系列节目反响巨大,中华民族的优秀文化和设计精美的民族舞蹈引发了观众广泛而热烈的讨论和思考。

7. 填入下面文段中的文字,衔接最恰当的一项是(　　)

杨绛先生说,读书是为了遇见更好的自己。书里不光有风花雪月,也有________;有小桥流水,也有________;有轻歌曼舞,也有________;有杨柳依依,也有________;有春风旖旎,也有秋雨缠绵。总之你想要的一切都藏在书中,刻在岁月的眉眼上。有人说,真正的好文字如春风拂面,雨中红莲,也是雪落梅花,暗香盈盈。

①大漠孤烟　②气冲霄汉　③沧海桑田　④去棹归帆

A. ④①②③　　B. ②④①③　　C. ③①②④　　D. ③④②①

8. 下列诗句未使用“托物言志”手法的一项是(　　)(易混)

第8题

A. 落红不是无情物,化作春泥更护花。　　B. 不要人夸好颜色,只留清气满乾坤。

C. 咬定青山不放松,立根原在破岩中。　　D. 桃花潭水深千尺,不及汪伦送我情。

9. 下列诗句没有表达“羁旅漂泊”情思的一项是(　　)

第9题

A. 有约不来过夜半,闲敲棋子落灯花。　　B. 乡书何处达?归雁洛阳边。

C. 姑苏城外寒山寺,夜半钟声到客船。　　D. 鸡声茅店月,人迹板桥霜。

10. 下列对文段内容的解说,不正确的一项是(　　)

大力弘扬创新精神,就要在独创独有上施展作为,在关键核心技术上敢于突破。习近平总书记指出:“自力更生是中华民族自立于世界民族之林的奋斗基点,自主创新是我们攀登世界科技高峰的必由之路。”我国科技整体水平大幅上升,但自主创新能力不强、关键核心技术尚受制于人的局面还没有从根本上改变。从“两弹一星”成功研制,到国产航母跃然于世,无不充分说明,关键核

心技术是要不来、买不来、讨不来的,必须立足自主创新、自立自强。面向世界科技前沿、面向国民经济主战场、面向国家重大战略需求,在解决受制于人的重大瓶颈问题上强化担当作为。正是当代科技工作者的职责使命。

A. 在关键核心技术上进行突破,实现核心技术的独创和独有,是创新精神的具体表现。

B. 习总书记的讲话从民族振兴和国家发展的高度指出了自主创新的重要性和必要性。

C. "两弹一星"和国产航母的成功研制说明我国核心技术受制于人的局面得到了根本改变。

D. 一个国家的创新精神的秉承、实践和弘扬,依赖于科技工作者的职责使命和担当意识。

## 二、文言文阅读题(本大题共5小题,共16分)

阅读下面的文言文,完成11~15题。

阚泽字德润,会稽山阴人也。家世农夫,至泽好学,居贫无资,常为人佣书,以供纸笔,所写既毕,诵读亦遍。追师论讲,究览群籍,兼通历数,由是显名。察孝廉,除钱塘长,迁郴令。

孙权为骠骑将军,辟补西曹掾;及称尊号,以泽为尚书。嘉禾中,为中书令,加侍中。赤乌五年,拜太子太傅,领中书如故。

泽以经传文多,难得尽用,乃斟酌诸家,刊约《礼》文及诸注说以授二宫,为制行出入及见宾仪,又著《乾象历注》以正时日。每朝廷大议,经典所疑,辄咨访之。以儒学勤劳,封都乡侯。性谦恭笃慎,宫府小吏,呼召对问,皆为抗礼。

人有非短,口未尝及,容貌似不足者,然所闻少穷。权尝问:"书传篇赋,何者为美?"泽欲讽喻以明治乱,因对贾谊《过秦论》最善,权览读焉。

初,以吕壹奸罪发闻,有司穷治,奏以大辟,或以为宜加焚裂,用彰元恶。权以访泽,泽曰:"盛明之世,不宜复有此刑。"权从之。又诸官司有所患疾,欲增重科防,以检御臣下,泽每曰"宜依礼、律",其和而有正,皆此类也。

六年冬,卒。权痛惜感悼,食不进者数日。

(有删改)

11. 下列加点字的解释,不正确的一项是( )(2分)

A. 刊约《礼》文及诸注说以授二宫　　刊约:颁布,约定

B. 又著《乾象历注》以正时日　　著:撰写

C. 人有非短,口未尝及　　非短:议论过失或指出短处

D. 权痛惜感悼　　感悼:感伤哀悼

12. 下列对文中加点词语及相关内容的解说,不正确的一项是( )(2分)

A. 历数:古人通过观测天象以推算年时节候的方法,即历法。

B. 孝廉:汉代开始选拔官吏的科目之一,孝为孝悌,廉为清廉。

C. 尊号:古人除了名之外,还有字和号,文中指对别人字号的尊称。

D. 乾象:即天象。古人认为天象的变化与人事的变动有关联。



13. 下列对原文有关内容的概括和分析,不正确的一项是( )(2分)

A. 阚泽年轻时喜欢读书,但没有钱读书,就通过替人家抄书的方式来赚取纸笔的费用。

B. 阚泽一生历官多职,先后任钱塘长、郴县县令、骠骑将军、西曹掾、尚书以及中书令、太子太傅等官职。

C. 阚泽为人谦虚、恭敬、忠厚、谨慎,即使与宫中府中小吏对话,也总是以平等的礼节相待。

D. 阚泽博览群书,学问深厚,朝堂上出现了大的纷争就会咨询他的意见,孙权也常听从他的建议。

14. 把文中画横线的句子翻译成现代汉语。

(1)泽欲讽喻以明治乱,因对贾谊《过秦论》最善,权览读焉。(3分)

(2)有司穷治,奏以大辟,或以为宜加焚裂,用彰元恶。(4分)

15. 文中哪些内容表现了阚泽"和而有正"的特点?请简要概括。(3分)

## 三、现代文阅读题(本大题共3题,共16分)

阅读下面的文章,完成16~18题。

### 鹊　起

津子围

天气好的时候,老庞总是出现在街心公园,坐在斜角那条磨出本色的木椅上。从青草发芽到花瓣缤纷,从树叶遍地到雪地暖阳,时间长了,不仅很多人认识老庞,连梧桐树枝上的喜鹊,见到老庞都不停地欢叫。

椅子另一端坐的是苏颖奶奶,她和老庞谁都不瞅谁,眼睛望着前方,仿佛前方有无尽的景色和岁月。他们眼前是一片老街区,是整个城市最早生长的地方,难得地保留了下来。从空中俯瞰,那里成了四面围着高楼的"天井",老建筑的年龄很大,外墙已经上了"包浆",却有着温暖祥和的气场。

"喂喜鹊了吗?"苏颖奶奶问了一句。

老庞好一会儿才说话:"早晨喝的牛奶有点儿凉,烧心!"

"小不点儿去幼儿园了吗?"

"这个月的退休金昨天到账的!"

两人你一句我一句,前言不搭后语。

"生二女儿时你不在身边……"苏颖奶奶说。

"昨天下雨了吗？前天，前天好不好？"

"我说二女儿，你扯什么雨。"

"你老糊涂了？老二不是儿子嘛！"

"你才老糊涂了呢……那时候你一出海就三四个月……"

"我从没出过海……那是支援三线建设……"

"海上三线？"

"说你糊涂了还不服气，海上哪有三线？是西北，大西北！"

"编，老了老了，怎么还会编了呢？"

"我虽然不算铁骨铮铮，但也是一条硬汉，好几次要见到死神了，咬咬牙，还是回来了。"

"你是条硬汉，家里可苦了我了，一家老小，省吃俭用，那些日子都不知道是怎么挨过来的。"

"你是不容易，付出太多了，你劳苦功高，是这个家的大功臣总行了吧？"

"我可不图你表扬……要说苦累，你也苦累，我记恨你的是，你从不把我放在心上……一两个月也不写个信，好不容易盼到一封信吧，写得跟电报似的，就说生老二的时候吧……"苏颖奶奶开始唠叨了，一旦进入唠叨节奏就不容易停歇，还不免掺杂着抱怨。说到一半儿，一只喜鹊落在苏颖奶奶脚下，她连忙去照顾喜鹊，喜鹊飞走了，苏颖奶奶问："我刚才说到哪儿了？"

老庞瞅了瞅她，沉着脸说："说完了！"

夕阳暖融融地照在"口袋公园"的树上、草坪上，椅子和两位老人留下拉长的影子。苏颖奶奶过来搀扶老庞，她贴着老庞的耳边说："我真是倒了八辈子霉，怎么偏偏嫁了你，受了一辈子罪！"老庞侧过脸偷笑着，如孩子般顽皮地伸了一下舌头。

一连几天，老庞没见到苏颖奶奶，他似乎找不到谁去问问，身边显得空空荡荡。"老东西，跑哪儿去了呢？"

不知什么时候，苏颖出现了，她有些迟疑地走到老庞身边。苏颖问老庞："您是庞大爷吧？"

老庞愣愣地看着苏颖，他一时又记不起自己是谁了。

"我是苏颖，我奶奶让我来找您的。"

"你奶奶？"

苏颖似乎明白了，她蹲在老庞跟前，问："大爷，您是不是总坐拐角这条椅子？"老庞摇了摇头，又点了点头。

"经常跟您坐在这条椅子上的老太太，是我奶奶。"

老庞点了点头，又摇了摇头。

"我奶奶周五进医院了，昨天晚上才醒过来，她让我给您捎个信儿。"

"你奶奶住院了？要紧吗？"



"现在没事儿了，已经过了危险期……"

"你刚才说你奶奶……也坐在这条椅子上？"

"是啊。"

"经常坐在这条椅子上？"

"是。"

"你确定？"

"以前，我从远处看见过您，见您和奶奶聊天，只是没这么近距离……"

"走！"老庞用力站起来，"……哪家医院？"

"我奶奶没想让您去探视，她只是让我给您传个话儿。"

"走，你带我去！"老庞拉住苏颖的胳膊。

苏颖不好违拗，只好拉着老庞的手，这时，他们身后传来清脆的铃声，驻足间，自行车锻炼者从他们身边快速闪过，铃声使得老庞的意识水洗过一般清晰起来——老婆自行车车把上挂着尼龙绸菜袋子，站在街口对他微笑，那是她最后一个微笑，是的，他老婆在20年前就离世了。

老庞步履蹒跚，跟着苏颖向外马路走去，两只喜鹊倏地从草地上鹊起，跟随在老庞和苏颖身后，仿佛起舞。

16. 请赏析文中老庞与苏颖奶奶对话的艺术效果。(6分)

17. 小说以"鹊起"为题有何妙处，请简要概括。(4分)

18. 请结合小说情节分析老庞这一人物形象的特点。(6分)

**四、教学设计题(本大题共3小题，共18分)**

根据所给文章，以六年级学生为教学对象，按要求完成相关教学设计。

**故乡在远方**

张抗抗

我总觉得自己是一个流浪者。

几十年来，我漂泊不定、浪迹天涯。我走过田野、穿过城市，我到过许多许多地方。

我从哪里来？哪儿是我的故园我的家乡？

我不知道。

19岁那年我离开了杭州城。水光潋滟、山色空蒙的西子湖畔是我的出生地。离杭州100里水路的江南小镇洛舍是我的外婆家。

然而，我只是杭州的一个过客，我的祖籍在广东新会。我长到30岁时，才同我的父母一起回过广东老家。老家有翡翠般的小河、密密的甘蔗林和神秘幽静的榕树岛。夕阳西下时，我看见大翅长脖的白鹤灰鹳急急盘旋回巢，巨大的榕树林上空遮天蔽日，鸟声盈盈。那就是闻名于世的小鸟天堂。新会县世为葵乡，小河碧绿的水波上，一串串细长的小船满载清香弥漫的葵叶，沉甸甸贴水而行，悠悠远去……

但老家于我，却已无故园的感觉。没有一个人认识我，我也并不真正认识一个人。我甚至说不出一句完整地道的家乡方言。我和我早年离家的父亲，犹如被放逐的弃儿，在陌生的乡音里，茫然寻找辨别着这块土地残留给自己的根性。

梦中常常出现的是江南的荷池莲塘，春天嫩绿的桑树地里透紫酸甜的桑葚儿，秋天金黄璀璨的柚子，冬天过年时挂满厅堂的酱肉粽子、鱼干，还有一锅喷香喷香的煮芋艿……

暑假寒假，坐小火轮去洛舍镇外婆家。镇东头有一座大石桥，夏天时许多光屁股的孩子从桥墩上往河里跳水，那小河连着烟波浩渺的洛舍漾，我曾经在桥下淘米，竹编的淘箩湿淋淋从水里拎起，珍珠般的白米上扑扑蹦跳着一条小鱼儿……

而外婆早已过世了。外婆走时就带走了故乡。其实外婆外公也不是地道的浙江人氏。听说外婆的祖上是江苏丹阳人，不知何年移来德清洛舍。又听说洛舍其名是早年此地曾有一支移民来自洛阳，洛阳人之舍，谓之洛舍。由此看来，外婆外公的祖籍也难以考证，我魂牵梦萦的江南小镇，又何为我的故乡？

所以对于我从小出生长大的杭州城，便有了一种隐隐的隔膜和猜疑。自然，我喜欢西湖的柔和淡泊，喜欢植物园的绿草地和春天时香得醉人的含笑花，喜欢冬天时满山的翠竹和苍郁的香樟树……但它们只是我摇篮上的饰带和点缀，我欣赏它们赞美它们，但它们不属于我。每次我回杭州探望父母，在嘈杂喧闹的街巷里，自己身上那种从遥远的异地带来的“生人味”，总使我觉得同这里的温馨和湿润格格不入……

我究竟来自何方？

更多的时候，我会凝神默想着那遥远的冰雪之地，想起笼罩在雾霭中的幽蓝色的小兴安岭群山。踏着没膝深的雪地进山去，灌木林里尚未封冻的山泉一路叮咚欢歌，偶有暖泉顺坡溢流，便把低洼地的塔头墩子水晶一般封存，可窥见冰层下碧玉般的青草。山里无风的日子，静谧的柞树林中轻轻慢慢地飘着小清雪，落在头巾上，不化，一会儿就亮晶晶地披了一肩，是雪女王送你的礼物。若闭上眼睛，



能听见雪花亲吻着树叶的声音。那是我21岁的生命中，第一次发现原来落雪有声，如桑蚕啜叶，婴童吮乳，声声有情。

那时住帐篷，炉筒一夜夜燃着粗壮的大木棒，隆隆如森林火车，如林场的牵引拖拉机轰响，时时还夹着山脚下传来的咔咔冰崩声……山林里的早晨宁静而妩媚，坡上的林梢一抹玫瑰红，淡紫色的炊烟缠绵缭绕，门前的白雪地上，又印上了夜里悄悄来过的不知名的小动物一条条丝带般的脚印儿，细细辨认，如梅花如柳梢亦如一个个问号，清晰又杂乱地蜿蜒于雪原，消失于密林深处……

那些神秘的森林居民给予我无比的亲切感，曾使我觉得自己也是否应该从此留在这里。

小小的脚印沉浮于无边的雪野之上，恰如我们漂泊动荡的青春年华。

我19岁便离开了我的出生地杭州城，走向遥远而寒冷的北大荒。

那时我曾日夜思念我的西湖，我的故园在温暖的南方。

但现在我知道，我已没有了故乡。我们总是在走，一边走一边播撒着全世界都能生长的种子。我们随遇而安，落地生根；既来则定，四海为家。我们像一群新时代的游牧民族，一群永无归宿的流浪移民。也许我走过了太多的地方，我已有了太多的第二故乡。

然而在城市闷热窒息的夏日里，我仍时时想起北方的原野，那融进了我们青春血汗的土地。那里的一切粗犷而质朴。20年的日月就把我这样一个纤弱的江南女子，磨砺得柔韧而坚实起来。以后的日子，我也许还会继续流浪，在这极大又极小的世界上，寻觅着、创造着自己精神的家园。

19. 作者到底有没有故乡，这会是困扰学生的问题。请设计三个问题帮助学生理解。(6分)

20. 请设计教学步骤，指导学生以校园景物的四季变化为写作对象，仿写文章的第6自然段。(6分)

21. 请为本课教学设计板书。(6分)

# 2022年山西省特岗教师招聘考试真题试卷(二)

## 语　文

**(满分100分)**

本套试卷共27小题，分为两部分，第一部分教育基础知识，包括选择题(5小题)；第二部分学科专业知识，包括选择题(8小题)、填空题(5小题)、阅读理解(8小题)、写作(1小题)。

## 第一部分　教育基础知识

**一、选择题(本大题共5小题，每小题2分，共10分)**

1. 习近平总书记说:“广大教师要始终同党和人民站在一起，自觉做中国特色社会主义的坚定信仰者和忠实实践者，忠诚于党和人民的教育事业，自觉把党的教育方针贯彻到教学管理工作全过程，严肃认真对待自己的职责。”这句话指出做“好老师”要有(　　)

A. 仁爱之心　　B. 扎实学识　　C. 道德情操　　D. 理想信念

2.《义务教育课程方案》(2022年版)指出：义务教育要在坚定理想信念、厚植爱国主义情怀、加强品德修养、增长知识见识、培养奋斗精神、增强综合素质上下功夫，使学生(　　)

A. 有信念、有本领、有责任　　B. 有理想、有本领、有担当

C. 有信念、有知识、有担当　　D. 有理想、有知识、有责任

3. 下列不属于我国古代蒙学教材的是(　　)

A.《千家诗》　　B.《孟子》　　C.《算学启蒙》　　D.《三字经》

4. 一般来说，小学生的思维水平处于(　　)

A. 感知运动阶段　　B. 前运算阶段　　C. 具体运算阶段　　D. 形式运算阶段

5.《中华人民共和国家庭教育促进法》指出，国家和社会为家庭教育提供(　　)

A. 指导、支持和服务　　B. 指导、支持和协助

C. 指导、支持和帮助　　D. 指导、支持和配合

## 第二部分　学科专业知识

**二、选择题(本大题共8小题，每小题2分，共16分)**

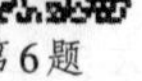
第6题

6. 下列词语中加点的字，读音有误的一组是(　　)(常考)

A. 削皮(xiāo)　剥削(xuē)　百舸争流(gě)　咬文嚼字(jiáo)



B. 正月(zhēng)　折本(shé)　强词夺理(qiǎng)　煊赫一时(xuān)

C. 呜咽(yè)　铁锤(chuí)　一丘之貉(hé)　一曝十寒(pù)

D. 巷道(xiàng)　佣金(yòng)　数典忘祖(shǔ)　余勇可贾(jiǎ)

第7题

7. 下列词语中有错别字的一组是(　　)

A. 风雨如晦　史无前例　无独有偶　如法炮制

B. 蓬荜生辉　孺子可教　歃血为盟　姗姗来迟

C. 摩肩接踵　火中取栗　直接了当　轻歌慢舞

D. 提纲挈领　勠力同心　病入膏肓　画地为牢

第8题

8. 下列各句中加点词语的使用，全部正确的一项是(　　)(易错)

①袁老师题为《狭路相逢勇者胜》的演讲，对一部分同学考前临阵退缩、信心不足等现象进行了分析，可谓鞭辟入里，给人启迪。

②无论是从医护人员的集体荣誉出发，还是从社会的公共利益出发，全面深化改革都刻不容缓。这次改革能不能让医生得到社会应有的尊重呢？我们刮目相看。

③几十年飞云掣电，互联网正在以前所未有的速度和能量，让远隔万里的人们“鸡犬之声相闻”，将人类发展的进程调整到同一节奏上。

④在党员教育学习活动中，我们单位的领导不仅通过各种形式和途径，引导广大党员见贤思齐，而且纠正了个别党员独善其身的个人主义处世哲学。

⑤在韩国，教育支出跟家庭收入挂钩，极大影响了教育机会的均衡分配，继而造成教育质量良莠不齐等现象，引发社会关注。

⑥这个周末，恰逢秋阳高照，朗朗乾坤，金灿灿的柑橘挂满枝头，红彤彤的柿子频频点头。碧水青山相映成趣，令人赏心悦目。

A. ①③④　　B. ①③⑤　　C. ②④⑥　　D. ②⑤⑥

第9题

9. 下列交际用语使用得体的一项是(　　)

A. 我们美女帮你搬家，一定会让你的寒舍蓬荜生辉的。

B. 您的令郎和我的令爱，的确是一对佳偶。

C. 他一生专研，著作等身，享誉世界，今日从大洋彼岸回到母校，当年的同学大都已白发苍苍，执手相看，老泪纵横，“久仰了，久仰了!”。

D. 如果说黄某今日取得了什么成绩的话，那也是仰仗在座诸位的鼎力相助，承蒙厚爱，不胜感激。

阅读下面的文字，完成10~13小题。

因为我的某些批评性文章，【甲】有读者问我为什么不多写些“光明的东西”，好让他有力量。如果我是一个卖手电筒的，我会立即赠送他几节电池。________，对于一个以思考为业的人，什么是光明

却不容易判断。他唯一确定并能为之尽力的本分是________以明辨是非。而明辨是非本身就是一种力量。

这些年，我写过不少或明或暗的文章。总结起来，我对社会的批评，是基于事实的世界，不能________；【乙】而我对人生的思考，是基于意义的世界，可以颠倒黑白。我这样说并不是________，(　　)。【丙】人心是个奇妙的东西，同一种境遇，有人视之为地狱，有人则视之为天堂；【丁】同一首诗歌，有人看到光辉；有人看到颓丧。

10. 依次填入文中横线上的词语，全都恰当的一项是(　　)

A. 然而　挖空心思　指鹿为马　故弄玄虚

B. 但是　殚精竭虑　混淆是非　弄虚作假

C. 然而　殚精竭虑　指鹿为马　故弄玄虚

D. 但是　挖空心思　混淆是非　弄虚作假

11. 文中画横线的甲、乙、丙、丁句，标点有误的一项是(　　)

A. 甲　　B. 乙　　C. 丙　　D. 丁

12. 文中画波浪线的句子有语病，下列修改最恰当的一项是(　　)

A. 在一个以思考为业的人来说，什么是光明却不容易知道。

B. 对于一个以思考为业的人来说，什么是光明却不容易判断。

C. 对于一个以思考为业的人来说，什么是光明却不容易知道。

D. 在一个以思考为业的人来说，什么是光明却不容易判断。

13. 下列填入文中括号内的语句，衔接最恰当的一项是(　　)

A. 而是强调既要在主观上看到人心的价值，又要在客观上尊重事实

B. 而是强调在客观上既要尊重事实，又要在主观上看到人心的价值

C. 而是强调在主观上既要看到人心的价值，又要在客观上尊重事实

D. 而是强调既要在客观上尊重事实，又要在主观上看到人心的价值

## 三、填空题(本大题共5小题，每空1分，共14分)

14. 编年体是中国史书的一种编写体制，按________顺序记述史实。例如《春秋》《左传》《资治通鉴》都是编年体史书。

15. "唐宋八大家"除了"三苏"以外，还有________、________、________、________、________。

16. 《蜀道难》以惊叹发端，未语先嗟，直抒情怀。接着，诗人并没有对蜀道作静态的描写，而是抛出了一个动态的比喻"________________，________________！"。

17. 杜甫《登高》抒发漂泊异乡、年老体衰的惆怅之情，也蕴含着与生命的衰弱顽强抗争的精神的诗句是"________________，________________"。

18. 下面是晋阳中学高三年级邀请家长参加高考誓师大会的邀请函，至少有四处词语使用不当，请找出并作修改。

尊敬的家长：

您好！"虎气冲天战百日，青春筑梦续辉煌！"您的孩子百日后就要迎来生死未卜的高考了！为了给孩子们支持鼓励，增添自信，为了让孩子们在考场上奋力一击，创造奇迹，经学校研究决定，我校将于2022年3月5日(星期六)上午9:00在学校体育场举行高考百日誓师大会，我们诚挚地叫您前来参加。届时，您将会聆听孩子们的心声，感受他们的豪情。让我们共同见证莘莘学子们成长过程中这一难忘的时刻！让我们共同助力2022年高考！我们恭候您的惠顾！

晋阳中学

2022年3月3日

第18题

## 四、阅读理解(本大题共8小题，共30分)

(一)阅读下面的文言文，完成19～22小题。

屈原者，名平。为楚怀王左徒。博闻强志，明于治乱，娴于辞令。入则与王图议国事，以出号令；出则接遇宾客，应对诸侯。王甚任之。怀王使屈原造为宪令，屈平属草稿未定，上官大夫见而欲夺之屈平不与因谗之曰王使屈平为令众莫不知每一令出平伐其功王怒而疏屈平。屈平疾王听之不聪也，方正之不容也，故忧愁幽思而作《离骚》。"离骚"者，犹离忧也。

时秦昭王与楚婚，欲与怀王会。怀王欲行，屈平曰："秦，虎狼之国，不可信。不如毋行。"怀王稚子子兰劝王行："奈何绝秦欢？"怀王卒行。入武关，秦伏兵绝其后，因留怀王，以求割地。怀王怒，不听。亡走赵，赵不内，复之秦，竟死于秦而归葬。

长子顷襄王立，以其弟子兰为令尹。楚人既咎子兰以劝怀王入秦而不反也。屈平既嫉之，虽放流，眷顾楚国，系心怀王，不忘欲反。其存君兴国，一篇之中三致志焉。令尹子兰闻之大怒，卒使上官大夫短屈原于顷襄王，顷襄王怒而迁之。

屈原至于江滨,被发行吟泽畔,颜色憔悴,形容枯槁。渔父见而问之曰:“子非三闾大夫欤?何故而至此?”屈原曰:“举世混浊而我独清,众人皆醉而我独醒,是以见放。”渔父曰:“夫圣人者,不凝滞于物,而能与世推移。举世混浊,何不随其流而扬其波?众人皆醉,何不餔其糟而啜其醨?”屈原曰:“人又谁能以身之察察,受物之汶汶者乎?宁赴常流而葬乎江鱼腹中耳,又安能以晧晧之白,而蒙世俗之温蠖乎?”乃作《怀沙》之赋。……于是怀石,遂自投汨罗以死。

太史公曰:“余读《离骚》《天问》《招魂》《哀郢》,悲其志。适长沙,观屈原所自沉渊,未尝不垂涕,想见其为人。”

(节选自《史记·屈原贾生列传》,有删改)

19. 下列对文中画波浪线部分的断句,正确的一项是(　　)(3分)

A. 上官大夫见而欲夺之/屈平不与因谗之/曰/王使屈平为令/众莫不知/每一令出平/伐其功/王怒而疏屈平

B. 上官大夫见而欲夺之/屈平不与因谗之/曰/王使屈平为令众/莫不知/每一令出/平伐其功/王怒而疏屈平

C. 上官大夫见而欲夺之/屈平不与/因谗之曰/王使屈平为令/众莫不知/每一令出/平伐其功/王怒而疏屈平

D. 上官大夫见而欲夺之/屈平不与/因谗之曰/王使屈平为令众/莫不知/每一令出平/伐其功/王怒而疏屈平

20. 下列对文中加点的词语相关内容的解说,不正确的一项是(　　)(3分)

A. 属,有“属于”“连缀”“撰写”的意思,也可与“嘱”通假,解释为“嘱咐”“叮嘱”。文中“屈平属草稿未定”的“属”就是通假字。

B. 父,在古代常用作对男性长辈的称呼,如文中的“渔父”,就是指打鱼的渔翁。

C. 太史公,一般指我国古代官方史料的专职记录者,在文中是司马迁的自称。

D.《天问》,通过对天地和人世等事物现象的发问,表现诗人探索真理的精神。

21. 下列对原文有关内容的概括和分析,不正确的一项是(　　)(3分)

A. 屈原富有才华,受到怀王赏识。他在为国家编写政令时,经常夸耀自己的功绩,招来同僚嫉妒,以致被流放。

B. 屈原明辨形势,反对秦国之行。怀王欲到秦国与昭王会面,屈原洞察秦国的虎狼实质,反对怀王前往秦国,但怀王不听,结果遭遇凶险。

C. 屈原品格高洁,不与世俗同流。对于自己的艰难处境,屈原有着清醒的认知,他不认同渔父要随世俗一同变化的看法,最后宁死守义,以身殉道。

D. 屈原自沉于汨罗江,以死殉国,他的作品感动了后人,他的殉国之事让后人流泪叹息,他高洁的品行让后人敬慕神往。

22. 把文中画横线的句子翻译成现代汉语。(4分)

(1)亡走赵,赵不内,复之秦,竟死于秦而归葬。

(2)屈原至于江滨,被发行吟泽畔,颜色憔悴,形容枯槁。

(二)阅读下面这首唐诗,完成23~24小题。

**过旧宅[①](其一)**

李世民

新丰[②]停翠辇,谯邑[③]驻鸣笳[④]。

园荒一径新,苔古半阶斜。

前池消旧水,昔树发今花。

一朝辞此地,四海遂为家。

【注】①李世民生于武功别馆,后南征北战,统一全国,建立唐王朝。即位后,于三十五岁时重临武功旧宅,创作此诗。②新丰:刘邦仿老家丰地建城,并迁故旧居之,以娱太公,后更名为新丰。③谯邑:魏武帝曹操故里。④鸣笳:古代贵官出行,前导鸣笳以启路,这里指皇帝出巡到此。

23. 下列对这首诗的赏析,不恰当的一项是(　　)(3分)

A. 诗歌前两句扣题,同时用借代手法暗示作者帝王身份,又从视听角度在声色方面描绘出了帝王重归故里的荣耀气派。

B. 诗歌三、四两句描绘了旧宅环境,渲染出荒寂古朴、破败肃杀的氛围,整体上给人一种岁月流逝、人事变迁的感觉。

C. 诗歌多处对仗,气脉相连,言辞质朴,表达简约,这首非专业诗人创作的五言律诗,已呈现出初唐律诗的风貌特征。

D. 诗中作者重游故地,回忆往昔,述怀言志,其慷慨畅达之风与其平乱统一、建立功绩的气概胸襟是完全相符相应的。

24. 同样写出了自然气象的生机更替,此诗颈联与王湾《次北固山下》中的“海日生残夜,江春入旧年”一联在选用意象、抒发情感方面有何不同?请结合相应诗歌简要分析。(6分)

(三)阅读下面文字,完成25~26小题。

## 王 全

汪曾祺

王全,又叫俶六。这地方管缺个心眼叫“俶”,读作“俏”。王全行六,据说有点缺个心眼,故名“俶六”。他是个老光棍,已经四十六岁了,有许多地方还跟个孩子似的。也许因为如此,大家说他俶。

他常到业余剧团看戏,在农闲排戏的时候。有时也帮忙抬桌子、挂幕布,有时会发些议论,最常用的是:“看看!”

不知道究竟为什么,他不当饲养员了。他跑到生产队去,说:“哎!我不喂牲口了,给我个单套车,我赶车呀!”马号组的组长跟他说,没用;生产队长跟他说,也没用。于是就如他所愿,让他去赶车,把原来在大田劳动的王升调进马号喂马。

我参加劳动,有时去跟车,常常跟他的车。他嘴上是不留情的。我上车,敛土,装粪,他老是回过头来眯着眼睛看我。有时索性就停下他的铁锹,拄着,把下巴搁在锹把上,歪着头看。而且还非常气愤,却又压抑着只从胸膛里发出声音“嗯”!忽然又变得非常温和起来,很耐心地教我怎么使家伙。“敛土嘛,左手胳膊肘子要靠住胳膝,胳膝往里一顶,借着这个劲,左手胳膊就起来了。嗳!嗳!对了!这样多省劲!是省劲不是?像你那么似的,架空着,单凭胳膊那点劲,我问你:你有多少劲?一天下来,不把你累乏了?”慢慢地,我干活有点像那么一回事了,他又言过其实地夸奖起我来:“不赖!不赖!像不像,三分样!你能服苦,能咬牙。你是个好样儿的!毛主席的办法就是高,——叫你们下来锻炼!”

他的车来了,老远就听见!不是听见车,是听见他嚷。他不大使唤鞭子,除非上到高坡顶上,马实在需要抽一下,才上得去,他是不打马的。

有一回,从积肥坑里往上拉绿肥,马怎么也拉不上去。他拼命地嚷:“喔喝!喔喝!咦喔喝!”

他生气了,拿起鞭子。可忽然又跳在一边,非常有趣地端详起他那匹马来,说:“笑了!噫!笑了!笑啥来?”

这可叫我忍不住扑哧笑了。马哪里是笑哩!这是叫嚼子拽的在那里咧嘴哩:这么着“笑”了三次,到了也没上得去。最后只得把装到车上去的绿肥,又挖出一小半来,他在前头领着,我在后面扛着,才算上来了。

我问过他为什么不当饲养员了,他不说,说了些别的话。

他说马号组的组长不好。什么事都是个人逞能,不靠大伙。旗杆再高,还得有两块石头夹着;一个人再能,当不了四堵墙。

可是另一时候,我又听他说过组长很好,使牲口是数得着的,又会修车,又说他很辛苦,晚上还老加班……

他说,喂牲口是件操心事情。要熬眼。马无夜草不肥,要把草把料——勤倒勤添,一把草一把料地喂。牲口嘛!跟孩子似的,一黑夜你就老得守着侍候它,甭打算睡一点觉。

他说得最激动的是关于黑豆。他觉得牲口吃了黑豆好。

“每年我都说,俺们种些黑豆,种些黑豆。——不顶!”

我说:“你提意见嘛!”

“提意见?哪里我没有提过意见?——不顶!马号组的组长!生产队!大田组!都提了,——不顶!提意见?提意见还不是个白!”

“你是怎么提意见的?一定是也不管时候,也不管地方,提的也不像是个意见。也不管人家是不是在开会,在算账,在商量别的事,只要你猛然想起来了,推门就进去:‘哎!俺们种点黑豆啊!’没头没脑,说这么一句,抹头就走!”

“咦!咋的?你看见啦?”

“我没看见,可想得出来。”

他笑了。

这是春天的事。冬天里,发生了这么一场事,他把王升打了。

王升负责喂马后,慢慢地,车倌就有了意见,因为牲口都瘦了。他们发现他白天搞吃的,夜里老睡觉。喂牲口根本谈不上把草把料,大碗儿端!不仅如此,王全还发现,王升偷马料!王全找到王升,大拳头没头没脑地砸下来,打得王升孩子似的哭,爹呀妈地乱叫,一直到别人闻声赶来,剪住王全的两手,才算住。

王全又去喂马了!

王全喂了牲口,生产队就热闹了。三天两头就见他进去:“人家孩子回来,也不吃,也不喝,就是卧着,这是使狠了,累乏了!告他们,不能这样!”

“人家孩子快下了,别叫它驾辕了!”

“人家孩子”怎样怎样了……我在这个地方待了一些时候了,知道这是这一带的口头语,管小猫小狗、小鸡小鸭,甚至是小板凳,都叫作“孩子”。但是这无论如何是一种爱称。尤其是王全说起来,有一种特殊的味道。那么高大粗壮的汉子,说起牲口来,却是那么温柔。

我离开这个农业科学研究所已经好几个月了,王全一直在喂马。现在,在我写这篇文章的时候,他就正在喂着马。夜已经很深了,这会儿,全所的灯都一定已经陆续关去,马圈的灯还亮着。灯光照见槽头一个一个马的脑袋。它们正在安静地、严肃地咀嚼着草料。时不时地,喷一个响鼻,摇摇耳朵,顿一顿蹄子。俶六——王全,正在夹着料笸箩,弯着腰,无声地忙碌着,或者停下来,用满怀慈爱的、喜悦的眼色,看看这些贵重的牲口。

王全的胸前佩着一枚小小的红旗,这是新选的红旗手的标志。

“看看!”

一九六二年五月二十日夜二时

(有删改)

25. 下列对小说相关内容和艺术特色的分析鉴赏,不正确的一项是(　　)(3分)

A. 和“我”一起劳动时,王全有时停下铁锹,歪头看“我”,他觉得“我”干活不像样,对“我”偷懒的行为感到气愤。

B. 王全常用“人家孩子”这一爱称来称呼他喂养的马,说明他对这些马的感情很深,对于喂马一事有着发自心底的热爱。

C. 小说中的“农闲”“生产队”“下来锻炼”等词语揭示了小说的时代背景,小说里的人和事有着较为鲜明的时代印记。

D. 小说结尾部分细腻的场景描绘是“我”的诗意想象,以“看看”二字来收尾,生动传神,余韵悠悠。

26. 王全的“俶”主要体现在哪些方面?请结合本文简要分析。(5分)



## 五、写作(本大题共30分)

27. 阅读下面的材料,根据要求写作。

**材料一**　现代奥林匹克之父顾拜旦说:“奥林匹克不是一场竞赛,而是一种源于内心的交流与融合。”

**材料二**　北京2022年冬奥会的奖牌命名为“同心”。五环同心,同心归圆,表达了“天地合·人心同”的中华文化内涵,也象征着奥林匹克精神将世界人民聚集在一起,共享冬奥荣光。

**材料三**　2022年北京冬季奥运会的吉祥物冰墩墩,将熊猫形象与冰晶外壳结合,体现了冬季冰雪运动和现代科技特点,表达出人与自然和谐共生的理念。冰墩墩一亮相,就赢得了人们的喜爱,常常一墩难求。

上述材料,引发了你怎样的思考和联想?请写一篇文章,表达你的看法和观点。

要求:选准角度,确定立意,明确文体,自拟标题;不要套作,不得泄露个人信息;不少于700字。

# 2022年6月浙江省杭州市教师招聘考试真题试卷(精编)(三)

## 中小学语文

**(满分100分)**

本套试卷共19小题,包括基础知识(15小题)、教材教法(3小题,本套试卷仅收录初中部分)、写作(1小题)。目前已收录16小题。

**一、基础知识(本大题共14小题,每小题3分,共42分)**

1. 下列词语中加点的字,读音全部正确的一项是(　　)(常考)

A. 吐槽(tù)　攥紧(zuàn)　潜移默化(qián)　厉兵秣马(mò)

B. 载体(zǎi)　不啻(chì)　嗤之以鼻(chī)　荆钗布裙(chāi)

C. 浆糊(jiàng)　河蚌(bàng)　书声琅琅(láng)　莘莘学子(shēn)

D. 卡点(kǎ)　龅牙(bào)　火中取栗(lì)　踔厉奋发(chuō)

2. 下列词语中,没有错别字的一项是(　　)

A. 砥砺　奔溃　戈壁滩　痛心疾首　　B. 驰援　福祉　捉迷藏　仗义直言

C. 贻误　边陲　交谊舞　寥若晨星　　D. 吆喝　绪论　舶来品　展露头角

3.《红楼梦》"甄士隐梦幻识通灵,贾雨村风尘怀闺秀"一回中讲述通灵宝玉来历时有一首偈:"无材可去补苍天,枉入红尘若许年。此系身前身后事,倩谁记去作奇传。"根据你的理解,此偈中"倩"的意思是(　　)

A. 女子的名字　　B. 美丽

C. 借,借助　　D. 请

4. 下面语段中的画线处,应填的一组词语是(　　)

第4题

远读是数字人文的基石。大规模的文本集合上的远读,基本可以归为两类:一是对文本集合整体统计特征的描述,一是对文本集合内在结构特征的________。例如,数字人文学者米歇尔等人对数百万册数字化图书进行多种词汇和词频统计,以分析英语世界的语言________,这属于前者;莫莱蒂用地图、树结构来分别________文学作品的地理特征和侦探故事的类型结构,这属于后者。无论是宏观统计描述还是内在结构揭示,都是________文本具体内容的抽象表示,所得结果都是需要解读的。

A. 揭示　演变　展示　超越　　B. 揭晓　演变　描绘　超越

C. 揭示　善变　描绘　超过　　D. 揭晓　善变　展示　超过



5. 下列句子中,加点的成语使用恰当的一项是(　　)(易错)

第5题

A. 短视频上的一些"吃播"标榜"大胃王"吸粉,暴饮暴食,假吃真吐,如果主管部门对这种现象漠不关心,势必会影响网络空间的健康发展。

B. "低头族"的注意力都集中在手中的方寸屏幕上,往往对身边的世界不以为然,殊不知,无论移动终端中的虚拟世界多么精彩,都无法替代现实世界的真实美好。

C. 我国大江南北分布着众多巧夺天工的自然景观,如雄伟的泰山、险峻的华山、奇绝的黄山、秀丽的庐山……无不让人叹为观止。

D. 他爱好广泛:喜欢安静的棋类运动,对热闹的纸牌游戏也不拒绝;欣赏通俗感性的流行歌曲,对庄重恢宏的交响乐曲也甘之如饴。

6. 填入下面一段话中的关联词最恰当的一项是(　　)

好读书这个习惯的养成是很重要的。(　　)根本不读书或不喜欢读书,那么,(　　)说什么求甚解或不求甚解就(　　)毫无意义了。(　　)不读书就不了解什么知识,不喜欢读书也就不能用心去了解书中的道理。

A. 因为　无论　都　因为　　B. 即使　无论　也　所以

C. 如果　无论　都　因为　　D. 如果　尽管　也　因为

7. 下列句子中标点符号使用正确的一项是(　　)(常考)

第7题

A. 中国的自主创新战略有"两个翅膀":一个是技术创新,一个是设计创新,而现在,许多本土企业却忽视了设计创新。

B. 快乐固然兴奋,苦痛又何尝不美丽?我曾读到一个警句,是"愿你生命中有够多的云翳,来造成一个美丽的黄昏。"

C. 杭州连续15年被评为"最具幸福感城市"。漫步杭州城,你仿佛与白居易徜徉绿杨白堤;与苏东坡共赏春晓烟柳;与黄公望同绘富春山居的独特韵味、别样精彩。

D. 假如我们都能对那些给我们提供"理所当然"的方便的人说声"谢谢",我们这个社会还会不和谐吗?还会不温暖吗?还会让人感到人情冷漠吗?

8. 下列句子没有语病的一项是(　　)

第8题

A. 支付宝发布公告表示,自3月26日起,针对综合经营成本上升较快,通过支付宝给信用卡还款将收取服务费。

B. 随着“嫦娥四号”成功登陆月球背面,使中国实现人类首次月球背面软着陆,这一成就让世界惊叹不已。

C. 来自铁路部门数据显示,杭黄高铁开通以来,富阳、桐庐、建德、千岛湖四个站点日均客流量达9800人次,高峰期突破3万人次。

D. 国产科幻电影《流浪地球》的上映,向全世界宣告了中国有能力拍出好莱坞式的科幻大片是毋庸置疑的。

9. 下列句子中古诗文引用不正确的一项是(　　)

第9题

A. 世界人民都热爱和平,不喜欢战争,俄乌军事冲突再一次提醒我们要铭记历史,不要让“烽火连三月,家书抵万金”这样兵火断乡信的悲剧重演。

B. 生活中难免会遇到不顺心的事,在跌宕起伏中要努力保持一颗平常心,“不以物喜,不以己悲”,为自己创造一个从容的生活环境。

C. 柔美的江南,层层梨白中映衬着粉色的桃红,充满浪漫色彩,真是“忽如一夜春风来,千树万树梨花开”。

D. 古往今来,大批仁人志士为了信仰鞠躬尽瘁,死而后已。当代“牧羊人”杨善洲就是“落红不是无情物,化作春泥更护花”的典范,退休后植树造林,至死不懈。

10. 下列关于文学文化常识的表述,不正确的一项是(　　)(易错)

A. 西汉史学家司马迁撰写的《史记》是中国历史上第一部纪传体通史,其中《陈涉世家》第一篇记载了中国历史上第一次大规模农民起义,“王侯将相宁有种乎”吼出被压迫者的心声。

B. 北宋哲学家周敦颐在《爱莲说》中将“莲”比作“君子”,实际是托物言志,表明自己的人生志向是不同流合污,永远保持自己清白正直的操守。

C.《儒林外史》是清代小说家吴敬梓创作的一部长篇讽刺小说,反映科举制度下读书人与官绅的活动和精神面貌。语文教材中《范进中举》一篇节选自本书。

D.《我的叔叔于勒》的作者莫泊桑,是法国优秀的批判现实主义作家,他与俄国的契诃夫,美国的马克·吐温并称为“世界三大短篇小说之王”。

11. 下列句子使用的修辞手法及其作用分析不正确的一项是(　　)

A. “王羲之书如龙跳天门,虎卧凤阙;韦诞书如龙威虎振,剑拔弩张;萧子云书如荆轲负剑,壮士弯弓,雄人猎虎,心胸猛烈,锋刃难当。”运用了比喻、排比的修辞手法,描绘出他们书法艺术的不同特征。

B. “人生到了他那样的境界开始做减法,删繁就简三秋树,留下清绝、风骨的枝丫伸向天空,如一树清寒的梅。”运用比喻的修辞手法,把“他”比喻成一树梅,生动形象地写出“他”简净、纯粹的人生境界,表达了对人物的赞美之情。

C. “淡黑的起伏的连山,仿佛是踊跃的铁的兽脊似的,都远远地向船尾跑去了,但我却还以为船慢。”运用了夸张的修辞手法,形象生动地把“连山”比作“铁的兽脊”,表现了船行速度之快。

D. “狂风紧紧抱起一层层巨浪,恶狠狠地把它们甩到悬崖上。”运用拟人的修辞手法,突出海面上狂风来临时环境的恶劣。

12. 绍兴兰亭景区有一副楹联,上联为:雅集鸿文传百代。从下列选项中找出它的下联是(　　)

A. 列坐放言无古今　　B. 流觞韵事足千秋

C. 流觞却异永和人　　D. 必至群贤泽万事

13. 下列各句中表达最得体的一项是(　　)(常考)

A. 杂志刊物声明:《××周刊》接受网上投稿的唯一邮箱为xxzk@xxx.com,网络上流传的其他投稿网站都是假的,敬请作者当心被骗。

B. 课堂即兴发言:感谢王同学抛砖引玉的精彩发言,我深受启发,因此迫不及待地也想来分享一下对于这个问题的浅陋之见。

C. 防电信诈骗宣传语:电信诈骗精妙,不能鬼迷心窍。

D. 将自己著作赠送大学恩师:拙作新成,惶恐以赠,尚祈雅正,不吝赐教。

14. 下面文言语段断句正确的一项是(　　)

A. 天下之事,常发于至微,而终为大患。始以为不足治/而终至于不可为/当其易也/惜旦夕之力/忽之而不顾。及其即成也,积岁月,疲思虑,而仅克之,如此指者多矣。

B. 天下之事,常发于至微,而终为大患。始以为不足/治而终/至于不可为/当其易也惜/旦夕之力/忽之而不顾。及其即成也,积岁月,疲思虑,而仅克之,如此指者多矣。

C. 天下之事,常发于至微,而终为大患。始以为不足/治而终/至于不可为/当其易也/惜旦夕之力忽之/而不顾。及其即成也,积岁月,疲思虑,而仅克之,如此指者多矣。

D. 天下之事,常发于至微,而终为大患。始以为不足治/而终至于不可为/当其易也惜/旦夕之力/忽之而不顾。及其即成也,积岁月,疲思虑,而仅克之,如此指者多矣。

## 二、教材教法(本大题共20分)

请您完成以下教学内容的教学目标和教学过程设计。

初一上册第六单元《赫耳墨斯和雕像者》。

### 赫耳墨斯和雕像者

《伊索寓言》

赫耳墨斯想知道他在人间受到多大的尊重,就化作凡人,来到一个雕像者的店里。他看见宙斯的雕像,问道:"值多少钱?"雕像者说:"一个银元。"赫耳墨斯又笑着问道:"赫拉的雕像值多少钱?"雕像者说:"还要贵一点儿。"后来,赫耳墨斯看见自己的雕像,心想他身为神使,又是商人的庇护神,人们对他会更尊重些,于是问道:"这个值多少钱?"雕像者回答说:"假如你买了那两个,这个算添头,白送。"

这故事适用于那些爱慕虚荣而不被人重视的人。

## 三、写作(本大题共35分)

根据提供的材料,从主题思想和写作特点两个角度写一篇赏析文章。文中不得出现真实的人名、学校、单位。报考初中、高中岗位,分别不少于600、700字。

### 心"碎"

崔　立

院门虚掩着。他轻轻推开门,转过迎门墙,看到母亲正坐在窗前的丁香旁,低头掐辫子——将麦秸秆编成辫子。丁香花稠密,一树白,把母亲的一头白发映得更白了。

母亲正掐得入神,他喊了一声"娘"她才听到,抬起头,"唉唉"应着,一脸惊喜。他进屋放下东西,拿个马扎出来,挨着母亲坐下。阳光和暖。记得小时候,他也经常这样,静静地坐在母亲身旁,看她掐辫子。母亲有时用麦秸秆编只蜗牛,让他拿在手上玩。

他告诉母亲,自己下周要去外地封闭式培训三个月,回来后有可能升职。母亲高兴地说:"好事啊,你放心去就是了,我好着呢。"



母亲让他别挂念家里,但他还是放心不下。这几年明显感到母亲的衰老,步子不像以前那么灵便,腰也弓得厉害。父亲去世后,母亲长年劳累,如今艰辛生活的印迹正一点点显现出来。母亲似乎看出他的矛盾:"我啥事也没有,自己蒸的馒头一顿能吃两个呢。你这孩啊,从小就是顾虑太多。"她这样说时,下意识地又挺了一下腰,但不管用,腰还是弯的。

母亲起身去厨房给他做面吃,他跟着要去,母亲说:"我自己去就行,你歇着吧。"

面下好了,葱花漂着,鸡蛋卧着。他吃了一口,有点咸。母亲问:"咸吗?"他忙说:"不咸不咸,正好。"碗口贴着一根白发,他趁母亲扭头时,捏起,迅速丢在脚下。"不咸就好,晚上我再给你包些饺子。"

傍晚,母亲从厨房端来饺子,上台阶时,身体抖了一下,差点跌倒。他慌忙站起来去扶。母亲说没事没事,小石子硌脚了。有些饺子上面有草木灰,他吃了,草木灰不脏。有根枯草茎,卧在饺子间,他偷偷夹起,扔了。

离家时,母亲送他到院门前。他发动车,从后视镜里看着母亲越来越远。

正要驶出村口,邻居奎婶正扛着镢头从田里回来。他拉下车窗打招呼,奎婶问:"这么快就走,不带你娘去看看眼睛吗?她现在看不清东西,跌倒好几次,腿都碰青了。"

他急急掉转车头。开院门,进屋门,母亲正背对着他,呆呆站在那里,地上是一地碎瓷,还有几个水饺。

那一刻,地上碎的不是盘子,是他的心。

# 2022年湖南省长沙市长沙县教师招聘考试真题试卷(四)

## 中小学语文

(总分100分)

本套试卷共45小题,分为两部分。第一部分教育理论,包括单项选择题(30小题);第二部分语文学科专业知识,包括语言文字运用(3小题)、论述类文本阅读(2小题)、文学类文本阅读(3小题)、文言文阅读(4小题)、古代诗歌阅读(1小题)、名篇名句默写(1小题)、写作题(1小题)。

## 第一部分 教育理论

一、单项选择题(在下列每题四个选项中只有一个是最符合题意的,将其选出并把它的标号写在括号内。错选、多选或未选均不得分。本大题共30小题,每小题1分,共30分)

1. 教育虽然是一种极为复杂灵动的与社会发展并进的育人活动,但有其相对稳定的质的特点。下列有关教育的质的特点的说法,不正确的是( )

A. 教育是一种自觉的、有目的的活动

B. 教育能激励与教导受教育者自觉学习、自我教育

C. 教育能够让教育者引导受教育者学习、传承、践行人类经验

D. 一切教育本质上是让受教育者自发地、凭借自己的意愿获得自由的身心发展

2. 不同的学生喜欢或擅长的科目不同,这体现了人的发展的( )(易错)

A. 不平衡性　　B. 个别差异性

C. 阶段性　　D. 整体性

3. 教育能够通过培养各个层次、各种类型的劳动者和专门人才,强有力地推动生产发展,提高劳动生产率,进而产生巨大的经济效益。这主要体现了教育的( )功能。

A. 生态　　B. 政治　　C. 文化　　D. 经济

4. 在普通中小学教育的各个组成部分中,( )集中体现了我国教育的价值取向和社会政治性质,在学生的全面发展中起着定向和动力的作用。

A. 美育　　B. 智育　　C. 体育　　D. 德育

5. ( )主张在设置课程时不再把儿童的经验当作一成不变的东西,而把它当作某些变化的、在形成中的、有生命力的东西。(易混)

A. 赫尔巴特　　B. 夸美纽斯　　C. 杜威　　D. 卢梭



6. 在教学过程中,教师不仅要让学生有感性认识,更要让他们将感知到的材料与书本知识联系起来,从而上升到理性认识。因此,( )是教学过程的中心环节。

A. 理解教材　　B. 感知教材

C. 检查知识、技能和技巧　　D. 巩固和复习知识



7. 某教师在课堂上给学生论证了勾股定理,这属于讲授法中的( )

A. 讲读　　B. 讲述　　C. 讲解　　D. 讲演

8. 在编制学期教学进度计划时,教师应该做的准备工作主要有( )

①确定本学期学科教学的目的和任务　　②了解本学期教学时数

③编订每周教学进程　　④编写制作假期作业

A. ①②③　　B. ②③④　　C. ①③④　　D. ①②④

9. 综合实践活动能让学生在活动中不断地形成自身良好的思想意识、情感等,不断地发展动手能力和创造性,这主要体现了综合实践活动的( )(易混)

A. 开放性　　B. 综合性　　C. 实践性　　D. 生成性

10. 班主任应该如何对待班集体中的非正式群体( )

A. 尽量阻止学生形成非正式群体　　B. 倡导非正式群体积极服务班集体

C. 只从非正式群体中选拔班干部　　D. 禁止非正式群体在校内开展活动

11. 诊断性评价的目的在于( )

A. 弄清学生现有知识和能力发展情况,以便改进教学

B. 为学生能否升、留级或能否顺利毕业留下依据

C. 为评定学生一定阶段的思想道德水平发展状况

D. 评定学生之间的智力差别

12. 为了写好学生的操行评定,班主任应该( )

①在日常工作中积累每个学生的材料　　②征求其他教师和团队干部的意见

③让学生做自我鉴定,以供参考　　④组织家长给其他学生撰写评语

A. ①②③　　B. ②③④　　C. ①②④　　D. ①③④

13. 按照皮亚杰的观点,同化指的是儿童( )(常考)

A. 把新的刺激物纳入已有图式中的认知过程

B. 创造新图式的认知过程

C. 通过改变已有图式来适应新刺激的过程

D. 用来适应环境的认知结构

14. 下列哪种是权威型的教养方式下父母的表现( )

A. 对孩子提出很高的行为标准,这种标准有时不合情理,没有孩子说话的权利

B. 对孩子的行为做适当的限制，并坚持要求孩子服从，会耐心倾听孩子的观点

C. 对孩子充满了爱和期望，很少给孩子提出什么要求或进行任何控制

D. 对孩子的成长漠不关心

15. 教育者可以采用消退法改变儿童的攻击行为，即(　　)

A. 让有攻击行为的儿童观察其他有攻击行为的儿童是如何被惩罚的

B. 让儿童扮演并多次互换攻击者和被攻击者的角色

C. 让儿童远离最初表现出攻击行为的环境

D. 对儿童的攻击行为不加理睬

16. 在斯莱文的QAIT有效教学模式中，I指的是(　　)(易混)

A. 时间　　B. 教学质量

C. 教学适当性　　D. 教学诱因

17. (　　)会影响学习动机和目标结构的形成，例如，某学生认为上学读书没有太大价值，他就很难有强烈的学习动机。

A. 志向水平与价值观　　B. 成熟与年龄的特点

C. 焦虑程度　　D. 好奇心的强弱

18. 如果学生将个人的成功归因于自己能力强，学习较为努力，则这名学生最有可能产生哪种反应(　　)

A. 会产生愧疚、绝望感　　B. 会产生侥幸心理

C. 会产生骄傲、自豪感　　D. 没有心理活动或反应

19. 学生甲频频扰乱课堂纪律，张老师要求他次日留在家中，不能参加学校的春游活动，张老师的做法属于(　　)

A. 正强化　　B. 正惩罚　　C. 负强化　　D. 负惩罚

20. 下列选项中，最能体现知识的迁移的是(　　)

A. 学生A的笔记写得很漂亮，说话也很有条理

B. 学生B三天掌握100个单词

C. 学生C之前学了三年小提琴，在学二胡时轻松入门

D. 学生D会跳拉丁舞，也会作画

21. 根据艾宾浩斯记忆曲线，下列复习方法中最恰当的是(　　)

A. 将不同科目的知识交叉复习，例如复习10分钟语文，紧接着复习10分钟数学

B. 周一至周五每天学习新知识10分钟，周末每天复习10小时

C. 只选取碎片时间(例如坐车或吃饭时)复习

D. 学习新知识的当晚和次日分别复习一段时间



22. (　　)指的是在集体舆论和集体压力的作用下形成的群体行为规范。(易错)

A. 教师促成的纪律　　B. 集体促成的纪律

C. 自我促成的纪律　　D. 任务促成的纪律

23. 电工在寻找电路断点时，需要对电路进行逐步测试，才能最终确定断点位置。这种问题解决的策略属于(　　)

A. 爬山法　　B. 手段—目的分析法

C. 逆推法　　D. 类比法

24. 小王想要设计一款榫卯结构的玩具，便去观看其他人制作榫卯结构物品的视频，分析他们的经验数据。在创造活动的心理过程中，小王观看视频和分析经验数据的行为处于(　　)

A. 准备阶段　　B. 酝酿阶段　　C. 明朗阶段　　D. 验证阶段

25. 根据我国《教师法》规定，下列关于教师待遇的说法不正确的是(　　)(易错)

A. 中小学教师能够享受教龄津贴

B. 教师平均工资水平应当不低于或高于国家公务员的平均工资水平

C. 乡级人民政府应当为农村中小学教师解决住房提供方便

D. 医疗机构应当定期为当地中小学教师提供免费体检服务

26. 根据《中小学教育惩戒规则(试行)》，实施教育惩戒应当(　　)

①符合教育规律，注重育人效果　　②遵循法治原则，做到客观公正

③接受舆论监督，对外公布惩戒结果　　④选择适当措施，与学生过错程度相适应

A. ①②③　　B. ①③④　　C. ②③④　　D. ①②④

27. “双减”是指减轻(　　)和校外培训负担。(常考)

A. 高阶段学生升学压力和负担　　B. 义务教育阶段学生作业负担

C. 高等教学阶段学生就业负担　　D. 学前教育阶段家长学费负担

28. “双减”有关文件指出，提升学校课后服务水平，满足学生多样化需求。需要保证课后服务时间。学校为此可以统筹安排教师实行(　　)

A. 轮班轮休制　　B. 值班制

C. 弹性上下班制　　D. 居家工作制

29. 中小学教师资格实行(　　)一周期的定期注册，定期注册不合格或逾期不注册的人员，不得从事教育教学工作。

A. 三年　　B. 五年　　C. 七年　　D. 十年

30. “五项管理”对保证中小学生的睡眠时间提出了要求，即小学生每天必要的睡眠时间不少于________小时，初中生不少于________小时。(　　)

A. 12　10　　B. 12　9　　C. 10　9　　D. 9　7

# 第二部分　语文学科专业知识

**二、语言文字运用(本大题共3小题,每小题2分,共6分)**

疫情期间屡屡爆出的一些老年人因没有或不会使用智能手机、无法出示健康码和行程码等通行凭证而被拒之门外或________的消息,凸显了数字鸿沟的客观存在。很多老年人________多种慢性病,需要常年服药。按照国家现行医保制度,每次到医院开药的量是一定的,因此定期往返医院成为很多老年人生活中的常态。网络购物对年轻人驾轻就熟,对缺乏相关软硬件设备和知识的老年人而言,也是倍感艰难,因此老年人购物更愿意到商店或超市,觉得这样才买得踏实放心。疫情期间根据疫情防控要求所进行的社区封闭管理、"非必要不出门"、线上服务增加以减少接触的要求,给习惯了排队挂号、窗口购票、现金购物等传统生活方式而不会使用智能手机预约挂号、网络约车、移动支付、在线购物的老年人带来了极大的不便,甚至影响其身心健康。疫情防控常态化的背景下,(　　),为其保留一扇人工窗口、一条人工通道已成为体现文明温度的常态化做法。________,政府更加重视互联网应用的适老化改造和普及,提倡社区"数字培训"和家庭"数字反哺",着力解决老年人出行难和就医难等问题。2021年,中国50岁及以上网民所占比例为28%,比2020年同期增长了5.2个百分点。这些________数字鸿沟的举措将帮助老年人群体尽快融入信息时代的数字化生活,提升老年人的生活质量和满意度。

31. 下列词语填入文中横线上,最恰当的一组是(　　)

A. 如履薄冰　遭受　所以　弥补　　B. 进退维谷　沾染　或者　减轻

C. 举步维艰　罹患　此外　弥合　　D. 步履艰难　蒙受　倘若　修复

32. 补写到文中括号处最恰当的一句是(　　)

A. 考虑到老年人的特殊需求　　B. 老年人更应加强个人防护

C. 应对我国老龄化问题加剧　　D. 更要重点关注的劣势群体

33. 文中画横线的句子有语病,修改恰当的一项是(　　)

A. 年轻人对网络购物驾轻就熟,却让缺乏相关软硬件设备和知识的老年人倍感艰难

B. 年轻人驾轻就熟的网络购物,却让缺乏相关软硬件设备和知识的老年人倍感艰难

C. 网络购物对年轻人驾轻就熟,对缺乏相关软硬件设备和知识的老年人,却是倍感艰难

D. 网络购物对年轻人驾轻就熟,对缺乏相关软硬件设备和知识的老年人也是倍感艰难

**三、论述类文本阅读(本大题共2小题,每小题2分,共4分)**

由于缺乏相关史料,学界对花朝节起源莫衷一是。明代学者彭大翼在《山堂肆考》中记载:"唐武则天花朝日游园,令宫女采百花,和米捣碎,蒸糕以赐近臣。"但此文献并非唐人所记,花朝节起源于唐代一说尚需存疑。

如果单就"花朝"一词而论,早在魏晋南北朝时期就已出现。南梁皇帝萧绎《春别应令》诗云:"昆明夜月光如练,上林朝花色如霰。花朝月夜动春心,谁忍相思不相见。"到了唐代,"花朝"在文人雅士的笔下更是频频出现。例如,白居易"春江花朝秋月夜,往往取酒还独倾";李商隐"樽空花朝,灯尽夜室";方干"花朝连郭雾,雪夜隔湖镜"等。在魏晋南北朝至唐代的诗文中,"花朝"多指"花开的清晨",也可引申为"美好的时辰",并非明确代指花朝节。

及至宋代,花朝节才明确作为节日为时人所记,南宋吴自牧《梦粱录》中"二月望"一条有载:"仲春十五日为花朝节,浙间风俗,以为春序正中,百花争放之时,最堪游赏。"由此可见,花朝节的正式确立不晚于南宋。除了农历二月十五日,历史上还有以二月初二或者十二日为节期的情况,可能由于各个历史时期以及各个地方的气候不同,花朝节具体日期也不一。

元明清时期,花朝节的影响继续扩大。相较于前代的踏春赏花,这一时期的花朝节又有了祭祀花神的内涵。后世有学者将祭祀花神认定为花朝节的起源,或与元代之后花神庙的大量兴建相关。元以降的很多志书都提及,农历二月十二日为百花生日,是日花农"争于花神庙陈牲献乐,以祝神釐"。清人蔡云《咏花朝》诗云:"百花生日是良辰,未到花期一半春。万紫千红披锦绣,尚劳点缀贺花神。"此诗描述的,正是旧时江南祭祀花神的盛况。

"花朝"最初的释义便是"花开的清晨""美好的时辰"。逢此良辰美景,自当赋诗以记之。文人雅士花朝集会的传统,一直到晚清还在延续。诚如清末诗人陈衍《石遗室诗话》所记,"过人日、花朝、寒食、上巳之类,世所为良辰者,择一目前名胜之地,挈茶果饼饵集焉。晚则寓于寓斋若酒楼,分纸为即事诗,五七言古近体听之。次集则必易一地,汇交前集之诗,互相品评为笑乐"。

踏春赏花是花朝节最原始、最基本的风俗。花朝当日,二三少女结伴而行,"寻芳幽径去,拾翠(意为拾取翠鸟羽毛为首饰,后多指妇女游春)曲堤回"。在游春过程中,她们还会参加赏红、扑蝶等活动。赏红在杭州被称为"挂红"。每逢农历二月十五,当地女子会将红布条挂满各类花树,以增添节日氛围。扑蝶是花朝节的重头戏。"扑蝶"之俗由来已久,在唐代画家周昉《簪花仕女图》中,有一女子"踟躇花间,手持蝴蝶",可见时人已懂扑蝶之乐。至于明清,扑蝶已成为花朝节的重要活动。明代戏曲家汤显祖《花朝》诗云:"妒花风雨怕难销,偶逐晴光扑蝶遥。一半春随残夜醉,却言明日是花朝。"清代小说家曹雪芹在《红楼梦》第二十七回描述的交芒种节场景,化用了花朝节的文化内核,"宝钗扑蝶"也成为了脍炙人口的故事。

我国是一个农业大国,历朝历代皆重春耕。作为春日节令的花朝节,也有着许多与农事相关的习俗。除了前文所述的祭祀花神,还有劝农耕垦、占卜收成、种花挑菜等。古人认为在花朝节种花植菜,更易成活。浙江绍兴等地农民会在花朝当日种植瓜茄诸菜与桑麻。而所谓的"挑菜",就是采撷野菜。花朝前后,正是白蒿、荠菜鲜嫩之时,这对于食物不甚丰富的古代百姓来说,乃是天赐佳肴。

1925年3月7日(农历二月十三日),上海世界书局发行的《红玫瑰》杂志第32期专门开设"百花生日号"专刊,纪念已远离普通民众生活的花朝节。可见当时花朝节的影响尚在,但已不复往昔。鸦片战争之后,中国逐步成为半殖民地半封建社会,长年战乱导致民不聊生,百姓无心花事。此外,伴随列

强入侵，西方文化也挤占了我国传统文化的生存空间，致使花朝节俗被人淡忘。

近年来，随着我国对中华优秀传统文化传承工作日益重视，每逢农历二月，各地也开始举办以花朝节为主题的文化活动，浙江、湖北、福建等地更是将花朝节列入省级非物质文化遗产保护名录。例如，2021年杭州西溪花朝节以“开放融合 共享幸福”为主题，在移步换景的赏花步道上，给游客普及中草药知识，赋予了花朝健康养生的节日内涵。此外，汉服巡游也是历年西溪花朝节的必备活动，随着汉服等国潮元素日渐受到年轻人青睐，这项活动也增强了花朝节在这一群体中的影响力。有学者认为，花朝节文化活动的开展要以学术研究为根基，而学术研究的首要工作便是文献集成。他建议将与花朝节相关的历史文献结集出版，并建立数据库。在此基础上，推出《花朝节诗词鉴赏》《花朝节书画谱录》等类书，甚至设立“花朝学”这一专门学科。

文化是一个国家和民族在长期发展过程中积累起来的精神财富，是维系国家和民族生生不息的精神命脉。在当前建设文化强国背景下，重焕花朝节文化魅力，正当其时。

（有删改）

34. 下列对原文理解和分析，正确的一项是（　　）

A. 花朝节早在魏晋南北朝时期就已形成，直至宋代，才明确作为节日为时人所记。

B. 由于气候不同，我国各个地方的花朝节的具体日期也不一，一般为农历二月十二。

C. 花朝节作为春日节令，也有劝农耕垦、占卜收成、种花挑菜等与农事相关的习俗。

D. 常年战乱和文化入侵致使花朝节逐渐衰落，鸦片战争之后，其影响已不复存在。

35. 下列对原文论证的相关分析，不正确的一项是（　　）

A. 文章从溯源、习俗和传承三个角度论述了花朝节文化的魅力和重要性，并引用大量诗文作为论据。

B. 文章引用诗人陈衍《石遗室诗话》中的记载，论证了晚清时期还延续着文人雅士花朝集会的传统。

C. 文章采用举例论证的方式，以杭州西溪花朝节开展普及中草药知识和汉服巡游活动的例子，论述了花朝节文化与现代生活融合的有效路径。

D. 文章采用“分—总”的论述结构，前文以时间为线，是并列式结构，最后一段进行总结，并提出“重焕花朝节文化魅力，正当其时”的论点。

## 四、文学类文本阅读（本大题共3小题，共10分）

### 头发的故事

鲁　迅

星期日的早晨，我揭去一张隔夜的日历，向着新的那一张上看了又看地说：“阿，十月十日，——今天原来正是双十节[①]。这里却一点没有记载！”

我的一位前辈先生N，正走到我的寓里来谈闲天，一听这话，便很不高兴地对我说：“他们对！他们不记得，你怎样他；你记得，又怎样呢？”

这位N先生本来脾气有点乖张，时常生些无谓的气，说些不通世故的话。当这时候，我大抵任他自言自语，不赞一词；他独自发完议论，也就算了。

他说：“我最佩服北京双十节的情形。早晨，警察到门，吩咐道‘挂旗！’‘是，挂旗！’各家大半懒洋洋地踱出一个国民来，撅起一块斑驳陆离的洋布[②]。这样一直到夜，——收了旗关门；几家偶然忘却的，便挂到第二天的上午。他们忘却了纪念，纪念也忘却了他们！我也是忘却了纪念的一个人。倘使纪念起来，那第一个双十节前后的事，便都上我的心头，使我坐立不稳了。多少故人的脸，都浮在我眼前。几个少年辛苦奔走了十多年，暗地里一颗弹丸要了他的性命；几个少年一击不中，在监牢里身受一个多月的苦刑；几个少年怀着远志，忽然踪影全无，连尸首也不知那里去了。他们都在社会的冷笑恶骂迫害倾陷里过了一生；现在他们的坟墓也早在忘却里渐渐平塌下去了。我不堪纪念这些事。我们还是记起一点得意的事来谈谈罢。”

N忽然现出笑容，伸手在自己头上一摸，高声说：“我最得意的是自从第一个双十节以后，我在路上走，不再被人笑骂了。老兄，你可知道头发是我们中国人的宝贝和冤家，古今来多少人在这上头吃些毫无价值的苦呵！我们的很古的古人，对于头发似乎也还看轻。据刑法看来，最要紧的自然是脑袋，所以大辟是上刑；至于髡，那是微乎其微了，然而推想起来，正不知道曾有多少人因为光着头皮便被社会践踏了一生世。我们讲革命的时候，大谈什么扬州三日，嘉定屠城[③]，其实也不过一种手段；老实说：那时中国人的反抗，何尝因为亡国，只是因为拖辫子。顽民杀尽了，遗老都寿终了，辫子早留定了，洪杨[④]又闹起来了。我的祖母曾对我说，那时做百姓才难哩，全留着头发的被官兵杀，还是辫子的便被长毛杀！”

N两眼望着屋梁，似乎想些事，仍然说：“谁知道头发的苦轮到我了。我出去留学，便剪掉了辫子，这并没有别的奥妙，只为他不太便当罢了。不料有几位辫子盘在头顶上的同学们便很厌恶我；监督也大怒，说要停了我的官费，送回中国去。不几天，这位监督却自己被人剪去辫子逃走了。去剪的人们里面，一个便是做《革命军》的邹容，这人也因此不能再留学，回到上海来，后来死在西牢里。你也早已忘却了罢？”

N收回目光望向我，继续他的絮叨：“过了几年，我的家景大不如前，非谋点事做便要受饿，只得也回到中国来。我一到上海，便买定一条假辫子，那时是二元的市价，带着回家。我的母亲倒也不说什么，然而旁人一见面，便都首先研究这辫子，待到知道是假，就一声冷笑，将我拟为杀头的罪名；有一位本家，还预备去告官，但后来因为恐怕革命党的造反或者要成功，这才中止了。我想，假的不如真的直截爽快，我便索性废了假辫子，穿着西装在街上走。一路走去，一路便是笑骂的声音，有的还跟在后面骂：‘这冒失鬼！’‘假洋鬼子！’我于是不穿洋服了，改了大衫，他们骂得更厉害。在这日暮途穷的时候，我的手里才添出一支手杖来，拼命地打了几回，他们渐渐的不骂了，只是走到没有打过的生地方还是骂。”

N用胳膊在空中比画着手杖,说:"宣统初年,我在本地的中学校做监学,同事是避之惟恐不远,官僚是防之惟恐不严,我终日如坐在冰窖子里,如站在刑场旁边,其实并非别的,只因为缺少了一条辫子!有一日,几个学生忽然走到我的房里来,说,'先生,我们要剪辫子了。'我说,'不行!''有辫子好呢,没有辫子好呢?''没有辫子好……''你怎么说不行呢?''犯不上,你们还是不剪上算,——等一等罢。'他们不说什么,撅着嘴唇走出房去,然而终于剪掉了。呵!不得了了,人言啧啧了;我却只装作不知道,一任他们光着头皮,和许多辫子一齐上讲堂。然而这剪辫病传染了;第三天,师范学堂的学生忽然也剪下了六条辫子,晚上便开除了六个学生。这六个人,留校不能,回家不得,一直挨到第一个双十节之后又一个多月,才消去了犯罪的火烙印。阿,造物的皮鞭没有到中国的脊梁上时,中国便永远是这一样的中国,决不肯自己改变一支毫毛!……"

N愈说愈离奇了,但一见到我不很愿听的神情,便立刻闭了口,站起来取帽子。

我说:"回去么?"

他答道:"是的,天要下雨了。"

我默默地送他到门口。

他戴上帽子说:

"再见!请你恕我打搅,好在明天便不是双十节,我们统可以忘却了。"

(有删改)

【注】①双十节:1911年10月10日,孙中山领导的革命党举行了武昌起义(辛亥革命),次年1月1日建立"中华民国",9月28日临时参议院议决10月10日为国庆纪念日,又称"双十节"。②斑驳陆离的洋布:辛亥革命后至1927年这一时期中国的国旗,也叫五色旗(红、黄、蓝、白、黑五色横列)。③扬州三日,嘉定屠城:指清顺治二年清军攻破扬州、占领嘉定后进行大屠杀。④洪杨:洪,指洪秀全(1814—1864),广东花都区人;杨,指杨秀清(1820—1856),广西桂平人。二人都是太平天国的领袖。

36. 简析文中画线句表达效果。(4分)

(1)几个少年辛苦奔走了十多年,暗地里一颗弹丸要了他的性命;几个少年一击不中,在监牢里身受一个多月的苦刑;几个少年怀着远志,忽然踪影全无,连尸首也不知那里去了。

(2)N忽然现出笑容,伸手在自己头上一摸,高声说。

37.《头发的故事》以"我"和N先生的对话展开——与其说是对话,不如说是N先生的自言自语,这样的表达有何作用?(3分)



38. 本文揭示了什么样的主题思想?请简要分析。(3分)

五、文言文阅读(本大题共4小题,共10分)

何进与袁绍谋诛宦官,何太后不听,进乃召董卓,欲以兵胁太后。曹操闻而笑之,曰:"阉竖之官,古今宜有,但世主不当假之以权宠,使至于此。既治其罪,当诛元恶,一狱吏足矣,何必纷纷召外将乎?欲尽诛之,事必宣露,吾见其败也。"卓未至而进见杀。

袁尚、袁熙奔辽东,尚有数千骑。初,辽东太守公孙康恃远不服,及操破乌丸,或说操遂征之,尚兄弟可擒也。操曰:"吾方使康斩送尚、熙首来,不烦兵矣。"九月,操引兵自柳城还,康即斩尚、熙,传其首。诸将问其故,操曰:"彼素畏尚等,吾急之则并力,缓之则相图,其势然也。"

曹公之东征也,议者惧军出,袁绍袭其后,进不得战而退失所据。公曰:"绍性迟而多疑,来必不速。刘备新起,众心未附,急击之,必败。此存亡之机,不可失也。"卒东击备。田丰果说绍曰:"虎方捕鹿,熊据其穴而啖其子,虎进不得鹿,而退不得其子。今操自征备,空国而去,将军长戟百万,胡骑千群,直指许都,捣其巢穴。百万之师自天而下,若举炎火以焦飞蓬,覆沧海而沃漂炭,有不消灭者哉?兵机变在斯须,军情捷于桴鼓。操闻,必舍备还许,我据其内,备攻其外,逆操之头必悬麾下矣!失此不图,操得归国,休兵息民,积谷养士。方今汉道陵迟,纲纪弛绝,而操以枭雄之资,乘跋扈之势,恣虎狼之欲,成篡逆之谋,虽百道攻击,不可图也。"绍辞以子疾,不许。丰举杖击地曰:"夫遭此难遇之机,而以婴儿之故失其会,惜哉!"

安定与羌胡密迩,太守毋丘兴将之官,公戒之曰:"羌胡欲与中国通,自当遣人来,慎勿遣人往!善人难得,必且教羌人妄有请求,因以自利。不从,便为失异俗意;从之则无益。"兴佯诺去。及抵郡,辄遣校尉范陵至羌,陵果教羌使自请为属国都尉。公笑曰:"吾预知当尔,非圣也,但更事多耳。"

操明于翦备,而汉中之役,志盈得陇,纵备得蜀,不用司马懿、刘晔之计,何也?或者有天意焉?

39. 下列对加点词的解释,不正确的一项是(　　)(2分)

A. 卓未至而进见杀　见:被　　B. 不烦兵矣　烦:劳烦

C. 绍辞以子疾,不许　许:答应　　D. 但更事多耳　更:更加

40. 下列加点字用法及含义相同的一项是(　　)(2分)

A. ①欲以兵胁太后　②而以婴儿之故失其会

B. ①使至于此　②军情捷于桴鼓

C. ①但世主不当假之以权宠　②或说操遂征之

D. ①绍性迟而多疑　②覆沧海而沃漂炭

41. 下列对文本内容分析和理解，不正确的一项是(　　)(2分)

A. 宦官弄权，何进与袁绍计划诛杀宦官，何太后反对并打算召董卓进京，以利用董卓的兵力协助自己。

B. 从曹操预见何进失败，认定公孙康会斩首袁尚、袁熙，可看出他是一个深谋远虑、能洞知别人心理的人。

C. 袁绍鼠目寸光，优柔寡断，谋士田丰劝说他偷袭曹操，他却以儿子生病为由没有出兵，而错失消灭曹操的良机。

D. 曹操告诫毋丘兴遵守与羌的处世之道，毋丘兴不听，仍然派遣校尉范陵到羌人部落，范陵果然教羌使自己请求当属国校尉，曹操对这一结果也是早有预料。

42. 把文中画线句翻译成现代汉语。(4分)

(1)彼素畏尚等，吾急之则并力，缓之则相图，其势然也。

(2)虎方捕鹿，熊据其穴而啖其子，虎进不得鹿，而退不得其子。

## 六、古代诗歌阅读(本大题共6分)

**秋夜寄僧**

欧阳詹

尚被浮名诱此身，今时谁与德为邻。

遥知是夜檀溪上，月照千峰为一人[注]。

【注】一人：指的是弘济上人。

43. 本诗运用了什么表达技巧？表达了什么情感？请简析。(6分)

## 七、名篇名句默写(本大题每空1分，共4分)

44. (1)《劝学》在阐述学习要专心致志的道理时，用“蚓”和“蟹”进行对比，后者虽“____________”，却“____________”，是“用心躁也”。

(2)苏轼《赤壁赋》中用“____________，____________”感叹生命短暂而渺小，成语“沧海一粟”由此演化而来。



## 八、写作题(本大题共30分)

45. “守少则固，力专则强”专注不是局限住视野，其本质是剪去人生之树上不必要的“枝丫”，主干才能充分吮吸养分，向上生长，枝繁叶茂。人的精力十分有限，要沉下心专注于一件事，定能取得辉煌的成就。南仁东24年甘坐“冷板凳”，打造出世界最大的单口径射电望远镜；黄旭华隐姓埋名30载，成功研制了中国第一代核潜艇，为中国海基核力量实现从无到有的历史性跨越做出了卓越贡献；林俊德52年坚守罗布泊，参与了中国全部的45次核试验任务……像这样的榜样还有很多，他们志向高远，撇开焦虑和诱惑的杂音，守住宁静，专一于为国家强大奋斗不息，贡献所能，终让一切浮华黯然失色，成为独好风景。

阅读以上材料，你有什么样的理解和感悟？请结合实际，写一篇文章。

要求：①自选角度，自拟题目；②除诗歌外，文体不限；③不少于800字；④不可抄袭，不可套作。

# 2021年江西省教师招聘考试真题试卷(精编)(五)

## 初中语文

(满分100分)

本套试卷共57小题,分为两部分。第一部分客观题,包括单项选择题(50小题);第二部分主观题,包括古诗文填空(4小题)、简答题(1小题)、诗歌鉴赏题(1小题)、教学设计题(1小题)。目前已收录46小题。

## 第一部分 客观题

### 一、单项选择题(本大题共39小题,每小题1分,共39分)

1.《义务教育语文课程标准》(2011年版)明确指出:"阅读说明性文章,能抓住要点,了解文章的基本说明方法。"这是(　　)学段要求。

A. 第一　　B. 第二　　C. 第三　　D. 第四

2. 下列不符合《义务教育语文课程标准》(2011年版)关于7~9年级目标和内容要求的一项是(　　)(易错)

A. 能熟练地使用字典、词典独立识字,会用多种检字方法。累计认识常用汉字3500个左右。

B. 养成默读习惯,有一定的速度,阅读一般的现代文,每分钟不少于500字。能较熟练地运用略读和浏览的方法,扩大阅读范围。

C. 学会制订自己的阅读计划,广泛阅读各种类型的读物,课外阅读总量不少于260万字,每学年阅读两三部名著。背诵优秀诗文80篇(段)。

D. 作文每学年一般不少于14次,其他练笔不少于1万字,45分钟能完成不少于600字的习作。

3. 以下选项不符合《义务教育语文课程标准》(2011年版)关于阅读的评价的一项是(　　)

A. 诵读的评价,重在提高学生的诵读兴趣,增加积累,发展语感,加深体验和领悟。在不同学段,可在诵读材料的内容、范围、数量、篇幅、类型等方面逐渐增加难度。

B. 文学作品阅读的评价,着重考察学生感受形象、体验情感、品味语言的水平。

C. 评价学生阅读古代诗词和浅易文言文,重点考察学生的记诵积累、词法、句法,考察他们能否凭借注释和工具书理解诗文大意。

D. 略读的评价,重在考察学生能否把握阅读材料的大意。浏览的评价,重在考察学生能否从阅读材料中捕捉有用信息。



4. 下列加点字的注音全部正确的一项(　　)(常考)

A. 雾霭(ǎi)　迁徙(xǐ)　惟余莽莽(wéi)　怒不可遏(è)

B. 分歧(qí)　砾石(lì)　安营扎寨(zā)　自吹自擂(léi)

C. 纤维(qiān)　黄晕(yùn)　恍然大悟(wù)　斗方大字(dǒu)

D. 收敛(liǎn)　棱镜(líng)　摧枯拉朽(xiǔ)　当之无愧(dāng)



5. 下列短语结构完全相同的一项是(　　)(易错)

A. 南昌起义　久久驻足　石破天惊　初心使命

B. 直指苍穹　扣动扳机　不畏难险　坚定信念

C. 石块崩裂　步枪扳机　敢于斗争　必胜信念

D. 一座雕塑　一筹莫展　一只大手　一把步枪

6. 下列句子填在横线处最恰当的一项是(　　)

元代,年近八十的黄公望游历至富春江,感慨于这里的山水美景,于是长住下来,绘就了被誉为"画中之兰亭"的《富春山居图》。画卷上,天地静穆,远山微茫,江阔波渺,村舍茅亭之间,樵夫钓客的身影参差隐现,弥漫着萧散淡泊的诗意。________。

A. 凭借艺术的非凡力量,大自然之美获得了永恒的生命。

B. 艺术凭借非凡力量,使大自然之美获得了永恒的生命。

C. 大自然之美获得了永恒的生命,源于非凡的艺术力量。

D. 大自然之美获得了永恒的生命,释放出了非凡的艺术力量。

阅读下列文字,回答7~9题。

只要在乡村生活过,有谁不怀念村庄上空那袅袅升起的炊烟?袅袅的炊烟,在房屋的脊梁上盘旋,在树梢的鸟巢旁飘荡,在胡同的拐角里踱步,最后都凝聚成片片朦胧的烟霞。那温暖的烟霞里,有母亲的呼唤,有奶奶的目光,也有父亲洪钟般的声音。

有多久没看到过炊烟了?城市里没有炊烟,城市里用的是液化气,即使有了些许炊烟,也是有害气体,是不会让人留恋的。况且,城市里的人们,也没时间留意炊烟,大家都匆匆忙忙,谁会有时间在意稍纵即逝的炊烟?炊烟只属于宁静的乡村,也只属于浑厚的黄土地。没有风的时候,炊烟是一棵树。__①__,家家的炊烟刚刚冒上房顶,就迅速汇集成一片片灰色的云,飘浮到村庄上空,最后都消失在无边的旷野里。其实,无论是无风的时候,还是有风的时候,乡村上空的炊烟__②__,像飞流直下的瀑布,像艳丽多彩的锦缎,像婀娜多姿的少女,像飘忽散淡的烟霞。可是炊烟与画卷又不同,因为炊烟里还有母亲殷殷的目光,更有麦子的香味。

7. 文中使用了哪些修辞手法?下列说法正确的一项是(　　)

A. 拟人　借代　夸张　　B. 排比　设问　拟人

C. 排比　比喻　通感　　D. 通感　设问　夸张

8. 在空缺处填入最恰当的一项是(　　)

A. ①如果刮起风就不同了　②就绘成一幅动人的图景

B. ①有风的时候就不同了　②都是一幅动人的画卷

C. ①有风的时候就不同了　②就绘成一幅动人的图景

D. ①如果刮起风就不同了　②都是一幅动人的画卷

9. 文中画横线的句子是病句,下列选项中修改最恰当的一项是(　　)

A. 可是炊烟与画卷又不同,因为炊烟里还有麦子的香味,更有母亲殷殷的目光。

B. 因为炊烟里还有麦子的香味,更有母亲殷殷的目光,所以炊烟与画卷不同。

C. 因为炊烟里有母亲殷殷的目光,更有麦子的香味,所以炊烟与画卷不同。

D. 可是炊烟与画卷又不同,所以炊烟里还有麦子的香味,更有母亲殷殷的目光。

10. 下列汉字说法不正确的一项是(　　)(常考)

A. "没",右半边第二笔是横折弯,要与横折弯钩相区别。

B. "巨",首笔横居上居中,末笔竖折的横段超出第一笔横。

C. "道",先写"辶",捺要长。"辶"三笔写成,第二笔是横折折撇。

D. "灾","一"稍扁,覆盖"火","火"字的第二笔是短撇。

11. 依照画线句,给空缺处补充语句,最恰当的一项是(　　)

诸子争鸣,造纸印刷,筑长城开运河,中国人民具有伟大的创造精神;垦田拓海,抗灾治水,脱贫困奔小康,中国人民具有伟大的奋斗精神;________,中国人民具有伟大的团结精神。

A. 同舟共济,守望相助,建筑文明大国

B. 同舟共济,守望相助,御外侮卫家园

C. 尾生抱柱,季布一诺,建强国谋复兴

D. 开天辟地,逐日奔月,建筑文明大国

12. 下列对下图的创意解释不正确的一项是(　　)

A. 上下的中英文文字,形象生动,体现了北斗系统开放兼容,服务全球的愿景。

B. 太极阴阳鱼,来源于中国儒家文化,表明北斗系统蕴含传统文化。

C. 司南,彰显了中国古代科学技术成就,象征着卫星导航系统星地一体。

D. 网络化地球,喻指北斗系统将为全球网络用户提供定位、导航服务。

13. 根据语境,填在横线上最恰当的一项是(　　)

有一次,林肯正在擦靴子,某外交官不无揶揄地问:"总统先生,你总是擦自己的靴子吗?"林肯不动声色地回答:"________。"

A. 是啊,那你是经常擦谁的靴子呢

B. 是啊,我只擦自己的靴子

C. 是啊,你经常为别人擦靴子吧

D. 是啊,难道你不擦自己的靴子吗

14. 下列改句与原句语意发生变化的一项是(　　)

A. 原句:我们要时时刻刻维护国家的海洋权益,建设海洋强国。
　改句:我们无时无刻维护国家的海洋权益,建设海洋强国。

B. 原句:雨果在信中说:"多谢您(巴特勒)对我的想法予以重视。"
　改句:雨果在信中说多谢巴特勒对他的想法予以重视。

C. 原句:苏轼的生活与创作充满矛盾,因为他曾受各个学说流派的影响,思想较复杂。
　改句:各个学说流派都对苏轼有影响,这使得他的思想较复杂,生活与创作充满矛盾。

D. 原句:作为中国从桥梁大国走向桥梁强国的里程碑之作,英媒《卫报》称港珠澳大桥为"新世界七大奇迹之一"。
　改句:作为中国从桥梁大国走向桥梁强国的里程碑之作,港珠澳大桥被英媒《卫报》称为"新世界七大奇迹之一"。

15. 仔细阅读下图,下列选项中不属于"新零售"的特点的是(　　)

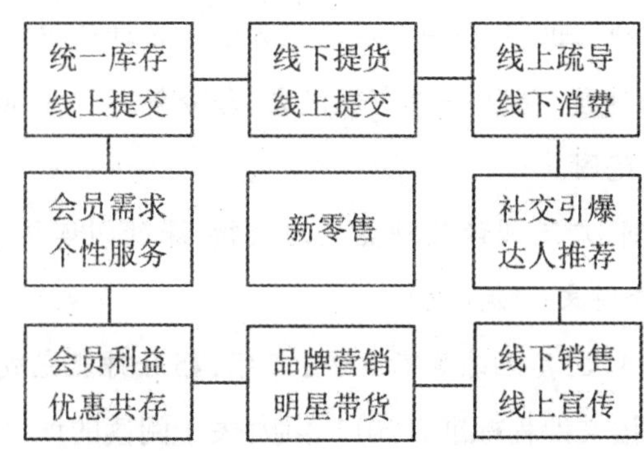


A. 联通线上和线下　　B. 统一库存和物流

C. 提供会员优质服务　　D. 智能、便捷、高效

16. 下列对复句类型解释不正确的一项是(　　)

A. 保护好传统街区,保护好古建筑,保护好文物,就是保存了城市的历史和文脉。(递进复句)

B. 学一点就要笃行一点,真正把"触动"变成"行动",才能从党史中汲取丰富营养。(条件复句)

C. 该书的突出特点是用权威史实讲鲜活故事,既注重了呈现历史脉络和趋势,又注重描述历史细节和场景。(并列复句)

D. 马克思主义是随着时代不断发展的开放体系，不是技术类真理，而是开辟了通向真理的道路。（选择复句）

17. 下列句子排序正确的一项是（　　）（常考）

2020年12月8日，中国和尼泊尔联合公布了珠穆朗玛峰最新高程——8848.86米。________，________。________，________。________，________。以水准原点为起点，我国已经利用精密水准测量原理建立了覆盖全国的国家高程基准网，2020年，珠穆朗玛峰最新高程测量综合运用了多种现代测绘技术，全球卫星导航系统（GNSS系统）卫星测量便是其中重要一环。

①我们平时说的高度一般是指某物高出地面多少

②所以要测量珠穆朗玛峰的最新高程

③就要先确定测量的起算面

④而高程是指某物基于平均海水面的高度

⑤我国从1988年1月1日开始采用1985国家高程基准

⑥其起算点为位于青岛观象山上的水准原点

A. ④①②③⑤⑥　　B. ①④⑤⑥②③

C. ①④②③⑤⑥　　D. ④①⑤⑥②③

18. 下面是北山中学学生会为纪念邓小平开展的活动草拟的一则通知初稿，在用语和格式上有三处不恰当，其中修改不正确的一项是（　　）

各年级：

2019年是邓小平同志出生115周年，为纪念这位享有崇高威望的卓越领导人，继承和发扬革命先辈的光荣传统和优良风气，校学生会将于8月22日下午三点在第一学术厅举办以“守初心，担革命”为主题的演讲比赛。届时请组织师生观看比赛。

此致

敬礼！

北山中学学生会

2019年8月20日

A. “出生”改为“诞辰”　　B. “继承和发扬”改为“发扬和继承”

C. “风气”改为“作风”　　D. 删去“此致敬礼”

19. 下面不是这段新闻报道的主干信息的一项是（　　）

“科学也偶像”，科学家精神短视频征集活动由中国科协主办，于2019年5月启动，它以年轻人喜闻乐见的短视频形式，拉近公众和科学的距离。获奖的视频，真实地反映了科研工作者的工作和生活状态。视频中的主人公们，大多数并非传统意义上的科学名人，多是一线科研工作者。他们践行着“爱国、创新、求实、奉献、协同、育人”的科学家精神，向公众传递着他们的精神力量。经网友票选和线上线下两轮专家评审，确定了获奖名单。本次活动在全社会引起了弘扬科学家精神的宣传热潮，网友观看、投票、点赞已超过35亿次。

A. “科学也偶像”科学家精神短视频征集活动启动

B. 主人公多为一线科研工作者

C. 经网友票选和线上线下两轮专家评审确定获奖名单

D. 活动主旨在于弘扬科学家精神

20. 下列文化常识说法不正确的一项是（　　）

A. 万历，是明神宗朱翊钧的年号，明朝使用此年号共48年，为明朝所使用时间最长的年号，帝王年号纪年法是我国古代纪年法之一。

B. 博士，古代学官名，六国时有博士，秦因之。汉武帝设置五经博士，唐代有太学博士，算学博士，皆教授官。明清仍继之，稍有不同。

C. 礼部，中国古代官署之一。北魏始置，隋朝以后为中央行政机构六部之一，掌管五礼之仪制及学校贡举之法等。

D. 出，被调出京城任官职。古代任免或调任官职的词语有很多，“黜”“夺”“罢”与“致仕”“致事”等表示免官。“乞骸骨”“乞归”等表示辞官退休。

21. 下列关于文学常识表述错误的一项是（　　）（常考）

A.《诗经》，我国第一部诗歌总集，由“风、雅、颂”三部分组成，使用“赋、比、兴”的手法。

B.《论语》，记录了孔子及其弟子的言论和行动，由孔子的弟子及再传弟子编撰。孔子，名丘，字仲尼，鲁国人，春秋时期思想家、教育家、文学家，儒家学派创始人。

C.《孟子》，儒家的经典著作之一，被列入“四书五经”，它记载了战国时期思想家孟子的言行，由孟轲及弟子编成。

D.《史记》，我国第一部编年体史书，记载了从黄帝到汉武帝长达三千多年的政治、经济、文化、历史，作者司马迁，字子长，西汉思想家、史学家、文学家。

22. 下列对《葬花吟》表述不正确的一项是（　　）

愿侬此日生双翼，随花飞到天尽头。
天尽头，何处有香丘？
未若锦囊收艳骨，一抔净土掩风流。
质本洁来还洁去，强于污淖陷渠沟。
尔今死去侬收葬，未卜侬身何日丧？
侬今葬花人笑痴，他年葬侬知是谁？
试看春残花渐落，便是红颜老死时！
一朝春尽红颜老，花落人亡两不知！

A.《葬花吟》选段表达了林黛玉在幻想自由幸福而不可得时的失落与绝望,到生命的最后都是"花落人亡两不知",希望能够"质本洁来还洁去",而不被世俗污染。

B."侬今葬花人笑痴,他年葬侬知是谁?""一朝春尽红颜老,花落人亡两不知!"表达了林黛玉心中绵绵的悲苦,也暗示了贾氏家族终将走向衰败的结局。

C.全诗抒情淋漓尽致,语言如泣如诉,声声悲音,字字血泪,满篇无一字不是发自肺腑,无一字不是血泪凝成,把林黛玉对身世遭遇的感叹表现得入木三分。

D.贾府众女子在清明节祭花神时,林黛玉独对百花凋落的春景,拟成这首葬花词。这首诗仿效初唐体的歌行体,名为悲叹落花飘零无依,实则写人对时光流逝的无奈。

23.下列造字法相同的一项是(　　)(易错)

A.雨　泉　瓜　舟　　B.本　朱　刃　从

C.武　取　涉　绳　　D.辫　耕　匣　森

24.下列各句朗读节奏划分不正确的一项是(　　)

A.君与家君/期日中　　B.食马者/不知其能千里而食也

C.环而攻之/而不胜　　D.邻人京城氏之孀/妻有遗男

25.文中画横线句子节奏划分正确的一项是(　　)

楚庄王欲伐越,庄子谏曰:"王之伐越,何也?"曰:"政乱兵弱。"庄子曰:"臣患智之如目也,能见百步之外而不能自见其睫。王之兵自败于秦晋丧地数百里此兵之弱也庄跻为盗于境内而吏不能禁此政之乱也。"

A.王之兵自败于秦晋/丧地数百里/此兵之弱也/庄跻为盗于境内/而吏不能禁/此政之乱也。

B.王之兵/自败于秦晋/丧地数百里/此兵之弱也/庄跻为盗于境内/而吏不能禁/此政之乱也。

C.王之兵自败于秦晋/丧地数百里/此兵之弱也/庄跻为盗/于境内而吏不能禁/此政之乱也。

D.王之兵自败/于秦晋丧地数百里/此兵之弱也/庄跻为盗/于境内而吏不能禁此政之乱也。

26.下列句子加点字解释不正确的一项是(　　)

A.不亦说乎　　说:通"悦",愉快

B.略无阙处　　阙:通"缺",缺少

C.军士吏被甲,锐兵刃　　被:通"披",穿着

D.卜者知其指意　　指:通"旨",意图

27.下列句子加点字意思相同的一项是(　　)

A.①顾野有麦场　　②元方入门不顾

B.①策之不以其道　　②不足为外人道

C.①人恒过,然后能改　　②及鲁肃过寻阳

D.①秦王谓唐雎曰　　②予谓菊,花之隐逸者也

28.下列句子中加点词解释不正确的一项是(　　)

A.①与儿女讲论文义(泛指小辈,包括侄儿侄女)　　②率妻子邑人来此绝境(妻子和儿女)

B.①未尝不叹息痛恨于桓、灵(憎恨)　　②越明年,政通人和(第二年)

C.①任意东西(向东或向西)　　②可以为师矣(可以凭借)

D.①尔辈不能究物理(事物道理、规律)　　②牺牲玉帛(祭祀用的纯色全体牲畜)

29.下列加点字与"送杜少府之任蜀州"中的"之"用法相同的是(　　)(常考)

A.吾欲之南海　　B.吾妻之美我者,私我也

C.傒山北之塞　　D.徐以杓酌油沥之

30.下列加点字解释与其他三项不同的是(　　)

A.不以物喜,不以己悲　　B.扶苏以数谏故,上使外将兵

C.以其境过清,不可久居　　D.无从致书以观

31.下列加点字的用法与其他三项不同的一项是(　　)(易错)

A.无丝竹之乱耳,无案牍之劳形。

B.必先苦其心志,劳其筋骨,饿其体肤,空乏其身。

C.闻寡人之耳者。

D.而不知太守之乐其乐也。

32.下列文言句式特点相同的一项是(　　)

①乃入见。问:"何以战?"　　②山峦为晴雪所洗。

③望之蔚然而深秀者,琅琊也。　　④我无尔诈,尔无我虞。

⑤咨臣以当世之事,由是感激。　　⑥本在冀州之南,河阳之北。

⑦当立者乃公子扶苏。　　⑧惟兄嫂是依。

A.①④⑧　　B.②⑥⑦

C.②④⑧　　D.①③⑤

33.下列句子翻译正确的一项是(　　)

A.嗟夫!予尝求古仁人之心,或异二者之为,何哉?

翻译:唉,我曾经探求古代品德高尚的人的心思,有的人不同于这种表现,为什么呢?

B.苍颜白发,颓然乎其间者,太守醉也。

翻译:脸色苍白,头发发白,醉醺醺地坐在人群中间,这是太守喝醉了。

C.其岸势犬牙差互,不可知其源。

翻译:溪岸的形状像犬牙那样交错不齐,不知道它的源头在哪里。

D.舟首尾长约八分有奇,高可二黍许。

翻译:小船从头到尾长八分多一点,高度二分上下。

34. 下列语段画横线的句子翻译不正确的一项是(　　)

东阳马生君则,①在太学已二年,流辈甚称其贤。余朝京师,生以乡人子谒余,②撰长书以为贽,辞甚畅达。与之论辨,言和而色夷。③自谓少时用心于学甚劳,是可谓善学者矣。其将归见其亲也,余故道为学之难以告之。谓余勉乡人以学者,余之志也;④诋我夸际遇之盛而骄乡人者,岂知予者哉?

A. ①在太学里读书已经两年了,前辈们十分称赞他的才能。

B. ②写了一封很长的书信作为见面礼,言辞很顺畅通达。

C. ③自己述说少年时用心学习很勤奋,这可以说是善于学习的了。

D. ④他们诋毁我夸耀自己仕途得意在同乡面前表示骄傲。

35. 下列对课文内容理解不正确的一项是(　　)(常考)

A.《记承天寺夜游》如一篇短小的日记,记述了作者夜游承天寺的经历,创造了一个清幽宁静的艺术境界,传达出作者复杂微妙的心境。

B.《北冥有鱼》节选自《庄子·逍遥游》,是全文开头的一小部分,《逍遥游》主要阐发作者追求绝对精神自由的思想,塑造了"鲲鹏"这一超现实的形象,富有浪漫色彩。

C.《湖心亭看雪》记述了一次湖心亭赏雪的往事,表达了西湖雪中的洁净之美,以及亭上遇人之乐,其中隐含着淡淡的故国之思,故国之悲,读之令人感叹唏嘘。

D.《鱼我所欲也》是孟子论述人性的重要篇章,孟子将"利"与"义"的冲突置于一个两难的境地,阐明了"舍生取义"的道理,他认为人的本性是善良的,提出了"本心"概念。

36.《红楼梦》中,"品格端方,容貌丰美,行为豁达,随分从时"刻画的人物是(　　)

A. 薛宝钗　　B. 林黛玉

C. 王熙凤　　D. 晴雯

37. 下列语句赏析不正确的一项是(　　)(易错)

A."海日生残夜,江春入旧年"作者从炼意着眼,把"日"和"春"作为新生的美好事物的象征,并且用"生"字和"入"字使之拟人化,赋予它们以人的意志和情趣。

B."造化钟神秀,阴阳割昏晓"写远望中所见泰山的神奇秀丽和巍峨高大的形象,"钟"字将大自然写得有神,"割"本是普通字,但用在这里,确是奇险。

C."何夜无月?何处无竹柏?但少闲人如吾两人者耳"寥寥数笔,摄取了一个生活片段,叙事、写景、抒情,又都集中于写人,写人又突出特点"闲"。

D."鸢飞戾天者,望峰息心;经纶世务者,窥谷忘反"写的是山水,用拟人化的动物和人对山水的反应来衬托山水的奇异。



38. 下面是孟浩然的诗歌,这首诗最有可能表示的节气/节日是(　　)

秋空明月悬,光彩露沾湿。
惊鹊栖未定,飞萤卷帘人。
庭槐寒影疏,邻杵夜声急。
佳期旷何许,望望空伫立。

A. 中秋　　B. 重阳

C. 秋分　　D. 立秋

39. 下列对王绩《野望》理解不正确的一项是(　　)

东皋薄暮望,徙倚欲何依。
树树皆秋色,山山唯落晖。
牧人驱犊返,猎马带禽归。
相顾无相识,长歌怀采薇。

A. 诗歌首联"望"字点题,交代时间、地点以及人物心情,"欲何依"化用了曹操的"月明星稀,乌鹊南飞,绕树三匝,何枝可依"。

B. 颔联和颈联承"望"字而来,又紧扣"薄暮",写远望所见到的景色:"树树皆秋色,山山唯落晖"写远景,静态;"牧人驱犊返,猎马带禽归"写近景,动态。

C. 尾联由外物回归自身,首尾呼应,抒发情感,收束全诗,夕阳下景色的宁谧,农人们归家的喜悦,冲淡了诗人心头的忧郁。

D. 这首诗遣词造句朴素自然,意境清新恬淡,一洗齐梁以来的雕饰浮艳之气,开唐代律诗风气之先,沈德潜说"五言律前此失严者多,应以此章为首"。

## 第二部分　主观题

**一、古诗文填空(本大题共4小题,每小题2分,共8分)**

1. 李白在《行路难·其一》一文中,用"________,________"表示自己终将实现远大理想。

2. 李清照《渔家傲》(天接云涛连晓雾)这首诗描写星河绮丽景象的句子是"________";用《庄子·逍遥游》中的典故,表达了词人决心像大鹏鸟一样乘风高飞的句子是"________"。

3.《鱼我所欲也》在讲述了"不食嗟来之食"后,孟子高声放言:"________,________!"

4. 中华民族历来都有干净为官的传统,历代志士都把名节操守看得比自己的生命还重,在《过零丁洋》中"________? ________"表达了文天祥的选择和坚守。

## 二、简答题(本大题共8分)

《义务教育语文课程标准》(2011年版)指出:"写作的评价,应按照不同学段的目标要求,综合考察学生写作水平的发展状况。第一学段主要评价学生的写话兴趣;第二学段是习作的起始阶段,要鼓励学生大胆习作;第三、第四学段要通过多种评价,促进学生具体明确、文从字顺地表达自己的见闻、体验和想法。"请你谈谈如何有针对性地制订初中生写作的评价标准。(8分)



## 三、诗歌鉴赏题(本大题共14分)

阅读秦观的《行香子》这首词,从诗歌的思想内容和艺术特色两个角度写一篇不少于300字的鉴赏性文章。

**行香子**

秦 观

树绕村庄,水满陂塘。倚东风,豪兴徜徉。小园几许,收尽春光。有桃花红,李花白,菜花黄。

远远围墙,隐隐茅堂。飏青旗,流水桥旁。偶然乘兴,步过东冈。正莺儿啼,燕儿舞,蝶儿忙。

## 四、教案设计题(本大题共20分)

请依照《义务教育语文课程标准》(2011年版)的教学要求,为《行香子》这首词设计一个完整的教学简案。

# 2021年广东省广州市花都区教师招聘考试真题试卷(六)

## 中小学语文

(满分100分)

本套试卷共48小题,分为两部分。第一部分公共知识,包括单项选择题(35小题)、多项选择题(5小题)、案例分析题(1小题);第二部分专业知识,包括阅读理解(3小题)、文言文(3小题)、作文(1小题)。

## 第一部分　公共知识

一、单项选择题(本大题共35小题,每小题0.92分,共32.2分)

1. 十九大报告指出,实现伟大梦想,必须建设伟大工程,这个伟大工程就是我们党正深入推进的(　　)新的伟大工程。

A. 党的建设　　B. 改革开放　　C. 脱贫攻坚　　D. 生态建设

2. 十九大报告指出,必须坚持国家利益至上,以________为宗旨,以________为根本。(　　)

A. 国民安全　国土安全　　B. 人民安全　政治安全

C. 政治安全　人民安全　　D. 人民安全　经济安全

3. 实事求是是党的基本思想方法、工作方法、领导方法。坚持实事求是,关键在于"求是",即(　　)

A. 坚持一切从实际出发　　B. 了解实际,掌握实情

C. 探求和掌握事物发展的规律　　D. 勇于实践,善于实践

4. 在新发展理念中,坚持(　　)发展是中国特色社会主义的本质要求。

A. 创造　　B. 统筹　　C. 绿色　　D. 共享

5. 坚持社会主义市场经济改革方向,核心问题是处理好(　　)的关系。

A. 公民和市场　　B. 政府和企业　　C. 政府和市场　　D. 公民和政府

6. 2021年政府工作报告指出,要推动(　　)优质均衡发展和城乡一体化,加快补齐农村办学条件短板,健全教师工资保障长效机制,改善乡村教师待遇。

A. 义务教育　　B. 职业教育　　C. 学前教育　　D. 普通高中教育

7. 周老师经常对迟到、旷课等影响班级评优的学生进行殴打、罚站、罚下蹲、扇嘴巴等。学校多次对其劝诫,但周老师拒不改正。根据我国《教师法》的规定,学校可以对周老师给予相应的处分,其中不包括(　　)

A. 解聘　　B. 警告　　C. 记过　　D. 罚款



8. 预防未成年人犯罪,应当结合未成年人不同年龄的生理、心理特点,加强(　　)、心理关爱、心理矫治和预防犯罪对策的研究。

A. 法制教育　　B. 青春期教育　　C. 道德教育　　D. 政治教育

9. 初三学生陈某沉迷网络,无故夜不归宿、离家出走。学校可以根据情况采取相关管理教育措施,其中不包括(　　)

A. 予以训导　　B. 要求参加校内服务活动

C. 要求参加特定的专题教育　　D. 责令具结悔过

10. 张老师在教学中带头践行社会主义核心价值观,弘扬真善美,传递正能量。张老师遵循了(　　)的教师职业行为准则。

A. 坚定政治方向　　B. 传播优秀文化

C. 自觉爱国守法　　D. 坚持言行雅正

11. 疫情防控期间,学生不适宜到学校领取成绩单,某地一小学便通知家长去班主任家里领取,班主任邵老师于是在微信群里发了消息:"家长们,别人欠钱给的大米,需要的话帮销一点。"不少家长都顺便买了米。邵老师的做法:(　　)

A. 正确,家长买米纯粹是自愿行为

B. 正确,班主任利用业余时间为家长提供了便利

C. 错误,违背了坚守廉洁自律的教师职业行为准则

D. 错误,违背了规范从教行为的教师职业行为准则

12. 某教师在备课时设置的"当讨论有关小煤窑瓦斯爆炸事件时,学生应能积极表达自己关注生命等观点"这一目标属于教学情感目标中的(　　)

A. 接受和反应　　B. 价值体系个性化

C. 形成价值观念　　D. 组织价值观念系统

13. 下列哪种类型的板书可根据需要,灵活地突出课文的某一部分或某种思想,增强针对性,以使学生把握学习重点。同时,它也是教师在有丰富经验的基础上,充分发挥聪明才智的主要板书手段。(　　)

A. 内容式板书　　B. 强调式板书　　C. 设问式板书　　D. 序列式板书

14. 加涅将学习的过程分为八个阶段,在(　　)中,为了促进学习迁移,教师必须让学生在不同情境中学习,并给学生提供在不同情境中提取信息的机会。

A. 回忆阶段　　B. 习得阶段　　C. 反馈阶段　　D. 概括阶段

15. 小学科学教师在讲解完《地表变化带给我们的信息》一课后,问道:"读了魏格纳的故事,你从他身上学到了什么?"这种课堂提问类型属于(　　)

A. 开放式提问　　B. 封闭式提问　　C. 爬梯式提问　　D. 举例式提问

16. 杜威认为，教育目的只存在于“教育过程以内”，不存在“教育过程以外”的目的。该观点体现的教育目的价值取向是(　　)

A. 社会本位论　　B. 个人本位论

C. 宗教本位论　　D. 教育无目的论

17. 赫尔巴特将教学过程分为四个阶段，学生在课堂上学会了测量，课后自己拿工具去进行路段测量属于其中的(　　)

A. 联想　　B. 明了　　C. 系统　　D. 方法

18.《礼记·学记》的“君子如欲化民成俗，其必由学乎”“是故，古之王者，建国君民，教学为先”主要体现了教育的(　　)

A. 经济功能　　B. 文化功能　　C. 政治功能　　D. 个体发展功能

19. 教师在组织课程内容时，对于某些重要的，在教材各个部分重复涉及的内容，要不断增加其广度与深度，即后面出现的内容应该是在更高层次上进行探讨，而不仅仅停留在同一水平的重复。这体现了课程内容的组织原则是(　　)

A. 顺序性原则　　B. 连续性原则　　C. 整合性原则　　D. 点拨性原则

20. 王老师觉得身边的共产党员都很优秀，又能为大家服务，所以很努力地要加入党组织。这属于态度与品德形成过程中的(　　)

A. 依从　　B. 内化　　C. 认同　　D. 逆反

21. 德育模式中的(　　)认为，与人友好相处是人类的基本需要，帮助学生满足这种需要是教育的职责。

A. 认知模式　　B. 体谅模式

C. 价值澄清模式　　D. 社会模仿模式

22. 数学教师向小明提出，如果这次月考考试成绩有进步，就免去他每天多做三道试题的任务。根据斯金纳的强化理论，这属于(　　)

A. 正强化　　B. 负强化　　C. 正惩罚　　D. 负惩罚

23. 有些学生学习了分数乘法后，再去进行分数加减法计算时，竟然将分子与分子，分母与分母分别相加减。这属于(　　)

A. 逆向负迁移　　B. 逆向正迁移　　C. 顺向正迁移　　D. 顺向负迁移

24. 某学生在记忆“公元前525年波斯征服埃及，636年阿拉伯与拜占庭会战”这两个历史事件的时间时，进行了灵活的信息处理，即两个事件的年份都是前一个数字的平方等于后两位数。该学生运用的学习策略属于(　　)

A. 计划策略　　B. 组织策略

C. 精细加工策略　　D. 资源管理策略



25. 学生高某在解决问题的过程中，能在较短的时间内考虑可供选择的多个方案、假设，表现出思维不受阻滞的特点。这说明高某的思维具有(　　)

A. 探究性　　B. 变通性　　C. 流畅性　　D. 独创性

26. 有些学生被老师叫起来回答问题时，对平时已掌握的内容都想不起来，坐下后却又突然想起来了。这种现象体现的遗忘理论是(　　)

A. 动机说　　B. 同化说

C. 记忆痕迹衰退说　　D. 提取失败说

27. 某学生根据朱自清在《荷塘月色》对江南采莲旧俗的描述，想象出一幅采莲的欢乐场面。这类想象属于(　　)

A. 幻想　　B. 空想　　C. 创造想象　　D. 再造想象

28. 某学生偏科严重，不喜欢英语这门学科，但为了在高考中取得好成绩，即使不喜欢该门学科也会认真听老师讲课。这类注意属于(　　)

A. 无意注意　　B. 无意后注意　　C. 有意注意　　D. 有意后注意

29. 以文字、概念、逻辑关系为主要对象的记忆属于(　　)

A. 形象记忆　　B. 抽象记忆　　C. 情绪记忆　　D. 动作记忆

30. 某班级群体的共同目标无法完成，班干部号召力不强，学生情绪易波动，正确舆论时强时弱，班级规范不能得到普遍遵守。这种班级群体属于(　　)

A. 松散型　　B. 集团型　　C. 浮动型　　D. 集体型

31. 班级管理是一种有目的、有计划、有步骤的社会活动。这一活动的根本目的是(　　)

A. 实现教育目标，使学生得到充分、全面的发展

B. 提升班主任素质和管理水平

C. 组织开展班会活动，放松学生心情

D. 提高学生成绩和学校升学率

32. 自我中心的学生会因受到伙伴的批评而改变行为，自我控制能力欠缺的学生能够在集体的监督约束下逐步形成自律意识。这体现了班级组织的(　　)

A. 矫正功能　　B. 诊断功能　　C. 导向功能　　D. 促进发展功能

33. 学生个人专长的确定和兴趣的培养、重大转折时期的环境适应和自我心理调节均属于以(　　)为中心的学校心理咨询内容。

A. 教育发展　　B. 校园辅导　　C. 心理治疗　　D. 心理卫生

34. 学校心理素质教育的首要功能是(　　)

A. 开发智力，促进能力发展　　B. 提高德性修养，培养良好品德

C. 促进和维护学生心理健康　　D. 培养主体意识，形成完善人格

35. 心理辅导教师张某在辅导过程中，进入受辅导学生的内心世界，通过他的眼睛看事物，体察他的思想与感受，了解他观察自己与周围世界的方式。张某的行为符合辅导要求中的(　　)

A. 信任　　B. 同感　　C. 真诚　　D. 尊重

## 二、多项选择题(本大题共5小题，每小题1.16分，共5.8分)

36. 下列属于孔子的教育思想的有(　　)

A. 有教无类　　B. 学而优则仕　　C. 温故而知新　　D. 因材施教

37. 十九大报告指出，坚持(　　)有机统一是社会主义政治发展的必然要求。

A. 依法治国　　B. 党的领导　　C. 人民当家作主　　D. 四项基本原则

38. 根据教育部办公厅印发的《中小学教育惩戒规则(试行)》的规定，学生的下列哪些情形中，确有必要的，可以实施教育惩戒?(　　)

A. 小李拒绝参加班级公益服务　　B. 小张欺凌同学，打骂老师

C. 小周扰乱学校教育教学秩序　　D. 小林实施有害他人身心健康的危险行为

39. 下列属于外部学习动机的有(　　)

A. 为了获得老师的表扬而学习英语　　B. 为了与外国人沟通而学习英语

C. 为了满足自己的求知欲而学习英语　　D. 为了将来找到理想的工作而学习英语

40. 下列关于班级授课制的表述，正确的有(　　)

A. 大规模地向全体学生进行教学，有助于提高教学效率

B. 以培养学生的实际操作能力为主，能充分发挥学生的主体性

C. 能保证学习活动循序渐进，并使学生获得系统的科学知识

D. 在实现教学任务上比较全面，有利于学生多方面的发展

## 三、案例分析题(本大题共12分)

**[案例1]**

在一节新课文的学习结束后，语文老师何某请两位学生在黑板上比赛听写学过的五个生字。学生A和学生B积极举手“应战”。结果学生A全对，获得了同学们的掌声，学生B因为只写对了两个，而羞愧地低下了头。见此情景，何老师说道：“B同学虽然只写对了两个，但他刚才第一个举手，而且他的字写得很漂亮，值得同学们学习。相信B同学下次也能全写对。”这时，学生B抬起了头，脸上洋溢着灿烂的笑容……

**[案例2]**

学生伍某属于班上的后进生，数学考试经常不及格，但他酷爱打篮球，经常利用课余时间练习投篮，有时甚至因为太投入而忽略了上课铃声，导致上课总是迟到，刘老师多次对其教育均无效。在一次考试中，伍某认真地做完了每一道题，而且自我感觉良好。当刘老师分析试卷时，伍某一看自己考了75分，分数远比预想中的要高，心里非常高兴，于是和同桌说了几句话。刘老师发现后，走到伍某



身边说：“伍某，你不要太兴奋，别看这次考了75分，但却是第40名，全班倒数第四。”伍某的头立即低了下去，觉得自己考得再好也考不过其他同学，认为自己是个失败者……

41. 结合新课程改革中教育评价的相关理论，评析、比较案例1和案例2中两位教师的做法。

# 第二部分　专业知识

## 四、阅读理解(本大题共3小题，共11分)

推算起来，该是七十年代最后一个雪天。载着新兵的闷罐子列车由东向西，经郑州再向北，过了黄河，便见窗外有几道纺线般的雪絮儿划下来，先是一团一团地在风中旋转，渐渐地有了铺天盖地的气势，很快就在旷野结起一层半透明的雪壳。及至到达终点，已是满世界银白。

半个月的基础训练后，新兵分配。新兵石平阳的顶头上司是李四虎。李四虎是全营著名的老兵油子，尤其爱捉弄人，但他有技术，炮兵业务堪称行家里手，关键时候总少不了他为连队挣面旗子。

石平阳下到班里不久，李四虎曾经非常真实地踢了他一脚。那天训练传诵炮兵口令，正忙乱间一阵冷峭的干风刮来，将石平阳手中的口令纸掀得稀里哗啦。石平阳本来就很紧张，又听又算又记又传，忙得顾头不顾腚。情急中，他把刚刚接受的一组口令写在炮架上，自然没有想到这一行为产生的严重后果。铅笔又细又尖，在炮架上划出了极刺耳的声音。尽管这个动作只在瞬间就完成了，但还是被正在组织训练的李四虎一眼瞅见了。李四虎立即下达暂停口令，把小红旗往后腰一戳，神色匆匆地跑过来，往指尖上蘸了口唾沫，摸了摸铅笔划过的地方，结果发现有几道曲里拐弯的铅笔线无论如何也抹不掉了。李四虎心疼得倒吸一口冷气，仍不死心地反复抹，抹着抹着就突然转过身来，两只狼一般的眼珠子放了道绿光，死盯着石平阳，腮帮子又鼓了鼓，那充满激情的一脚便照准石平阳的屁股踹过来。

然后召开班务会。李四虎首先发言，说：“咱们当炮手的，靠炮吃饭，靠炮做人。可你得首先爱惜它。你别以为它没长脑袋，我觉得它是有灵性的，它懂得人情世故。知道咱们最老的班长吧？就是连部荣誉室靠门左边挂着的那位。黄风岩战斗中他缴获了一门小钢炮，是打不响的。连长下命令让他扔，他没扔，硬是从山西长治扛到东北锦州，扛了几个月几千里地，闲了就擦，就拆开捣腾。后来怎么样？在锦西马家堡战斗中，半个连的步兵被人家地堡火力点压在洼子里，抬不起头，急得营长抢过炸药包要去拼命。这时候咱老班长就把炮架上了。老班长说：伙计，你就是哑巴也该哼一声了，我背你背了这么远，过铁路要轻装行军，我把干粮都扔了也没舍得撇下你，今儿个你可得还我这个情。结果呢，它还真响了，而且响了六次，硬是把敌人的火力点掀掉了。老班长牺牲后，这炮任谁也弄不响，报

废了。你说邪门不邪门？所以呀，我说……"

石平阳不吭气。那一脚踢过来的时候，他愣了一下并暗中攥紧了拳头，但他终于没有打出去……随着班务会的不断深入，他越来越发现在这个老兵的身上有一种他十分亲切的东西。"班长，我对你没意见！"他很崇敬很真诚地看着李四虎，又补充一句："真的，我不会撒谎，这是心里话。我明白了。"

李四虎半张着嘴看了他好几秒钟，突然咧嘴笑了："响鼓不用重锤敲，明白就好，当然不能有意见。能看出来，你石平阳是条血性汉子，只要你舍下身子跟我干，我保你能成为咱连的高级炮手！"又把脑袋转向耿其明，"老耿你说是不是？"

耿其明忙说："那是那是。石平阳你刚来，有些情况不了解。你去问问，搞训练，搞内务评比，咱们班啥事落后过？"

石平阳生在鄂西，家乡的山水虽说不上四季如春，却也有多半日子风和日丽，远山近水清秀宜人，野花翠竹很能滋润人的骨骼。乍一到这荒凉的北方山区，又遇上个滴水成冰的季节，身体颇有些吃不消。先流鼻血，后烂手，冻疮专拣指关节处长，奇怪的是烂了肉还不觉得疼，只是睡觉焐暖了才奇痒难忍。偏碰上个认炮不认人的李四虎，一上炮场就发狠，凶得山摇地动，细得放屁都管。一旦发现士兵的动作失误，就跳起来骂，特别是石平阳。脏话丑话如拧开的水龙头，骂得满炮场臭烘烘的。有时候骂急了石平阳也发恨，鸟班长也太轻贱人了，再有本事你不也就是班长么，干嘛耍那么大的威风？不过，他渐渐能理解李四虎的行为了。

石平阳的逆来顺受不屈不挠终于感动了上帝。一次休息的时候，李四虎把石平阳的手拽过去，着实看了一阵子，看相般地数了数那上面结了疤或没结疤的烂处，又抠了抠手心茧花的厚度，然后说："石平阳呵，有人说我专门针对你，听说了吗？"

"听说了，班长。"石平阳低着头回答。

"你信么？"

"我父亲打菜刀，专拣好钢，在炉膛里淬几次火，菜刀刃口又韧又利，方圆几十里都用我们家的菜刀……"

"哦？"李四虎似乎有些意外，"石平阳，我还真没把你看错哇！"

李四虎从裤兜里摸出一个脏乎乎的小本子："石平阳哇，我这个人，就看重友情，你对我真心实意，我就对你负责到底。这炮，说简单也简单，明眼的技术你都掌握了。可要说学问也真有学问，这些都是我自个儿揣摩出来的小道道。教程上没有。用上新鲜词儿，就叫感觉。有些是炮上的，有些是班上的。这个，送给你了！"最后这句话，语气很重，像是宣布一项重要决定。

（选自《弹道无痕》，有删改）

42. 下列对小说相关内容和艺术特色的赏析，不正确的一项是(　　)(2分)

A. 小说开头交代故事发生的年代、地点与季节，渲染了寒冷的氛围，也为下文写石平阳身体不适作铺垫。

B. 文中耿其明的话从侧面表现了炮兵业务精湛的李四虎还是一个治班有方、令战士佩服的优秀领导者。

C. 小说擅长用通俗的语言叙述故事情节，比较真实地反映了和平年代军人的军营生活和丰富的内在情感。

D. 小说插叙老班长的故事，既为了体现老班长与小钢炮的深厚感情，也为了表现老班长的技术无人能及。

43. 第一段的环境描写在文中具有什么作用？结合全文进行简要分析。(4分)

44. 结合作品简要分析李四虎的人物形象特点。(5分)

## 五、文言文(本大题共3小题，共14分)

李长庚，字西岩，福建同安人。乾隆五十二年，署福建海坛镇总兵，罄家财募乡勇，捕获巨盗。自乾隆季年，匪艇始犯福建三澎，长庚击走之。嘉庆五年，擢福建水师提督，寻调浙江。未几，艇匪皆为漳盗蔡牵所并。牵，奸猾善用众，既得匪艇，遂猖獗。巡抚阮元与长庚议匪艇高大，战舰不能制，乃集捐十余万金付长庚，造大舰三十，名曰霆船。连败牵等于海上，军威大振。

八年牵窜定海长庚掩至牵仅以身免穷追至闽洋贼船粮尽帆坏伪乞降于总督玉德玉德遽檄浙师收港牵得以其间修船扬帆去。浙师追击于三沙，毁其船六。牵畏霆船，贿闽商造大艇。渡横洋，连劫台湾米。

诏逮治玉德，以阿林保代。既至福建，诸文武吏以未协剿，未断岸奸接济，惧得罪，交谮长庚。阿林保密劾其逗留，章三上。诏密询巡抚清安泰。清安泰疏言："长庚熟海岛形势、风云沙线，每战自持舵，老于操舟者不及。两年在军，过门不入。以捐造船械，倾其家资。所俘获尽以赏功，士争效死。实水师诸将之冠。"时同战诸镇，亦交章言长庚实非逗留。仁宗震怒，切责阿林保并饬造大梭船三十。长庚闻之，益感奋。后阿林保置酒款长庚，谓曰："海外事无左证，公但斩一酋，以牵首报，我飞章告捷，以余贼归善后办理。公受上赏，我亦邀次功，孰与穷年冒风涛侥幸万一哉？"长庚谢曰："吾何能为此？久视海船如庐舍，誓与贼同死，不与同生！"长庚缄所落齿寄其妻，志以身殉国。是年秋，击贼受伤。

十二月，追牵至黑水洋。牵仅存三艇，皆百战之寇，以死拒。长庚自以火攻船挂其艇尾，欲跃登，

忽炮中喉，移时而殒。上震悼，褒恤，初拟俟寇平赐以伯爵，乃追封三等壮烈伯，谥忠毅，于原籍建专祠。

(选自《清史稿》卷三百五十·列传一百三十七，有删改)

45. 下列对文中画波浪线部分的断句，正确的一项是(　　)(3分)

A. 八年／牵甯定海／长庚掩／至牵仅以身免／穷追至闽洋／贼船粮尽帆坏／伪乞降于总督玉德／玉德遽檄浙师收港／牵得以其间修船扬帆去。

B. 八年／牵甯定海／长庚掩至／牵仅以身免／穷追至闽／洋贼船粮尽帆坏伪／乞降于总督玉德／玉德遽檄浙师收港／牵得以其间修船扬帆去。

C. 八年／牵甯定海／长庚掩至／牵仅以身免／穷追至闽洋／贼船粮尽帆坏／伪乞降于总督玉德／玉德遽檄浙师收港／牵得以其间修船扬帆去。

D. 八年／牵甯定海／长庚掩至牵／仅以身免／穷追至闽洋／贼船粮尽帆坏伪／乞降于总督玉德／玉德遽檄浙师收港／牵得以其间修船扬帆去。

46. 下列原文有关内容的概括和分析，不正确的一项是(　　)(3分)

A. 李长庚一心灭贼，毁家纾难。为了杀贼保国，他拿出家中财产招募乡勇，捕获大盗；后又倾尽家资捐款置办船只器械。

B. 李长庚忠诚为国，信念坚定。官场的险恶没有动摇他杀贼报国的决心；上司阿林保的好意劝告与热情款待，也没能打动他。

C. 李长庚大公无私，以诚待兵。他把在战斗中获得的战利品全都拿来奖赏有功之士，因此手下将士们都愿以死报效。

D. 李长庚英勇无畏，身先士卒。每次战斗他亲自掌舵驾船，带头冲锋陷阵；他还曾寄落齿给妻子表明为国捐躯之意。

47. 把下面句子翻译成现代汉语。(8分)

(1)牵畏霆船，赂闽商造大艇。渡横洋，连劫台湾米。

(2)长庚熟海岛形势、风云沙线，每战自持舵，老于操舟者不及。



六、作文(本大题共25分)

48. 阅读下面材料，按要求作文。

井里的青蛙向往大海，请求大鳖带它去看大海，大鳖欣然同意。青蛙见到一望无际的大海，惊叹不已，急不可待地扑进大海的怀抱，却被一个浪头打回沙滩，摔得晕头转向。大鳖见状，就叫青蛙趴在自己的背上，背着青蛙游海。青蛙逐渐适应了海水，能自己游一会儿了。过了一阵子青蛙有些渴了，但喝不了又苦又咸的海水；它有些饿了却怎么也找不到一只可以吃的虫子。青蛙对大鳖说："大海的确很好，但以我的身体条件，不能适应海里生活。看来我还是要回到我的井里去，那里才是我的乐土。"

于是，青蛙向大鳖告别，回到了自己的井中，过着平安快乐的生活。

要求：(1)自选角度，写一篇不少于800字的议论文。(2)题目自拟。(3)不得出现真实信息。

# 2021年安徽省教师招聘考试真题试卷(七)

## 中学语文

(满分120分)

本套试卷共20小题,包括基础知识(4小题)、阅读鉴赏(9小题)、课程理论(2小题)、教学实践(4小题)、写作表达(1小题)。

### 一、基础知识(本大题共4小题,每小题3分,共12分)

1. 下列句子中没有错别字的一项是(　　)(常考)

A. 改进场馆制冰技术,不仅可以降低赛时能耗,减少炭排放,也能为场馆的赛后利用提供便利条件,让群众共享冬奥成果。

B. 探索浩瀚宇宙是人类共同梦想,要继续发挥新型举国体制优势,再接再励,推动中国航天空间科学技术创新发展。

C. 2020年,人类共同经历了一场惊心动魄的风险挑战,有乌云遮天,狂风骤雨,也有云开日出,美丽彩虹。

D. 在迈向中华民族伟大复兴的道路上,我们绝不能骄傲自满,止步不前,必须谦虚谨慎,戒骄戒燥,必须艰苦奋斗,锐意进取。

2. 下列句子中加点成语,使用正确的一项是(　　)

A. 游玩途中,不乏秀色美景,仰面遥望峰巅,但见色彩斑斓,彩霞满天;俯瞰清流,浮光掠影,清澈见底。

B. 中华文化积淀着中华民族最深沉的精神追求,是中华民族生生不息,发展壮大的丰厚滋养。

C. 许多企业之所以能成为行业佼佼者,关键就在于通过坚持不懈的努力,矢志不渝的创新收获了更强大的核心竞争力。

D. 脱贫攻坚与乡村振兴的内容和方式具有内在一致性,要多维度推动脱贫攻坚与乡村振兴的有效衔接,使"后扶贫时代"的工作事倍功半。

3. 下列句子中没有语病的一项是(　　)(常考)

A. "十三五"期间,中央企业高质量建设"一带一路"沿线项目3400多个,有力促进了当地经济社会发展。

B. 什么是好的教育?好的教育应该围绕以培养终身运动者、责任担当者、问题解决者和优雅生活者的目标。



C. 我们要大力发扬"三牛"精神,在落实长三角一体化、淮河生态经济带等重大发展战略上展现。

D. 乘着数字化、互联网、大数据的东风,我们的生产、生活必将更加便捷,中国经济高质量发展也必将动力十足。

4. 下列文学常识表述正确的一项是(　　)

A. 我国小说发展的历史悠久。刘义庆《世说新语》、干宝《搜神记》是魏晋南北朝时期的名著。蒲松龄《聊斋志异》、李汝珍《阅微草堂笔记》是清代文言短篇小说的杰作。

B. 许多外国小说有很大的影响。如塞万提斯《堂吉诃德》、巴尔扎克《巴黎圣母院》、列夫·托尔斯泰《安娜·卡列尼娜》、卡夫卡《变形记》、马尔克斯《百年孤独》等。

C. 王实甫《西厢记》、汤显祖《牡丹亭》、洪昇《琵琶记》、孔尚任《桃花扇》是我国古代戏曲四大名著。曹禺是现当代著名的话剧家,代表作有《雷雨》《日出》等。

D. 郭沫若《天上的街市》、闻一多《红烛》、戴望舒《雨巷》、艾青《我爱这土地》,舒婷《祖国啊,我亲爱的祖国》等都是我国现当代优秀诗歌作品。

### 二、阅读鉴赏(本大题共9小题,共38分)

阅读下面的文言文,完成5~8题。

**超然台记**

苏　轼

凡物皆有可观,苟有可观,皆有可乐,非必怪奇伟丽者也。哺糟啜醨,皆可以醉;果蔬草木,皆可以饱。推此类也,吾安往而不乐?

夫所为求福而辞祸者,以福可喜而祸可悲也。人之所欲无穷,而物之可以足吾欲者有尽。美恶之辨战乎中,而去取之择交乎前,则可乐者常少,而可悲者常多。是谓求祸而辞福。夫求祸而辞福,岂人之情也哉?物有以盖之矣。彼游于物之内,而不游于物之外。物非有大小也,自其内而观之,未有不高且大者也。彼挟其高大以临我,则我常眩乱反覆,如隙中之观斗,又焉知胜负之所在?是以美恶横生,而忧乐出焉,可不大哀乎!

予自钱塘移守胶西,释舟楫之安,而服车马之劳;去雕墙之美,而蔽采椽之居;背湖山之观,而行桑麻之野。始至之日,岁比不登,盗贼满野,狱讼充斥;而斋厨索然,日食杞菊。人固疑余之不乐也。处之期年,而貌加丰,发之白者,日以反黑。予既乐其风俗之淳,而其吏民亦安予之拙也。于是治其园圃,洁其庭宇,伐安丘、高密之木,以修补破败,为苟全之计。

而园之北,因城以为台者旧矣,稍葺而新之。时相与登览,放意肆志焉。南望马耳、常山,出没隐见,若近若远,庶几有隐君子乎!而其东则卢山,秦人卢敖之所从遁也。西望穆陵,隐然如城郭,师尚父、齐桓公之遗烈,犹有存者。北俯潍水,慨然太息,思淮阴之功,而吊其不终。台高而安,深而明,夏凉而冬温。雨雪之朝,风月之夕,予未尝不在,客未尝不从。撷园蔬,取池鱼,酿秫酒,瀹脱粟而食之,曰:"乐哉游乎!"

方是时，予弟子由，适在济南，闻而赋之，且名其台曰“超然”，以见予之无所往而不乐者，盖游于物之外也。

5. 下列句子中加点词语解释正确的一项是(　　)(3分)

A. 而去取之择交乎前　　去：前往　　B. 予自钱塘移守胶西　　守：守卫

C. 背湖山之观　　背：离开　　D. 予弟子由，适在济南　　适：到……去

6. 下列句子中加点词语意义和用法相同的一项是(　　)(3分)

A. 吾安往而不乐　　是谓求祸而辞福

B. 而斋厨索然　　慨然太息

C. 而物之可以足吾欲者有尽　　人固疑余之不乐也

D. 以福可喜而祸可悲也　　以见予之无所往而不乐者

7. 下列对原文内容分析和概括正确的一项是(　　)(3分)

A. 开头两段虚写，以正反两方面论述，游于“物之外”和“物之内”，则无往而不乐；否则“美恶横生”，一定会有许多悲哀。

B. 第三段写胶西的条件非常恶劣，庄稼连年没有收成，到处都是盗贼，监狱里关着许多罪犯，众人都以为“我”不快乐。

C. 第四段写“修台游乐”作者登台“四望”时，想到东西南北都有影响很大的名人，因而经常登台畅游，心灵得到安慰。

D. 全文以“乐”字为主线，是一篇“一字主骨”的典范文章。结尾画龙点睛，点明“乐”的根本原因在于“超然物外”。

8. 将文中画线的句子翻译成现代汉语。(4分)

处之期年，而貌加丰，发之白者，日以反黑。予既乐其风俗之淳，而其吏民亦安予之拙也。

阅读下面这首唐诗，完成9~10题。

**送友人入蜀**

李　白

见说①蚕丛路，崎岖不易行。山从人面起，云傍马头生。
芳树笼秦栈，春流绕蜀城。升沉应已定，不必问君平②。

【注】①见说：唐代俗语，即“听说”。②君平：西汉严遵，字君平，隐居不仕，曾在成都以卖卜为生。

9. 品析诗歌颈联中“笼”字的妙处。(4分)

10. 本诗尾联抒发了“升沉已定”之情，请结合颔联和颈联分析景情关系。(4分)



阅读下面的文字，完成11~13题。

**焚　书**

老　舍

巡长向四外打了一眼：“谁不恨他们！得了，说点正经的：四大爷，你待会儿到祁家、钱家去告诉一声，教他们把书什么的烧一烧。日本人恨念书的人！家里要是存着三民主义或是洋文书，就更了不得！我想这条胡同里也就是他们两家有书，你去一趟吧！我不好去——”巡长看了看自己的制服。李四爷点头答应。白巡长无精打采地向葫芦腰里走去。

四爷到钱家拍门，没人答应。他知道钱先生有点古怪脾气，又加上在这兵荒马乱的时候不便惹人注意，所以等了一会儿就上祁家来。

祁老人的诚意欢迎，使李四爷心中痛快了一点。祁老人觉着书籍都是钱买来的，烧了未免可惜。他打算教孙子们挑选一下，把该烧的卖给“打鼓儿的”好了。

“那不行！”李四爷对老邻居的安全是诚心关切着的。“这两天不会有打鼓儿的；就是有，他们也不敢买书！”说完，他把刚才没能叫开钱家的门的事也告诉了祁老者。

祁老者在院中叫瑞全：“瑞全，好孩子，把洋书什么的都烧了吧！都是好贵买来的，可是咱们能留着它们惹祸吗？”

老三对老大说：“看！焚书坑儒！你怎样？”

“老三你说对了！你是得走！我既走不开，就认了命！你走！我在这儿焚书，挂白旗，当亡国奴！”老大无论如何再也控制不住自己，他落了泪。

“听见没有啊，小三儿？”祁老者又问了声。

“听见了！马上就动手！”瑞全不耐烦地回答了祖父，而后小声地向瑞宣：“大哥！你要是这样，教我怎好走开呢？

瑞宣用手背把泪抹去。“你走你的，老三！要记住，永远记住，你家的老大并不是个没出息的人……”他的嗓子里噎了几下，不能说下去。

瑞全把选择和焚烧书籍的事交给了大哥。他还没有能决定怎样走，和向哪里走，可是他的心似乎已从身中飞出去；站在屋里或院中，他看见了高山大川，鲜明的军旗，凄壮的景色，与血红的天地。他要到那有鲜血与炮火的地方去跳跃，争斗。在那里，他应该把太阳旗一脚踢开，而把青天白日旗插上，迎着风飘荡！

祁老人听李四爷说叫不开钱家的门，很不放心。他知道钱家有许多书。他打发瑞宣去警告钱先生，可是瑞全自告奋勇地去了。

已是掌灯的时候，门外的两株大槐像两只极大的母鸡，张着慈善的黑翼，仿佛要把下面的五六户人家都盖覆起来似的。瑞全在影壁前停了一会儿，才到一号去叫门。不敢用力敲门，他轻轻地叩了两下门环，又低声假嗽一两下，为是双管齐下，好惹起院内的注意。这样作了好多次，里面才低声地问了

声:“谁呀?”他听出来,那是钱伯伯的声音。

“我,瑞全!”他把嘴放在门缝上回答。

里面很轻很快地开了门。

门洞里漆黑,教瑞全感到点不安。他一时决定不了是进去还是不进去好。他只好先将来意说明,看钱伯伯往里请他不请!

“钱伯伯!咱们的书大概得烧!今天白巡长嘱咐李四爷告诉咱们!”

“进去说,老三!”钱先生一边关门,一边说。

到了屋门口,钱先生教瑞全等一等,他去点灯。瑞全说不必麻烦。钱先生语声中带着点凄惨的笑:“日本人还没禁止点灯!”

屋里点上了灯,瑞全才看到自己的四围都是长长短短的,黑糊糊的花丛。

“老三进来!”钱先生在屋中叫。瑞全进去,还没坐下,老者就问:“怎样?得烧书?”

瑞全的眼向屋中扫视了一圈。“这些线装书大概可以不遭劫了吧?日本人恨咱们的读书人,更恨读新书的人;旧书或者还不至于惹祸!”

“嗽!”钱默吟的眼闭了那么一下。“可是咱们的士兵有许多是不识字的,也用大刀砍日本人的头!对不对?”

瑞全笑了一下。“侵略者要是肯承认别人也是人,也有人性,会发火,他就无法侵略了!日本人始终认为咱们都是狗,踢着打着都不哼一声的狗!”

“那是个最大的错误!”钱先生的胖短手伸了一下,请客人坐下。他自己也坐下。“我是向来不问国家大事的人,因为我不愿谈我所不深懂的事。可是,有人来亡我的国,我就不能忍受!我可以任着本国的人去发号施令,而不能看着别国的人来做我的管理人!”他的声音还像平日那么低,可是不像平日那么温柔。愣了一会儿,他把声音放得更低了些,说:“你知道吗,我的老二今天回来啦!”

“二哥在哪儿呢?我看看他!”

“又走啦!又走啦!”钱先生的语声里似乎含着点什么秘密。

“他说什么来着?”

“他?”钱默吟把声音放得极低,几乎像对瑞全耳语呢。“他来跟我告别!”

“他上哪儿?”

“不上哪儿!他说,他不再回来了!教我在将来报户口的时候,不要写上他;他不算我家的人了!”钱先生的语声虽低,而眼中发着点平日所没有的光;这点光里含着急切,兴奋,还有点骄傲。

“他要干什么去呢?”

老先生低声地笑了一阵。“我的老二就是个不爱线装书,也不爱洋装书的人。可是他就不服日本人!你明白了吧?”

瑞全点了点头。“二哥要跟他们干?可是,这不便声张吧?”



“怎么不便声张呢?”钱先生的声音忽然提高,像发了怒似的。

院中,钱太太咳嗽了两声。

“没事!我和祁家的老三说闲话儿呢!”钱先生向窗外说。而后,把声音又放低,对瑞全讲:“这是值得骄傲的事!我——一个横草不动,竖草不拿的人——会有这样的一个儿子,我还怕什么?我只会在文字中寻诗,我的儿子——一个开汽车的——可是会在国破家亡的时候用鲜血去作诗!我丢了一个儿子,而国家会得到一个英雄!什么时候日本人问到我的头上来:那个杀我们的是你的儿子?我就胸口凑近他们的枪刺,说:一点也不错!我还要告诉他们:我们还有多少多少像我的儿子的人呢!你们的大队人马来,我们会一个个的零削你们!你们在我们这里坐的车,住的房,喝的水,吃的饭,都会教你们中毒!中毒!”钱先生一气说完,把眼闭上,嘴唇上轻颤。

瑞全听愣了。愣着愣着,他忽然地立起来,扑过钱先生去,跪下磕了一个头:“钱伯伯!我一向以为你只是个闲人,只会闲扯!现在……我给你道歉!”没等钱先生有任何表示,他很快地立起来。“钱伯伯,我也打算走!”

“走?”钱先生细细地看了看瑞全。“好!你应当走,可以走!你的心热,身体好!”

“你没有别的话说?”瑞全这时候觉得钱伯伯比任何人都可爱,比他的父母和大哥都更可爱。

“只有一句话!到什么时候都不许灰心!人一灰心便只看到别人的错处,而不看自己的消沉堕落!记住吧,老三!你们是迎着炮弹往前走,我们是等着锁镣加到身上而不能失节!来吧,我跟你吃一杯酒!”

钱先生向桌底下摸了会儿,摸出个酒瓶来,浅绿,清亮,像翡翠似的——他自己泡的茵陈。不顾得找酒杯,他顺手倒了两半茶碗。一仰脖,他把半碗酒一口吃下,咂了几下嘴。

瑞全没有那么大的酒量,可是不便示弱,也把酒一饮而尽。酒力登时由舌上热到胸中。

“钱伯伯!”瑞全咽了几口热气才说,“我不一定再来辞行啦,多少要保守点秘密!”

“还辞行?老实说,这次别离后,我简直不抱再看见你们的希望!风萧萧兮易水寒,壮士一去兮不复还!”钱先生手按着酒瓶,眼中微微发了湿。

“我走啦!”他几乎没敢再看钱先生。

钱先生一声没出地给瑞全开了街门,看着瑞全出去;而后,把门轻轻关好,长叹了一声。

11. 小说以“焚书”为题有什么好处?请简要分析。(5分)

12. 小说节选部分对钱默吟的描写看似有多处矛盾,如“把声音放得更低”与“怎么不便声张”……请结合相关内容,分析概括钱默吟性格特点及塑造方法。(7分)

13. 小说节选部分除了描写钱默吟、祁瑞全两个人物外，还直接或间接地写了巡长、祁瑞宣、钱家老二等人，请简要分析这三个人物的作用，并总结本文主旨。(5分)

三、课程理论(本大题共2小题，共8分)

14. 根据《普通高中语文课程标准》(2017年版)，完成下列填空。(5分)

从祖国语文的特点和高中生学习语文的规律出发，以语文学科________为纲，以学生的________为主线，设计"语文学习任务群"。"语文学习任务群"以________为导向，以________为载体，整合________、学习内容、学习方法和学习资源，引导学生在运用语言的过程中提升语文素养。

15. 下列表述不正确的一项是(　　)(3分)

A. 语文课程是实践性课程，应着重培养学生的语文实践能力，而培养这种能力的主要途径也应是语文实践。

B. 自然风光、文物古迹、革命传统、风俗民情、国内外的重要事件、日常生活的话题等，都可以成为语文课程的资源。

C. 高中语文整本书阅读教学，教师的主要任务是提出专题学习目标，组织学习活动，引导学生深入思考、讨论与交流。

D. 高中语文必修课程评价，要在关注共同基础的前提下，突出差异性和层次性，以促进学生的个性发展。

四、教学实践(本大题共4小题，共22分)

阅读安徒生《皇帝的新装》两个教学片段，完成16～17题。

《皇帝的新装》教学片段一

(一)导入

1. 作家作品简介。

2. 关于童话。

(二)课文朗读与分析

1. 分角色朗读课文，要求正确、流利、有感情地朗读。

2. 探究质疑，请按照"爱新装——看新装——穿新装——展新装"的顺序，给课文分段。

(三)自主学习

分别复述"爱新装""看新装""穿新装""展新装"的内容。(每重复一部分后，教师用几个问题串起本部分的课文分析)

(四)合作探究

1. 皇帝是一个怎样的人？从课文中找出语句分析



2. 那些大臣又是怎样的人？从课文中找出语句分析。

3. 这篇文章讽刺了什么？告诉了我们什么道理？请归纳它的中心。

4. 想象这个皇帝游行完毕回到皇宫后会采取什么行动。

(五)作业

请展开想象的翅膀，学习安徒生夸张讽刺的笔法，为童话续写一个结尾。

《皇帝的新装》教学片段二

(一)你怎么知道这是一篇童话？

(二)你觉得文中最具夸张力(想象力)的地方在哪里？

(三)你认为闹剧成功上演的最主要因素是什么？

(四)你会怎么设计这篇童话的结尾？

(节选自《中学语文教学参考》2021年第1期)

16. 潘新和教授说：阅读离开了文体，必定是不得要领的。比较阅读《皇帝的新装》两个教学片段，并分别加以评析。(6分)

17.《义务教育语文课程标准》(2011年版)指出："阅读教学应引导学生钻研文本，在主动积极的思维和情感活动中，加深理解和体验，有所感悟和思考，受到情感熏陶，获得思想启迪，享受审美乐趣。"请为"教学片段二"中"你觉得文中最具夸张力(想象力)的地方在哪里"这一环节，设计具体的教学活动，使学生更深入地把握文体特点。(6分)

阅读"家乡文化生活"单元教学统筹规划，完成18～19题。

"家乡文化生活"单元教学统筹规划

(一)基本教学流程

1. 让学生了解学习目标、内容与任务，了解学习方法，了解与本单元相关的文化常识，选择适当的课题或项目，组建学习小组，拟定活动计划；

2. 开展课外实践，通过采访、调查、实地考察、网上查阅、进图书馆等多种方式搜集资料；

3. 回归课堂，整理资料，提炼并形成高质量的成果；

4. 通过多种方式在班级分享交流，相互学习；

5. 修改和完善学习成果，完成学习总结与反思。

(二)单元教学计划

1. 激趣导学课(1课时)

教学任务：指导学生阅读教材，了解本单元的学习任务；提供案例供学生欣赏，激发学生的学习兴趣。

学习资源：教材单元学习任务清单。

评核依据：学习笔记。

课外学习(1~3天)：浏览教材和单元学习任务书，了解本单元学习目标。

评核依据：圈点勾画。

2. 知识准备课(1课时)

教学任务：指导学生学习相关的"文化常识""研究方法"(学习方法)、"文体常识"(写作常识)

评核依据：任务书批注，学习笔记。

课外学习(3~5天)：自读单元学习任务书"掌握必备知识"部分；绘制思维导图。

评核依据：圈点勾画，思维导图。

3. 活动设计课(2课时)

教学任务：指导学生根据自己的选题建立学习小组，拟定活动方案。

评核依据：学习笔记，活动方案。

课外学习(30天左右)：指导学生根据活动方案开展学习，重点是搜集资料。

评核依据：活动记录，搜集的资料。

4. 成果提炼课(2课时)

教学任务：组织、指导学生整理资料，提炼成果，做好分享准备。

课外学习(3~5天)：整理资料，提炼研究成果；写学习总结。

5. 分享交流课(2课时)

教学任务：组织、引导学生分享学习过程和经验；展示学习成果，赏析评点，修改完善。

评核依据：学习成果，分析资料。

课外学习(3~5天)：修改完善研究成果。

6. 总结评价课(1课时)

教学任务：组织、指导学生完成自我总结，小组总结，班级总结；根据单元学习要求，做单元测试。

学习资源：学习报告单。

评核依据：综合评价报告单、笔试成绩。

注：该计划中前五类课型的学习资源都是教材的单元学习任务书。

(节选自《中学语文教学参考》2020年第9期)

18. "家乡文化生活"单元教学计划安排，课内9课时，课外大约两个月。本单元学习活动可以贯穿在上半学期或下半学期。请简要概括这样安排的目的。(5分)



19. 为了帮助学生更好地完成本单元"学习任务"，教师需要开发、丰富和完善教学资源，为学生提供有用的、有效的学习支撑。参照本单元教学计划中的"学习资源"，你还可以从哪些方面开发教学资源？(5分)

## 五、写作表达(本大题共40分)

20. 请从下面两个题目中任选一题作文。要求不透露个人信息，卷面整洁，书写规范，不少于800字。

题目一：

前不久，教育部印发《本科毕业论文(设计)抽检办法(试行)》，启动本科毕业论文(设计)抽检试点工作，旨在严把学位授予关，提升高等教育教学质量。对于广大学生来说，抽检毕业论文既是监督检验，也是成长锻炼。在本科毕业后，无论是走向社会，投身工作岗位，还是继续深造，进行研究生阶段的学习，都至关重要。

(摘自2021年2月23日《人民日报》"人民时评"专栏)

读过上述材料，你有怎样的思考与认识？请结合本科毕业论文写作感受，谈谈对你将要从事的中学语文教育教学工作的影响。

自拟标题，自选角度，写一篇议论文。

题目二：阅读下面的材料，根据要求写作。

2020年度"感动中国"十大人物之一叶嘉莹说：几千年来，中国有这么多伟大诗人留下这么多诗篇，让千古之下的我们诵读之后可以霍然起兴，这是一件多么美好的事情！诵诗读诗，重要的是体会一颗颗诗心，与古人生命情感发生碰撞，进而提升自己的修为。中华优秀传统文化代有承传，千百年来传诵的古典诗词，也必将滋养一代代中华儿女的精神世界。

你肯定阅读过很多古典诗词名篇及著作，如《诗经选》《乐府诗选》《唐诗三百首》《李白诗选》《千家诗》等，请选择你喜欢的古诗词作品(本试卷中的《送友人入蜀》除外)，向中学生推荐以激发他们的阅读兴趣。

自拟标题，自选角度，文体不限。

# 2020年云南省特岗教师招聘考试真题试卷(八)

## 中学语文

**(满分120分)**

本套试卷共48小题,包括单选题(30小题)、多选题(10小题)、阅读题(2小题)、教学设计(2小题)、写作题(1小题)、简答题(2小题)、论述题(1小题)。

**一、单选题(本大题共30小题,每小题1分,共30分)**

1. 下列各组词中,加点字读音有误的一项是(　　)(常考)

A. 郴州(chēn)　句读(dòu)　恫吓(hè)　皈依(guī)

B. 奇葩(pā)　泥淖(zhào)　怯懦(qiè)　缫丝(sāo)

C. 舐犊(shì)　老妪(yù)　巷道(hàng)　鼻衄(nǜ)

D. 埋怨(mán)　沮丧(jǔ)　仫佬族(mù)　乐阕(què)

2. 下列元音中,哪一个是舌面、前、高、圆唇元音(　　)

A. e　B. i　C. er　D. ü

3. 下列选项不符合"偷"字含义的是(　　)

A. 苟且,不严肃　B. 鄙视　C. 偷盗　D. 懒惰

4. 下列表述不正确的是(　　)

A. 汉字的变化表现在字体和字形两个方面。

B. 汉字主要经历了由繁到简的变化。

C. 汉字由不象形演变为象形。

D. 汉字演变过程分为古文字阶段和隶楷阶段。

5. 下列句子中"其"字用作语气词的是(　　)(易混)

A. 今吾于人也,听其言而观其行　B. 君其问诸水滨

C. 二国图其社稷,而求纾其民　D. 管仲以其君霸,晏子以其君显

6. 下列句子有语病的是(　　)

A. 只要天一亮,就出去锻炼。

B. 他一边收拾行李,一边认真思考刚才谈的问题。

C. 这些展出的年画,数量多,而且题材新颖,形式风格多样。

D. 如果你的帮助多么微薄,但是在他的心上却像千斤重的砝码。



7. 下列短语中属于主谓短语的是(　　)

A. 增强信心　B. 为人民服务　C. 伟大而质朴　D. 阳光灿烂

8. 我国古代保存神话资料最多的著作是(　　)(常考)

A.《淮南子》　B.《山海经》　C.《庄子》　D.《穆天子传》

9.《孟子》最突出的艺术成就是(　　)

A. 言近旨远、词约义丰的说理　B. 形象隽永的语言

C. 气势浩然的文风　D. 善用寓言故事

10. 下列作品是屈原创作的是(　　)

A.《九歌》　B.《采薇》　C.《对楚王问》　D.《风赋》

11. 司马相如的赋体代表作是(　　)

A.《七发》　B.《招隐士》　C.《子虚赋》　D.《甘泉赋》

12. 诗句"狗吠深巷中,鸡鸣桑树颠"的作者是(　　)

A. 陶渊明　B. 王羲之　C. 左思　D. 谢灵运

13.《世说新语》的编撰者是(　　)

A. 刘安　B. 干宝　C. 颜之推　D. 刘义庆

14. 诗句"长风破浪会有时,直挂云帆济沧海"的作者是(　　)

A. 李白　B. 杜甫　C. 刘禹锡　D. 张若虚

15. "沉郁顿挫"描述的是哪位诗人的艺术风格(　　)(常考)

A. 李白　B. 韩愈　C. 杜甫　D. 柳宗元

16. 两宋词坛上创用词调最多的词人是(　　)

A. 晏殊　B. 柳永　C. 欧阳修　D. 范仲淹

17. "以文为词"指的是哪位词人的创作风格(　　)

A. 辛弃疾　B. 苏轼　C. 陆游　D. 张孝祥

18. 代表元代戏曲创作最高水平的作品是(　　)

A.《梧桐雨》　B.《金钱池》　C.《西厢记》　D.《汉宫秋》

19. "杜丽娘"是哪部作品中的人物形象(　　)

A.《连环计》　B.《牡丹亭》　C.《琵琶记》　D.《西厢记》

20. 与"格调说"和"肌理说"相抗衡,标举"性灵说"的是(　　)

A. 袁枚　B. 王世贞　C. 袁宏道　D. 李贽

21.《镜花缘》的作者是(　　)

A. 李汝珍　B. 蒋士铨　C. 吴敬梓　D. 龚自珍

22.《工作与时日》和《神谱》的作者是(　　)

A. 荷马　B. 赫西俄德　C. 萨福　D. 希罗多德

23. 克劳狄斯是莎士比亚哪部剧中的人物(　　)(易错)

A.《李尔王》　B.《奥赛罗》　C.《第十二夜》　D.《哈姆莱特》

24. 被誉为18世纪最重要的书信体小说的是(　　)

A.《拉摩的侄儿》　B.《塞维勒的理发师》

C.《新爱洛依丝》　D.《波斯人信札》

25. 与华兹华斯合作出版了《抒情歌谣集》的诗人是(　　)

A. 骚塞　B. 柯勒律治　C. 雪莱　D. 拜伦

26. 巴尔扎克笔下的青年野心家典型是(　　)

A. 鲍塞昂　B. 拉斯蒂涅　C. 伏脱冷　D. 纽沁根

27.《基督山伯爵》的作者是(　　)

A. 大仲马　B. 小仲马　C. 福楼拜　D. 莫泊桑

28. 拉斯柯尔尼科夫出自陀思妥耶夫斯基的哪部作品(　　)

A.《罪与罚》　B.《地下室手记》

C.《群魔》　D.《卡拉马佐夫兄弟》

29. 被认为是西方现代派诗歌里程碑的作品是(　　)

A.《恶之花》　B.《海滨墓园》

C.《牧神的午后》　D.《荒原》

30. 中国的第一个现代主义诗人是(　　)

A. 李金发　B. 穆旦　C. 闻一多　D. 卞之琳

**二、多选题(本大题共10小题,每小题2分,共20分)**

31. 下列句子中"者"字可解释"……的人或事物"的是(　　)

A. 往者不可谏,来者犹可追

B. 有颜回者好学,不迁怒,不贰过,不幸短命死矣

C. 仲尼之徒,无道桓文之事者

D. 虽有天下易生之物也,一日暴之,十日寒之,未有能生者也

E. 宋人有曹商者,为宋王使秦

32. 下列词语中书写正确的是(　　)(常考)

A. 飞扬跋扈　B. 班门弄斧　C. 并行不悖　D. 中流砥柱

E. 言简意赅

33. 下列史书属于国别史的是(　　)(易错)

A.《国语》　B.《左传》　C.《史记》　D.《战国策》

E.《春秋》



34. 下列诗人属于宋代中兴四大诗人的是(　　)

A. 吕本中　B. 陆游　C. 杨万里　D. 范成大

E. 尤袤

35. 下列诗人属于明代中期"前七子"的有(　　)

A. 李梦阳　B. 边贡　C. 何景明　D. 康海

E. 王廷相

36. 下列加点字读音正确的是(　　)

A. 淙淙(cōng)　B. 吮吸(shǔn)　C. 徘徊(huí)　D. 胡诌(zhōu)

E. 发酵(xiào)

37. 下列合成词属联合型合成词的是(　　)

A. 途径　B. 始终　C. 冰箱　D. 地震

E. 国家

38. 古典主义文学的艺术特征是(　　)

A. 抒发强烈的主观感情

B. 从古希腊古罗马文学中汲取艺术形式和题材

C. 有严格的艺术规范和标准,主张语言准确、精练、华丽、典雅,表现出较多的宫廷趣味

D. 人物塑造类型化

E. 反映人们的现实生活

39. 下列作品属于巴尔扎克创作的是(　　)

A.《高老头》　B.《伪君子》　C.《驴皮记》　D.《包法利夫人》

E.《欧也妮·葛朗台》

40. 中国现代文学史上倡导文学革命的作家有(　　)(易错)

A. 郭沫若　B. 胡适　C. 陈独秀　D. 钱玄同

E. 刘半农

**三、阅读题(本大题共2小题,共10分)**

数千里外得长者时赐一书以慰长想即亦甚幸矣。何至更辱馈遗,则不才益将何以报焉!书中情意甚殷,即长者之不忘老父,知老父之念长者深也。

至以"上下相孚,才德称位"语不才,则不才有深感焉。夫才德不称,固自知之矣;至于不孚之病,则尤不才为甚。

41. 给下面句子加标点,并翻译成现代汉语。(6分)

数千里外得长者时赐一书以慰长想即亦甚幸矣。

42. 解释下列加点词语。(4分)

(1)何至更辱馈遗　　馈遗：

(2)则不才有深感焉　　不才：

(3)书中情意甚殷　　殷：

(4)上下相孚　　孚：

## 四、教学设计(本大题共2小题,每小题5分,共10分)

咏怀古迹(其三)

群山万壑赴荆门,生长明妃尚有村。
一去紫台连朔漠,独留青冢向黄昏。
画图省识春风面,环珮空归夜月魂。
千载琵琶作胡语,分明怨恨曲中论。

43. 请为这首诗设计教学思路。

44. 请为这首诗设计教学板书。

## 五、写作题(本大题共30分)

夫得言不可以不察,数传而白为黑,黑为白。故狗似玃,玃似母猴,母猴似人,人之与狗则远矣。此愚者之所以大过也。

45. 阅读以上文字,自拟题目,写一篇不少于800字的作文。除诗歌外,体裁不限。文中不得出现真实的人名、校名、地名。



## 六、简答题(本大题共2小题,每小题5分,共10分)

46. 教师的职业行为规范包括哪些方面?

47. 什么叫学习迁移?如何运用学习迁移理论指导教学?

## 七、论述题(本大题共10分)

48. 论述成就归因理论的基本原理与教育意义。

# 2020年天津市静海区教师招聘考试真题试卷(九)

## 语 文

(满分100分)

本套试卷共43小题,分为两部分。第一部分教育综合知识,包括单项选择题(25小题);第二部分学科专业知识,包括单项选择题(4小题)、阅读下面的论述类文本,完成5~7题(3小题)、阅读下面的文言文,完成8~10题(3小题)、翻译题(1小题)、古诗词阅读(2小题)、阅读下面的文学类文本,完成14~15题(2小题)、阅读下面的新闻材料,按要求完成16~17题(2小题)、作文(1小题)。

## 第一部分 教育综合知识

**单项选择题(在下列每题四个选项中只有一个是符合题意的,将其选出并把它的标号写在括号内。错选、多选或未选均不得分。本大题共25小题,每小题0.8分,共20分)**

1. 下列哪一项不属于学生身心发展的一般规律( )(常考)

A. 顺序性 B. 不稳定性 C. 不平衡性 D. 个别差异性

2. 根据艾宾浩斯遗忘曲线,为了取得最好的记忆效果,第一个记忆周期应为( )分钟内。

A. 5 B. 20 C. 40 D. 60

3. 能够最大限度地调动学生的学习积极性,并有利于改善同伴关系的课堂目标结构类型是( )

A. 竞争型 B. 自主型 C. 合作型 D. 放任型

4.《国家中长期教育改革和发展规划纲要(2010~2020年)》提出,义务教育的战略性任务是( )

A. 以人为本 B. 提升质量 C. 注重创新 D. 均衡发展

5. 提出教师成长公式"经验+反思=成长"的是( )(常考)

A. 波斯纳 B. 布卢姆 C. 加涅 D. 罗森塔尔

6. 通过( )可以将短时记忆的信息转入长时记忆。

A. 回忆 B. 复述 C. 注意 D. 思维

7. 老师告诉小强:"如果明天还在班里和同学吵架,就请家长来学校。"这里运用的是( )

A. 惩罚 B. 消退 C. 正强化 D. 负强化

8. 在罗杰斯的非指导性教学法中,教师的角色变成了( )

A. 领导者 B. 管理者 C. 促进者 D. 指导者



9. 科学家通过研究苍蝇发明了蝇眼透镜,其中促进科学家问题解决的主要因素是( )

A. 问题表征 B. 迁移 C. 定势 D. 原型启发

10. 教师对学生的期望包含对学习潜力的推测和对( )的推测。

A. 知识技能 B. 能力发展 C. 综合素质 D. 品德发展

11. 学生小红将新学的概念"转笔刀"归到"文具"这一总的概念中,这种学习属于( )(易混)

A. 下位学习 B. 同位学习 C. 上位学习 D. 并列学习

12. 由于一个特定的刺激而习得的反应与一个不同但类似的刺激建立联系的过程称之为( )

A. 刺激分化 B. 条件反射 C. 刺激泛化 D. 反应泛化

13. 学生、学习过程和学习情境是课堂的三大要素。这三大要素的相对稳定的组合模式就是( )

A. 课堂情境 B. 课堂教学 C. 课堂氛围 D. 课堂结构

14. 人为避免不愉快的情绪或内心冲突而遗忘某些事件或人物的现象,被弗洛伊德称为( )

A. 认知性遗忘 B. 干扰性遗忘 C. 动机性遗忘 D. 消退性遗忘

15. 对待儿童非常严厉,缺少温情,要求儿童绝对服从,为使儿童服从,他们常常运用惩罚和剥夺爱的策略,这是( )的教养方式。(易错)

A. 专制型父母 B. 放纵型父母 C. 忽视型父母 D. 权威型父母

16. 教育家陶行知先生指出:"接知如接枝。"体现的教学原则是( )

A. 启发性原则 B. 直观性原则 C. 系统性原则 D. 量力性原则

17. 在学习过程中,学习者针对所学内容画出网络关系图,这属于( )

A. 陈述性知识 B. 动作技能 C. 言语信息 D. 认知策略

18. 小明觉得学习没有意思还很累,可又怕成绩不好,对不起父母的付出,这种心理冲突属于( )(常考)

A. 双避冲突 B. 双趋冲突 C. 趋避冲突 D. 多重趋避冲突

19. 某学生观看电影《医生的假日》后,对医生产生了敬佩之情,立志成为一名优秀的医生,根据加涅的学习结果分类,这属于( )

A. 智力技能的学习 B. 态度的学习

C. 运动技能的学习 D. 言语信息的学习

20. 认为适中的动机水平,最有利于激发学习动机的理论是( )

A. 成就动机理论 B. 自我效能感理论

C. 需要层次理论 D. 耶克斯—多德森定律

21. 教学的根本目的是( )

A. 培养学生良好的道德品质 B. 促进学生智力与能力的全面发展

C. 使学生系统地掌握科学基础知识 D. 培养全面发展的人

22. 我国《义务教育法》规定，实施义务教育的公办学校实行(　　)

A. 党支部负责制　　B. 校长负责制

C. 教职工代表大会负责制　　D. 校务委员会负责制

23. 素质教育把(　　)作为重点，反映了新时代的要求。(常考)

A. 培养自主学习的能力　　B. 培养学生的创新意识

C. 培养创新精神和实践能力　　D. 培养学生的价值观、人生观

24. 学生良好思想品德的形成或不良品德的克服要经过多次的培养或矫正训练，不能操之过急，这表明德育要遵循(　　)

A. 学生的思想品德形成的长期性和反复性规律

B. 学生的知、情、意、行诸因素统一发展的规律

C. 学生的思想内部矛盾转化的规律

D. 学生在活动和交往中形成思想品德的规律

25. 教学原则中思想性与科学性相统一是指教学要在传授先进科学的基础知识和技能的同时，要结合知识和技能中的德育因素。下列能够体现这一原则的情形是(　　)(易错)

A. 刘老师在语文课上讲苏轼的《念奴娇·赤壁怀古》时，对赤壁之战的历史和周瑜的人物形象也进行了讲解，使同学们很受启发

B. 张老师在道德与法治课上以生动形象的事例来帮助学生区分什么是"勇敢"，什么是"蛮干"

C. 王老师在化学课上讲到元素周期表中"镭"元素时，向学生介绍了该元素的发现者居里夫人献身科学的事迹，使同学们深受教育

D. 赵老师在地理课上讲到山西的风土民情时，对黄土高原的形成和黄河的发源进行了讲解，使学生们对我国北方的自然条件有了更深的了解

## 第二部分　学科专业知识

**一、单项选择题(本大题共4小题，每小题2分，共8分)**

1. 下列各句中，没有语病的一句是(　　)(常考)

A. 现行体育中考的弊端已非常明显——在应试化的体育教学中，学生倾向于短期突击为主，学校也专攻考试项目，兴奋剂也容易大行其道。

B. 目前，安全业界暂未能有效破除想哭(Wanna Cry)勒索病毒软件的恶意加密行为，个人计算机主机一旦被勒索软件渗透，用户只能通过重装操作系统的方式来解除勒索行为，但用户重要数据文件不能直接恢复。

C. "营改增"是我国近年来推出的一项重大的税制改革措施，对解决营业税重复征收问题、完善我国税制体系、优化产业结构和扩大经济发展具有重大意义。



D. 看涨的共享单车市场和摩拜、ofo的双雄争霸并不意味着毫无风险。无论在哪个城市，共享单车均面临着停车难、停车乱，如果没有合理的疏导，"解决最后一公里出行"很可能变成了"阻挡最后五十米交通"。

2. 下列各句中画线成语的使用，全都不正确的一项是(　　)

①1954年出生的清河镇木版年画第21代传人王圣亮，脸庞瘦削，头发稀疏，与当地农民别无二致，但每当和记者谈到木版年画时，他就显得很健谈。

②出游之前，看看百度热力图便能知道哪里人满为患、哪里万人空巷，避免仅在看过旅行攻略后就出发，却发现看海变成看人海的尴尬。

③他多次跑省、县有关部门，上下其手，发动单位力量，筹措项目资金，在他的带领下，全村立即启动了16公里村道延伸建设工程。

④我国对文化的传承态度不应是胶柱鼓瑟，而应是尊重文化传统，注重社会实际，注重变通、创新、开放、多元，注重在基础上的传承。

⑤鲁迅先生对于友人尤其是青年的爱护可以说是无所不为，这一点在后来的很多回忆文章中都谈到了，这也是先生身上最为可贵的品质之一。

⑥于是，以培养孩子某些特殊能力为目的的各种特长教育应运而生，如书法班、美术班、舞蹈班、音乐班等等，应有尽有，不一而足。

A. ①③⑥　　B. ①④⑥　　C. ②③⑤　　D. ②④⑥

3. 阅读下面这段论述性语段，选出能更好地完成其论证的一项(　　)(易错)

人类学家坚定地断言：文化仅当它是独立的而非依赖的，才能有所发展。也就是说，只有当来自它外部的压力被来自它内部的首创精神所取代的时候，它才能有所发展。换句话说，只有民族文化才是推动文化发展的动力，非主体文化可以提供有价值的建议，但是，任何把外来文化的观点强加给民族文化的做法，都会威胁它的独立和发展。

同样，如果我们把每一所单独的学校视为一种独立的文化的话，那么，教育进步的关键是：________。

A. 每个学校要依靠独立于外来压力的内部首创精神才能有所发展。

B. 某些学校只要依靠他们全体员工和学生的创造力就能有所发展。

C. 学校管理人员必须随着学校发展的进程而调整自己的首创精神。

D. 外来的各种有利或有害的因素必须被阻止参与学校发展的努力。

4. 下列各句中，表达得体的一句是(　　)

A. 李明将自己的作文交给文学社王老师，说："奉上大作一篇，我才疏学浅，文中谬误一定不少，敬请老师批评指正。"

B. 我今天作为一个长者跟你们讲，也许有人会说这老家伙是在倚老卖老，但是我见得太多了，我有必要告诉你们一点人生的经验。

C. 令郎今年高考取得优异成绩，考上了他心仪的大学，多亏您悉心指导，我代表全家对您表示衷心的感谢。

D. 今天的活动也是两校师生交流的一个平台，我校文学院李教授也来到这里，并就今天的话题发表高见，请大家洗耳恭听。

**二、阅读下面的论述类文本，完成5～7题(本大题共3小题，每小题2分，共6分)**

汉字是世界上历史最悠久、使用人口最多的文字。汉字形体在从甲骨文到小篆、隶书、草书、楷书的发展岁月中，大体上经历了从图形化到线条化，再到笔画化三个阶段的演变，这个演变过程是一个从难到易、从繁到简、从不规范到较规范的进步过程，汉字演变的总趋势是不断简化，不断规范化。

汉字之所以要简化，一方面是由于汉字自身的发展需要。汉字起源于图画，本身就存在着笔画繁多，结构复杂、难认难写的缺点。另一方面是由于社会不断发展，汉字的使用者和使用范围不断增加和扩大，要求汉字能够认写迅速、运用方便，而汉字的复杂繁难却使各种抄写、印刷事务不能快捷。正是在这种矛盾之下，汉字不能不适应社会政治、经济、文化生活的需要而趋速就简。所以，汉字简化是人们在使用汉字过程中自然生长出来的要求，是社会发展的诉求，是不可阻挡的历史潮流。当然，汉字的简化绝不是随心所欲的简化，而是要根据汉字规律，逐步地科学地简化，简化的目的是使汉字有规范可循，更利于汉字在全社会的流通。

汉字之所以要规范化，首先从文字的特性看，文字是代替语言的交际工具，为了适应人们相互交际的需要，必然要求文字使用的规范化。其次，从汉字字形演变和汉字使用看，汉字字形的演变是以产生变异为前提的，无变异就无全部汉字的发展史，而异体的产生是汉字使用者的群众性行为，汉字使用越普及，异体也就越多。但存在过多的异体，将影响汉字在全社会的统一使用。为整理异体字繁乱的现象，使汉字的使用规范化，我国历史上继秦“书同文”以后，每隔几百年就要做一次汉字正字法的整理工作。建国后，党和政府有领导、有计划、有步骤地开展了汉字简化、规范化工作，并建立起了现代的汉字规范。改革开放以来，我国同世界各国在经济、文化、教育、科技等方面的交流日益密切频繁，尤其是在人类已经进入了大数据信息时代的今天，文字与社会的关系从未有过如此的密切；同时，伴随着世界各地孔子学院的开办，世界上出现了新一波“汉语热”，汉语在全球的影响力越来越高，规范简化汉字在国际上的影响也愈来愈大，弃繁就简已成为现在和未来的大趋势。反观国内，社会上汉字使用的规范化意识仍然不太理想，在一些报刊、影视、商标、广告、牌匾上，滥用繁体字、异体字，生造简化字的现象，屡见不鲜。所以，要求汉字简化的规范化、标准化，比任何时代都显得迫切。

(摘编自邓雪琴《关于汉字简化规范化的历史回顾与思考》)

5. 下列关于原文内容的理解和分析，正确的一项是(　　)

A. 汉字始终在发展变化，每个汉字形体都有甲骨文、小篆、隶、草、楷的演变过程。

B. 汉字形体不断演变，不断进步，让汉字成为世界上最古老、使用者最多的文字。

C. 汉字自身的发展和社会的发展要求汉字要简易好用，汉字简化是必然的发展趋势。

D. 异体字在汉字的规范化过程中，总体表现为消极作用，严重阻碍汉字的统一使用。



6. 下列对原文论证的相关分析，不正确的一项是(　　)

A. 文章善于从多角度展开论证分析，如分析论证“汉字简化、规范化”的原因。

B. 文章在分析“汉字简化”的原因之后，又提出了汉字简化的要求，条理清晰。

C. 文章论证“汉字规范化”的原因时，按照从内因到外因的顺序逐层推进分析。

D. 文章尾段立足时代，又联系国内外具体背景，指出了规范简化汉字的迫切性。

7. 根据原文内容，下列说法正确的一项是(　　)

A. 起源于图画的汉字，它的发展变化是必然的，从群众中产生的简化字应该得到推广。

B. 文字在使用过程中都有规范和变异两个方面，文字没有统一的规范，就会失去交际作用。

C. 我国每个时期都有汉字正字法，它促进了汉字的发展，如秦朝“书同文”和现代汉字规范。

D. 汉字的简化和规范化，两者互有联系，相互约束，共同推动着汉字不断向前发展变化。

**三、阅读下面的文言文，完成8～10题(本大题共3小题，每小题2分，共6分)**

颜衎，字祖德，兖州曲阜人。少苦学，治《左氏春秋》。梁龙德中擢第，解褐授北海主簿，以治行闻。后唐天成中，为邹平令。符习初镇天平以书告属邑毋聚敛为献贺衎未领书以故规行之寻为吏所讼习遽召衎笞之幕客军吏咸以为辱及正人习甚悔焉，即表为观察推官，且塞前事。长兴初，召拜太常博士，习力奏留之。习致仕，衎东归养亲。未几，房知温镇青州，复辟置幕下。知温险愎，厚敛多不法，衎每极言之，不避其患。晋祖入洛，知温恃兵力偃蹇，衎劝其入贡。知温以善终，衎之力也。改河阳三城节度副使，知州事。居半岁，得家问，父在青州有风痹疾，衎不奏弃官去侍疾，不复有仕宦意。岁余，父疾不能起，衎亲自扶矢，未尝少倦。晋祖闻之，召为工部郎中，连使促召至阙，辞曰：“臣无他才术，未知何人误有闻达，望放臣还，遂其私养。”晋祖曰：“朕自知卿，非他人荐也。”俄废枢密院，以本官奉朝请。逾年，上表请还侍养，授青州行营司马。丁父忧，哀毁甚。俄召为驾部郎中、盐铁判官。以母老恳辞，有诏止守本官。开运末，授左谏议大夫，权判河南府，召拜御史中丞。丧乱之后，朝纲不振，衎执宪颇有风采。尝上言：“州郡无参谒之仪，出入失风宪之体，请自今藩镇幕僚，勿得任台官；虽亲王、宰相出镇，亦不得奏充宾佐。非奉制勘事，勿得出京，自余不令厘杂务。”诏惟辟召入幕如故，余从其请。时王峻持权，衎与陈观俱为峻所引用。会峻败，观左迁，衎罢职，守兵部侍郎。显德初，上表求解官，授工部尚书，致仕还乡里，台阁缙绅祖饯都门外，冠盖相望，时人荣之。建隆三年春，卒于家，年七十四。

(《宋史·列传二十九》，有删改)

8. 下列对文中画曲线部分的断句，正确的一项是(　　)

A. 符习初／镇天平以书告属邑／毋聚敛为献贺／衎未领书／以故规行之／寻为吏所讼／习遽召衎笞之／幕客军吏咸以为辱及正人／

B. 符习初镇天平／以书告属邑／毋聚敛为献贺／衎未领书／以故规行之／寻为吏所讼习／遽召衎笞之／幕客军吏咸以为辱及正人／

C. 符习初／镇天平以书告属邑／毋聚敛为献贺／衎未领书／以故规行之／寻为吏所讼习／遽召衎笞之／幕客军吏咸以为辱及正人／

D. 符习初镇天平／以书告属邑／毋聚敛为献贺／衍未领书／以故规行之／寻为吏所讼／习遽召衍答之／幕客军吏咸以为辱及正人／

9. 下列对文中加点词语相关内容的解说，不正确的一项是(　　)

A. “太常博士”中的“博士”是学官名，一般指精通一经或一艺、从事教授的官职。

B. 奉朝请，是指古代臣子定期参加朝会，春季朝见天子叫“朝”，秋季朝见为“请”。

C. “守兵部侍郎”中的“守”指暂时署理职务，多指官阶低的人署理官阶高的职务。

D. 祖饯，设宴送别。祖，临行祭祀天神，引申为饯行和送别，类似说法还有“祖道”。

10. 下列对原文有关内容的分析和概括，不正确的一项是(　　)

A. 颜衎勤奋苦学，为政有方，他年少时，学习刻苦努力，研究《左氏春秋》；后科举及第，任北海主簿，颇有政绩，为人所知。

B. 颜衎献言献策，颇有远见。房知温拥兵自傲，作为其幕僚，颜衎建议房知温入贡晋祖，使房得以善终，足见其深谋远虑。

C. 颜衎秉守孝道，侍养双亲。父亲有疾，颜衎能毅然请辞回去奉养，在父亲卧床不起时，能亲自捧屎，毫无倦色，品性至孝。

D. 颜衎严肃纲纪，厘清体制。丧乱之后，朝纲不振，他直陈弊病并提出改进意见，除征召入幕府不变，其余都被皇帝采纳。

**四、翻译题(本大题共6分)**

11. 把上面文言文中画横线的句子翻译成现代汉语。

(1)知温险愎，厚敛多不法，衎每极言之，不避其患。(3分)

(2)臣无他才术，未知何人误有闻达，望放臣还，遂其私养。(3分)

**五、古诗词阅读(本大题共2小题，共8分)**

阅读下面这首唐诗，完成第12小题。

**衡阳与梦得[1]分路赠别**

柳宗元

十年憔悴到秦京，谁料翻为岭外行。
伏波[2]故道风烟在，翁仲[3]遗墟草树平。
直以慵疏招物议，休将文字占时名。[4]
今朝不用临河别，垂泪千行便濯缨。

【注】①梦得即刘禹锡。安史之乱后，唐政权动荡，国势衰落。刘、柳二人受政敌排挤连遭贬谪。②伏波：这里指东汉伏波将军马援，其在抵御外侮、平定叛乱上功勋卓著。③翁仲：古时称石像或墓道石为翁仲。此处指伏波将军庙前的石像。④刘禹锡曾写诗暗刺朝廷政治危机及得势新贵。



12. 有人评价本诗“至怨至悲”，请结合诗词简要分析。(4分)

13. 补写出下列句子中的空缺部分。(每空1分，共4分)

(1)孔子在《论语·为政》中用“________，________”两句简明扼要地阐述“学”和“思”的辩证关系。

(2)苏轼诗文影响深远，明代杨慎《临江仙》开篇的“________，________”两句都是明显地借鉴苏轼《念奴娇·赤壁怀古》的“大江东去，浪淘尽，千古风流人物”三句。

**六、阅读下面的文学类文本，完成14～15题(本大题共2小题，共10分)**

**葛市长家的草莓**

“知道不？这次人代会上，老葛转正了！”方凯来电话，话里话外都透着开心，仿佛A市新提拔的市长不是葛亚楼，而是他方凯。

“真的？那咱可得借机‘宰’他一回。”我毫不掩饰自己的喜悦。在人脉为王的今天，有个有实权的官同学，后面的省略号就太多了。

不过，我心里也有点儿酸酸的。作为大学里上下铺的兄弟，我们三个当年一个起跑线，只不过毕业时拼爹，我和方凯因此留城，葛亚楼被完璧归赵。当时听说他进了最基层的镇政府，干了最基层的秘书工作，没想到十年打拼，人家浮上来了，我们却依旧原地踏步。

领导的电话，一个字，忙！多次占线，终于打进去时，葛亚楼语气中透着一份惊喜：“尖子？老K？有日子不见了。什么？请客？好说，好说！嗳，下什么饭店！家里去，你嫂子这两年厨艺见长，来尝尝她的糖醋鲤鱼。”

葛亚楼还像当年一样，亲亲的。方凯大大咧咧地称他“老葛”，我则恭恭敬敬地称他“葛市长”。

“什么长不长的，还是叫我‘楼子’吧！”葛亚楼重新翻出了那个打着时光烙印的雅号。我和方凯“哈哈哈”地笑起来。

周末，我们去了一个很普通的小区，葛亚楼住在那里。我们把车停好，正要上楼时，一个人骑着一辆旧“飞鸽”叮儿当地过来。咦，那不是我们的大市长吗？他把车锁好，从车筐里掏出一瓶干红葡萄酒，冲着我笑：“尖子不喝白酒，我差点儿把这事儿给忘了呢。”

他真是细心！我的心一暖，贴身衣兜里装的东西就有点儿硌得慌。那是一枚价格不菲的祖母绿戒指，准备放长线钓大鱼的诱饵。

“老葛，这些琐事，还用你亲力亲为？还有啊，现成的‘红旗’不用，骑这辆破‘飞鸽’。知道的，你艰苦朴素惯了；不知道的，人家不说你作秀吗？”方凯竹筒倒豆子，还是当年那个直筒子脾气。

葛亚楼挠挠头：“这事儿，我还真没想过那么多。这车子还是我妈留下的，一直不舍得扔，偶尔搬出来骑骑，活动活动筋骨，挺好的！”

进了门，我环顾四周，这套两居室实在简朴至极。葛亚楼看出了我眼里的困惑："嘿嘿，这房子是小了点儿，不过，住着温馨。市政家属院那边给配了一套，我没要。我和你嫂子舍不得周围这些老邻居，人是群居动物，日久生情啊！"

市长夫人，是一个贤淑女人，从事幼教工作，在一所幼儿园，陪着那些花儿、朵儿一起成长。她把自己的拿手菜端上桌，笑着说："今天一定要多喝几杯，老葛在我耳边没少念叨你弟兄两个。"

家里的便宴跟饭店就是不一样。阻隔在我们之间的一些鸿沟顿时灰飞烟灭，我们好像又回到了那些青葱岁月，大声地笑着，大口地吃着，大杯地喝着。在这种情景下，我若掏出那枚祖母绿，岂不是太煞风景？

酒足饭饱，我手插衣兜里，刚要行动，葛亚楼左扯一个，右拽一个，把我们拖到阳台上："来，来，跟我来，看看我种的草莓！"

那个不大的阳台上，摆满了黄泥花盆，里面的草莓郁郁葱葱，挂满了果实，红艳艳的。

市长夫人手脚麻利地摘了一盘草莓，放在茶几上："两位兄弟，快来吃，咱自家种的，绿色、环保、无污染。"

"不养花草，种草莓！你这市长，雅兴不小！"方凯讥讽地拍着老葛的肩。

"别小看这小小的草莓！是它一步步激励着我走到今天。"葛亚楼凝视着手中的一颗草莓，给我们讲了一段往事。

"二十年前，一场瘟疫夺去了父亲的生命，母亲带着我和小妹搬到了小城。她租了一间破旧的阁楼，用拾荒的钱，供我们兄妹上学。邻居的孩子吃草莓，不懂事的妹妹也吵着要。那时的草莓要20块钱一斤，对于一个贫寒的家庭来说，实在是可望而不可即。妹妹大哭了一场，睡着了，母亲也下了楼。母亲再回来时，一头长长的秀发不见了，头发短得如同男人的板寸。她的手里多了两个花盆，两颗草莓苗。她说：'记着，自己种的草莓最香甜。'那年初夏，那两株草莓开花、结果，我和妹妹吃到了这世上最好吃的水果，同时也将母亲的话铭记在心。"葛亚楼说。

面对一个喜欢吃自己种的草莓的人，我知道，那枚祖母绿掏出来也是白掏。告别时，葛亚楼握着我和方凯的手说："谢谢你们把我当兄弟！"他永远不会知道，那天，他眼神里的那份真诚，是怎样让两个老同学落荒而逃的。

几年后，班里搞了一次同学聚会。说起副省长葛亚楼，很多同学跟我们一样，吃过葛家的糖醋鲤鱼，尝过葛家的阳台草莓，还听过那段与草莓有关的往事。

（选自《小小说选刊》，有删改）

14. 结合文中内容，简要概括葛市长的人物性格。(4分)

15. 小说通过葛市长之口讲述草莓的故事，这样写有什么好处？请简要分析。(6分)

**七、阅读下面的新闻材料，按要求完成16～17题（本大题共2小题，共6分）**

新华社上海11月2日电　为解决租房市场房源信息虚假、价格不透明等问题，10月31日，北京租房新政策正式实施，住房租赁监管平台上线。此前不久，广州推出了政府住房租赁平台——"阳光租房"；9月底，杭州市联合阿里巴巴、蚂蚁金服打造的政府住房租赁监管服务平台也已正式启用。

"新华视点"记者发现，目前，全国十余个城市已出台加快培育和发展住房租赁市场的实施方案，均提及搭建政府住房租赁交易服务平台，并明确了建设时间表。专家称，这是各地落实租购并举住房制度的"关键一招"。

当前，百姓租房存在几大"痛点"：虚假房源多；合同不报备，发生纠纷时租客维权困难；房东涨租、租期随意、二房东现象屡禁不绝；等等。各地推出的官方住房租赁平台，将通过收集和发布租赁信息、动态监测租赁信息、指导住房租赁价格等，有效遏制租房乱象。

16. 请为以上这则新闻拟写一个新闻标题。(不超过15字)(2分)

17. 请对以上这则新闻进行简要评论。(不超过60字)(4分)

**八、作文（共30分）**

18. 阅读下面的材料，根据要求写一篇不少于800字的文章。

据媒体报道，某医院收治了一位急症患者，经医生全力抢救，患者最后转危为安。但不久后，患者父亲找到院方，声称医生抢救自己的孩子时剪掉了衣裤，并导致其裤兜里的一些现金、证件等贵重物品遗失，因此向医院索要现金和误工费等赔偿。双方争执不下，最终经调节，医院急诊科还是进行了一定金额的赔偿。

对于以上事件你怎么看？请表明你的态度，阐述你的看法。题目自拟，文体自选。不要套作，不得抄袭，800字以上。

# 2020年山西省忻州市教师招聘考试真题试卷(精编)(十)

## 语　文

**(满分100分)**

本套试卷共99小题,分为两部分。第一部分教育综合知识,包括单项选择题(25小题)、多项选择题(8小题)、判断题(20小题);第二部分学科专业知识,包括单项选择题(26小题)、判断题(20小题)。目前已收录97小题。

## 第一部分　教育综合知识

**一、单项选择题(下列每小题列出的四个选项中只有一个是最符合题意的,将其选出并把其标号写在括号内。错选、多选或未选均不得分。本大题共25小题,每小题1.2分,共30分)**

1. 习近平总书记强调,做好教育工作,(　　)是根本保证。

A. 加强党的领导　　B. 人民当家作主

C. 国家治理体系和治理能力现代化　　D. 推进党和国家机构职能优化协同高效

2. 服务经济社会发展全局是教育的重要使命。建设社会主义现代化强国,(　　)是第一资源。

A. 发展　　B. 创新　　C. 人才　　D. 改革

3. 关于当前我国加快推进教育现代化的指导思想,下列表述不正确的是(　　)

A. 以习近平新时代中国特色社会主义思想为指导

B. 以培养社会主义建设者和接班人为根本任务

C. 以着力深化改革和服务国计民生为时代主题

D. 全面以加强党对教育工作的领导为根本保证

4. 下列说法正确的是(　　)

A. 义务教育是根据法律规定,适龄儿童和青少年选择接受的教育

B. 义务教育在中国得到全面普及

C. 教师法规定教师的平均工资应当不高于或者低于公务员的平均工资水平

D. 现代学制改革重在延长义务教育年限

5. 以下不属于《学生伤害事故处理办法》的适用范围是(　　)

A. 学校组织的校外活动　　B. 学生自行组织的校外活动

C. 在学校实施的教学活动　　D. 学生宿舍



6. 下列属于《新时代中小学教师职业行为十项准则》中对于"坚持言行雅正"的要求的是(　　)

A. 不得歧视、侮辱学生　　B. 忠于祖国,忠于人民

C. 落实立德树人根本任务　　D. 不得与学生发生任何不正当关系



7. 教师在教学过程中起到表率作用,其中最重要的是(　　)

A. 衣着整洁　　B. 谈吐文雅

C. 言行一致　　D. 举止端庄

8. 教师职业道德对教师教育行为的调节主要是通过(　　)来实现的。

A. 社会舆论、内心信念　　B. 法律法规、传统习惯

C. 知识水平、宗教信仰　　D. 道德素质、国家强制力

9. 李老师和学生家长产生矛盾,被学生家长辱骂和投诉,但李老师还是努力做好本职工作。这体现了其具备(　　)的职业道德。

A. 爱岗敬业　　B. 教书育人

C. 关爱学生　　D. 终身学习

10. 张老师在看到学生遇到危险时,不顾个人安危上前救助学生,这一行为对全体学生产生了积极影响。这体现了教师这一职业的(　　)特点。

A. 复杂性　　B. 示范性　　C. 创造性　　D. 主体性

11. 学校和教师按照确定的教育教学内容和课程设置开展教育教学活动,保证达到国家规定的基本质量要求,国家鼓励学校和教师采用(　　)等教育教学方法,提高教育教学质量。

A. 填鸭式　　B. 启发式　　C. 题海式　　D. 自由式

12. 随着新课程的实施,讨论法被越来越多的教师所重视并在教学中使用。下列哪项属于讨论法的要求(　　)

A. 善于启发引导学生自由发表意见,让每个学生都有发言机会

B. 讲究语言艺术,语言要生动形象、富有感染力

C. 要科学分配练习的时间和练习的次数

D. 掌握好演示的时间,避免分散学生的注意力

13. 新课程改革背景下,教师的教学行为发生变化,在对待师生关系上,新课程强调(　　)

A. 反思　　B. 合作　　C. 尊重、赞赏　　D. 帮助、引导

14. 在生物教学中,教师经常把收集的各种图片、影视素材片段调用到课堂的某一环节中,使课堂在探究中有生趣,活跃而不散乱,学生在轻松愉快中学到了知识。这属于新课程理念的哪项教学原则(　　)

A. 开放性原则　　B. 资源性原则

C. 整合性原则　　D. 普及性原则

15. 课堂教学是完全按照国家规定的课程计划、学科课程标准进行系统的知识传授和技能训练,所以很难照顾到学生的个别差异,而课外活动正好能弥补这一缺陷,更有利于(　　)

A. 发展学生个性　　B. 促进"温故知新"

C. 加强"教学相长"　　D. 坚持"循序渐进"

16. 课程是教师、学生、教材、环境四个因素动态交互作用的(　　)

A. "温室系统"　　B. "鼓动器"

C. "生态系统"　　D. "生长点"

17. 在斯宾塞、博比特等人看来,以个人的生活为着眼点,凡是能促进各类活动的课程内容,即为有用的课程内容。这属于哪种课程内容选择的原则(　　)

A. 系统知识原则　　B. 社会效率原则

C. 兴趣需要原则　　D. 社会发展原则

18. 教师在与学生的日常教学的接触、互动过程中,以观察和交流为主要方式,不断地了解学生,进而在有意或无意之间形成对学生某种看法和判断的一种评价方式是(　　)

A. 配置性评价　　B. 诊断性评价

C. 非正式评价　　D. 非理性评价

19. 建构主义认为,(　　)是由学习者自己建构起来的,它无法通过直接传递实现。

A. 外部的信息　　B. 社会的文化

C. 知识的意义　　D. 已有的经验

20.《西游记》中活泼好动、精力旺盛、反应迅速,但脾气急躁、容易冲动、缺乏耐心的孙悟空的气质类型是(　　)

A. 多血质　　B. 胆汁质　　C. 粘液质　　D. 抑郁质

21. 布鲁纳是美国著名的认知教育心理学家,他强调学科结构的重要性,提出了认知结构学习理论和(　　)

A. 程序教学法　　B. 非指导性教学模式

C. 掌握学习模式　　D. 发现学习教学法

22. 注意(　　)的大小主要取决于一个人已有的经验和知识。经验愈多,知识愈广,就愈善于组织所感知的对象,把它们联系成一个整体来感知。

A. 广度　　B. 稳定性　　C. 分配　　D. 转移

23. 在欣赏辛弃疾的诗句"马作的卢飞快,弓如霹雳弦惊"时,我们仿佛想象到了一个率领铁骑,快马加鞭,奔赴战场的将军形象。这是一种(　　)

A. 创造想象　　B. 记忆表象

C. 再造想象　　D. 幻想



24. 在学习汉字时,对"已""巳"的区分,体现了(　　)

A. 泛化抑制　　B. 分化抑制　　C. 自我抑制　　D. 超限抑制

25. 技能的形成与知识的掌握有密切联系。下列关于技能与习惯的区别,说法不正确的是(　　)

A. 技能是越来越向一定的标准动作体系提高,而习惯则越来越保持原来的动作组织情况

B. 技能既无高级、低级之分,也无好坏之别;习惯根据对个人和社会的意义有好坏之分

C. 技能和一定的情境、任务都有联系,而习惯只和一定的情境相联系

D. 技能要与一定的客观标准做对照,而习惯则只是与上一次的动作做对照

**二、多项选择题(下列每小题列出的选项中至少有两个是符合题意的,请将其选出并把它的标号写在括号内。错选、多选或未选均不得分。本大题共8小题,每小题1.25分,共10分)**

26. 中共中央、国务院印发的《中国教育现代化2035》提出了推进教育现代化的八大基本理念,其中包括(　　)

A. 更加注重知行合一　　B. 更加注重共建共享

C. 更加注重以智为先　　D. 更加注重面向人人

27.《中华人民共和国教育法》规定,广播、电视台(站)应当开设教育节目,促进受教育者(　　)素质的提高。

A. 体育运动　　B. 文化　　C. 思想品德　　D. 科学技术

28. 下列体现了教师职业道德的基本原则中"教书育人原则"的有(　　)

A. 师也者,教之以事而喻诸德也

B. 师者,所以传道受业解惑也

C. 其身正,不令而行;其身不正,虽令不从

D. 三人行,必有我师焉

29.(　　)是师德的生命,也是教师应具备的业务素质。

A. 遵纪守法　　B. 严谨治学

C. 不断进取　　D. 廉洁自律

30. 关于班主任工作,下列说法正确的有(　　)

A. 了解和研究学生是班主任工作的前提和基础

B. 组织和培养班集体是班主任工作的中心环节

C. 坚定的教育信念和对学生炽热的爱是班主任开展工作的理论基础

D. 班主任在工作中,应充分尊重并发挥学生的主体作用

31. 课程资源开发与利用的基本原则包括(　　)

A. 经济性原则　　B. 客观性原则

C. 适应性原则　　D. 共享性原则

32. 情感是同人的社会性需要相联系的态度体验,人的社会性情感主要分为哪几类(　　)

A. 道德感　　B. 焦虑感

C. 理智感　　D. 美感

33. 下列关于情绪状态的说法正确的有(　　)

A. 应激是已知预料的紧急情况而引起的情绪状态

B. 激情是一种强烈的、短暂的、爆发性的情绪状态

C. 心境是一种微弱的、平静的而持续时间较长的情绪状态

D. 愉悦是大脑释放出类似快乐电流的情绪状态

三、判断题(判断下列各题的正误,并在题后的括号内打"√"或"×"。本大题共20小题,每小题0.5分,共10分)

34. 改革创新是时代发展的不竭动力,只有坚持深化改革不动摇,不断释放制度红利,才能使我国教育越办越好,实现由教育大国到教育强国的历史跨越。(　　)

35. 推动各级教育高水平高质量普及,要提升高中阶段教育普及水平,推进高等职业教育和普通高中教育协调发展。(　　)

36. 教育法规按适用范围和法律效力大小可分为若干层次,其中效力层级最高的是教育行政法规。(　　)

37. 对比教育法是指在教师职业道德教育中广开言路、循循善诱、说服教育,引导教师不断提高自己的道德觉悟,以满足社会对教师职业道德要求的教育方法。(　　)

38. 教师不得擅自从事影响教育教学本职工作的兼职兼薪行为。(　　)

39. 教师职业道德的强烈的责任性,是教师自觉、积极职业态度形成的基础,是教师教育、教学和自身发展的重要精神动力。(　　)

40. 教师在教育工作中要做到循序渐进,这是因为教育活动要遵循人身心发展的一般规律。(　　)

41. 遗传素质是造成人的发展的个别差异的原因之一,这属于外铄论的基本观点。(　　)

42. 教学大纲规定了各门学科的目的、任务、内容、范围、体系、教学进度、时间安排以及对教学方法的要求。(　　)

43. 做好个别教育工作是指做好优秀生的教育工作和后进生的转化教育工作。(　　)

44. 现代社会教育的特征包括教育日益显示出整体性、开放性。(　　)

45. 新课程改革倡导以学生的学习成绩为本。(　　)

46. "最近发展区"是指身体或心理的某一方面机能和能力最适宜于形成的时期。(　　)

47. 根据韦纳的归因理论,如果学生把成功归因为自己的能力,学生会感到内疚和无助。(　　)

48. 按照安德森对智慧技能的分类,智慧技能的学习阶段可分为认知阶段、联结阶段和自动化阶段。(　　)

49. 人借助于内部言语在头脑中进行的,按照合理的、完善的方式组织起来的智力活动方式称为心智技能。(　　)

50. 附属内驱力是一种内在的学习动机。(　　)

51. 感受器在刺激物的持续作用下,引起感受性起伏变化的现象是感觉对比。(　　)

52. 知识经验丰富的人在其领域内有较高的直觉思维水平。(　　)

53. 善于从整体中分析出各个元素,喜欢学习无结构的材料,不太受外界的影响是场独立型学习者的特点。(　　)

## 第二部分　学科专业知识

一、单项选择题(本大题共25小题,1~19每小题1.1分,20~25每小题3分)

1. 下列选项中,只有一个义项的词是(　　)

A. 小　　B. 多　　C. 码　　D. 宽

2. 下列选项中,属于动宾短语的是(　　)

A. 承受痛苦　　B. 乌云密布

C. 外地人　　D. 高兴极了

3. 下列对现代汉语知识的理解,正确的是(　　)

A. 普通话的词汇标准是以北方和南方话词汇为基础。

B. 语法包括词法和句法。

C. 汉语的音节结构严密,每个音节都由声母、韵母构成。

D. 词类具有多功能性,与句法成分之间存在简单的对应关系。

4. "我打开箱子拿出了一本相册"这是一句(　　)

A. 连动句　　B. 存现句　　C. 兼语句　　D. 被动句

5. 下列加点字的注音完全正确的一项是(　　)(常考)

A. 摇曳(yì)　　泯灭(mǐn)　　饭甑(zèng)　　两鬓斑白(bìn)

B. 蒲葵(pú)　　苍虬(qiú)　　粳米(jīng)　　因噎废食(yē)

C. 劝谏(jiàn)　　福佑(yòu)　　篆刻(zhuàn)　　硕果累累(lěi)

D. 奇葩(bā)　　调离(diào)　　蘸水(zhàn)　　漫天飞舞(màn)

6. 下列各项中,没有错别字的一项是(　　)

A. 生命是母亲给我的,我能长大成人是母亲的血汗罐养的。

B. 春回大地,万像更新,以"春天的畅想"为主题的艺术节拉开了序幕。

C. 当好体育委员要有较强的组织能力,这方面我自忖与任何人相比都不逊色。

D. 这种积极的人生态度使他摆脱了面对歧路时的彷徨和失意的苦闷。

7. 下列各句中，加点的词语使用不恰当的一项是(　　)

A. 在上流社会里，他是又穷又硬的平民，到了平民中间，他又是屈尊下顾的文化分子。

B. 颠沛流离的生活，没有改变马克思的崇高要求，他矢志不渝为人类解放的崇高理想而不懈奋斗。

C. 马克思、爱因斯坦、弗洛伊德，他们因改变人类的命运而名垂千史，更令后人高山仰止。

D. 许多年轻人之所以热衷于选秀节目，是因为此类节目能给人一种心理预期，通过媒体炒作可以快速成名，成为明日黄花，引人瞩目。

8. 依次填入括号的词语，恰当的一项是(　　)

体验和感悟是一种重要的阅读方法，它要求我们在阅读中(　　)般地感受文章的情境和人物的思想感情，或者以自己的生活经历和感受(　　)文章的相关内容，从而获得情感的共鸣和思想的启迪。

A. 身临其境　印证　　B. 设身处地　关照

C. 将心比心　目睹　　D. 推己及人　映射

9. 下列排序正确的是(　　)

①小满是一个表征物候的节气。

②这时，北方冬小麦等夏熟作物籽粒开始饱满，但没有完全成熟，所以叫小满。

③寒来暑往是气候，鸟语花香是物候。

④小满是最"接地气"的节气。

⑤古书称"四月中，小满者，物致于此小得盈满"。

⑥其关注点不在气，而在物。

A. ③①⑥⑤②④　　B. ③⑤②①⑥④

C. ④⑥⑤①③②　　D. ④⑥③①⑤②

10. 下列关于文化常识，说法错误的是(　　)(易错)

A. 古代官员任职期间，父母去世，必须辞官还乡，为父母守制。

B. 太师，西周置，为辅弼国君之臣，三公之首。

C. 国子监是我国古代的教育管理机构，入国子监学习的学生称为国子生。

D. 迁、授、擢、升等词在我国古代可指官职的调动，多指升官。

11. (　　)是古今汉字的转折点，从此汉字字形变圆形为方形，线条变弧线为直线，笔画变繁杂为简省。

A. 小篆　　B. 隶书　　C. 行书　　D. 楷书

12. 鲁迅先生以远古神话和历史传说为题材而写就的短篇小说集是(　　)

A.《呐喊》　　B.《彷徨》

C.《朝花夕拾》　　D.《故事新编》



13. 下列有关茅盾小说成就的表述，不正确的一项是(　　)

A. 在题材的选取和主题的开掘上，注意题材和主题的时代性和重大性，自觉地追求具有"巨大的思想深度"与"广阔的历史内容"，能够反映时代面貌及其发展的史诗性。

B. 在人物形象的塑造上，着重表现人物性格的复杂性，追求"立体化"的油画效果。

C. 在艺术结构上，追求简明的布局，人物较少，情节简单但富有逻辑性。

D. 在艺术表现上，注重细腻的心理刻画，追求社会历史的剖析与社会人的心理剖析的统一。

14. (　　)是中国现代文学史上历时甚长、富有探索精神而又具有沉重的悲剧命运的进步文学流派，主要成员有田间、路翎、阿垅等。

A. 新月派　　B. 论语派　　C. 象征派　　D. 七月派

15. 马克思曾经评价说："希腊(　　)不只是希腊艺术的武库，而且是它的土壤。"

A. 喜剧　　B. 悲剧　　C. 神话　　D. 史诗

16. 莫里哀的喜剧《伪君子》塑造了一个典型的伪君子形象——答尔丢夫，他的另一部喜剧《悭吝人》又塑造了一个典型的吝啬鬼形象(　　)

A. 泼留希金　　B. 阿巴贡　　C. 夏洛克　　D. 葛朗台

17. "迷惘的一代"是指第一次世界大战前后成长起来的一代美国作家，代表作品是(　　)

A.《太阳照常升起》　　B.《百年孤独》

C.《战争与和平》　　D.《第二十二条军规》

18. 情景交融是意境创造的表现特征，它有三种形式，不包括(　　)

A. 景中藏情　　B. 情中见景　　C. 情景并茂　　D. 虚实相生

19. (　　)是指作家的创作个性在文学作品的有机整体中通过言语组织所显现出来的，能够引起读者持久审美享受的艺术独创性。

A. 文学风格　　B. 文学批评

C. 文学创作　　D. 文学典型

阅读下面的文字，完成20～22题。

"移情作用"是把自己的情感移到外物身上去，仿佛觉得外物也有同样的情感。这是一个极普遍的经验。自己在欢喜时，大地山河都在扬眉带笑；自己在悲伤时，风云花鸟都在叹气凝愁。

移情作用是和美感经验有密切关系的。移情作用不一定就是美感经验，而美感经验却常含有移情作用。美感经验中的移情作用不单是由我及物的，同时也是由物及我的。所谓美感经验，其实不过是在聚精会神之中，我的情趣和物的情趣往复回流而已。

姑且先说欣赏自然美。比如，我在观赏一棵古松，古松的形象引起清风亮节的类似联想。我忘记古松和我是两件事，我就于无意之中把这种清风亮节的气概移置到古松上面去。同时我又不知不觉地受古松的这种性格影响，自己也振作起来。所以古松俨然变成一个人，人也俨然变成一棵古松。真

正的美感经验都是如此,都要达到物我同一的境界,我们根本就不分辨所生的情感到底是属于我还是属于物的。

再比如说书法。其实书法可列于艺术,是无可置疑的。它可以表现性格和情趣。颜鲁公的字就像颜鲁公,赵孟頫的字就像赵孟頫。横直钩点等等笔画原来是墨涂的痕迹,但是在名家书法中我们常觉到"骨力""姿态""神韵"和"气魄"。

移情的现象可以称之为"宇宙的人情化",因为有移情作用然后本来只有物理的东西可具人情,本来无生气的东西可有生气。从理智观点看,移情作用是一种错觉。但是如果把它勾销,不但艺术无由产生,即宗教也无由出现。艺术和宗教都是把宇宙加以生气化和人情化,把人和物的距离以及人和神的距离都缩小。它们都带有若干神秘主义的色彩。所谓神秘主义其实并没有什么神秘,不过是在寻常事物之中见出不寻常的意义。

美感经验是人的情趣和物的姿态的往复回流,我们可以从这个前提中抽出两个结论:一、物的形象是人的情趣的返照。深人所见于物者亦深,浅人所见于物者亦浅。比如一朵含露的花,在这个人看来只是一朵平常的花,在另一个人看或以为它能象征人生和宇宙的妙谛。我们可以说,各人的世界都由各人的自我伸张而成。欣赏中都含有几分创造性。二、人不但移情于物,还要吸收物的姿态于自我,还要不知不觉地模仿物的形象。所以美感经验有陶冶性情的功效,心里印着美的意象,常受美的意象浸润,自然也可以少存些浊念。

(选自朱光潜《谈美书简》,有删改)

20. 下列关于原文内容的表述,不正确的一项是(　　)

A. 在物我合一的境界中,移情作用最容易发生,因为我们根本就不分辨所产生的情感到底是属于我还是属于物。

B. "移情"是当我们聚精会神地观照审美对象时,就会产生把我们的生命和情趣注入对象中,使对象显示出情感色彩的现象。

C. 当观察者欢喜时,看见大地山河都在扬眉带笑,悲伤时,看见风云花鸟都觉得它在叹气凝愁时,他已经获得真正的美感经验了。

D. 人在观赏古松时,古松的形象引起高风亮节的类似想象,古松俨然变成一个人,人也俨然变成一棵古松。

21. 下列理解和分析,不符合原文意思的一项是(　　)

A. 美感经验中,移情作用不仅表现在把人的情感移置到物的身上,同时也有物的姿态对人的影响。

B. 移情作用和美感经验二者关系密切,移情作用离不开美感经验,是产生美感经验的必要条件。

C. 艺术和宗教的产生离不开移情作用,因为把人和物以及人和神的距离缩小,有赖于移情作用。

D. 我们常说"字如其人",颜鲁公的字就像颜鲁公,赵孟頫的字就像赵孟頫,这都是把墨涂的痕迹看作有生气、有性格的东西,把字在心中所引起的意象移到字本身上面去。



22. 根据原文内容,下列说法不正确的一项是(　　)

A. 移情作用是一种错觉,是指观察者把情感外射到事物上去,使原本没有生命的东西仿佛有了感觉、思想、意志和活动。

B. 人们从一草一木中见到生气和人情,深浅程度不同,各人的世界都由各人的自我伸张形成。

C. 自然美景和书法等艺术都可以作为审美对象,不过人们欣赏自然美景时要物我两忘,而欣赏书法则只需要把握创作者的情感。

D. 美感经验有陶冶性情的功效,心里印着美的意象,常受美的意象浸润的人,自然也可以少存些浊念。

阅读下面的文字,完成23～25题。

一切艺术的问题都是韵律问题。所以,要弄懂中国的艺术,我们必须从中国人的韵律和艺术灵感的来源谈起。我们承认韵律是普遍存在的,并非中国人的专利,但这并不妨碍我们去探索一个不同的侧重点。在讨论理想的中国妇女时,笔者已经指出,西方艺术总是到女性人体那里寻求最理想、最完美的韵律,把女性当作灵感的来源。而中国的艺术家和艺术爱好者则通常满足于高兴地赏玩一只蜻蜓、一只青蛙或一块嶙峋的怪石。由此看来,西方艺术的精神较为耽于声色,较为热情,较为充满艺术家的自我;而中国艺术的精神则较为高雅,较为含蓄,较为和谐于自然。很奇怪,这种对韵律理想的崇拜首先是在中国书法艺术中发展起来的。

一幅寥寥几笔画出的顽石图,挂在墙上,供人日夜观赏。人们面对它沉思冥想,并得到一种奇异的快感。西方人士要想懂得此种快感,就非懂得中国书法艺术的原则不可。学习书法艺术,实则学习形式与韵律的理论,由此可见书法在中国艺术中的重要地位。我们甚至可以说,书法提供给了中国人民以基本的美学,中国人民就是通过书法才学会线条和形体的基本概念的。因此,如果不懂得中国书法及其艺术灵感,就无法谈论中国的艺术。比方说,中国的建筑,不管是牌楼、亭子还是庙宇,没有任何一种建筑的和谐感与形式美,不是导源于某种中国书法的风格。

这样,中国书法在世界艺术史上的地位实在是十分独特的。毛笔使用起来比钢笔更为精妙,更为敏感。由于毛笔的使用,书法便获得了与绘画平起平坐的真正的艺术地位。中国人已经充分认识到这一点,他们把绘画和书法视为姐妹艺术,合称为"书画",几乎构成一个单独的概念,总是被人们相提并论。假如要问二者之中哪一个得到了更多人的喜爱,回答毫无疑问是书法。于是,书法成了一门艺术。人们对之投以的满腔热忱和献身精神,以及它丰富的传统,人们对它的尊崇,这些都丝毫不亚于绘画。

中国书法的美在动在不静,由于它表达了一种动态的美,它生存了下来,并且也同样是千变万化,不可胜数的。迅捷稳重的一笔之所以是完美的,是因为它是速度和力量的象征。不能摹仿,不能更改,因为任何更改都会带来不和谐。这也就是为什么书法作为一门艺术非常难学的原因。它最为明显的特征,不是努力抚慰我们的心灵,而是竭力刺激我们的感官,由于这一原因,对中国书法及其万物

有灵原则的研究，归根结底也就是在万物有灵或韵律活力的原则指导下，对自然界韵律所进行的再研究，它会为现代艺术开辟广阔的前景。直线、平面和锥体的相互交错和反复运用，可以使我们激动不已，却不具备生动活泼的美。正是这些平面、锥体、直线和曲线，看来已经使现代艺术家的才智衰竭了。何不回归自然，向自然求救呢？看来有待于一些西方艺术家不畏艰险，开始用毛笔练习写英语。练上10年之后，如果他天资聪慧，真正弄懂万物有灵原则的话，他将可以用真正称得上一门艺术的线条和形式在泰晤士广场上书写招牌和广告牌。

（有删改）

23. 下列对原文内容的表达，正确的一项是（　　）

A. 只要我们弄清楚中国人的韵律和艺术灵感的来源，就能弄懂中国艺术。

B. 中国艺术的精神较为充满艺术家的自我，中国艺术家满足于赏玩一物一虫。

C. 书法给中国人提供了基本的美学概念和理念，中国人通过书法才学会了线条和形体的基本概念。

D. 线条和形体的基本概念是中国书法的独有理论，由此可见书法在中国艺术中的重要地位。

24. 下列对原文内容的理解，不正确的一项是（　　）

A. 书法提供给了中国人以基本的美学，可谓是中国文化的审美表征。

B. 中国的建筑体现了艺术的美，它们的和谐感与形式美，都是来源于某种中国的书法风格。

C. 中国书法的美是动的，不是静止的，如线条上的刚劲流畅与形式上的和谐匀称，是动态美与和谐美的完美结合。

D. 中国人充分认识到，书法获得高于绘画的地位是由于毛笔的使用，它使用起来比钢笔更为精妙。

25. 根据原文内容，下列错误的一项（　　）

A. 中国字实际上是由最奇特的笔画构成的，这要求书法家需要解决汉字笔画的结构问题。

B. 由于绘画代表了韵律和构造最为抽象的原则，所以欣赏中国绘画艺术，就能领略中国艺术之美。

C. 中国书法中的美学观念可以看作中国美学的基础，可以同样运用于其他艺术的欣赏中。

D. 书法美的文字线条本身是第一性的，不能摹仿，不能更改，任何更改都会带来不和谐。

**二、判断题（本大题共19小题，每小题0.5分，共9.5分，正确为A，错误为B）**

26. “蓬莱阁后有一避风亭，它座南朝北，面朝大海，既烘托了主阁，又别有情趣”这句话中没有错别字。（　　）

27. “面对莘莘学子，教育家陶行知透视古今，慷慨陈词，将创造的种子播撒进有志青年的心中”这句话成语使用正确。（　　）

28. “一项好的政策照理会带来好的结果，但在现阶段必须强化阳光操作、民主监督等制约措施，因为好经也要提防不被念歪”这句话没有语病，句意明确。（　　）



29. “春天来了，百花拉着手，清风唱着歌，歌唱着生命和活力”运用了比拟的修辞手法。（　　）

30. “提高未成年人的阅读兴趣，引导他们多摄取营养丰富的‘绿色食品’”，其中，“绿色食品”用的是引申义。（　　）

31. “珊瑚”一词属于偏正式合成词。（　　）

32. 春秋时汉民族共同语被称为“雅言”。（　　）

33. 儿化音变主要表现在韵尾，对声母也有影响。（　　）

34. “落霞与孤鹜齐飞，秋水共长天一色”是初唐四杰之一的王勃写的诗句。（　　）

35. 苏轼散文代表北宋散文最高成就，与黄庭坚并称“苏黄”。（　　）

36.《过秦论》将秦朝灭亡的原因归为“仁义不施”。（　　）

37. “总角”指的是古时男子未成年时的发型，常用来指儿童时代。（　　）

38. 进士，是古代科举会试及第者之称，宋代进士分为三等，一等称进士及第，二等称进士出身，三等赐同进士出身。（　　）

39. “城里的人想逃出来，城外的人想冲进去……”选自《边城》。（　　）

40. 朱自清把新文学第一个十年的诗坛分为三派：自由诗派，格律诗派，象征诗派。（　　）

41. 郭沫若创作《女神》时的文艺思想倾向主要是浪漫主义。（　　）

42. 都德、福楼拜、左拉、龚古尔、屠格涅夫组成文学社团“五人聚餐会”。（　　）

43. 雨果的人道主义三部曲为《巴黎圣母院》《悲惨世界》《海上劳工》。（　　）

44. 艾布拉姆斯提出的文学四要素是情感、作家、作品和读者。（　　）

预测试卷

# 教师招聘考试预测试卷(一)

## 中学语文

(时间150分钟 满分120分)

本套试卷共29小题,包括单项选择题(10小题)、填空题(5小题)、简答题(3小题)、阅读题(10小题)、写作题(1小题)。

### 一、单项选择题(本大题共10小题,每小题2分,共20分)

1. 下列词语中加点字的读音完全正确的一项是( )

A. 骠骑(piào) 庇护(pì) 惩罚(chéng) 讷言敏行(nà)

B. 供给(jǐ) 牵累(lěi) 作坊(zuò) 半身不遂(suí)

C. 白桦(huà) 佝偻(lǚ) 靡费(mí) 喊喊喳喳(zhā)

D. 昏厥(jué) 瓜蔓(wàn) 血脂(zhī) 横行霸道(héng)

2. 下列句子中没有错别字的一项是( )

A. 池塘边柳丝上纤细的树叶几乎已全部落光,光秃秃的树竿兀立在湛蓝的天空下。柳枝下的池水已变得清澈见底,冰凉砭骨,而且仿佛又稠又浓。

B. 用理性而睿智的思考照亮至暗时刻,用热血与乐观激厉更多人走出阴霾,用正能量的声音与影像,将光与热汇聚,消融冰雪,迎接春光!

C. 科学家们亟须通过病毒朔源,搞清楚病毒从天然宿主到中间宿主,再到人类世界的完整链条,并探索精准的筛选方法,阻止疫情卷土重来。

D. 龙舟竞渡早在屈原投江前就有,后来被说成模拟打捞屈原遗体;粽子源于古代祭祀食品,后来说向水中投粽是为赶开蛟龙,保护屈原遗体。

3. 下列句子中加点的成语使用正确的一项是( )

A. 受就业形势等因素影响,今年考研网上报名显得不瘟不火,并没有出现以往的网络堵塞现象。

B. 教师的教学内容必须具有较强的"渗透性"或"贯穿性",使学生能够闻一知十,一通百通。

C. 参加"书法家进校园"活动的书法大师们着手成春,将一幅幅精美的作品呈献给了孩子们。

D. 李老师获得全省优秀教师的消息一经传出,就在学校中激起了"千层浪",他没有想到自己会获得这样的不虞之誉。



4. 下列各句中,没有语病的一项是( )

A. 十一长假在即,有关部门就旅游景点门票是否提价一事进行了听证,可是听证结果似乎很难让消费者满意。

B. 工作人员经过两个多月的精心修复,被游客损坏的清代铜镀金转花水法人打钟基本恢复原貌,即将再次与公众见面。

C. 我们不得不承认,一部电影好不好不在于起用了多少知名演员,而在于它拥有对善良人性的基本关怀。

D. 北京市朝阳区建起了多处"乡情陈列室",通过梳理文物、收集文脉等方式,展示当地发展变迁的历史轨迹,帮助居民留住"乡愁"。

5. 填入下面空缺处的语句,最恰当的一项是( )

我需要清静……最好去处是到个庙宇前小河旁边大石头上坐坐,________________。雨季来时上面长了些绿绒似的苔类。雨季一过,苔已干枯了,在一片未干枯苔上正开着小小蓝花白花,有细脚蜘蛛在旁边爬。

A. 阳光和雨露把这石头漂白磨光了　　B. 这石头被阳光和雨露漂白磨光了

C. 阳光和雨露已把这石头漂白磨光了的　　D. 这石头是被阳光和雨露漂白磨光了的

6. 下列关于中国晚清四大谴责小说对应正确的是( )

A. 吴趼人——《孽海花》　　B. 李宝嘉——《二十年目睹之怪现状》

C. 曾朴——《官场现形记》　　D. 刘鹗——《老残游记》

7. 下列各句中,表达不得体的一句是( )

A. 何老师劳累过度生病住院,学生一起来探望,课代表关切地问她:"何老师,贵恙可好些了吗?"

B. 他一走进客厅,就看到了茶几上的照片,只见那背面写着:下属张小天望您惠存!

C. 看见刘老师家的一对龙凤胎孩子在一起开心地做智力游戏,她不禁赞道:"令郎与令爱真是太聪明了!"

D. 尽管有人在网络上引用我的作品让我极为荣幸,但我不希望因为自己的大作而玷污泰戈尔的名声。

8. 下列文学常识表述有误的一项是( )

A. "风骚"分别是指《诗经》中的"国风"和《楚辞》中的《离骚》。其中《离骚》是《楚辞》的代表作,是我国古代最长的政治抒情诗。

B. 《诗经》和《楚辞》分别开创了我国诗歌的现实主义和浪漫主义文学传统。《诗经》"六义"是指风、雅、颂、赋、比、兴。

C. 我国现存最早的一首长篇叙事诗是古乐府民歌《孔雀东南飞》,它与北朝民歌《敕勒歌》并称"乐府双璧"。

D.《古诗十九首》是东汉末年一批文人诗作的选辑，最早见于南朝梁代萧统《文选》。这十九首诗没有题目，一般拿每首第一句作题目。

9. 下列关于《义务教育语文课程标准》(2022年版)第四学段“表达与交流”要求的表述，不正确的一项是(　　)

A. 注意对象和场合，学习文明得体地交流。耐心专注地倾听，能根据对方的话语、表情、手势等，理解对方的观点和意图。

B. 多角度观察生活，发现生活的丰富多彩，能抓住事物的特征，为写作奠定基础。写作要有真情实感，表达自己对自然、社会、人生的感受、体验和思考，力求有创意。

C. 写作时考虑不同的目的和对象。根据表达的需要，围绕表达中心，选择恰当的表达方式。合理安排内容的先后和详略，条理清楚地表达自己的意思。

D. 能与他人交流写作心得，互相评改作文，以分享感受，沟通见解。作文每学年一般不少于16次，其他练笔不少于1万字，45分钟能完成不少于500字的习作。

10. 关于“整本书阅读与研讨”任务群学习目标与内容表述有误的一项是(　　)

A. 在指定范围内选择阅读一部戏剧。通读全书，整体把握其思想内容和艺术特点。

B. 重视学习前人的阅读经验，根据不同的阅读目的，综合运用精读、略读与浏览的方法阅读整本书，读懂文本，把握文本丰富的内涵和精髓。

C. 在指定范围内选择阅读一部学术著作。通读全书，勾画圈点，争取读懂；梳理全书大纲小目及其关联，做出全书内容提要。

D. 联系个人经验，深入理解作品；享受读书的愉悦，从作品中汲取营养，丰富自己的精神世界，逐步形成正确的世界观、人生观和价值观。

## 二、填空题(本大题共5小题，每空1分，共10分)

11. 在下面的横线上填上相应的古诗文名句。

(1)《论语》中孔子认为“士”抱负远大，意志坚定，承担责任的句子是：______________，______________。

(2)在《岳阳楼记》中，范仲淹先用“而或长烟一空，皓月千里”来形容夜空的纯净，月色的皎洁；又用“______________”描写月光照耀下的水波；用“______________”来描摹无风时水中的月影。

(3)《寡人之于国也》中，孟子主张通过宣传教化来实行王道的句子是：______________，______________，颁白者不负戴于道路矣。

12. 匪我愆期，______________。(《诗经·氓》)

13. 骐骥一跃，不能十步；______________，功在不舍。(《荀子·劝学》)

14. ______________，以手抚膺坐长叹。(李白《蜀道难》)

15. 曲终收拨当心画，______________。(白居易《琵琶行》)



## 三、简答题(本大题共3小题，每小题6分，共18分)

16. 试分析戴望舒的《雨巷》中“姑娘”的形象。

17. 简述《哈姆莱特》的艺术成就。

18. 简述《普通高中语文课程标准》(2017年版)中有关教学建议的主要内容。

## 四、阅读题(本大题共10小题，共32分)

阅读下面这首唐诗，完成下列各题。

**江乡故人偶集客舍**

戴叔伦

天秋月又满，城阙夜千重。

还作江南会，翻疑梦里逢。

风枝惊暗鹊，露草泣寒虫。

羁旅长堪醉，相留畏晓钟。

19. 古人写诗讲究炼字，“羁旅长堪醉，相留畏晓钟”两句中哪两个字用得最好？有怎样的表达效果？(4分)

20. 清代学者王国维在《人间词话》中说“一切景语皆情语”，请体会并说出“风枝惊暗鹊，露草泣寒虫”两句描绘了怎样的情景，表达了怎样的感情？(4分)

阅读下面的文言文,完成后面的问题。

高若讷字敏之,本并州榆次人,徙家卫州。进士及第,补彰德军节度推官,再迁太常博士、知商河县。御史知杂杨偕荐为监察御史里行,知谏院。时范仲淹坐言事夺职知睦州,余靖、尹洙论救仲淹,相继贬斥。欧阳修乃移书责若讷曰:"仲淹刚正,通古今,班行中无比。以非辜逐,君为谏官不能辨,犹以面目见士大夫,出入朝廷,是不复知人间有羞耻事耶!"若讷以其书奏,贬修夷陵令。王蒙正知蔡州若讷言蒙正起裨贩因缘戚里得官向徙郴州物论犹不平今予之大州可乎诏寝其命。大庆殿设祈福道场,若讷奏曰:"大庆殿,国之路寝也,岂可聚老、释为渎慢?"又奏三公坐而论道,今二府对才数刻,何以尽万几?宜赐坐从容,如唐延英故事。丁母忧。服除,以右谏议大夫权御史中丞。时宰相贾昌朝与参知政事吴育数争事上前。明年春,大旱,帝问所以然者,若讷曰:"大臣不肃,则雨不时若。"于是昌朝及育皆罢,若讷遂代育为枢密副使。王则据贝州,讨之,逾月未下。或议招降,若讷言:"河朔重兵所积,今释不讨,后且启乱阶。"及破城,知州张得一送御史台劾治,有臣贼状。朝廷议贷死,若讷谓:"守臣不死,自当诛,况为贼屈?"得一遂弃市。知王守忠欲得节度使,固执为不可。皇祐五年,卒,赠右仆射,谥文庄。若讷强学善记,自秦、汉以来诸传记无不该通,尤喜申、韩、管子之书,颇明历学。因母病,遂兼通医书,虽国医皆屈伏。张仲景《伤寒论诀》、孙思邈《方书》久不传,悉考校讹谬行之,世始知有是书。名医多出卫州,皆本高氏学焉。皇祐中,诏累黍定尺以制钟律,争论连年不决。若讷以汉货泉度一寸,依《隋书》定尺上之。并损益祠祭服器,悉施用。有集二十卷。

(选自《宋史·卷二百八十八·列传第四十七》,有删改)

21. 下列对文中画波浪线部分的断句,正确的一项是(　　)(3分)

A. 王蒙正知蔡州/若讷言蒙正起/裨贩因缘戚里得官/向徙/郴州物论犹不平/今予之大州/可乎/诏寝其命。

B. 王蒙正知蔡州/若讷言/蒙正起裨贩/因缘戚里得官/向徙郴州/物论犹不平/今予之大州/可乎/诏寝其命。

C. 王蒙正知蔡州/若讷言蒙正起/裨贩因缘戚里得官/向徙郴州/物论犹不平/今予之大州/可乎/诏寝其命。

D. 王蒙正知蔡州/若讷言/蒙正起裨贩/因缘戚里得官/向徙/郴州物论犹不平/今予之大州/可乎/诏寝其命。

22. 下列对文中加点词语的相关内容的解说,不正确的一项是(　　)(3分)

A. 移书一般指官员间互通书函,又称作致书、移文,书函常针对不同意见而发,多用于晓谕责备。

B. 班行指朝班的行列,也可指朝廷或朝廷官员,"班行中无比"是对范仲淹的人品和才学的肯定。

C. 路寝指帝王的正殿所在,而《廉颇蔺相如列传》"大王见臣列观"中的"列观"是指一般宫殿。

D. 祠祭即祭祀,古代祭祀有专门的音乐,《诗经》中的"雅"和"颂"就是用于宗庙祭祀的音乐。

23. 下列对原文有关内容的概括和分析,不正确的一项是(　　)(3分)

A. 高若讷敢于进谏。对大庆殿设道场,他上书认为不得体;后来他又直指二府未充分言奏政事;对王守忠任节度使,他进谏反对。

B. 高若讷受到信任。皇帝向他询问大旱原因,在听取了他的回答后,罢免了宰相贾昌朝和参知政事吴育,并任命他担任枢密副使。

C. 高若讷看重气节。王则造反失败后,朝廷商议是否免除贝州知州张得一死罪,他以张得一屈于敌贼、气节尽失为由,表示反对。

D. 高若讷博学多才。他博览群书,十分精通历数之学;他自学医术,治愈母病,整理了经典医书,考订、校正其中的错误并刊印。

24. 把文中画横线的句子翻译成现代汉语。(6分)

(1)时范仲淹坐言事夺职知睦州,余靖、尹洙论救仲淹,相继贬斥。

(2)若讷言:"河朔重兵所积,今释不讨,后且启乱阶。"

阅读下面的现代文,完成后面的问题。

### 我们跟着月亮走吧

①那年我12岁,是家里很不顺的一年,处处弥漫着哀伤的味道。先是祖父去世;然后父亲在工作中受伤,中指被车床绞断;随后是哥哥闯了祸,和几个小混混一起偷铁被派出所抓去,坐了班房还要罚款;紧接着是姐姐被一个男人欺骗了感情,整日里神情恍惚。这些事情几乎是一起涌过来的,母亲像一个太极高手,四两拨千斤,硬生生用她的柔弱之躯扛起了这一切。

②父亲在医院里并不知晓家里发生的其他变故,母亲刻意提醒我们,因为祖父的去世,父亲的心情一直没有缓过来,所以家里的事情必须对他隐瞒,让他安心养伤。

③母亲把亲戚朋友甚至邻居家蹚了个遍,总算凑够了钱交了罚金。毕竟偷盗数额较小,派出所一通教育之后,就把哥哥放了回来。母亲并没有立即打骂,只是让他跪在院子里思过。哥哥双膝跪着,心却直挺着,倔强地吸着嘴不肯服软:"我去偷东西,不也是寻思着给弟弟妹妹们买点儿好吃的吗?"

④"就是饿死,也不能白拿别人东西,何况是偷!"母亲终于爆发,气得脸色惨白如月,"人要清清白白,你就在这月亮地里好好反省反省吧。"

⑤那晚的月光白油漆一样泼在哥哥身上,像母亲的目光,一遍遍地洗刷着哥哥身上的污浊之气。

几天后的一个夜晚，要去医院给父亲送吃的，很远的路，我和母亲走走停停。

⑥歇脚的当口，我看见母亲对着夜空轻叹了一口气，仿佛是对上苍许着愿望，又仿佛是在向无边的黑夜倾诉着憋闷和委屈，眼角似乎有亮晶晶的东西在闪。母亲毕竟是女人，太多的事让她有些难以承受，可是她坚忍着不让泪水落下。

⑦乌云一层一层压过来，有些让人窒息。母亲也一直沉默着，让人不免担心一个闪电会不会将我们引爆。我想牵个话头出来，可是张开的嘴却被一阵风塞住。

⑧忽然间，天上的乌云裂开一个缝隙，月亮像获得自由的鸟儿，“嗖”一下窜出来！一缕一缕的月光像一把把利剑，霎时间割开夜妖的黑色袍子。母亲终于露出一丝笑容。“‘黑蘑菇’总有散开的时候。”并催促我说，“快，咱就一直跟着月亮走。”

⑨人生是由各种烦恼的碎片组合而成的，每个人的一生都是不断拼接的过程。人生中那些艰难之事，于我早已不再新鲜。每每历经苦之风暴来袭，我都不会选择躲闪，而是勇敢地扎进去。我记住了母亲的那句话，也相信乌云总有散开的时候，月亮出现，一切就都有了转机和希望。

⑩跟着月亮走吧。

⑪这些年，不知是有意还是巧合，母亲总是喜欢在月亮地里对我们进行说教。母亲的“月光疗法”对我们健康成长起到了至关重要的作用。殊不知，母亲才是最温暖、最贴心的那缕月光，我们一生都栖息在她的光华里。

⑫母亲用强大的母爱叮嘱我，一切烦忧都不必过于介怀。跟着月亮走吧，自会走到柳暗花明处，自会走到鸟语花香间。

（有删改）

25. 文章围绕母亲的“月光疗法”写了哪几件事？请简要概括。（2分）

26. 请赏析第①段加点词语的妙处。（2分）

母亲像一个太极高手，四两拨千斤，硬生生用她的柔弱之躯扛起了这一切。

27. 请结合语境从修辞的角度分析第⑧段画横线的句子的作用。（2分）



28. 读了这篇文章以后，你有怎样的启示？请结合生活实际，谈谈你的感受。（3分）

## 五、写作题（本大题共40分）

29. 阅读下面的材料，根据要求写作。

一个年轻人要去远方，途中，遇一条恶狗挡道。年轻人并不与它对峙，而是绕道而行。

一路人见了，对年轻人说，一条狗都让你怕了，又怎么去远方呢？年轻人说他不是怕狗，而是不想与狗纠缠。

路人说，在通往远方的途中，会遇到许许多多“挡道恶狗”，你不去一一战胜它们，那怎能到达远方呢？

年轻人回答说，正因为通往远方的途中有许许多多“挡道恶狗”，所以才要有选择地去避开它，如果一遇到它，就非要去扫平它，反而误了行程。有时，避开它，绕道而行，不失为一条更有效的捷径。

路人摇摇头，笑了笑，转身而去。

要求：根据上面的材料，任选角度，自拟题目，写一篇不少于800字的文章。自选文体；不要脱离材料作文；不要套作、抄袭。

# 教师招聘考试预测试卷(二)

## 中学语文

(时间120分钟　满分100分)

本套试卷共19小题,包括单项选择题(6小题)、填空题(3小题)、论述题(2小题)、阅读题(7小题)、写作题(1小题)。

**一、单项选择题(本大题共6小题,每小题3分,共18分)**

1. 下列各句中,没有错别字的一项是(　　)

A. 龙门阵的内容五花八门无奇不有:既有正经八百庄重严肃的素龙门阵,也有嬉皮笑脸怪话连篇的荤龙门阵;既有远古八荒古香古色的龙门阵,也有出自身边顶鲜活的龙门阵。

B.《荷马史诗》和古希腊戏剧都是叙事文学,叙事文学一定要再现、模拟、写实,和中国抒情文学的表现形式是完全不一样的,这造就了中西方美学与艺术各自的特色。

C. 至于那些阿谀逢迎而赢得上位的宵小,贪墨起家而显赫一时的污吏,则有的早早地落了现世报,有的在身后遭起底,骂名讫今,殃及子孙。

D. 从萤屏到银幕,从歌剧院到博物院,从舞台到广场……今年的五一假期,文化市场分外火爆,既有演唱会这样的新时尚,又有免费演出等惠民之举。

2. 下列修辞手法中,分析错误的一项是(　　)

A. 黑云压城城欲摧,甲光向日金鳞开。(拟人)

B. 呼儿将出换美酒,与尔同销万古愁。(夸张)

C. 江流宛转绕芳甸,月照花林皆似霰。(比喻)

D. 矮纸斜行闲作草,晴窗细乳戏分茶。(对偶)

3. 下列各句中加点成语的使用,全都不正确的一项是(　　)

①面对接踵而至的奖项,莫言保持安静与沉着,任时代变化,写其想写的。

②前辈苦心孤诣获得的研究成果,足以作为我们的前车之鉴。

③他毕生致力于改善社会风气,这种矫俗干名的作为,深受世人肯定。

④在央视新闻的画面中,落网歹徒个个横眉竖目、头角峥嵘,让人看了不寒而栗。

⑤这两个腐败分子沆瀣一气,联手犯下令人发指的滔天罪行,给党和国家造成重大损失。

⑥不管外部环境和内部心理如何变化,他们两个人的关系一直都不温不火。

A. ②③④　　B. ①⑤⑥　　C. ①③⑥　　D. ①②⑤



4. 下列句子中没有语病的一项是(　　)

A. 一个人语文能力的高低,不取决于他语文知识掌握的多少,而在于他坚持了多读多写这一基本也最重要的语文学习方法。

B. 报告指出,中国及印度眼下正不遗余力地开拓国际市场,新加坡、俄罗斯等国则紧随其后,国际市场的竞争格局在发生变化。

C. 那种举着"历史揭秘"的幌子肆意抹黑英雄人物的做法,不仅侵害了民族的历史记忆、共同的价值追求,更触碰了法律的底线。

D. 专家从"科学与人文"的视角指出,柯洁和AlphaGo的对战所带来的社会焦虑,正是人文反思已跟不上科学技术的发展脚步。

5. 下列有关名著阅读的表述正确的一项是(　　)

A. 高尔基的《童年》讲述的是阿廖沙三岁到十岁这一时期的童年生活,生动地再现了十九世纪七八十年代沙俄下层人民的生活状况。

B.《钢铁是怎样炼成的》写人物以叙事和议论为主,同时穿插内心独白、书信和日记、格言警句等,使人物形象有血有肉。

C.《儒林外史》是一部以官僚阶级为主要描写对象的长篇小说,也是一部典型的讽刺小说。

D.《海底两万里》是凡尔纳三部曲中的第一部,主要讲述鹦鹉螺号潜艇的故事。

6. 下列说法不正确的一项是(　　)

A. 根据学生的发展需求,围绕学习任务群创设能够引导学生广泛、深度参与的学习情境。

B. 语文教师应利用不同主体的多角度反馈,帮助学生更好地认识语文学习与个人发展的关系,学会自我监控和管理。

C. 选择性必修应注重学习"点"的深度,选修应注重学习"面"的广度。

D. 语文课程评价要综合发挥检查、诊断、反馈、激励、甄别、选拔等多种功能,不宜片面强调评价的甄别和选拔功能。

**二、填空题(本大题共3小题,每空1分,共8分)**

7. 在下面横线上填出相应的句子。

(1)____________,无以为君子也;不知礼,____________。(《论语》)

(2)黄鹤之飞尚不得过,____________。(李白《蜀道难》)

(3)高余冠之岌岌兮,____________。(屈原《离骚》)

8. 在阅读中了解叙述、描写、说明、议论、抒情等________。能区分写实作品与虚构作品,了解诗歌、散文、小说、戏剧等________。

9. 阅读________和________文本,发现、欣赏、表达和交流家庭生活、学校生活、社会生活和大自然的美好,热爱生活,感恩生活。

三、论述题(本大题共2小题,每小题10分,共20分)

10. 结合作品论述新写实小说的特征。

11. 简述《义务教育语文课程标准》(2022年版)中有关课程理念的主要内容。

四、阅读题(本大题共7小题,共24分)

阅读下面的论述类文本,完成后面的问题。

## 北人南渡与“江南”的形成

黄雯兰

①江南是宋元以来中国经济最为繁荣的地区之一。南宋时期,有谚语称“苏湖熟,天下足”,说明当时江南的农业已非常发达。分析“江南”的形成和发展原因,我们发现北人南渡对“江南”的影响非常深远。

②南迁人群的阶层分布广泛,大致可以分为两大类:一类是以皇室、世家大族和官吏为主体的上层社会,称为衣冠士族,他们将中原地区的精英文化传入江南地区;另一类为工匠、农民、士兵等普通百姓,是社会的中下层,他们将中原传统的市民文化传入江南地区。在北人带来的外来文化与本地文化不断融合的过程中,“江南”文化不断发展和繁衍。

③首先,由于江南位于太湖东部平原湖泊低洼地带这一独特的自然环境,历次人口南迁都因地制宜地对土地和水环境进行开发和利用,使原本的“蛮荒之地”变成了“鱼米之乡”。唐中后期,在江南大部分荒地被开垦后,人们集中开辟大批围田、圩田、梯田等。至北宋末年“圩田”开始普遍流行,“塘浦圩田”系统和高度集约化的生产方式促进了江南地区的进一步开发。

④其次,南迁移民为农业、手工业发展提供了充足的劳动力和先进的生产技术。农业、手工业产品的增多,促进了商品经济的发展,为江南市镇的兴盛创造了条件。南宋时期迎来了市镇发展的高潮,黎里古镇便是在这一时期由村庄扩大为市镇的,其建镇直接受到了南宋人口激增和政治经济中心转移的影响。到了明清时期,江南市镇空前繁荣,数量急速增加,并形成专业化市镇网络体系,为明清时期江南地区在国内外贸易体系中占据中心地位奠定了坚实的基础。

⑤最后,在北人南迁的过程中,北方文化不断传入江南地区,本地文化与北方外来文化不断融合繁衍,逐渐形成了独具特色的“江南文化”。东晋时期,北方的中原文化传播到了江南,赋予了江南城市诸多文化品格,例如礼乐文化、士人精神、山水品格、朝隐生活、声色之风等。唐长孺曾指出吴亡之后,江南士人羡慕中原风尚的心理:“一到晋室东迁,以洛阳为中心的中原文化便移到了建康,改变了江南所固有的较保守的文化、风俗等等。”唐末时期,大量的士大夫等非生产性人口进入江南地区,他



们促进了文化的繁荣和发展,是古文运动、诗坛、绘画技法、儒学革新、文士入幕等活动的主要倡导者,其中的代表人物有周昉、吴筠等人。南宋时期,北人南迁促进了江南文化的繁荣,在诗歌、绘画等方面都对江南产生了影响,有以李唐为代表的画家、以陈与义为代表的诗人群体在战乱中南迁,还有中原一些北方士大夫在到达江南后,开始兴学重教,促进了当地文化的发展,跟随士人的学生数量越来越多,如河南洛阳人郭维于建炎年间前往江南地区,“以北学教授诸生,从者如云”。此外,汴京移民还将许多传统的节日习俗、传统小吃、说唱艺术等带入了临安,丰富了江南的市民文化生活。

⑥江南文化既体现了精英和市民层面的文化,又体现了小桥、流水、人家的水乡生活志趣。“江南”一词不仅代表着一个经济发达和文化先进地区,而且也逐渐超越了地域的界限,成为人们心中的理想家园。

(有删改)

12. 下列关于原文内容的理解和分析,正确的一项(　　)(3分)

A. 南迁人群的阶层分布广泛,上层社会由皇室、世家大族和官吏组成,他们将中原地区的精英文化传入江南地区。

B. 在历次南迁过程中,人们在江南都因地制宜地对土地和水环境进行开发和利用,将“蛮荒之地”变成了“鱼米之乡”。

C. 商品经济的发展促进了江南地区市镇的兴盛,明清时期市镇数量急速增加促使江南地区成为贸易体系中心。

D. 东晋时期,北方的中原文化随着南迁而融入了江南城市诸多文化品格之中,例如礼乐文化、士人精神等。

13. 下列对原文论证的相关分析,不正确的一项是(　　)(3分)

A. 谚语“苏湖熟,天下足”运用了引用论证的方法,说明在南宋时期北人南渡给江南带来了巨大的影响,北人南渡是江南地区迅猛发展的最主要的因素。

B. 文章在首段提出“北人南渡对‘江南’的影响非常深远”的观点,然后从对自然环境的改造、农业手工业的发展和文化传播三个方面阐述了这个观点。

C. 文章第⑤段列举南宋时期的画家李唐、诗人陈与义,是为了证明南宋时期,北人南迁促进了江南文化的繁荣,在诗歌、绘画等方面都对江南产生了影响。

D. 引用“以北学教授诸生,从者如云”是为了说明一些北方士大夫在到达江南后,开始兴学重教,促进了当地文化的发展,跟随士人识文求学的学生数量越来越多。

14. 根据原文内容,下列说法不正确的一项是(　　)(3分)

A. 北人南渡对“江南”的影响非常深远,衣冠士族将中原的精英文化传入江南地区,这是形成“江南文化”的主要原因。

B. 在“江南”文化不断繁衍与发展的过程中,南迁过来的北方文化一方面与之互相交融,一方面也促进了它的繁荣与发展。

C. 人口南迁使“蛮荒之地”变成“鱼米之乡”，以及由此而带来的生产方式的改变为促进江南地区的进一步发展打下了基础。

D. 随着北人南迁，“江南”以其发达的商品经济、先进的文化、丰富的市民文化生活逐渐成了人们心中的理想家园。

阅读下面的文学类文本，完成后面的问题。

## 你在大雾里得意忘形

铁 凝

①我在新迁入的这座城市度过了第一个冬天。这是一个多雾的冬天，不知什么原因，这座城市在冬天常有大雾。城市因为有了雾，会即刻实在地不知所措起来。路灯不知所措起来，天早该大亮了，灯还大开着；车辆不知所措起来，它们不再是往日里神气活现地煞有介事，大车、小车不分档次，都变成了蠕动，城市的节奏便因此而减了速；人也不知所措起来，早晨上班不知该乘车还是该走路，此时的乘车大约真不比走路快呢。

②我在一个大雾的早晨步行着上了路，我要从这个城市的一端走到另一端。我选择了一条僻静的小巷一步步走着，我庆幸我对这走的选择，原来大雾引我走进了一个自由王国，一切嘈杂和一切注视都被阻隔在一米之外，一米之内才有了“白茫茫大地真干净”的气派，这气派使我的行走不再有长征一般的艰辛。

③为何不作些腾云驾雾的想象呢？假如没有在雾中的行走，我便无法体味人何以能驾驭无形的雾。一个“驾”字包含了人类那么多的勇气和主动，那么多的浪漫和潇洒。雾能被你步履轻松地去驾驭，这时你驾驭的又何止是雾？你分明在驾驭着雾里的一个城市，雾里的一个世界。为何不作些黑白交替的对比呢？黑夜也能阻隔嘈杂和注视，但黑夜同时也阻隔了你注视你自己，只有大雾之中你才能够在看不见一切的同时，清晰无比地看见你的本身。

④于是这阻隔、这驾驭、这单对自己的注视就演变出了你的得意忘形。你不得不暂时忘掉“站有站相，坐有坐相，走有走相”的人间训诫，你想到的只有走得自在，走得稀奇古怪。

⑤我开始稀奇古怪地走，先走他一个老太太赶集：脚尖向外一撇，脚跟狠狠着地，臀部撅起来；再走他一个老头赶路：双膝一弯，两手一背——老头走路是两条腿的僵硬和平衡；走他一个小姑娘上学：单用一只脚着地转着圈儿地走；走他一个秧歌步：胳膊摆起来和肩一样平，进三步退一步……走个跋山涉水，走个时装表演，走个青衣花衫，再走一个肚子疼。推车的，挑担的，背筐的，闲逛的，都走一遍还走什么？何不走个小疯子？舞起双手倒着一阵走，正着一阵走，侧着一阵走。最后我决定走个醉鬼。我是武松吧，我是鲁智深吧，我是李白和刘伶吧……原来醉着走才最最飘逸，这富有韧性的飘逸使我终于感动了我自己。

⑥我在大雾里醉着走，直到突然碰见迎面而来的一个姑娘——你，原来你也正踉跄着自己。感谢大雾使你和我相互地不加防备，感谢大雾使你和我都措手不及。于是你和我不得不继续古怪着自己擦身而过，你和我都笑了，笑容都湿润都朦胧，刹那间你和我就同时消失在雾里。

⑦当大雾终于散尽，城市又露出了她本来的面容。路灯熄了，车辆撒起了欢儿，行人又在站牌前排起了队。我也该收拾起自己的心思和步态，像大街上所有的人那样，“正确”地走着奔向我的目的地。

⑧但大雾里的我和大雾里的你却给我留下了永远的怀念，只因为我们都在大雾里放肆地走过。也许我们终生不会再次相遇，我就更加珍视雾中一个突然的非常的我，一个突然的非常的你。我珍视这样的相遇，或许还在于它的毫无意义。

⑨然而意义又是什么？得意忘形就不具意义？人生又能有几回忘形的得意？

⑩你不妨在大雾时分得意一回吧，当你忘形地驾着大雾冲我踉跄而来，大雾里的我会给你最清晰的祝福。

（有删改）

15. 文章开头从大雾对城市与人的影响写起，有什么作用？（3分）

16. 请多角度赏析第⑤段的表达特色。（4分）

17. 该文内涵丰富，作者表达了哪些思想感情？请简要分点列出。（3分）

18. 文章题为“你在大雾里得意忘形”，但大量描写的是“我”的得意忘形，请结合全文探究作者这样安排的理由。（5分）

## 五、写作题（本大题共30分）

19. 阅读下面的材料，根据要求写作。

唐诗与宋词是我国诗歌史上两座并肩而立的高峰，交织着现实与浪漫，辉映着婉约与豪放。品读唐诗宋词，如登高而望远，临山而探幽，风景无限；又如朋聚相庆，晤言室内，抵掌而谈……

学校将举办以“唐诗宋词”为主题的演讲比赛，请你以教师的身份写一篇演讲稿，阐述你的看法和观点。

要求：结合材料，自选角度，确定立意；切合身份；符合文体特征；不要套作，不得抄袭；不得泄露个人信息；不少于800字。

# 教师招聘考试预测试卷(三)

## 中学语文

(时间150分钟 满分120分)

本套试卷共19小题,包括多项选择题(5小题)、名词解释题(3小题)、古诗鉴赏题(2小题)、文言文阅读题(4小题)、现代文阅读题(3小题)、技能应用题(1小题)、写作题(1小题)。

**一、多项选择题(本大题共5小题,每小题2分,共10分。请在每道题列出的四个选项中选择两个或两个以上符合题目要求的选项,错选、多选、漏选均不得分)**

1. 下列句子中有错别字的选项是( )

A. 炮舱船梁下面摇曳着的船灯,给这景象加上了令人晕眩的、晃动的光和影。大炮滚动得太猛烈,使得它的形状也看不清楚。

B. 突然,远处传来一声冗长的、嘹亮的、像呻吟一般的声音。这是一种不可名状的夜声,这种声音往往发生在万籁俱寂的时候。

C. 他抓住那声斯力竭叫唤着的羊的一条腿,像牧人那样把羊扛在肩上,向前走去。朱阿蹑手蹑脚地跟在后面。

D. 江声浩荡,自屋后上升。雨水整天地打在窗上。一层水雾沿着玻璃的裂痕蜿蜒流下。昏黄的天色黑下来了。室内有股闷热之气。

2. 下列句子中有语病的选项是( )

A. 故宫启动单日接待游客不超过8万人次的限流,同时全面推行实名售票制:现场散客需持身份证才能购票,旅行社团队则要全部网络预订门票。

B. 应试作文与作家的创作好像一样,又好像不一样,按照我的理解,应试作文讲规范、技巧,就是把生活总结成成语,作家的创作就是把成语还原成生活。

C. 成长在互联网迅猛发展年代的青年群体,对互联网有着与生俱来的了解。依托互联网和电子商务的创业,门槛低、约束少,年轻人无疑具有很强的吸引力。

D. 作为一种"快餐"式阅读,杂志虽然让我难以获得大部头作品所带来的系统知识和厚重感,但它那种集束炸弹般的信息和引人入胜的思维碰撞还是深深地吸引着我。

3. 下列各句中加点成语的使用,正确的选项有( )

A. 总有一些人觉得一时无视规则可以给自己带来便利,他们因此沾沾自喜,而忽视了还会有另一种未知的规则惩罚他们。

B. 出租车司机急于赶路,没有走自己熟悉的公路,而是另辟蹊径,选择了一条林中道路,不料中途迷路,只好等待救援。

C. 这个部门任务繁重,工作量大,其他同事平时都忙得脚不沾地,小王却能好整以暇,这得益于他科学严格的时间管理。

D. 老人朋友圈谣言多,是因为老人平常接触面窄,容易听信一面之词。所以,子女要按图索骥,给老人找到来自专业机构的权威信息。

4. 下列各句中,表达得体的选项是( )

A. 王教授是唐诗研究行家,他对李白诗风的论述非常透彻,真是抛砖引玉,让同学们大开眼界。

B. 志愿者为留守儿童们送礼物,小萌领到礼物非常高兴,她说:"谢谢叔叔阿姨,礼物我笑纳了。"

C. 本报衷心欢迎大家踊跃投稿,不管名流大家还是文坛新人,我们都一视同仁,唯以质量为准。

D. 令爱出身书香门第,琴棋书画,样样精通,如此大家闺秀,博通之人,当是小女学习的楷模。

5. 下列有关文学、文化常识的表述,不正确的选项是( )

A. 老舍被授予"人民艺术家"的称号,他的作品京味儿十足,代表作有《四世同堂》《骆驼祥子》《茶馆》《龙须沟》等。

B. 美国的欧·亨利、俄国的契诃夫和法国的莫泊桑是世界短篇小说巨匠,其代表作分别是《装在套子里的人》《变色龙》和《项链》。

C. 农历每月初一叫"朔",十五叫"望",最后一天叫"晦"。

D. 韩愈、柳宗元、苏轼都是唐宋八大家之一,唐宋八大家中另外五人是欧阳修、苏洵、苏辙、司马光、王安石。

**二、名词解释题(本大题共3小题,每小题4分,共12分)**

6. 桐城派

7. 建安七子

8. 象征主义

## 三、古诗鉴赏题(本大题共2小题,共10分)

**晚寄张十八助教周郎博士**

韩　愈

日薄风景旷,出归偃前檐。

晴云如擘絮,新月似磨镰。

田野兴偶动,衣冠情久厌。

吾生可携手,叹息岁将淹。

9. 下列对这首诗的理解和赏析,不正确的一项是(　　)(3分)

A. 通过诗题可以明确,这首诗是韩愈傍晚时分写给自己的两个好朋友的。

B. 首联紧扣标题中的"晚"字写起,首句交代时间,第二句交代人物行为。

C. "擘絮"用拟人的手法,形象传神,苏轼"岭上晴云披絮帽"与之相似。

D. 颈联中"田野"指田园,"衣冠"借代官场,"兴偶动""情久厌"直抒胸臆。

10. 这首诗情感意蕴丰富,请结合全诗简要分析。(7分)

## 四、文言文阅读题(本大题共4小题,共16分)

孙沔,字元规,越州会稽人。中进士第,补赵州司理参军。景祐元年,礼院奏用冬至日册后,沔奏:"丧未祥禫而行嘉礼,非制也。"李安世上书指切朝政,被劾。沔奏:"加罪安世,恐杜天下言者,请勿治。"黜知衡山县。道上书言时事,再贬永州监酒。所在皆著能迹。时宰相吕夷简求罢,仁宗优诏弗许。沔上书言:"自夷简当国黜忠言废直道及以使相出镇许昌乃荐王随、陈尧叟代已才庸负重谋议不协忿争中堂取笑多士政事寝废。又以张士逊冠台席,士逊本乏远识,至隳国事。盖夷简不进贤为社稷远图,但引不若己者为自固之计,欲使陛下知辅相之位非己不可,冀复思己而召用也。"居两月,迁礼部郎中,知庆州。元昊死,诸将欲乘其隙,大举灭之。沔曰:"乘危伐丧,非中国体。"三司所给特支,物恶而估高,军士有语,优人因戏及之,命斩之徇。明日,给特支,士无敢欢者。迁枢密直学士、知成都府,未至,以母丧罢。服除,为陕西都转运使。徙秦州,时侬智高反,沔入见,帝以秦事勉之。对曰:"臣虽老,然秦州不足烦圣虑,陛下当以岭南为忧也。臣睹贼势方张,官军朝夕当有败奏。"明日,闻蒋偕死,帝谕执政曰:"南事诚如沔所料。"英宗即位,迁户部。帝与执政议守边者,难其人,欧阳修奏:"孙沔向守环庆,养练士卒,招抚蕃夷,恩信最著。今虽七十,心力不衰,中间曾以罪废,然宜弃瑕使过。"遂又以为观文殿学士、知庆州,徙延州,道卒。沔居官以才力闻,强直少所惮,然喜宴游女色,故中间坐废。

(选自《宋史·孙沔传》,有删改)



11. 下列对文中画波浪线部分的断句,正确的一项是(　　)(3分)

A. 自夷简当国/黜忠言/废直道/及以使相出镇许昌/乃荐王随、陈尧叟代已/才庸负重谋/议不协忿争/中堂取笑多/士政事寝废。

B. 自夷简当国/黜忠言/废直道/及以使相出/镇许昌/乃荐王随、陈尧叟代/已才庸负重谋/议不协忿争/中堂取笑多/士政事寝废。

C. 自夷简当国/黜忠言/废直道/及以使相出/镇许昌/乃荐王随、陈尧叟代/已才庸负重/谋议不协/忿争中堂/取笑多士/政事寝废。

D. 自夷简当国/黜忠言/废直道/及以使相出镇许昌/乃荐王随、陈尧叟代已/才庸负重/谋议不协/忿争中堂/取笑多士/政事寝废。

12. 下列对文中加点词语的相关内容的解说,不正确的一项是(　　)(3分)

A. 进士:古代科举殿试及第者,根据成绩分为一甲、二甲、三甲,一甲的第一、二、三名依次叫作状元、榜眼、探花。

B. 社稷:我国古代称谷神为社,称土神为稷,粮食和土地是以农为本的中华民族的根本所在,故而人们也用社稷代指国家。

C. 礼部:古代官署,掌管祭祀、典礼、外宾接待等事务,科举取士、学校事务也归礼部管辖。礼部的最高长官是礼部尚书。

D. 服除:意思是脱掉丧服,即守丧期满。根据传统孝道观念,官员遭逢父母去世,一般都要辞官回到祖籍地,为父母守孝。

13. 下列对原文有关内容的概括和分析,不正确的一项是(　　)(3分)

A. 孙沔为官正直,敢于直言上谏。他曾上奏反对在举丧期间册封皇后,并为李安世上书说情,请求赦免他,结果李安世还是被贬为衡山县知县。

B. 孙沔恪守道义,不乘敌军之危。西夏国君元昊死去,这本是攻打西夏的良机,可是孙沔认为,在敌国举办国丧期间发动战争是不合大国风范的。

C. 孙沔睿智清醒,善于审时度势。他上书指出吕夷简主动申请罢相的真实意图;任秦州长官时又提醒皇帝岭南一带敌人气焰正盛,战局危急。

D. 孙沔政绩突出,办事能力很强。他所管辖治理的地方都能够有很好的政绩;在他七十高龄的时候,欧阳修还向皇帝推荐了孙沔出任边境守帅。

14. 把文中画横线句子翻译成现代汉语。

(1)孙沔向守环庆,养练士卒,招抚蕃夷,恩信最著。(3分)

(2)沔居官以才力闻，强直少所惮，然喜宴游女色，故中间坐废。(4分)

## 五、现代文阅读题(本大题共3小题，共14分)

阅读下面文本，完成下列各题。

### 售棉大路

莫　言

黎明时分，杜秋妹被冻醒了。天幕上寒星点点，空气冰冷潮湿。一会儿，黑暗渐渐褪去，天色也变淡了，天空也变高了。太阳虽然还没出来，但天已经亮了。赶马车的人们纷纷吹熄灯光，收拾起草料架子，准备赶车向前了。直到这时候，杜秋妹才算看清了这条长蛇般的车马大队，也搞清了自己的排子车在这条长蛇阵中的位置。她连夜拉着八百斤棉花走了四十里路，跌跌撞撞赶了几个小时，原以为能排在前头好早点卖了棉花，哪曾想到是这等阵势。

杜秋妹的排子车前是一辆装得像小山般的马车，马车主人是个小伙，脸平常得像一块方方正正的砖坯，浑身上下都好像带棱带角。杜秋妹是第一次来卖棉花，心里没底，便高声向年轻的车把式打听起来。马车右边那台拖拉机的主人狠瞪了杜秋妹一眼，仿佛责怪她打断了他的美梦。

到了十二点光景，车马大队再一次像死蛇一样僵在路上。太阳当头照耀，一点风也没有，骡马牵拉着脑袋，人垂着头，忍气吞声地受着“秋老虎”的折磨。车把式请杜秋妹替他照看牲口，他去打点水来润润人的喉咙，也饮饮牲口。想着杜秋妹同时顾不了两辆车，他把杜秋妹的排子车拴在马车尾巴上，这样马车就能拖着排子车前进。

车马大队蠕动起来，杜秋妹手忙脚乱地招呼着牲口，右边的拖拉机手却不停地猛踩油门，使没有充分燃烧的柴油变成一股股黑烟，喷到杜秋妹身边，把她包围在肮脏的烟雾里。车把式终于提着一桶水回来了。杜秋妹抢上前去，把嘴贴到水面，咕咚咕咚灌了个饱。车把式招呼拖拉机手：“哎，伙计，喝水不?”拖拉机手坐在驾驶座上连头也不回，聋了似的一声不吭，一支接一支地抽烟。

行进中，杜秋妹忽然闻到一股棉布或是棉花烧着的气味儿。她一边翕动着鼻翼，一边检查排子车。“八成是拖拉机上什么烧着了，刚才他还抽过烟。”杜秋妹跑上前去，高声叫着：“停车!”拖拉机手瞪了她一眼，并不理睬。这时，杜秋妹已经看到了车上那只冒着白烟的棉花包，急忙大叫道：“你车上着火了!”拖拉机手一回头，脸唰地白了，急忙刹住车，跳上车斗，把着了火的棉花包扔下地来。棉花包一落地，呼啦一下子腾起了半尺高的火苗。杜秋妹一猫腰，拖着棉花包就滚下了道沟。人们一齐拥下沟去，捧土将火压灭……

众人经过反复检查，确信没有余烬，这才纷纷议论起来：“伙计，你今天好大的灾福！再晚一会儿，这车棉花就算报销喽!”

“连我们也要跟着‘沾光’！还不闹个火烧连营!”



人们一齐又把赞赏的目光投到杜秋妹身上，看得她不好意思起来。她的手上烫了几个大水泡，裤子也烧了一个鸡蛋般大的窟窿。

拖拉机手红着脸，嗫嚅着道：“大姐，您宰相肚里跑轮船，刚才……”可杜秋妹扭过身不去理他。这时，车队又开始蠕动，前进了一段距离，又彻底停住。拖拉机手带的收音机里播起天气预报：“今天局部地区有雷阵雨……”雷阵雨！人倒不怕，权当洗个凉水澡，棉花可就完了。加工厂是不会要湿棉花的，还得拉回家去，再晾、再晒，但再晾再晒也白搭，棉花让雨一淋就会发黄、发红、降级、被压价、少卖钱，还得再来排队、熬夜……

大家都抬头看天，东北方向的天空像有千军万马在集结待命，乌压压，黑沉沉，仿佛只要一声令下，就会冲过来。杜秋妹、车把式、拖拉机手这几个不打不相识的朋友聚在一起，冷静地分析了情况；走是不现实的，路上的车一辆接一辆，要想掉转车头赶在雷雨之前回家，简直比登天还难。只有留在这里，采取一些防护措施。拖拉机手有一块篷布，车把式车上有一块塑料薄膜。把三辆车上的棉花通通卸下来垛在一边，上边用篷布和塑料薄膜蒙住，在一般情况下可保无虞。

棉花盖好了。人无处躲藏，就一齐坐在马车上，静候着雷雨的到来。真是幸运极了，这场外强中干、虚张声势的雷阵雨并没落下多少。雨过天晴，车马大队又开始前进。从前面传过来消息说，县委书记亲临加工厂解决问题，清理通道，赶铺新垛底，增设新磅秤。开始人们还将信将疑，但一会儿工夫，队伍前进的速度果然惊人。不到两个小时，杜秋妹坐在高高的马车上已经清清楚楚地看见了棉花加工厂挂在门口的大牌子以及门口挤成一个蛋的人马车辆。阳光照耀着杜秋妹欣喜的笑脸。

(有删改)

15. 下列对小说相关内容和艺术特色的分析鉴赏，不正确的一项是(　　)(3分)

A. 小说中写杜秋妹“扭过身不去理”拖拉机手的道歉，说明尽管杜秋妹帮拖拉机手解决了棉花包着火的问题，但是她并没有真正原谅拖拉机手。

B. 小说结尾中的“不到两个小时”与前文中的“到了十二点光景”相呼应，用对比的手法表明棉花加工厂提高工作效率后，售棉队伍行进速度之快。

C. 由小说结尾写县委书记亲临加工厂后，售棉队伍就不再停滞拥堵来看，小说意在告诫地方政府应办实事，着力解决农民的实际困难。

D. 小说注重情节的波澜起伏，售棉者在缓慢前进中先后遇到“救火”与“防雨”两件大事，险象环生，增加小说的趣味性和可读性。

16. 请简要分析杜秋妹的形象特点。(5分)

17. 小说多次写到天气，有什么作用？请结合内容简要分析。(6分)

## 六、技能应用题(本大题共18分)

18. 认真阅读《邹忌讽齐王纳谏》课堂教学实录(节选)，然后回答问题。

生：(读课文)“臣之妻私臣，臣之妾畏臣，臣之客欲有求于臣，皆以美于徐公。”“宫妇左右莫不私王，朝廷之臣莫不畏王，四境之内莫不有求于王。”

师：这两组句子，相同的词语是私、畏、有求，也就是说，妻、妾、客对邹忌的态度，与宫妇左右、朝廷之臣、四境之民对王的态度是相似的。邹忌从比美的私事想到治国的大事，这种思维方式叫“类似联想”(板书)。他的目的是启发齐王也由生活小事产生类似的联想，去考虑国家大事。邹忌把这两件看似无关的事联系起来思考，找到相似之处，并且得出了结论。请问邹忌的结论是哪一句话？

生：王之蔽甚矣。

师：请译成现代汉语。

生：大王您受到的蒙蔽很严重了。

师：可以。还可以译成“大王您被蒙蔽得太厉害了”。这样的语气更接近原文。请想一想，邹忌的这个结论是不是太武断了？他的论据充足吗？他是怎样推导出这个结论的？

(生沉默，思考)

师：我提示一下。逻辑推理的形式有三种：一是归纳，二是演绎，三是类比。请问邹忌以私事比国事，从逻辑角度讲运用的是哪一种推理？

生：好像是类比。

师：好像是？看来不太有把握。我们来分析一下，邹忌与徐公比美，妻、妾、客“美我”，妻是因为“私”，妾是因为“畏”，客是因为“有求”(指板书)，而齐王呢，宫妇左右“私”王，臣“畏”王，民“有求”于王。

(板书)

| | | | | |
|---|---|---|---|---|
| 邹忌 | (妻)私 | (妾)畏 | (客)有求 | 蔽 |
| 齐王 | (宫妇左右)私 | (臣)畏 | (民)有求 | 蔽 |

师：妻“私”、妾“畏”、客“有求”的结果是邹忌受到蒙蔽，由此推知，宫妇左右“私”、臣“畏”、民“有求”的结果是齐王也必然会受到蒙蔽。虽然这是一个由个别性前提推出个别性结论的典型实例，但因为两者的相似点有很多，一一对应，论据是充足的，所以结论是能够成立的。再比较一下：“美”邹忌的只有一妻一妾一客，而蒙蔽齐王的人就多了，宫妇左右“莫不”私王，朝廷之臣“莫不”畏王，四境之民“莫不”有求于王，全国上下，人人如此，“王之蔽”还不甚吗？邹忌的结论不仅站得住脚，而且还具有很强的说服力。(板书“类比推理”)邹忌的谏辞，运用类比推理，启发齐王产生类似的联想，领悟深刻的道理，多么委婉动听，多么富于艺术性、启发性！

(1)这个教学片段体现了语文教学中发展智力的原则，请联系教学实际说明该如何贯彻执行这项教学原则。(6分)

(2)这个教学片段中的教学除了用讲授法外，还运用了哪种教学方法？联系教学实际，谈谈运用这种教学方法的优点。(6分)

(3)这个教学片段中的板书是否符合要求？为什么？(6分)

## 七、写作题(本大题共40分)

19. 阅读下面文字，按要求作文。

在我们的生命中令人惊喜的东西实在太多了。心情郁闷后的意外发现，愉悦快乐时的意外体验；平淡生活中意外反思，成功时刻的意外领悟；人际交往的意外提醒，处身自然的意外警示……

请以“享受生命中的惊喜”为题，写一篇作文。可以讲述故事，抒发感情，也可以发表议论，阐明观点。

要求：①立意自定，角度自选；②除诗歌外，文体不限；③不少于800字。

# 教师招聘考试预测试卷(四)

# 中学语文

**(时间120分钟　满分100分)**

本套试卷共25小题,包括基础知识题(10小题)、古诗鉴赏题(3小题)、文言文阅读题(4小题)、论述类文本阅读题(3小题)、文学类文本阅读题(4小题)、写作题(1小题)。

**一、基础知识题(本大题共10小题,共16分)**

(一)单项选择题

1. 下列词语中加点的字,注音全都正确的一项是(　　)(3分)

A. 亘古(gèng)　阜盛(fù)　背包袱(bēi)　光阴荏苒(rǎn)

B. 摭拾(zhí)　翘楚(qiáo)　踮脚尖(diǎn)　得鱼忘筌(quán)

C. 戕害(qiāng)　癖好(pì)　处女作(chù)　自出机杼(zhù)

D. 盥洗(guàn)　牛虻(máng)　瞭望哨(liào)　兵不血刃(xuè)

2. 下列选项中,没有错别字的一项是(　　)(3分)

A. 攀缘　寒暄　不分轩轾　旁稽博采　　B. 诬蔑　叙叨　白浪滔天　走投无路

C. 和睦　缈茫　沸反盈天　义奋填膺　　D. 踯躅　麋鹿　宽宏大量　匪疑所思

3. 下列关于《义务教育语文课程标准》(2022年版)第四学段学业质量部分的内容说法错误的一项是(　　)(3分)

A. 在学习与生活中,累计认识3000个左右常用汉字,能规范、端正、整洁地书写常用汉字。

B. 广泛阅读古今中外的诗歌、小说、散文、戏剧等文学作品,在阅读过程中能把握主要内容,并通过朗读、概括、讲述等方式,表达对作品的理解。

C. 能通过口头或书面方式,向他人推荐中华优秀传统文化经典、革命文化和社会主义先进文化作品。

D. 能概括文学作品中的典型形象特征和典型事件,并归纳总结出一些文化现象,了解基本的中国古代文化常识。

(二)填空题

4. ______________,______________。树树皆秋色,山山唯落晖。(王绩《野望》)(1分)

5. 《长歌行》中揭示人生哲理的诗句是:______________,______________。(1分)

6. 《尚书》是中国最早的一部历史文献总集,相传由________选编。(1分)

7. 冯至创立的新文学社团是________。(1分)



(三)判断题

8. 从象征角度看,《狂人日记》中"狂人"是一个反封建战士。(　　)(1分)

9. 二十四史是指从《史记》到《清史》的二十四部纪传体史书。(　　)(1分)

10. 泰戈尔是印度伟大的诗人,1912年发表的抒情诗集《吉檀迦利》使他获得诺贝尔文学奖,另有诗集《飞鸟集》。(　　)(1分)

**二、古诗鉴赏题(本大题共3小题,共11分)**

**和张规臣水墨梅五绝**[①]

陈与义

其一

巧画无盐[②]丑不除,此花风韵更清姝。

从教[③]变白能为黑,桃李依然是仆奴。

其四

含章[④]檐下春风面,造化功成秋兔毫。

意足不求颜色似,前身相马九方皋[⑤]。

【注】①水墨梅五绝:五首绝句题咏同一幅墨梅图。②无盐:战国时齐国丑女钟离春。③从教:任凭。④含章:即含章殿,传说南朝时宋武帝的女儿寿阳公主卧于含章殿檐下,梅花落在额头形成美妆。⑤九方皋:春秋时相马名手。

11. 下列对两首诗的理解,不正确的一项是(　　)(3分)

A. 第一首前两句认为,不论怎样描画无盐也无法变丑为美,墨梅图却能尽显梅花之美。

B. 第二首前两句认为,墨梅图中的梅花犹如佳人容颜般美妙,展现出堪比造化的画技。

C. 两首诗所题咏的墨梅图,不但描绘了梅花,还描绘了桃花、李花,对比鲜明。

D. 两首诗所题咏的墨梅图,没有描绘含章殿和九方皋,诗人提及二者是在用典。

12. 题画诗往往包含"画外音"。下列分析正确的一项是(　　)(3分)

A. 第一首反映了诗人爱好清姝、不喜浓艳的审美追求。

B. 第一首讽刺了现实生活中颠倒黑白、奴颜婢膝之人。

C. 第二首联想到古代公主的梅花妆,表现梅花的富贵气质。

D. 第二首比较画梅和相马的相似点,说明艺术来源于生活。

13. 现实中没有黑色梅花,而宋代出现了墨梅图。根据上面两首诗,概括陈与义对墨梅图特点的认识,并比较两首诗题咏的侧重点有何不同。(5分)

## 三、文言文阅读题(本大题共4小题,共13分)

### 李台州传

(宋)杨万里

李台州者,名宗质,字某,北人,不知何郡邑。母展,妾也,生宗质而罹靖康之乱,母子相失。宗质以父荫,既长,仕所至必求母,不得。姻家司马季思官蜀,宗质曰:“吾求母,东南无之,必也蜀乎?”从之西。舟所经过州,若县若村市,必登岸,遍其地大声呼号,曰:“展婆!展婆!”至暮,哭而归,不食。司马家人哀之,必宽譬之,乃饮泣强食。季思秩满东下,所经复然,竟不得。至荆州,复然。日旦夕号呼,嗌痛气惫,小憩于茗肆,垂涕。

坐顷之,一乞媪至前,揖曰:“官人与我一文两文。”宗质起揖之坐,礼以客主。既饮茗,问其里若姓。媪勃然怒曰:“官人能与我几钱,何遽问我姓名?我非乞人也。”宗质起敬,谢曰:“某皇恐,上忤阿婆,愿霁怒,试言之,何害?恐或乡邻或亲族也,某倒囊钱为阿婆寿。”媪喜曰:“老婆姓异甚,不可言。”宗质力恳请,忽曰:“我姓展。”宗质瞿然起,抱之,大哭曰:“夫人,吾母也。”媪曰:“官人勿误,吾儿有验,右腋有紫疵,其大如杯。”宗质拜曰:“然。”右袒示之,于是母子相持而哭,观者数十百人,皆叹息涕下。

宗质负其母以归,季思与家人子亦泣,自是奉板舆孝养者十余年,母以高年终,宗质亦白首矣。

宗质乾道庚寅为洪倅,时予为奉新县令,屡谒之,不知其母子间也。明年,予官中都,宗质造朝,除知台州。朝士云:“李台州,曾觌姻家也,觌无子,子台州之子。”予一见不敢再也,亦未知其孝。

后十七年,台州既没,予与丞相京公同为宰掾。谈间,公为予言李台州母子事。予生八年,丧先太夫人,终身饮恨。闻之,泣不能止,感而为之传。

赞曰:孔子曰:“孝悌之至,通于神明。”若李台州,生而不知失母,壮而知求母,求母而不得,不得而不懈,遍天下之半,老而乃得之。昔东坡先生颂朱寿昌,至今咏歌以为美谈。若李台州,其事与寿昌岂异也,兹不谓之至孝通于神明乎?非至孝,奚而通神明?非通神明,奚而得母?予每为士大夫言之,闻者必泣。人谁无母?有母谁无是心哉?彼有未尝失母,而有母不待求母,而母存。或忽而不敬,或悖而不爱者,独何心欤?

14. 对下列各句中加点词的解释,不正确的一项是(　　)(3分)

A. 生宗质而罹靖康之乱　　罹:遭遇

B. 何遽问我姓名　　遽:迅速

C. 愿霁怒　　霁:停止

D. 终身饮恨　　饮:含着

15. 下列句子中加点词的意义和用法相同的一项是(　　)(3分)

A. 哭而归　　抟扶摇而上者九万里

B. 小憩于茗肆　　其制稍异于前

C. 宗质负其母以归　　臣具以表闻

D. 老而乃得之　　乃如左丘无目



16. 下面对原文的理解与分析,不正确的一项是(　　)(3分)

A. 李宗质出生后因战乱母子失散,长大后曾四处寻访母亲下落而不得,以至茶饭不思,黯然神伤。

B. 作者杨万里素来仰慕李台州至孝之名,但直到李台州去世之后,才写作此文,并在士大夫中传颂其事迹。

C. 为一位官员作传,不注重其政治功绩,却记叙其寻母尽孝之事,杨万里有褒扬孝道、规劝世风之意。

D. 文章记李台州事迹,以寻母、认母、侍母为线索,集中笔墨描写认母场景,详略得当,主次分明。

17. 把文言文阅读材料中画横线的句子翻译成现代汉语。(4分)

(1)宗质起揖之坐,礼以客主。

(2)若李台州,其事与寿昌岂异也,兹不谓之至孝通于神明乎?

## 四、论述类文本阅读题(本大题共3小题,共9分)

### “德有所长而形有所忘”——丑中之美

庄子及其后学以“道”的自然无为为美,其根本表现是在个体人格的自由上。因而,在庄子及其后学看来,人的外形的丑丝毫也不妨碍他具有精神的美,得到人们的爱慕。庄子一方面赞赏他理想中的“肌肤若冰雪,绰约若处子”的“神人”,另一方面又丝毫不歧视形体残缺丑陋,却具有精神人格美的人。在中国美学史上,也是庄子第一个明确地谈到了丑的问题,指出了在丑的外形之中完全可以包含超越于丑的形体的精神美。

《德充符》中通过许多寓言说明了这个道理。卫国的哀骀它是一个奇丑的人,“以恶骇天下”,然而“丈夫与之处者,思而不能去也;妇人见之,请与父母曰‘与为人妻,宁为夫子妾’者,十数而未止也”。鲁哀公与他相处不过数月就想请他当宰相。庄子以文学的夸张笔法,描写了这个奇丑者得到了包括妇女在内的许多人的爱慕,同时又借孔丘之口说明了他之所以得到爱慕的原因:“非爱其形也,爱使其形者也。”而所谓“使其形者”就是精神。人们之所以爱这个奇丑的人物,就是爱他的“全德”,爱他的精神美。“闉跂支离无脤”“瓮㼜大瘿”都是一些腰弯及于脚趾、形体残缺没有嘴唇、身上长着像盆瓮一样大的瘤子的奇丑人物,然而前者说卫灵公,后者说齐桓公,都得到了赏识和喜爱,以至卫灵公、齐桓公看起那些形体齐全的人来,反而觉得“其脰肩肩(瘦小样子)”,矮小可怜了。庄子认为,这是“德有所长而形有所忘”的缘故。这些奇丑人物,由于他们有人格精神上的美,所以人们就忘掉了他们形体的丑陋,看上去反而比形体健全的人更加高大了。庄子看到了人的内在精神美能够压倒和克服外在形体的丑,“形骸之内”的美高于“形骸之外”的美。在追求个体人格自由的庄子眼里,就连汲汲于仁义、不

懂得自然无为之道的孔子,虽然形体健全,但较之于被砍掉了一只脚,却懂得自然无为之道的“兀者叔山”,在精神上是遭受了无可解救的“天刑”的。在庄子看来,这种精神上的刑残比肉体上的刑残更加可悲。庄子一点也不忽视形体的美,但更加重视精神的美。这种对于人的精神美的高度重视和追求,后来在魏晋时期的美学中得到了发展。

从艺术史上看,庄子认为在丑怪的形相中可以包含强烈的精神美的思想,曾对中国艺术的发展产生明显的影响。五代人物画家禅月大师贯休的人物画就是一个典型的实例。贯休是禅宗的信奉者,曾被皇家授予师号。而禅宗的思想,是同道家的思想密切联系着的。贯休所画的人物,其形象十分怪异甚至丑陋,却又使人感到有一种内在的不屈不挠的精神力量。“其名作十六帧水墨罗汉,骨相奇特古怪,为前代所找不出的。例如有庞眉大目者,孕颐隆鼻者,倚松石者,坐山水者。以之与阎立本的帝王图相对照,虽则坚实劲拔的笔致,略有相似,而人物的形态完全不同。阎氏的人物庄严肃穆,是一种士大夫社会的正型。而贯休的人物怪骇突兀,宛如战斗时神经紧张的一种变型”。完全可以说,在中国美学史上,对丑怪之美的肯定,为庄子美学所特有。这也是一般浪漫主义美学所共有的特色。而以孔子为代表的儒家美学,则是排斥丑怪之美的。

18. 下列关于原文第一、二两段内容的表述,不正确的一项是(　　)(3分)

A. 庄子及其后学认为人的外形的丑并不妨碍他具有精神的美,是因为他们尊崇以“道”的自然无为为美,其根本表现是在个体人格的自由上。

B. 在庄子看来,人的内在精神美能够压倒和克服外在形体的丑,所以人们若想得到他人的爱慕,就要成为形体丑陋,却具有精神人格美的人。

C. 庄子《德充符》中的奇丑人物,由于他们有人格精神上的美,所以人们就忘掉了他们形体的丑陋,看上去反而比形体健全的人更加高大了。

D. 庄子追求个体人格自由,他认为“兀者叔山”虽被砍掉了一只脚,却也因懂得自然无为之道而比形体健全却不懂得自然无为之道的孔子可贵。

19. 下列理解和分析,不符合原文意思的一项是(　　)(3分)

A. 庄子之所以让他笔下奇丑人物得到许多人的爱慕,是因为他看到了人“形骸之外”的美是要高于人的“形骸之内”的美的。

B. 禅月大师贯休笔下的人物形相十分怪异甚至丑陋,却又使人感到有一种内在的精神力量,这反映出禅宗与道家思想的联系。

C. 与贯休所画的人物迥乎不同是,画家阎立本笔下的人物形态庄严肃穆,体现的是形体美与精神美相统一的儒家的美学标准。

D. 贯休笔下那些罗汉群像的庞眉大目、孕颐隆鼻、怪异丑陋,与庄子笔下的“闉跂支离无脤”“甕瓮大瘿”其实是一脉相承的。



20. 根据原文内容,下列理解和分析不正确的一项是(　　)(3分)

A. 以庄子的眼光来看,那些汲汲于名利,一旦仕途多舛,怀才不遇便要呜呼哀哉的士大夫们也是可悲的,还不如《德充符》中某些外貌丑陋甚至形体不健全之人。

B.《巴黎圣母院》中雨果笔下的卡西莫多与庄子笔下的“闉跂支离无脤”“甕瓮大瘿”在形体的丑及人格精神的美上都有相近之处,这体现了浪漫主义美学的特色。

C. 在中国美学史上,庄子第一个明确地谈到了丑的问题,并对丑怪之美予以肯定,这拓展了中国美学的领域,对占统治地位的正统儒家美学起到了重要的补充作用。

D. 庄子指出在丑的外形之中完全可以包含超越于丑的形体的精神美,这种美学思想后来在魏晋时期的美学中得到了发展,对后世中国古典美学的发展有重大影响力。

## 五、文学类文本阅读题(本大题共4小题,共21分)

阅读下面文本,完成下列各题。

### 铁　圈

一天清晨,一位妇人带着一个4岁的小男孩在郊区的街道上散步。那孩子天真活泼,面色绯红。那妇人年龄不大,穿着考究。她一边幸福地微笑着,一边细心地照看着自己的儿子。孩子正在滚着一个黄色的大铁圈,他穿着短裤,挥动着棍棒欢快地笑着,跟在铁圈后面跑。他把棒子举得高高的,本来没有那种必要,可他就是那么做的。真开心!方才他还没有铁圈,可是现在有了,真叫人高兴!

一个双手粗糙、衣服褴褛的老头,身体紧靠栅栏站在十字路口,好让那女人和小孩走过去。①<u>老头用那昏花的两眼凝视着孩子,脸上露出呆痴的笑容。</u>“一个富户人家的公子,”老头心里思忖道,“是个好孩子,你看他多么天真可爱,毕竟是阔人家的孩子!”

当他——这个老头儿——还是个孩子的时候,他过的是苦难的日子。即使现在,他虽然不再挨打受饿了,但生活还谈不上美好。在他的孩提时代,他过的是挨打受骂、饥寒交迫的生活。那时,他没有铁圈,也没有其他这类阔少爷的玩具。他整个一生都是在艰辛困苦中度过的。他没有什么值得回忆的事,也没有一件让人高兴的事。他咧开没有牙齿的嘴朝那小孩微笑着,心里不禁产生了嫉妒,心想:“这种玩意没有意思。”嫉妒又转而变成了烦恼。于是他回到工作的地方——一家他从幼年起一直工作到现在的工厂。那小孩边跑边笑追逐铁圈的情景萦绕在他的脑际,不管机器声多么嘈杂,他都忘不了那个孩子和铁圈,晚上也总梦见他们。

第二天早晨,他又做起白日梦来。机器隆隆地响,工作机械单调,没有必要过多操心,再说他已干惯了这种活。厂房里的空气充满了灰尘,传送带平稳地运转着,远处各个角落声音嘈杂,光线晦暗。人们像鬼魂一样地走来走去,人的说话声淹没在机器声里。天天干着同样的活,做着同样的梦。

一天晚上下班回家时,老头在街上看见一个从旧木桶上掉下来的又大又脏的铁箍。老头高兴得发抖,昏花的老眼流下了泪水。一种意外的,几乎没有想过的愿望进入了他的心灵。他小心地朝四面张望了一下,然后弯下腰哆哆嗦嗦地捡起那个圆箍,虽然他面带笑容,但还是不大好意思把它拿回家

去。没人看见他，也没有人问他。这与别人有什么相干？一个小穷老头捡了一个无论对谁都没有用处的旧箍，谁会管呢？可他还是提心吊胆地偷偷把它拿走了。他为什么要捡？为什么要把它拿回家？他自己也说不清。只是由于它像那个小男孩的玩具，所以他才把它带回家来。圆箍在老头家破旧的房子里放了几天，闲着没事的时候，他就把它拿出来看看，因为这个肮脏的铁箍对他是个安慰，使那个经常出现在他梦境中的幸福的小男孩，终于变得更加真实了。

【一个晴朗、温暖的早晨，当城里树上的鸟正叫得比往常更加欢快的时候，老头早早起了床，洗漱完毕，便拿着他捡来的铁箍出了城。他一路咳嗽，穿过了枝叶茂密的森林。他不明白这些阴暗的树木为何这样寂静，还散发着奇特的香气，那些昆虫也令他惊奇。露水正像童话中描述的那样。那里既没有嘈杂声，也没有灰尘，树林后面是一片柔和、奇妙而暗淡的景色。

老头折下一根干树枝穿上铁箍。他眼前展现出一片明亮寂静的田野，青草叶上的露珠闪闪发光。老头突然用那根树枝做成的木棒滚起铁箍来，铁箍轻松地在田野里滚动，老头跟在后面跑，他笑逐颜开，像那个跟着铁圈跑的小男孩一样，有时也将木棒高高地举过头去。他仿佛觉得自己再一次变成了一个有教养的幸福的小孩，并且好像感到母亲慈祥地微笑着跟在后面。灰白的胡须在憔悴的脸庞上颤抖着，不住的笑声和咳嗽声同时从他那没有牙齿的嘴里迸发出来。】

老头喜欢早晨到树林里来滚铁箍，有时他也怕人看见笑话他，一想到这里，他便感到有一种难堪的羞愧。羞愧又进而发展为恐惧，致使双腿开始发软，他一面滚铁圈，一面警惕地看着四周。可是没人看见他，也没人听见他……

他尽情地玩够了之后，平安无事地走回城去，嘴角上流露出轻松愉快的笑容。由于没出什么事，他太太平平地一连玩了好几天。可是有一天清早他着了凉，卧病不起。②在工厂的医院里，当他在陌生的人们中间咽下最后一口气的时候，脸上还是堆着宁静的微笑。他感到欣慰，因为在他的想象中，自己也曾一度做了小孩，由亲爱的妈妈照看着，在树荫下的青草地上嬉戏笑闹。

（有删改）

21. 指出文中两处画线句反映的人物心理。

①老头用那昏花的两眼凝视着孩子，脸上露出呆痴的笑容。（2分）

②在工厂的医院里，当他在陌生的人们中间咽下最后一口气的时候，脸上还是堆着宁静的微笑。（2分）



22. 小说用“【】”括起来的部分描写了老人第一次去树林滚铁箍的情形，请分析其中环境描写的作用。（6分）

23. 简析老人的形象。（5分）

24. 小说为何以“铁圈”为标题？试从主题思想、情节结构、人物塑造三方面来分析。（6分）

**六、写作题（本大题共30分）**

25. 阅读下面的一段材料，按要求作文。

中州地方有一只蜗牛，它觉得自己太软弱无能了，就自我责备一番，决心振奋起来，有所作为。它制订了两项计划，一是向东去攀登泰山，总计路程要走三千多年；二是向南到汉水去，总计路程也要走三千多年。可是估算一下自己的寿命，不过早晚之间就要死去。于是它万分悲愤，枯死在蓬蒿秆上，为蚂蚁所讥笑。

上述寓言故事引发你怎样的感触？请结合你的感受和思考写一篇文章。

要求：选准角度，确定立意，明确文体，自拟标题；不要套作，不得抄袭；不得泄露个人信息；不少于800字。

# 教师招聘考试预测试卷(五)

## 中学语文

**(时间150分钟　满分100分)**

本套试卷共30小题,包括单项选择题(10小题)、填空题(10小题)、简答题(3小题)、阅读题(4小题)、教学设计题(1小题)、案例分析题(1小题)、写作题(1小题)。

**一、单项选择题(本大题共10小题,每小题1分,共10分)**

1. 下列加点字的注音全都正确的一项是(　　)

A. 颓圮(pǐ)　百舸(kě)　慰藉(jiè)　按捺不住(nà)

B. 倔强(jué)　句读(dòu)　恪守(kè)　跂而望矣(qì)

C. 跬步(kuǐ)　窗扉(fēi)　黯淡(àn)　熠熠闪光(yì)

D. 甄别(zhēn)　菲薄(fěi)　给予(jǐ)　六艺经传(chuán)

2. 下列选项中的古代诗句所蕴含的理趣与故事内容最不相符的一项是(　　)

相传,古希腊有位国王做了一顶纯金王冠,怀疑工匠在王冠中掺假。如何鉴别真假又不损坏原物?国王将这个难题交给了阿基米德。阿基米德尝试过很多办法都失败了。有一天他去洗澡,踏入浴盆,水往外溢。他恍然大悟,终于找到了答案。

A. 路曼曼其修远兮,吾将上下而求索。

B. 山重水复疑无路,柳暗花明又一村。

C. 踏破铁鞋无觅处,得来全不费工夫。

D. 众里寻他千百度,回头蓦见,那人正在灯火阑珊处。

3. 下列各句中,加点的成语使用恰当的一句是(　　)

A. 许多农民巧妙地将服装厂剪裁后废弃的"下脚料"做成帘子,当作蔬菜大棚的"棉被",这真是一念之差,变废为宝。

B. 王大伯十分喜爱小动物,只要见到流浪的小猫小狗,他都要想办法把它们喂饱,有的人对此感到不解,他却乐此不疲。

C. 文艺演出现场,身着盛装的表演者光着脚、微笑着,一边跳着傣族舞,一边向人们泼水致意,在场群众纷纷拍手称快。

D. 厂长动情地说:"为了扭转目前的不利局面,我们将采用一种新的对策,希望大家共同努力,功败垂成,在此一举!"



4. 下列各句中,没有语病的一句是(　　)

A. 很多企业都认识到,为了应对消费需求和竞争格局的变化,必须把改进服务提到与研发新产品同等重要的位置上。

B. 一般人常常忽略的生活小事,作者却能够慧眼独具,将之信手拈来,寻找其叙述的价值,成为小说的有机组成部分。

C. 在90后的青少年中,科幻迷越来越多,这显示了科幻文化正在崛起,是对长久以来孩子们缺失的想象力的呼唤。

D. 当今社会,书写方式发生了重大变化,数字化时代的到来致使很多人提笔忘字,长此以往,将影响到汉字文化能否很好地传承。

5. 下列各项中关于朝代(国籍)、作家与作品对应完全正确的一项是(　　)

A. 法国——莫里哀——《悭吝人》　B. 俄国——屠格涅夫——《静静的顿河》

C. 唐朝——柳宗元——《长恨歌》　D. 清朝——归有光——《项脊轩志》

6. 下列句中加点词语的用法归类正确的一项是(　　)

①假舟楫者,非能水也　②大将军邓骘奇其才,累召不应　③填然鼓之　④商君佐之,内立法度　⑤故令人持璧归,间至赵矣　⑥谨拜表以闻　⑦空以身膏草野,谁复知之　⑧宁许以负秦曲　⑨单于壮其节　⑩天下云集响应

A. ①②③/⑤⑥⑧/⑩/④⑦⑨　B. ①③/⑤⑩⑧/⑥⑦/④②⑨

C. ①③⑨/⑤⑥⑩/⑧/④⑦②　D. ①③/②⑨/④⑤⑩/⑥⑦⑧

7. 根据《普通高中语文课程标准》(2017年版)的规定,下列选项中不属于学科核心素养的是(　　)

A. 语言表达与运用　B. 思维发展与提升

C. 审美鉴赏与创造　D. 文化传承与理解

8. 下列关于《义务教育语文课程标准》(2022年版)过程性评价原则内容的表述不正确的一项是(　　)

A. 过程性评价应有助于教与学的及时改进。

B. 过程性评价应统筹安排评价内容。

C. 过程性评价应发挥多元评价主体的积极作用。

D. 过程性评价应运用单一的评价方法,增强评价的科学性、整体性。

9. 下列选项中不属于《义务教育语文课程标准》(2022年版)教材编写建议的一项是(　　)

A. 教材应具有开放性和选择性。

B. 教材编写要系统规划和整体安排。

C. 建立合作开发机制,实现课程资源的共建和共享。

D. 要把整本书阅读作为教材的重要有机组成部分,精选兼具思想性、艺术性和学段适应性的典范作品。

10. 在讲授《动物游戏之谜》一文前，教师让同学们观看了许多有关动物游戏的图片和资料，并运用多媒体播放相关音像资料，从而自然地导入到新课的学习中，这种导入方法属于(　　)

A. 直接导入　　B. 情境导入　　C. 悬念导入　　D. 审题导入

**二、填空题(本大题共10小题，每空0.5分，共10分)**

1.《劝学》善用比喻和对比说理，为了强调学习时用心专一的重要性，文章以弱小的蚯蚓为例从正面设喻强调专一后，紧接着从反面写道“________________，________________”的原因是不专一。

2.《师说》中，士大夫之族以地位官职为借口拒绝从师学习的语句是“________________，________________”。

3. 庄子在《逍遥游》中所说的“________________，________________”，是以风小则无以负羽翼来讲大鹏直冲青天需有所凭借，借此表达“做事成功需要有丰富的积累”的道理。

4.《蜀道难》一诗中，李白用“________________，________________，________________”写出了剑阁地势之险要。

5.“翻箱倒箧”的“箧”读________，第八笔是________。

6.“开展工作”属于________(短语结构)，“心情舒畅”属于________(短语结构)。

7. 甲骨文是刻写在________上的文字，金文是刻写在________上的文字。

8. ________是学生在积极的语言实践活动中积累与构建起来，并在真实的________中表现出来的语言能力及其品质。

9. 能借助注释和工具书，阅读中国古代作品，读懂文章内容，背诵一定数量的名篇，注重个性化阅读，学习________和________。

10. 学业质量标准是以本学科核心素养及其表现水平为主要维度，结合________，对学生学业成就表现的总体刻画。

**三、简答题(本大题共3小题，共18分)**

1. 简述《儒林外史》叙事艺术的新特点。(6分)

2. 简述堂吉诃德的人物形象。(6分)



3. 简述《义务教育语文课程标准》(2022年版)关于教学建议部分的主要内容。(6分)

**四、阅读题(本大题共4小题，共12分)**

阅读下面的文段，完成1~4小题。

**醉书斋记**

(清)郑日奎

于堂左洁一室为书斋，明窗素壁，泊如也。设几二，一陈笔墨，一置香炉茗碗之属。竹床一，坐以之；木榻一，卧以之。书架书筒各四，古今籍在焉。琴磬麈尾诸什物，亦杂置左右。

甫晨起，即科头[①]，拂案上尘，注水砚中，研墨及丹铅，饱饮笔以俟。随意抽书一帙，据坐批阅之。顷至会心处，则朱墨淋漓渍纸上，字大半为之隐。有时或歌或叹，或笑或泣，或怒骂，或闷欲绝，或大叫称快，或咄咄诧异，或卧而思，起而狂走。家人瞯[②]见者，悉骇愕，罔测所指，乃窃相议，俟稍定，始散去。婢子送酒茗来，都不省取。或误触之，倾湿书册，辄怒而责，后乃不复持至；逾时或犹未食，无敢前请者。惟内子时映帘窥余，得间始进，曰：“日午矣，可以饭乎？”余应诺。内子出，复忘之矣。羹炙皆寒，更温以俟者数四。及就食，仍夹一册与俱，且啖且阅，羹炙虽寒，或且味变，亦不觉也。至或误以双箸乱点所阅书，良久始悟非笔，而内子及婢辈罔不窃笑者。夜坐，漏常午，顾僮侍，无人在侧，俄而鼾震左右，起视之，皆烂漫睡地上矣。

客或访余者，刺[③]已入，值余方校书，不遽见。客伺久，辄大怒诟，或索取原刺，余亦不知也。盖余性既严急，家中人启事不以时，即叱出，而事之紧缓不更问，以故仓卒不得白。而家中盐米诸琐务，皆内子主之，颇有序。余是以无所顾虑，而嗜益僻。

他日忽自悔，谋立誓戒之，商于内子。内子笑曰：“君无效刘伶断饮[④]法，只赚余酒脯，补五脏劳耶？吾亦惟坐视君沉湎耳，不能赞成君谋。”余惝然久之，因思余于书，洵不异伶于酒，正恐旋誓且旋畔；且为文字饮，不犹愈于红裙耶？遂笑应之曰：“如卿言，亦复佳。”乃不复立戒，而采其语意以名吾斋，曰“醉书”。

(选自《续古文观止》，有删改)

【注】①科头：不戴帽子。②瞯(jiàn)：窥视。③刺：名帖。④刘伶断饮：刘伶戒酒。《管书·刘伶传》载，刘伶曾求其妻准备酒肉立誓戒酒，誓后依然嗜酒如故。

1. 下列句子中加点词语的解释,不正确的一项是(　　)(2分)

A. 甫晨起,即科头　　甫:刚刚

B. 惟内子时映帘窥余,得间始进　　间:缝隙

C. 客伺久,辄大怒诟　　诟:责骂

D. 吾亦惟坐视君沉湎耳,不能赞成君谋　　赞:帮助

2. 下列各组句子中,加点虚词的意义和用法都相同的一组是(　　)(2分)

A. 而内子及婢辈罔不窃笑者　　客有吹洞箫者

B. 商于内子　　游于赤壁之下

C. 且为文字饮,不犹愈于红裙耶?　　且燕赵处秦革灭殆尽之际

D. 余惝然久之　　公之逮所由使也

3. 下列对原文内容的分析和概括,不正确的一项是(　　)(2分)

A. 文章描绘了书斋主人为了读书常常置酒茶、饭食、睡眠和家人、宾客于脑后等痴醉的状态,展示了一个嗜书如命的书痴形象,表现了作者自得其乐、自我陶醉的心态。

B. 作者夫人主持家务,井然有序,客观上"纵容"了丈夫的"醉书"习性;当作者对这种习性悔而思改时,她幽默地表示反对,可见她对丈夫的"醉书"也持几分赞赏的态度。

C. 作者本打算戒除"醉书"的习性,考虑到积习难改,最终还是找了个借口自我安慰,顺其自然了,没有戒掉"嗜书"的习惯。

D. 作者不仅嗜书,而且嗜酒肉,后来他本想戒酒,但妻子认为他和刘伶一样根本无法将酒戒掉,于是他打消了戒酒之念,并且将书斋命名为"醉书"。

4. 把文中画横线的句子翻译成现代汉语。(6分)

(1)家人瞷见者,悉骇愕,罔测所指,乃窃相议,俟稍定,始散去。

(2)因思余于书,洵不异伶于酒,正恐旋誓且旋畔。



五、教学设计题(本大题共10分)

与朱元思书

吴 均

风烟俱净,天山共色。从流飘荡,任意东西。自富阳至桐庐一百许里,奇山异水,天下独绝。

水皆缥碧,千丈见底。游鱼细石,直视无碍。急湍甚箭,猛浪若奔。

夹岸高山,皆生寒树,负势竞上,互相轩邈,争高直指,千百成峰。泉水激石,泠泠作响;好鸟相鸣,嘤嘤成韵。蝉则千转不穷,猿则百叫无绝。鸢飞戾天者,望峰息心;经纶世务者,窥谷忘反。横柯上蔽,在昼犹昏;疏条交映,有时见日。

(一)学生情况

八年级,48人。

(二)课时安排

1课时。

(三)教学条件

多媒体。

阅读以上材料,为本篇课文设计教学目标,并根据教学目标设计教学过程,简要说明每个环节的教学内容与教学方式。

## 六、案例分析题(本大题共10分)

下面是《安塞腰鼓》一课的教学案例,阅读并回答问题。

(播放"安塞腰鼓"表演画面导入后)

师:请同学们自由朗读课文,然后请用"________的安塞腰鼓"对安塞腰鼓进行评价。可以填词、短语、句子,最好是文中的内容。

(学生边朗读边思考)

生:老师,我找到两个,"豪放的安塞腰鼓""壮阔的安塞腰鼓"。

生:我也找到了,"有力的安塞腰鼓"。

生:"惊心动魄的安塞腰鼓"。

师:我想同学们一定还能找到更多更好的词、句来修饰、评价安塞腰鼓。有困难的同学可以向周围的同学请教。

(学生自主阅读寻找或交流讨论)

师:谁愿意把自己的答案写到黑板上?

(生写"元气淋漓的安塞腰鼓""奇伟磅礴的安塞腰鼓""一捶起来就发狠了,忘情了,没命了的安塞腰鼓"……)

师:既然大家都对安塞腰鼓有了初步的评价,那么你们觉得安塞腰鼓美吗?

生:(齐答)美。

师:那好,咱们分组找一找,看它美在哪里。请各小组进行寻美点比赛,并用"________美,你看(听)________"的句式叙述出来。

(各小组同学跃跃欲试)

师:请各小组派代表发言。

生:"击鼓的后生美,你看,后生们的胳膊、腿、全身,有力地搏击着,疾速地搏击着,大起大落地搏击着……"

…………

师:同学们还有没有其他想法?

生:老师,我突然有一个想法。

师:是吗?快说出来给大家听听。

生:我们能不能像前几天改写古诗那样,将这篇文章改为诗来读呢?

师:这个想法非常好,很有创意,你能具体说说吗?

生:我改写的是第7段,请大家多多指教——(生读改写的内容)

师:这样改好不好呢?

(大部分同学摇头表示不解,只有个别同学应和着)



生:将这段文字改为诗后,我们就可以从中去体会、感受文章语言的诗意美、节奏美,这也是我们应寻找的美点之一。

生:原来这样啊,我们也能改,保证比他改得好!

师:同学们按这种形式是否可以创作出更好的诗句,找出更多的美点呢?

(同学们热情更加高涨)

[问题]阅读上面的教学案例,谈一谈这则教学案例给你带来的启示。

## 七、写作题(本大题共30分)

阅读下面的材料,根据要求写一篇不少于800字的文章。

台后一帘深色的幕布,台上一架钢琴,柔和的灯光洒在黑白键上,人们屏息等待,女钢琴家悄然出现,衣着简朴。演奏家上台,谁不身着华美的演出服,光彩夺目?人们就此问她,她的回答是:"人,要隐于音乐背后。"女钢琴家的话耐人寻味。有人感佩不已,有人不以为然,有人感到了缺憾,有人联想到人生诸多方面……

要求:选好角度,确定主题,明确文体,自拟标题,不要脱离材料内容及含义的范围作文。

# 教师招聘考试预测试卷(六)

## 中学语文

(时间120分钟　满分100分)

本套试卷共29小题,包括单项选择题(10小题)、语言文字运用(3小题)、古诗文默写(5小题)、古诗鉴赏题(2小题)、文言文阅读题(5小题)、现代文阅读题(3小题)、写作题(1小题)。

**一、单项选择题(本大题共10小题,每小题2分,共20分)**

1. 下列加点字的注音全部正确的一项是(　　)

A. 鸾鸟(luán)　平仄(zè)　大笔如椽(chuán)　踯躅不前(chú)

B. 窈窕(tiǎo)　赍钱(jì)　老骥伏枥(jì)　草菅人命(jiān)

C. 遨游(áo)　宝藏(zàng)　鲜为人知(xiǎn)　乳臭未干(xiù)

D. 主簿(bù)　惊悸(jì)　如法炮制(pào)　病入膏肓(huāng)

2. 下列各组词语中,没有错别字的一项是(　　)

A. 狭隘　搏奕　核威慑　醍醐灌顶　　B. 范文　媚俗　挖墙角　语焉不详

C. 法码　虚拟　掉书袋　挑肥拣瘦　　D. 韬略　讹诈　撒手锏　饮鸩止渴

3. 下列各句中,标点符号使用合乎规范的一项是(　　)

A. 父亲坚决地对母亲说:“不是常对你说吗,我是不能轻易离开北京的。你要知道现在是什么时候?这里的工作多么重要!我哪能离开呢?”

B. 郑板桥是清代一位有名的书画家。他一生最杰出的成就,是在诗书画方面独树一帜,堪称“诗书画三绝”。

C.“她到哪里了?”一个着急的声音传来:“什么时候能赶到啊?”

D. 老师站在讲台上默默地注视着同学们:有的同学正在掩卷沉思;有的同学正在奋笔疾书。

4. 在下面一段文字横线处填入语句,衔接最恰当的一项是(　　)

阅读首先是一种个人行为,________;________,________,由此阅读可以重塑个人的精神世界。亚里士多德曾经给人做出过最科学经典的定义:理性的动物。________。________,________,而阅读也是人类区别于其他动物的理性行为。这或许才是阅读的本质,由亚里士多德而来。

①是与个体经验的对接

②其次对于内容的感悟也基本是个体的

③那里面有切实的人生知识与过去年代人类理性智慧的积淀



④你读与不读,读什么书,大多可以由你个人决定

⑤而书本正是人类理性的结晶

⑥尤其是那些杰出的经典之书更是人类奋斗最为经久不衰的成果

A. ④②①⑤⑥③　B. ①②④⑤⑥③　C. ②④①⑥③⑤　D. ④①②③⑥⑤

5. 下列说法正确的一项是(　　)

A.“农”字第四笔是竖提,“丹”字共四画,最后一笔是横。

B.“爽”字先写横,再写中间的“人”,最后从左到右写四个“×”。

C.“堇”“重”二字最后两笔都是横。

D.“万”字先写横,再写撇,后写横折钩。

6. 下列有关文学常识的表述,正确的一项是(　　)

A. 青莲居士、少陵野老、香山居士、六一居士、东坡居士依次是指李白、杜甫、白居易、王安石、苏轼。

B. 苏洵,字明允,号老泉,与其子苏轼、苏辙合称“三苏”。他擅长史论,文笔纵横恣肆,《过秦论》是其代表作。

C. 盛唐时期的李白与杜甫是我国唐诗史上的双子星,并称“李杜”,世称“李杜文章在,光芒万丈长”,而中唐诗人李商隐和杜牧被称为“小李杜”。

D. 白居易在文学上主张“文章合为时而著,歌诗合为事而作”,强调继承我国古典诗歌的现实主义优良传统,是新乐府的倡导者。

7. 下列有关文学常识的表述恰当的一项是(　　)

A. 莎士比亚的“四大悲剧”是《罗密欧与朱丽叶》《哈姆莱特》《麦克白》《奥赛罗》。

B. 戏剧必须有集中、尖锐的矛盾冲突,而根据矛盾冲突的性质,戏剧可分为悲剧、喜剧和正剧,《雷雨》属于悲剧。

C.《窦娥冤》全名为《感天动地窦娥冤》,著名杂剧,全剧共五折,开头有一个“楔子”。

D. 词根据字数可分为小令、中调、长调,58字以内为小令,59~91字为中调,92字以上为长调。

8. 下列关于《义务教育语文课程标准》(2022年版)课程总目标说法不正确的一项是(　　)

A. 在语文学习过程中,培养爱国主义、集体主义、社会主义思想道德,逐步形成正确的世界观、人生观、价值观。

B. 主动积累、梳理基本的语言材料和语言经验,逐步形成良好的语感,初步领悟语言文字运用规律。

C. 能根据需要,用口语具体明确地表达自己的见闻、体验和想法。

D. 能借助不同媒介表达自己的见闻和感受,学习发现美、表现美和创造美,形成健康的审美情趣。

9. 下列不属于对“发挥语文课程的独特功能,促进学生语文学科核心素养全面发展”的解释的一项是(　　)

A. 教师可根据学习任务群的特点、学生的学习程度,结合自身的专业优势、教学风格,有规划、创造性地实施教学。

B. 普通高中语文课程应重视对学生情感、态度与价值观的正确引导。

C. 教学时应注意教学内容的价值取向，发挥语文课程的熏陶感染作用。

D. 必修和选修课程都应该围绕核心素养，整合阅读与鉴赏、表达与交流、梳理与探究。

10.《普通高中语文课程标准》(2017年版)将高中语文课程内容分为了(　　)个学习任务群。

A. 20　　B. 18　　C. 16　　D. 14

## 二、语言文字运用(本大题共3小题，共9分)

1. 下面是某毕业学生在教师节前夕给老师发来的短信，其中有四处不得体，请找出并加以修改。(4分)

恩师无恙，毕业之后，学生垂念师恩。曾经我是您的高足，现在学生也没让恩师失望！值此教师节到来之际，谨祝恩师节日快乐，万事如意！以后还请恩师继续斧正我的不足，如有事需要学生效劳，学生定当鼎力相助！

(1)将________改为________

(2)将________改为________

(3)将________改为________

(4)将________改为________

2. 名著阅读。(2分)

总有一天有人会把这部激动人心的远征史诗全部写下来。在此以前，我得继续写我的报道，因为我们现在已经写到红军在西北的会师。我把毛泽东主席关于这六千英里的长征的旧体诗附在这里作为尾声，他是一个既能领导远征又能写诗的叛逆者：红军不怕远征难，万水千山只等闲。五岭逶迤腾细浪，乌蒙磅礴走泥丸。金沙水拍云崖暖，大渡桥横铁索寒。更喜岷山千里雪，三军过后尽开颜。

这段文字选自美国记者________所著的纪实名著________。

3. 在下面一段文字横线处补写恰当的语句，使整段文字语意完整连贯，内容贴切，逻辑严密，每处不超过10个字。(3分)

无论生产、生活还是娱乐，当人暴露在噪声环境中时，健康就会受到威胁。暴露时间短，产生焦虑与精神压力；暴露时间长，______________，甚至失聪。听力损失程度与音量和暴露时长相关。然而，当噪声级达到一定高度时，______________，均会产生永久性听力损害。而单从听力保护角度来说，即使是乐音，______________，时间过久，也会对听力造成不可逆的损害。

## 三、古诗文默写(本大题共5小题，每空1分，共6分)

1. 野马也，尘埃也，______________。(庄周《逍遥游》)

2. 见贤思齐焉，______________。(《论语·里仁》)

3. ______________，潦倒新停浊酒杯。(杜甫《登高》)

4. ______________，______________。梦入神山教神妪，老鱼跳波瘦蛟舞。(李贺《李凭箜篌引》)

5. 寄蜉蝣于天地，______________。(苏轼《赤壁赋》)



## 四、古诗鉴赏题(本大题共2小题，共8分)

### 念奴娇·过洞庭[①]

张孝祥

洞庭青草[②]，近中秋、更无一点风色。玉鉴琼田三万顷，著我扁舟一叶。素月分辉，明河共影，表里俱澄澈。悠然心会，妙处难与君说。

应念岭表经年，孤光自照，肝胆皆冰雪。短发萧骚[③]襟袖冷，稳泛沧溟空阔。尽挹西江，细斟北斗，万象为宾客。扣舷独啸，不知今夕何夕。

【注】①这首词作于孝宗乾道二年(公元1166年)，当时，词人因谗言而被贬职，从广西经洞庭湖北归。②青草：湖名。③萧骚：萧条稀少。一作"萧疏"。

1. 下列对本诗的理解和分析，不恰当的一项是(　　)(2分)

A. 词的起句"近中秋、更无一点风色"中的"风色"二字值得玩味，写出了洞庭湖上万里无云、水波不兴的景象，突出了词人被贬后的敏感和寡淡的心情。

B. "表里俱澄澈"是全词的主旨句。这五个字，写出了周围的一切，从天空到湖水都是透明的，没有一丝污浊。这既是写景，更寄寓了词人高超的精神境界。

C. "孤光自照"，是说以孤月为伴，引清光相照，表现了既不为人所了解，也无须别人了解的孤高心情。"肝胆皆冰雪"，用来比喻自己襟怀的坦荡。

D. 这首词上片借景抒情、融情于景，下片直抒胸臆，借洞庭之景，表现了词人的高洁忠贞和豪迈气概。

2. 本词与苏轼《水调歌头·明月几时有》的写作风格很接近，但在构思写法上却有所不同，请结合文本作简要分析。(6分)

## 五、文言文阅读题(本大题共5小题，共13分)

### 雨后观韩子诗集记

(明)杜濬

金陵有二客，一圣秋韩子，处潭水上；一于皇杜子，处台城下。二客游处若兄弟欢，无浃旬[①]不相见也，有之，则于今岁之五月。

是月大雨，为故老所仅见。其雨无注，直倒倾迸下耳。凡水倒倾宜立尽，而是雨砰磅澎湃，无呼吸间断，至连二十余昼夜。则百堵俱仆，以助其声，如属耳瞿塘，震惊不绝。雷霆狎暱，蛙蚓放肆，横流莫御，短垣尽撤。虽内外相望，而咫尺无路；虽尔汝相对，而告语不辨。

维时杜子踞坐危石，西向望注，念久别韩子，忽顾见波流中若有人负重而泅以济者，则韩子遣力馈米，才一通问，无恙焉。然雨固自如。窃计此生与韩子长当索处，沈霾昏垫[②]，无复睹白日时，已而忽白日，杜子则嚄然[③]以喜，曳杖而出。见乱流之归于壑者，溓溓然[④]其立尽欤？吾闻子舆氏之言如是。迨

而南为北门桥，屠沽纷然，操作一新。然积雨之后，腥膻愈不可耐。趋过之，折而西出。行一小巷巷尽为旷野草树弥空如绿云掩冉烟流其上泉贯其下俯视碎日金沙玲珑为之心目交畅行之惟恐其尽。从此数里，升降绿中。陟一岗望见潭水矣，向之窈然而深者，今在人履下也。然满而不溢，有隐者之德，虽阴霖稽天，庸能害是乎？吾爱之敬之，徘徊很久，然后取微径，瞻独树，韩子之庐斯在，韩子之人斯在，相见而喜可知也。

于是为余酌苦茗，炊脱粟，酒四五行，纵谈极欢，然余心怦怦，觉尤有异。韩子乃徐出其自定诗集十种，授余观之。余察其言，深灵警奥，传世复古之道具是，乃蹶起而握韩子手曰："凡余两人之所以不终于沈霾昏垫者，其以是物乎？虽有他乐，吾不敢观。则今日之遭，可贺也已，亦可记也已。"

【注】①浃(jiā)旬：十天。②昏垫：处于困境而迷惘无从。③冁(chǎn)然：笑的样子。④潨潨然：形容乱流归壑时的样子。

1. 对下列加点词语的解释，不正确的一项是(　　)(2分)

A. 二客游处若兄弟欢　　游处：出游之时。

B. 如属耳瞿塘，震惊不绝　　属耳：注意听。

C. 屠沽纷然，操作一新　　操作：装饰。

D. 虽阴霖稽天　　稽天：连天。

2. 下列各组句子中，加点词的意义和用法不相同的一组是(　　)(2分)

A. 二客游处若兄弟欢　　其高下之势，岈然，洼然，若垤，若穴

B. 忽顾见波流中若有人负重而泅以济者　　醉则更相枕以卧，卧而梦

C. 见乱流之归于壑者　　然五人之当刑也，意气扬扬

D. 相见而喜可知也　　王不行，示赵弱且怯也

3. 下列对原文有关内容的概括与赏析，不正确的一项是(　　)(2分)

A. 文章首段叙事，文笔简练，写韩子与杜子虽然分处两地，但是情意深厚，以此总领全文；而文中的杜子其实就是本文的作者杜濬的自称。

B. 第二段描写，极尽夸张手段，形象地渲染了暴雨声势之大、时间之长以及洪水之泛滥，为下文两人不顾暴雨、洪水的阻隔而相见作了有力的铺垫。

C. 第三段先写暴雨、洪水中韩子不顾危险负重泅渡而来，为杜子送来米粮；而"我"在暴雨过后，也不顾洪水阻挡急切回访韩子：两人的深厚友情可见一斑。

D. 末段点题，赞美韩子之诗意义非凡，点明本文写作动机，并借助语言描写含蓄地揭示了本文主旨：只要心中有追求，再艰苦的环境也无法将人埋没。

4. 用"/"给文中画波浪线的部分断句。(3分)

行一小巷巷尽为旷野草树弥空如绿云掩冉烟流其上泉贯其下俯视碎日金沙玲珑为之心目交畅行之惟恐其尽。



5. 把文中画横线的句子译成现代汉语。(4分)

(1)虽内外相望，而咫尺无路；虽尔汝相对，而告语不辨。

(2)凡余两人之所以不终于沈霾昏垫者，其以是物乎？

**六、现代文阅读题(本大题共3小题，共14分)**

## 玻　璃

贾平凹

约好在德巴街路南第十个电杆下会面，去了却没看到他。我决意再等一阵，踅进一家小茶馆里一边吃茶一边盯着电杆。旁边新盖了一家酒店，玻璃装嵌，还未完工，正有人用白粉写"注意玻璃"的字样。

吃过一壶茶后，我回到了家。妻子说王有福来电话了，反复解释他是病了，不能赴约，能否明日上午在德巴街后边的德比街再见，仍是路南第十个电杆下。第二天我赶到德比街，电杆下果然坐着一个老头，额头上包着一块纱布。我说你是王得贵的爹吗，他立即弯下腰，说：我叫王有福。

我把得贵捎的钱交给他，让给娘好好治病。他看四周没人，就解开裤带将钱装进裤衩上的兜里，说："我请你去喝烧酒！"

我谢绝了。他转身往街的西头走去，又回过头来给我鞠了个躬。我问他家离这儿远吗，他说不远，就在德巴街紧南的胡同里。我说从这里过去不是更近吗，老头笑了一下，说："我不走德巴街。"

他不去德巴街，我却要去，昨日那家茶馆不错。走过那家酒店，玻璃墙上却贴出了一张布告——

昨天因装修的玻璃上未作标志，致使一过路人误撞受伤。敬请受伤者速来我店接受我们的歉意并领取赔偿费。

我被酒店此举感动，很快想到王有福是不是撞了玻璃受的伤呢，突然萌生了一个念头：既然肯赔偿，那就是他们理屈，何不去法院上告，趁机索赔更大一笔钱呢？我为我的聪明得意，第二天便给王有福打电话，约他下午到红星饭店边吃边谈。

红星饭店也是玻璃装修，我选择这家饭店，是要证实他是不是真的在酒店撞伤的。他见了我，肿胀的脸上泛了笑容，步履却小心翼翼，到了门口还用手摸，证实是门口了，一倾一倾地摇晃着小脑袋走进来。

"我没请你，你倒请我了！"他说。

"一顿饭算什么！"我给他倒了一杯酒，他赶忙说："我不敢喝的，我有伤。"

"大伯，你是在德巴街酒店撞伤的吗？"

"你……那酒店怎么啦？"

"这么说，你真的在那儿撞的！"

"这……"

老头瓷在那里，似乎要抵赖，但脸色立即赤红，压低了声音说："是在那儿撞的。"一下子人蔫了许多，可怜得像个做错事的孩子。

"这就好。"我说。

"我不是故意的。"老头急起来。"我那日感冒,头晕晕的,接到你的电话出来,经过那里,明明看着没有什么,走过去,咚,便撞上了。"

"你撞伤了,怎么就走了?"

"哗啦一声,我才知道是撞上玻璃了。三个姑娘出来扶我,血流了一脸,把她们倒吓坏了,要给我包扎伤口,我爬起来跑了。我赔不起那玻璃呀!"

"他们到处找你哩。"

"是吗?我已经几天没敢去德巴街了,他们是在街口认人吗?"

"他们贴了布告……"

老头哭丧下脸来,在腰里掏钱,问我一块玻璃多少钱。

我嘿嘿笑起来。

"不是你给他们赔,是他们要给你赔!"

"赔我?"

"是赔你。"我说,"但你不要接受他们的赔偿,他们能赔多少钱?上法院告他们,索赔的就不是几百元几千元了!"

老头愣在那里,一条线的眼里极力努出那黑珠来盯我,说:"你大伯是有私心,害怕赔偿才溜掉的,可我也经了一辈子世事,再也不受骗了!"

"没骗你,你去看布告嘛!"

"你不骗我,那酒店也骗我哩,我一去那不是投案自首了吗?"

"大伯,你听我说……"

老头从怀里掏出一卷软沓沓的钱来,放在桌上:"你要肯认我是大伯,那我求你把这些钱交给人家。不够的话,让得贵补齐。我不是有意的,真是看着什么也没有的,谁知道就有玻璃。你能答应我,这事不要再给外人说,你答应吗?"

"答应。"

老头眼泪花花的,给我又鞠了下躬,扭身离开了饭桌。

我怎么叫他,他也不回头。

他走到玻璃墙边,看着玻璃上有个门,伸手摸了摸,没有玻璃,走了出去。

我坐在那里喝完了一壶酒,一口菜也没吃,从饭馆出来往德巴街去。趁无人理会,我揭下了那张布告:布告继续贴着,只能使他活得不安生。顺街往东走,照相馆的橱窗下又是一堆碎玻璃,经理在大声骂:谁撞的,眼睛瞎了吗?

我走出了狭窄的德巴街。

(有删改)



1. 下列对小说相关内容和艺术特色的分析鉴赏,最恰当的两项是(　　)(3分)

A. "约好在德巴街路南第十个电杆下会面",是对地下斗争题材影视作品的模仿,为后文悬念丛生的情节作铺垫。

B. 发现王有福正是受伤的路人后,"我"劝他到法院上告酒店,寻求更多赔偿,因为"我"不仅热心帮助朋友,也有打官司的经验。

C. 王有福不情愿承认自己误撞酒店玻璃受伤,主要是因为家庭生活很困难,害怕酒店追究责任,让他赔偿损失。

D. "我"经过照相馆时,见经理面对碎玻璃大骂,这一细节暗示此地这类纠纷不少,王有福担心的"投案自首"之事是经常发生的。

E. 玻璃墙伤人事件的背后,交织着伦理观念、法治观念、诚信意识等不同理念的矛盾、困惑与冲突,是转型期中国社会的一面镜子。

2. 小说中的王有福有哪些性格特点?请简要分析。(5分)

3. "我"在小说中的主要作用是什么?请简要分析。(6分)

## 七、写作题(本大题共30分)

阅读下面的材料,按要求作文。

一位哲人说:"一个人赚得了整个世界,却丧失了自我,又有何益?"由此看来,真正的救世主便是那个拥有坚定的精神核心的自我,拥有这个精神的坐标轴,守住自我,我们就不会随波逐流。另一个哲人说:"生命如一泓清水,需要流动。"他告诉我们,要打开心灵的堤坝,融入江海,改变自我,这样的生命才能得到进一步提升。

在大千世界中,我们该以什么样的态度来对待自我呢?

要求:选好角度,确定立意,自拟标题,自定文体,写一篇不少于700字的文章;不要脱离材料内容及含意的范围作文,不要套作,不得抄袭。

# 教师招聘考试预测试卷(七)

## 中学语文

(时间120分钟　满分100分)

本套试卷共45小题,包括单项选择题(30小题)、填空题(5小题)、文言文阅读题(4小题)、现代文阅读题(4小题)、案例分析题(1小题)、教学设计题(1小题)。

### 一、单项选择题(本大题共30小题,每小题1分,共30分)

1. 下列词语中加点的字,读音全都不相同的一组是(　　)

A. 诋毁　底蕴　邸所　低首下心　中流砥柱

B. 扉页　菲薄　斐然　匪夷所思　蜚短流长

C. 模棱　摹拟　落寞　莫逆之交　顶礼膜拜

D. 搁浅　奶酪　贿赂　洛阳纸贵　一丘之貉

2. 下列词语中有错别字的一项是(　　)

A. 锋芒必露　妇孺皆知　目不窥园　沥尽心血

B. 深恶痛绝　浩浩荡荡　色彩斑斓　大庭广众

C. 诲人不倦　颠沛流离　仙露琼浆　祸不单行

D. 语无伦次　五脏六腑　心有灵犀　返璞归真

3. 下列各句中加点成语的使用,全都不正确的一项是(　　)

①无毒昆虫狐假虎威地模仿起有毒昆虫的黄黑斑纹,这是自然界中最危险的警戒符号。

②我懒得应酬,说来说去,全都是老生常谈。

③作为友好邻邦,斑马对羚羊的灾难感同身受,迅速行动起来对羚羊援助,但它们毕竟不是老虎的对手。

④弱者的抵抗外强中干,必须模仿恶才能得以自卫。

⑤《秦腔》中的各色人物活动于同一空间,大小事件纵横捭阖,许多看似无关的小事件,又与主要事件相连,环环相扣,互相渗透。

⑥这天晚上月朗风清,四下一片寂静。难得相聚在一起,大家坐在院子里喝着茶,谈笑自若,每个人都有了不知今夕何夕的感受。

A. ①②④　　B. ②③⑤

C. ③⑤⑥　　D. ①④⑥



4. 某班要举办一次“文学沙龙”活动,其中有个项目是“感世事对对子”,现在邀请你参加这个项目的活动,请你根据上联“寸步优游知远近”选择最合适的下联(　　)

A. 一生坎坷知冷暖　　B. 世事艰辛识人心

C. 一生坎坷晓高低　　D. 人事沧桑见冷暖



5. 下列句子中,没有语病的一项是(　　)

A. 杭州地铁1号线贯通余杭、萧山等地,经过客运中心、城镇火车站等重要区域,并且连接火车东站,是未来沪杭、杭宁、杭甬等多条高铁汇集之处。

B. 韩济生在试验中发现:针刺后的镇痛效果并不是立即显现,需要20到30分钟左右才能达到最佳效果,停针后麻醉效果也不会立刻消失,而是缓慢下降。这与临床中一般针刺麻醉施针“诱导”半小时后才能开始手术,基本一致。

C. “家有一老,如有一宝。”每个家族,都有自己的老人,他们或睿智,或慈爱,或幽默,或有着更多让你备受感染的性格和品性。

D. 针对“三农”问题,全国政协组织专题调研组分赴黑龙江等地,与全国13个产粮大省政协联合调研,提出关于稳定粮食生产、拉动农村消费、增加农民收入的建议。

6. 下列选项中造字法与其他三组不同的一组是(　　)

A. 萌　旺　佐　　B. 芳　响　何

C. 草　晴　伙　　D. 莫　明　信

7. 下列各组词语中,合成词的结构类型都属于述宾式的是(　　)

A. 破产　关心　索价　　B. 产品　良心　搜索

C. 出产　重心　索然　　D. 家产　谈心　索要

8. 下列各句中,标点符号使用正确的一项是(　　)

A. 大量事实证明:爱国主义教育激发了学生学习的积极性,所以要经常进行爱国主义教育。

B. 萨特的《墙》道出了世界的荒谬,无罪的被处死,戏弄敌人变成成全敌人,抱必死决心的偏不死,藏起来的偏被抓,想给敌人开玩笑,却被现实所捉弄。

C. 怎样保卫每一寸土地呢?怎样使每一寸土地都发挥它巨大的威力?一天天更加美好呢?

D. 以前可能年龄小,不知道珍惜时间,现在我才体会到“一寸光阴一寸金,寸金难买寸光阴”这句话的含义。

9. 填入下面一段文字横线处的语句,最恰当的一句是(　　)

大脑不让我们意识到庞杂的信息处理过程,其实是有原因的。因为如果把所有的信息处理过程全部呈现到意识中,我们将会被信息淹没。因此大脑选择只让我们意识到那些最重要的信息。但是,______________。当我们无法意识到庞大的无意识信息处理过程时,这些会偷偷影响我们行为的因素,就很容易成为被人利用的漏洞。

A. 大脑的选择往往是无意识的。　　B. 大脑对重要性的判断可能出错。

C. 信息的重要与否可能因时而异。　　D. 任何选择都是要付出代价的。

10. 下列交际用语使用不得体的一项是(　　)

A. 涂鸦之作,不足当先生一哂,如蒙赐正,小子不胜感激!

B. 家母古稀之庆,承蒙各位亲友光临,略备薄酒,敬答厚意!

C. 吉日良辰,花好月圆,恭祝一对璧人并蒂同心,白首偕老!

D. 欣闻敝校百年校庆,本人忝为校友,因事不能躬临为歉!

11. 下列文学常识解说有误的一项是(　　)

A. 朱光潜是我国现代著名的美学家,他的美学思想在我国有深远的影响。

B. 写景应写出景物的特征,所谓景物的特征就是某处景物在形态、布局、格调、氛围等方面区别于他处景物的地方,而描写景物在文章中主要起交代环境、渲染气氛、寄托作者思想感情的作用。

C. 孙犁,我国当代著名的作家,文学评论家。他的小说和散文(结集为《白洋淀纪事》)独树一帜,对现当代文学具有极大的影响,造成了"白洋淀派"作家群,与周立波风格的"山药蛋派"齐名。

D. 唐代的贾岛与孟郊被称为"苦吟诗人",贾岛的诗以"推""敲"著名,今存近400首,收集在《长江集》中。

12. 下列文学流派及文人并称说法中不正确的一项是(　　)

A. 永嘉四灵:徐照、徐玑、翁卷、赵师秀。

B. 元曲四大家:关汉卿、马致远、郑光祖、王实甫。

C. 桐城派:方苞、姚鼐。

D. 初唐四杰:王勃、杨炯、卢照邻、骆宾王。

13. 下列对古代文化常识的表述,不正确的一项是(　　)

A. 表,古代奏章的一种,专门用于臣子向帝王上书言事,在写作风格上以议论为主,侧重于"陈情",表达臣子对帝王的忠诚和希望。

B. 古代表示官职变迁的词汇比较丰富,如"拜""授""封"等表示升职,"贬""谪"等表示降职,"罢""免""除"等表示罢官。

C. 古代常以亲属关系的远近制定丧服。按旧制,凡为长辈如祖父母、伯叔父母、未嫁的姑母等,平辈如兄弟、姐妹、妻子等服丧,均穿期服。

D. 孝廉、秀才都是汉代以来推荐人才的一种科目,"孝廉"即孝顺父母、品行方正的人,"秀才"即优秀人才。明清科举考试中,以生员为秀才,以举人为孝廉。

14. 下列加点字与"古之学者必有师"中的"之"的用法和意义相同的是(　　)

A. 冰,水为之,而寒于水　　B. 苏子与客泛舟游于赤壁之下

C. 蚓无爪牙之利,筋骨之强　　D. 师道之不传也久矣



15. 历史题材作品中,掺进部分现代生活内容,具有古今杂糅特色的作品是(　　)

A. 鲁迅《故事新编》　　B. 郭沫若《屈原》

C. 郁达夫《采石矶》　　D. 冯至《伍子胥》

16. 现代作家中,始终称自己"乡下人"的是(　　)

A. 赵树理　　B. 沈从文　　C. 王鲁彦　　D. 王统照

17. 因作词中有三处善用"影"字而被称为"三影"的北宋词人是(　　)

A. 晏殊　　B. 柳永　　C. 晏几道　　D. 张先

18.《诗经》被划分为"风、雅、颂"三部分,其中"风"的内容是(　　)

A. 贵族祭祀之诗歌　　B. 宗庙祭祀之诗歌

C. 各地的民歌　　D. 正声雅乐

19. 普希金开俄国文学书写小人物命运之先河的小说是(　　)

A.《上尉的女儿》　　B.《叶甫盖尼·奥涅金》

C.《驿站长》　　D.《鲁斯兰与柳德米拉》

20. 勃朗特的《简·爱》看似是一部描写爱情的小说,实际上表现的是(　　)

A. 美国的南北战争　　B. 印第安人同白人的斗争

C. 妇女对自由、平等的追求　　D. 金钱对人性的毁灭

21.《红楼梦》中,两位才女中秋月下联诗,其中一位被称作"多情西施"。她所写的"冷月葬花魂"诗句,正是其诗意而悲剧的人生的写照,此才女是(　　)

A. 史湘云　　B. 薛宝钗　　C. 林黛玉　　D. 贾探春

22. 下列世界文学作品中的主人公不是四大吝啬鬼的是(　　)

A. 莎士比亚《威尼斯商人》中的夏洛克

B. 果戈理《死魂灵》中的乞乞科夫

C. 巴尔扎克《欧也妮·葛朗台》中的葛朗台

D. 莫里哀《悭吝人》中的阿巴贡

23. 下列句子所用修辞手法与其他三项不相同的一项是(　　)

A. 问君能有几多愁?恰似一江春水向东流。(李煜《虞美人》)

B. 其间旦暮闻何物?杜鹃啼血猿哀鸣。(白居易《琵琶行》)

C. 采之欲遗谁?所思在远道。(《古诗十九首·涉江采芙蓉》)

D. 蜀道之难,难于上青天。(李白《蜀道难》)

24. 下列句子中不含通假字的一项是(　　)

A. 便要还家,设酒杀鸡作食　　B. 非所以要誉于乡党朋友也

C. 若火之始然,泉之始达　　D. 苟不充之,不足以事父母

25. 提出“风骨”的诗歌创作理念的唐代诗人是(　　)

A. 韩愈　　B. 陈子昂　　C. 柳宗元　　D. 杜甫

26. 下列句子中,与其他三个句子的句式不一致的是(　　)

A. 手指不可屈伸,弗之怠。

B. 问女何所思,问女何所忆。

C. 始知郊田之外未始无春,而城居者未之知也。

D. 遂率子孙荷担者三夫。

27. 下列诗句描写的场景最适合采用水墨画来表现的是(　　)

A. 落霞与孤鹜齐飞,秋水共长天一色。

B. 返景入深林,复照青苔上。

C. 孤舟蓑笠翁,独钓寒江雪。

D. 接天莲叶无穷碧,映日荷花别样红。

28. 下列对文学名著的点评不正确的一项是(　　)

A.《格列佛游记》是一部杰出的讽刺小说,作者用虚构的情节和幻想的手法,揭露批判了当时英国统治阶级的腐败与罪恶。

B.《童年》是高尔基以自身经历为原型创作的自传体小说三部曲中的第一部,这部小说生动地再现了十九世纪七八十年代沙俄下层人民的生活状况。

C.《鲁滨逊漂流记》的主人公鲁滨逊热衷于航海,性格坚毅。他在小人国、大人国历险多年,吃尽千辛万苦,终于得到了可观的财富。

D.《水浒传》中的英雄性格各不相同,但在“义”这一点上却是共同的。晁盖劫取生辰纲是“义”,宋江私放晁盖是“义”,鲁提辖拳打镇关西也是“义”。

29. 下列选项中,关于《义务教育语文课程标准》(2022年版)第四学段“识字与写字”要求表述有误的一项是(　　)

A. 能熟练地使用字典、词典独立识字,会用多种检字方法。

B. 累计认识常用汉字3500个左右。

C. 临摹、欣赏名家书法,体会书法的审美价值。

D. 在使用硬笔熟练地书写正楷字的基础上,学写规范、通行的楷书,提高书写的速度。

30. 下列选项中关于“整本书阅读与研讨”任务群的学习目标与内容的表述,不正确的一项是(　　)

A. 在阅读过程中,探索阅读整本书的门径,形成和积累自己阅读整本书的经验。

B. 在指定范围内选择阅读一部长篇小说。通读全书,整体把握其思想内容和艺术特点。

C. 利用书中的目录、序跋、注释等,学习检索作者信息、作品背景、相关评价等资料,深入研读作家作品。

D. 结合自己的生活经验和阅读写作经历,发挥想象,加深对作品的理解,力求有自己的发现。



**二、填空题(本大题共5小题,每小题1分,共5分)**

1. 夕阳西下,________________。(马致远《天净沙·秋思》)

2. ________________,觉今是而昨非。(陶渊明《归去来兮辞》)

3. 安得广厦千万间,________________!风雨不动安如山。(杜甫《茅屋为秋风所破歌》)

4. 舞榭歌台,________________。(辛弃疾《永遇乐·京口北固亭怀古》)

5. 人生如梦,________________。(苏轼《念奴娇·赤壁怀古》)

**三、文言文阅读题(本大题共4小题,每小题3分,共12分)**

裴松之,字世期,河东闻喜人也。父珪,正员外郎。松之年八岁,学通《论语》《毛诗》。博览坟籍,立身简素。年二十,拜殿中将军,此官直卫左右。晋孝武太元中,革选名家以参顾问,始用琅邪王茂之、会稽谢辅,皆南北之望。舅庾楷在江陵,欲得松之西上,除新野太守,以事难不行。义熙初,为吴兴故鄣令。在县有绩,入为尚书祠部郎。

高祖北伐,领司州刺史,以松之为州主簿,转治中从事史。既克洛阳,高祖敕之曰:“裴松之廊庙之才,不宜久尸边务,今召为世子洗马,与殷景仁同,可令知之。”于时议立五庙乐,松之以妃臧氏庙乐亦宜与四庙同。除零陵内史,征为国子博士。

松之反使,奏曰:“臣闻天道以下济光明,君德以广运为极。古先哲后,因心溥被。是以文思在躬,则时雍自洽,礼行江汉,而美化斯远。故能垂大哉之休咏,廓造周之盛则。臣谬蒙铨任,忝厕显列,猥以短乏,思纯八表,无以宣畅圣旨,肃明风化,黜陟无序,搜扬寡闻,惭惧屏营,不知所措。奉二十四条,谨随事为牒。伏见癸卯诏书,礼俗得失,一依周典,每各为书,还具条奏。谨依事为书以系之后。”

上使注陈寿《三国志》,松之鸠集传记,增广异闻,既成,奏上。上善之,曰:“此为不朽矣。”出为永嘉太守,勤恤百姓,吏民便之。入补通直,为常侍,复领二州大中正,寻出为南琅邪太守。十四年,致仕,寻领国子博士,进太中大夫,博士如故。续何承天国史,未及撰述,二十八年卒,时年八十。

(选自《宋书·裴松之传》,有删改)

1. 对下列语句中加点词语的解释,不正确的一项是(　　)

A. 皆南北之望　　望:名望,声望

B. 不宜久尸边务　　尸:主持

C. 猥以短乏　　猥:谦辞,表谦卑

D. 复领二州大中正　　领:兼任

2. 下列句中加点词的意义和用法相同的一项是(　　)

A. 革选名家以参顾问　　焉用亡郑以陪邻

B. 与殷景仁同　　备他盗之出入与非常也

C. 因心溥被　　因宾客至蔺相如门谢罪

D. 上善之　　公之逮所由使也

3. 把下面的句子翻译成现代汉语。

出为永嘉太守，勤恤百姓，吏民便之。

4. 裴松之身上有哪些优秀品质？请根据选文简要概括。

## 四、现代文阅读题(本大题共4小题，共21分)

阅读下面的文字，完成题目。

### 江南的冬景

郁达夫

①凡在北国过过冬天的人，总都知道围炉煮茗，或吃煊羊肉、剥花生米、饮白干的滋味。而有地炉、暖炕等设备的人家，不管它门外面是雪深几尺，或风大若雷，而躲在屋里过活的两三个月的生活，却是一年之中最有劲的一段蛰居异境；老年人不必说，就是顶喜欢活动的小孩子们，总也是个个在怀恋的，因为当这中间，有萝卜、鸭儿梨等水果的闲食，还有大年夜、正月初一、元宵等热闹的节期。

②但在江南，可又不同，冬至过后，大江以南的树叶，也不至于脱尽。寒风——西北风——间或吹来，至多也不过冷了一日两日。到得灰云扫尽，落叶满街，晨霜白得像黑女脸上的脂粉似的。清早，太阳一上屋檐，鸟雀便又在吱叫，泥地里便又放出水蒸气来，老翁小孩就又可以上门前的隙地里去坐着曝背谈天，营屋外的生涯了；这一种江南的冬景，岂不也可爱得很么？

③我生长在江南，儿时所受的江南冬日的印象，铭刻特深；虽则渐入中年，又爱上了晚秋，以为秋天正是读读书、写写字的人的最佳节季，但对于江南的冬景，总觉得是可以抵得过北方夏夜的一种特殊情调，说得摩登些，便是一种明朗的情调。

④我也曾到过闽粤，在那里过冬天，和暖原极和暖，有时候到了阴历的年边，说不定还不得不拿出纱衫来着；走过野人的篱落，更还看得见许多杂七杂八的秋花！一番阵雨雷鸣过后，凉冷一点；至多也只好换上一件夹衣，在闽粤之间，皮袍棉袄是绝对用不着的；这一种极南的气候异状，并不是我所说的江南的冬景，只能叫它作南国的长春，是春或秋的延长。

⑤江南的地质丰腴而润泽，所以含得住热气，养得住植物；因而长江一带，芦花可以到冬至而不败，红叶也有时候会保持得三个月以上的生命。像钱塘江两岸的乌桕树，则红叶落后，还有雪白的柏子着在枝头，一点一丛，用照相机照将出来，可以乱梅花之真。草色顶多成了赭色，根边总带点绿意，非但野火烧不尽，就是寒风也吹不倒的。若遇到风和日暖的午后，你一个人肯上冬郊去走走，则青天碧落之下，你不但感不到岁时的肃杀，并且还可以饱觉着一种莫名其妙的含蓄在那里的生气；"若是冬天来了，春天也总马上会来"的诗人的名句，只有在江南的山野里，最容易体会得出。



⑥说起了寒郊的散步，实在是江南的冬日，所给与江南居住者的一种特异的恩惠；在北方的冰天雪地里生长的人，是终他的一生，也决不会有享受这一种清福的机会的。我不知道德国的冬天，比起我们江浙来如何，但从许多作家的喜欢以散步一词来做他们的创造题目的一点看来，大约是德国南部地方，四季的变迁，总也和我们的江南差仿不多。譬如说十九世纪的那位乡土诗人洛在格罢，他用这一个"散步"做题目的文章尤其写得多，而所写的情形，却又是大半可以拿到中国江浙的山区地方来适用的。

⑦江南河港交流，且又地滨大海，湖沼特多，故空气里时含水分；到得冬天，不时也会下着微雨，而这微雨寒村里的冬霖景象，又是一种说不出的悠闲境界。你试想想，秋收过后，河流边三五家人家会聚在一道的一个小村子里，门对长桥，窗临远阜，这中间又多是树枝槎桠的杂木树林；在这一幅冬日农村的图上，再洒上一层细得同粉也似的白雨，加上一层淡得几不成墨的背景，你说还够不够悠闲？若再要点景致进去，则门前可以泊一只乌篷小船，茅屋里可以添几个喧哗的酒客，天垂暮了，还可以加一味红黄，在茅屋窗中画上一圈暗示着灯光的月晕。人到了这一个境界，自然会得胸襟洒脱起来，终至于得失俱亡，死生不问了；我们总该还记得唐朝那位诗人做的"暮雨潇潇江上村"的一首绝句罢？诗人到此，连对绿林豪客都客气起来了，这不是江南冬景的迷人又是什么？

⑧一提到雨，也就必然的要想到雪；"晚来天欲雪，能饮一杯无？"自然是江南日暮的雪景。"寒沙梅影路，微雪酒香村"，则雪月梅的冬宵三友，会合在一道，在调戏酒姑娘了。"柴门闻犬吠，风雪夜归人"，是江南雪夜，更深人静后的景况。"前村深雪里，昨夜一枝开"，又到了第二天的早晨，和狗一样喜欢弄雪的村童来报告村景了。诗人的诗句，也许不尽是在江南所写，而做这几句诗的诗人，也许不尽是江南人，但假了这几句诗来描写江南的雪景，岂不直截了当，比我这一支愚劣的笔所写的散文更美丽得多？

⑨有几年，在江南也许会没有雨没有雪的过一个冬，到了春间阴历的正月底或二月初再冷一冷下一点春雪的；去年的冬天是如此，今年的冬天恐怕也不得不然，以节气推算起来，大约大冷的日子，将在一九三六年的二月尽头，最多也总不过是七八天的样子。像这样的冬天，乡下人叫作旱冬，对于麦的收成或者好些，但是人口却要受到损伤；旱得久了，白喉、流行性感冒等疾病自然容易上身，可是想恣意享受江南的冬景的人，在这一种冬天，倒只会得到快活一点，因为晴和的日子多了，上郊外去闲步逍遥的机会自然也多；喜欢挨步旅行的日本人、德国人，所最欢迎的也就是这样的冬天。

⑩窗外的天气晴朗得像晚秋一样；晴空的高爽，日光的洋溢，引诱得使你在房间里坐不住，空言不如实践，这一种无聊的杂文，我也不再想写下去了，还是拿起手杖，搁下纸笔，上湖上散散步罢！

(有删改)

1. 下列对文本相关内容的理解，不正确的一项是(　　)(3分)

A. "一切景语皆情语"。这篇写景散文让我们看到了"可爱""迷人""美丽"的江南冬景，从中我们可以看到郁达夫悠闲、洒脱的心境。

B. 文章主体部分描绘了家乡江南冬天的美景，刻画了不同场合下的江南的冬景，表达了作者对江南冬景的钟爱。

C.“却是一年之中最有劲的一段蛰居异境”中“蛰居”在这里指人们像动物冬眠一样躲在屋内，不出头露面。

D. 作者善于捕捉江南的典型景物：冬草、秋花、冬雨、冬雪，将读者带入一种优美、闲适、温润、恬静的意境。

2. 作者写江南雪景时，没有直接描写，而是引用了大量的古诗文。作者是怎样组合这些诗文的？引用这些诗文有什么好处？(6分)

3.《故都的秋》描写北平的秋天，先从江南的秋天写起。而在本文中，作者描写江南的冬景，则是从北国的冬天写起。结合两个文本，分别说说作者为什么要这样安排材料。(6分)

4. 作者在文中提到“人到了这一个境界，自然会得胸襟洒脱起来”，结合本文并联系生活，谈谈你对这句话的理解。(6分)

## 五、案例分析题(本大题共12分)

结合课堂教学导入设计理论，评析这位教师的课堂导入语的设计。

《大堰河——我的保姆》的导入环节：

师：古人所说的唱诗的唱，实际就是吟唱。诗歌本来就是拿来吟唱的。今天我给大家吟唱的一首诗是《大堰河——我的保姆》(伴着舒缓、悠扬的音乐，老师饱含感情地开始了朗读，语调的抑扬顿挫、语速的急缓起伏、感情的含露收放，无不把握得恰如其分、恰到好处。全场似无人般寂静，有的学生在擦拭眼角的泪，连老师自己也几次掏出手绢来拭去眼角的泪。全诗读完，掌声雷动。)

师：(微笑)我读得好吗？



生：好！

师：是艾青的诗写得好，还是老师读得好？

生：诗写得好，老师读得更好！

师：诗写得好，老师才能读得好，这么好的诗就应该好好地读……

## 六、教学设计题(本大题共20分)

阅读下面的文言文，完成后面的问题。

### 登泰山记

姚 鼐

泰山之阳，汶水西流；其阴，济水东流。阳谷皆入汶，阴谷皆入济。当其南北分者，古长城也。最高日观峰，在长城南十五里。

余以乾隆三十九年十二月，自京师乘风雪，历齐河、长清，穿泰山西北谷，越长城之限，至于泰安。是月丁未，与知府朱孝纯子颍由南麓登。四十五里，道皆砌石为磴，其级七千有余。泰山正南面有三谷。中谷绕泰安城下，郦道元所谓环水也。余始循以入，道少半，越中岭，复循西谷，遂至其巅。古时登山，循东谷入，道有天门。东谷者，古谓之天门溪水，余所不至也。今所经中岭及山巅，崖限当道者，世皆谓之天门云。道中迷雾冰滑，磴几不可登。及既上，苍山负雪，明烛天南。望晚日照城郭，汶水、徂徕如画，而半山居雾若带然。

戊申晦，五鼓，与子颍坐日观亭，待日出。大风扬积雪击面。亭东自足下皆云漫。稍见云中白若樗蒱数十立者，山也。极天云一线异色，须臾成五采。日上，正赤如丹，下有红光动摇承之，或曰，此东海也。回视日观以西峰，或得日或否，绛皓驳色，而皆若偻。

亭西有岱祠，又有碧霞元君祠。皇帝行宫在碧霞元君祠东。是日观道中石刻，自唐显庆以来；其远古刻尽漫失。僻不当道者，皆不及往。

山多石，少土。石苍黑色，多平方，少圜。少杂树，多松，生石罅，皆平顶。冰雪，无瀑水，无鸟兽音迹。至日观数里内无树，而雪与人膝齐。

桐城姚鼐记。

请结合《普通高中语文课程标准》(2017年版)的要求，为本文设计一课时的教学活动，教学对象为高一年级学生。

# 教师招聘考试预测试卷(八)

# 中学语文

(时间150分钟　满分120分)

本套试卷共33小题,包括单项选择题(10小题)、填空题(10小题)、文言文阅读题(4小题)、古诗鉴赏题(2小题)、现代文阅读题(6小题)、写作题(1小题)。

## 一、单项选择题(本大题共10小题,每小题2分,共20分)

1. 下列加点字每对读音都相同的一组是(　　)

A. 蒙骗/蒙汗药　　模样/模棱两可　　荫凉/绿树成荫

B. 差生/差强人意　　咀嚼/咬文嚼字　　吐血/扬眉吐气

C. 粘连/粘信封　　累加/罪行累累　　强迫/强词夺理

D. 劈柴/嗜酒成癖　　斐然/蜚声文坛　　契友/锲而不舍

2. 下列句子中,加点的成语使用不恰当的一项是(　　)

A. 正因为他们团队先期做了大量可行性的论证,才使这份项目计划天衣无缝,堪称完美。

B. 他的演技已经达到炉火纯青的境界,几乎不需要任何的修饰和技巧,就能将角色演得入木三分。

C. 专家认为,部分地区和企业或顶风作案、或敷衍塞责、或阳奉阴违,致使其出现的环境污染问题迟迟得不到解决。

D. 生老病死都是与自然息息相通,人与自然必须要和谐相处,人脱离了自然就会出现问题,所以便有了"天人合一"的思想。

3. 对下面文字主要意思的提炼,最准确的一项是(　　)

心境一方面是个人价值观在内心里的隐性显现;另一方面,又会反过来影响人们对生活的判断与交流。当你有一种积极、乐观的心境时,就算发生的各种事件较为不利,自身也能产生一种易于接受、心情舒适的反应。反之,当人的心境偏于低沉,即便有一些开心之事,也依然会存在着许多消极的情绪体验,心理学家称这种现象为心境的弥散性。因此如何使自己对生活的看法更客观、更正确,从而使自己的心境趋于平和、乐观,对于一个想享受生活,有志创造的人,就显得万分必要。

A. 心境就是个人价值观在内心里的隐性显现。

B. 发生不利的事情也要乐于接受让心情舒适。

C. 心境的弥散性让人产生低落情绪消极处世。

D. 心境平和乐观能够愉悦生活并发挥创造力。



4. 下列各句中,标点符号使用正确的一项是(　　)

A. 文章结构匀称指的是部分(头尾;主体)与部分、部分与整体之间的比例要协调,主体中内容的主次、详略的安排要恰当。

B. 鲁迅《记念刘和珍君》一文中"亲戚或余悲,他人亦已歌。死去何所道,托体同山阿"四句诗,引自陶渊明所作的《挽歌》。

C. 读诗,他推崇文天祥的《过零丁洋》,称其为"诗中极品,千古绝唱。"诗文固然不错,但要冠李杜、二苏之首,未免偏爱过甚了吧!

D.《邹忌讽齐王纳谏》选自《战国策·齐策》。编订者刘向,本名更生,字子政,经学家、文学家,著有《新序》《说苑》……等。

5. 依次填入下面一段文字横线处的语句,衔接最恰当的一组是(　　)

艺术家只有从抽象的角度认识、捕捉物象的内在运行关系,才能抓住生命的活力。________。________。________。________。________。________。这种能力是艺术家不可缺少的创造才能,它打通了事物之间的界限,视万物齐同。

①其间主观、客观、画面三者相互影响,相互演进,万物呈现出抽象的相似性

②艺术家作画的过程,就是阴阳气韵化生万物巧夺天工的过程

③艺术的创造,就是面对共性创造个性,个性生于共性中,别象生于总象里

④这种相似性,实际是诸物象彼此的共性和总象

⑤真正的艺术家,不管万物有多么不同,总能找到它们之间的相似性

⑥在艺术的世界,有阴有阳,有气有韵,常常是阴阳气韵生万物

A.③②①④⑤⑥　　B.③①②⑥④⑤

C.⑥②①④③⑤　　D.⑥①②⑤④③

6. 7~9年级的学生应累计认识常用汉字(　　)

A. 2500个　　B. 2500个左右　　C. 3000个　　D. 3500个左右

7. 以下关于《义务教育语文课程标准》(2011年版)中总目标的表述错误的一项是(　　)

A. 语文课程规定学生要认识3500个左右常用汉字,能正确工整地书写汉字。

B.《义务教育语文课程标准》(2011年版)中有关总目标的规定前五条侧重宏观角度,后五条侧重具体描述。

C. 总目标突出了在教学过程中教师的主体地位。

D. 语文课程是实践性课程,在语文课程总目标中得到了充分的凸显。

8. 九年义务教育语文课程目标的设计着眼于(　　)

A. 写作能力的整体提高　　B. 语文素养的整体提高

C. 综合能力的整体提高　　D. 阅读能力的整体提高

9.《普通高中语文课程标准》(2017年版)中要求高中学生(　　)分钟能写600字左右的文章。

A. 40　　B. 45　　C. 50　　D. 60

10. 审美鉴赏与创造是指学生在语文学习中，通过审美体验、评价等活动形成正确的________、健康向上的________与鉴赏品位，并在此过程中逐步掌握表现美、创造美的方法。下列填入横线正确的一项是(　　)

A. 审美意识；审美情趣　　B. 审美情趣；审美意识

C. 审美意识；创造理念　　D. 创造理念；审美情趣

**二、填空题(本大题共10小题，每空1分，共13分)**

1.《论语》指出："三人行，必有我师焉。"这与韩愈《师说》中"________________，________________"的观点是相似的。

2. 在当今深化改革的时代，许多站在改革前沿的开拓者，矢志探索创业新路时，多引用屈原《离骚》中的诗句："________________，________________。"

3. 贾谊在《过秦论》中认为秦王朝灭亡的主要原因是："________________。"

4. 鲁迅的《________》是中国最早的现代白话文小说。

5. 罗曼·罗兰的代表作品《名人传》包括《贝多芬传》《托尔斯泰传》和________。

6. 盛唐有名的山水田园诗人________和________，合称为"王孟"，他们的诗歌表现出山河的壮丽和田园的自然质朴。

7. 宋代词人中，最先大量写作慢词的作家是________。

8. 雨果在《悲惨世界》中塑造了一个仁爱的化身，即________主教。

9. 我们常说："冬天来了，春天还会远吗?"这句名言出自英国的(作家)________。

10. ________在中国文坛上被称为"乡土文学之父"。

**三、文言文阅读题(本大题共4小题，共15分)**

阅读下面的文言文，完成后面的问题。

**【材料一】** 既罢，归国，以相如功大，拜为上卿，位在廉颇之右。廉颇曰："我为赵将，有攻城野战之大功，而蔺相如徒以口舌为劳，而位居我上。且相如素贱人，吾羞，不忍为之下！"宣言曰："我见相如，必辱之。"相如闻，不肯与会。相如每朝时，常称病，不欲与廉颇争列。已而相如出，望见廉颇，相如引车避匿。于是舍人相与谏曰："臣所以去亲戚而事君者，徒慕君之高义也。今君与廉颇同列，廉君宣恶言，而君畏匿之，恐惧殊甚。且庸人尚羞之，况于将相乎？臣等不肖，请辞去。"蔺相如固止之，曰："公之视廉将军孰与秦王?"曰："不若也。"相如曰："夫以秦王之威，而相如廷叱之，辱其群臣。相如虽驽，独畏廉将军哉？顾吾念之，强秦之所以不敢加兵于赵者，徒以吾两人在也。今两虎共斗，其势不俱生。吾所以为此者，以先国家之急而后私仇也。"

(节选自《廉颇蔺相如列传》)



**【材料二】** 初，武与李陵俱为侍中。武使匈奴，明年，陵降，不敢求武。久之，单于使陵至海上，为武置酒设乐。因谓武曰："单于闻陵与子卿素厚，故使陵来说足下，虚心欲相待。终不得归汉，空自苦亡人之地，信义安所见乎？前长君为奉车，从至雍棫阳宫，扶辇下除，触柱折辕，劾大不敬，伏剑自刎，赐钱二百万以葬。孺卿从祠河东后土宦骑与黄门驸马争船推堕驸马河中溺死宦骑亡诏使孺卿逐捕不得，惶恐饮药而死。来时太夫人已不幸，陵送葬至阳陵。子卿妇年少，闻已更嫁矣。独有女弟二人，两女一男，今复十余年，存亡不可知。人生如朝露，何久自苦如此！陵始降时，忽忽如狂，自痛负汉，加以老母系保宫。子卿不欲降，何以过陵？且陛下春秋高，法令亡常，大臣亡罪夷灭者数十家，安危不可知，子卿尚复谁为乎？愿听陵计，勿复有云。"武曰："武父子亡功德，皆为陛下所成就，位列将，爵通侯，兄弟亲近，常愿肝脑涂地。今得杀身自效，虽蒙斧钺汤镬，诚甘乐之。臣事君，犹子事父也，子为父死，亡所恨，愿勿复再言！"陵与武饮数日，复曰："子卿壹听陵言！"武曰："自分已死久矣！王必欲降武，请毕今日之驩，效死于前！"陵见其至诚，喟然叹曰："嗟呼，义士！陵与卫律之罪上通于天！"因泣下霑衿，与武决去。

(节选自《苏武传》)

1. 下列句中加点的词语解释正确的一项是(　　)(3分)

A. 而相如廷叱之　　廷：在朝廷，名词用作动词。

B. 且庸人尚羞之　　羞：使……羞，使动用法。

C. 皆为陛下所成就　　成就：完成，成功。

D. 扶辇下除　　下除：下殿阶。

2. 文中画波浪线的句子断句正确的一项是(　　)(3分)

A. 孺卿从祠河东／后土宦骑与黄门驸马争船／推堕驸马河中／溺死宦骑／亡诏使孺卿逐捕

B. 孺卿从祠河东后土／宦骑与黄门驸马争船／推堕驸马河中溺死／宦骑亡／诏使孺卿逐捕

C. 孺卿从祠河东／后土宦骑与黄门驸马／争船推堕驸马河中／溺死宦骑／亡诏使孺卿逐捕

D. 孺卿从祠河东后土／宦骑与黄门驸马／争船推堕驸马河中／溺死宦骑亡／诏使孺卿逐捕

3. 下列对材料二有关内容的分析和概括，正确的一项是(　　)(3分)

A. 单于之所以派李陵去劝降苏武，是因为两人同是汉朝侍中，同时出使匈奴，而且两人一向交情深厚。

B. 苏武表示，皇帝对自己及家族有恩，甘愿像服务父亲一样报效朝廷，即使赴汤蹈火也在所不惜，不怨恨朝廷，坚信朝廷不会怀疑自己的忠贞而加害自己。

C. 李陵为劝苏武，叙述了苏武的兄长与弟弟服务于汉朝皇帝，都不幸身亡；母亲去世，妻子可能已改嫁，两个妹妹和三个子女如今也不知是死是活；暗示苏武回去也不一定能确保平安。

D. 李陵被苏武的豪言壮语感动，意识到自己背叛汉朝罪孽深重，于是挥泪与苏武诀别自刎了。

4. 将文中画横线的句子翻译成现代汉语。(6分)

(1)臣所以去亲戚而事君者,徒慕君之高义也。

(2)且陛下春秋高,法令亡常,大臣亡罪夷灭者数十家。

## 四、古诗鉴赏题(本大题共2小题,每小题5分,共10分)

阅读下面这首唐诗,完成下列各题。

### 夜归丁卯桥村舍

许浑①

月凉风静夜,归客泊岩前。
桥响犬遥吠,庭空人散眠。
紫蒲②低水槛③,红叶半江船。
自有还家计,南湖二顷田。

**【注】**①许浑:润州丹阳人。大和六年进士,后任监察御史、睦郢二州刺史。②紫蒲:紫色的蒲草。③水槛:临水的栏杆。

1. 颔联运用了什么表现手法?试作简要分析。

2. 这首诗抒发了诗人怎样的感情?请联系诗句简要分析。

## 五、现代文阅读题(本大题共6小题,共22分)

阅读下面的论述类文本,完成后面的问题。

日本国立信息学研究所教授越前功近日在接受媒体采访时指出,如果拍照时光线明亮、恰巧焦点对准指纹,就可以通过照片复原照片人物的指纹信息。如果由此制作出人工手指,便可冒充本人登录各种指纹识别的终端,因此拍照时要慎用"剪刀手"。越前功表示,距离3米处拍摄的照片存在被盗取指纹的可能性,并且"技术方面门槛并不高",同时"随着技术的发展,相机对焦功能越来越强大,未来通过分享的照片就有可能知道谁拥有什么样的指纹"。对此,一位不愿透露姓名的公安部资深指纹检验专家做了一项实验,结果表明通过照片获取指纹信息在技术上是可行的,虽然实际操作起来可能很复杂。

那么,在实际操作中,摆"剪刀手"拍照被盗取指纹的可能性大吗?

360安全专家刘洋认为,指纹信息作为个人生物信息的一部分被广泛应用于各种身份识别和认证,其核心点是采集清晰的指纹信息,用于生成特征点。只有可以提取准确特征点的照片,才会泄露指纹信息,而实际上,按照一般风景照及现有相机像素的话,是不足以采集足够数据的。同时,目前的网络传播会对照片进行压缩,从而降低照片的清晰度,造成照片细节的损失,所以因为照片而泄露指纹信息的可能性是比较低的。

指纹是人体外在的特征,平时非常容易遗留下来,获取的手段也很简单,如果能清晰地体现纹线,可以通过技术手段对图像进行处理,从而将指纹信息提取出来,但想通过单独一张照片获取指纹可能难度较大。

随着生物识别技术的发展,指纹认证被广泛应用于各个领域,像考勤管理、手机电脑登录、金融服务以及机场出入境等,不用输入ID或密码,只要按下手指就可以确认身份,方便快捷。与此同时,其风险也在增加。现实生活中,指纹一旦被盗取,其危害有多大呢?

如果是针对特定目标的犯罪活动,指纹可以被用来对智能手机等设备进行解锁,或用于指纹支付盗刷。一些单位的门禁系统需使用指纹刷卡,指纹被盗取后有可能被他人冒充进入。此外,伪造的指纹也有可能被用在一些文书的签订中。

不过,大家也不必太担心,因为日本国立情报学研究所已经研发出一种含有氧化钛的透明薄膜,将它贴在手指上就可以隐藏指纹,这样就不用担心指纹信息被盗了,而且手指"贴膜"之后也不会影响解锁这类需要指纹识别的操作。但是,这种技术还要等两年才能面世。

在没有手指"贴膜"之前,有网友笑称,照相的时候可要长点心,少摆"剪刀手",如果真的想摆,那就手背面对镜头摆吧。专家建议,由于指纹作为生物识别信息具有唯一性,一旦泄露就无法挽回,所以我们应避免在网络上传播有指纹的微距(小于0.5米)拍摄的照片原始文件,也不要把指纹信息随意提交给其他人,从而减少指纹泄露的风险。

(原文有删改)

1. 下列对原文内容的表述,不正确的一项是(　　)(3分)

A. 在越前功看来,人们在光线明亮的背景之下拍摄的照片,借助特定的技术处理,都可还原出照片人物的指纹信息。

B. 越前功表示,距离3米处拍摄的照片存在被盗取指纹的可能性,因此,他提醒人们在拍摄照片时,慎用"剪刀手"姿势。

C. 越前功认为，将来人们可以通过分享的照片来识别他人的指纹信息，因为技术会不断向前发展，并且未来相机对焦功能也越来越强大。

D. 一位公安部资深指纹检验专家针对越前功的理论进行的实验表明，通过照片获取指纹信息尽管实际操作起来非常复杂，但在技术上存在着可行性。

2. 下列理解与分析，不符合原文意思的一项是(　　)(3分)

A. 我们不用担心用现有像素水平的相机拍摄的日常生活风景照会泄露指纹信息，因为这类照片一般不含有清晰的指纹信息。

B. 指纹认证技术是把双刃剑，它运用于考勤管理、手机电脑登录、金融服务以及机场出入境等领域，方便确认身份，但也存在着指纹被盗的风险。

C. 如果能将一种含有氧化钛的透明薄膜贴在手指上，就可以隐藏指纹，如此，即便是用“剪刀手”照相，也不用再担心指纹信息被盗了。

D. 我们应避免在网络上传播微距(小于0.5米)拍摄的未经处理的照片，因为这类照片存在着指纹信息被盗的风险，指纹一旦被盗将不可挽回。

3. 根据原文内容，下列说法不正确的一项是(　　)(3分)

A. 如果我们在上传自己的照片到网络时，对其进行压缩处理，降低照片的清晰度，造成照片细节的损失，泄露指纹信息的可能性是比较低的。

B. 如果我们没有对上传到网络上的照片进行压缩处理，别人就可以通过技术手段对图像进行处理，进而将指纹信息提取出来。

C. 如果你的指纹信息被犯罪分子盗取，犯罪分子就可能会利用这种信息对你的智能手机等设备进行解锁，或用于指纹支付盗刷。

D. 在生物识别技术被广泛应用的今天，如果你将自己的指纹信息随意提交给其他人，就可能带来指纹泄露的风险。

阅读下面的文学类文本，完成后面的问题。

**铁厨子**

徐国平

早先，老家办婚宴，大都请来三五乡厨，在自家搭棚筑灶，将桌椅当院摆开。宾客围桌而坐，乡厨操锅挥勺，帮工穿梭上菜。酒菜飘香四溢，满院人声鼎沸。酒过三巡，菜过五味之后，宾客们咂嘴剔牙，谈论最多的是乡厨的厨艺。

当时，大多人家的日子，本就过得窘迫，再办喜宴，往往捉襟见肘。加上菜样单一，能在有限的荤腥中，做出丰盛可口的宴席，确实要看厨子的手段。

其中，对铁厨子的赞誉最多。

铁厨子不是本地人，左腿有残疾。据说，两三岁时，患了幼儿瘫，遭家人遗弃。幸好，被铁厨师发现，见其可怜抱回家中。

铁厨师是省城一家大酒店的大厨，镂月裁云，厨艺绝伦。只是，夫人一直没有生育。见铁厨子身有残疾，夫人嫌弃无比，铁厨师却视如己出，细心抚养。

后来，铁厨师告老返乡，在我们老家落户。铁厨师是个热心肠，老家谁办喜宴，一请就到，毫无架子。

铁厨子年过十五，也没上学。养母贪吃懒做，游手好闲。铁厨子在家挑水劈柴，烧火做饭，稍有怠慢，便遭打骂。铁厨子只有忍气吞声。

好在，铁厨师开始传授铁厨子手艺了。铁厨师说，一个厨师首先离不开一手好刀法。铁厨子自知身残，立志苦练，很快，操刀娴熟自如，萝卜或土豆切过后，均细如发丝，竟能穿针而过。

铁厨师言传身教，每道菜的炮制、作料、火候等工序，铁厨子都心领神会。

一次，铁厨师偶染风寒，卧床在家。村前一户办婚宴，见铁厨师去不了，主家焦急万分。铁厨子一旁闷声说了句，爹，您若放心，俺去！

铁厨子到了主家，问清几桌宴席，备好菜和作料，然后，不慌不忙地吩咐几个帮厨，切剁蒸炸。婚宴开席，菜肴一一上桌，宾客吃得津津有味，赞不绝口。铁厨子听后，方才坐下喝了一杯热茶。

这时，主家慌慌张张跑来，说新媳妇的娘家人要留下闹洞房，晚上又多添了两桌酒席。主家事先没有准备。

铁厨子先稳下主家，问，家中有啥多余的菜？主家一脸无奈地说，只有萝卜。铁厨子沉思片刻，慢条斯理地说，把萝卜准备好。

主家疑惑不安。到了晚上，铁厨子还真就鼓捣出两桌花样不一、清香扑鼻的菜肴。满桌宾客，风卷残云，吃罢，竟没品出满桌的菜料全是萝卜。

事后，主家感激万分。回到家，铁厨师问起，铁厨子说，客人中午饱餐荤腥，晚上的口味自然偏喜清淡，所以蒙混过关。

铁厨师闻罢，连连点头，说，你可独挑大梁了。

铁厨子一宴成名。

铁厨师病逝后，养母赶铁厨子空身出门。铁厨子四处漂荡做起乡厨。其间，他推陈出新，精心搭配，那些平常不过的菜肴，一经他妙手偶得，花样奇出，余香满口。

后来，各色酒店大量涌现。老家的婚宴开始到酒店举办了。铁厨子的养母也开了一家铁家酒店。并费尽周折找来铁厨子做主厨。

铁厨子很不情愿。可养母说，我这把年纪，酒店干好了，将来还不是你的？等攒下钱，为娘再给你挑个漂亮的服务员做媳妇。

铁厨子不再推辞，尽心帮养母经营酒店。很快，生意火爆，吃客如云。只是，养母为了降低成本，贪图小利，竟偷偷使用起地沟油。

铁厨子掌勺时，一瞟油的颜色，撩起一闻，把炒锅一扔，喊来养母，这油不地道！养母却满不在乎，管它啥油，能做菜就中。铁厨子一脸不悦，吼道，菜是俺做的，这样做会砸了俺的招牌，俺不干！

养母气急败坏，指着铁厨子骂道，你个白眼狼，要不是老娘当初养你，你早饿死街头了。铁厨子没再言语，一摔围裙，离开酒店。

铁厨子去了一家小酒馆，虽薪水少些，可铁厨子有个条件，必须货真价实。

一次，有人在小酒馆设宴。正巧，席间有一位省城大饭店的董事长，品味后，连声称赞，没想到这么小的酒馆，能吃到这么上乘的美味。非让老板唤来铁厨子，说几日后是其母亲的寿辰，重金请他去做主厨。

铁厨子连声推辞，都是一些乡野粗菜，上不了大席。

董事长遂道出实情，说其母胃口不好，佳肴吃遍无数，总提不起食欲。铁厨子最终应允，说，冲您这份孝心，俺不妨一试。

寿宴那日，铁厨子精心烹制，菜肴油而不腻，清爽可口。董事长的母亲果然食指大动。特别是最后端上的寿桃，更是令她胃口大开，连声说这么些年，这是吃得最可口的一顿饭。

董事长问起寿桃的配料，铁厨子直言相告，无非一些杂面加豆腐渣，精心搭配蒸制而成。你想想，再好的美味佳肴也有吃腻的时候。

董事长恍然大悟，出高薪欲聘铁厨子为私家厨师。铁厨子婉言谢绝，说，你有老母孝敬，俺也有老娘需人伺候。

原来，铁厨子养母的酒店，终因偷用地沟油被查封。养母惊恐之下，中风偏瘫。铁厨子默默地来到养母身边，端屎端尿，昼夜伺候。

养母羞愧难当，呜呜落泪。铁厨子一边擦泪，一边劝慰，生恩不如养恩重，俺就是你的亲儿子。

（选自《小说月刊》2016年第12期，有删改）

4. 下列对小说相关内容和艺术特色的分析鉴赏，最恰当的一项是(　　)(3分)

A. 小说情节曲折，并讲究铺垫和伏笔，如“养母为了降低成本，贪图小利，竟偷偷使用起地沟油”，为下文养母酒店被查封，中风偏瘫作铺垫。

B. 小说一开头写“宾客们咂嘴剔牙，谈论最多的是乡厨的厨艺”，交代了故事发生的背景，同时渲染出了悲凉的气氛。

C. 小说结尾，养母和铁厨子均落泪，令人心碎。这样的结尾，使小说的情节完整，既感动了读者又巧妙地暗扣了小说的主题，发人深省。

D. 小说采用设置悬念的描述性语言，使文章欢快活泼、华丽、自然、流畅。描述了铁厨子的成长故事，表现了铁厨子知恩图报的优秀品质。



5. 小说中“铁厨子”有哪些性格特点？请简要分析。(4分)

6. 文中对养母进行了多次描写，有什么作用？请结合文本简要分析。(6分)

**六、写作题(本大题共40分)**

阅读下面的材料，根据要求作文。

“扬长避短”有三层解释：第一层解释，发挥自己的长处，回避自己的短处；第二层解释，宣扬别人的长处，回避别人的短处；第三层解释，善于学习，使自己擅长的技能更擅长，避开自己的短处。这三层解释包含了应用、交流和学习等方面的道理。

请根据以上材料，选取其中一层解释，自拟标题，写一篇不少于800字的议论文或记叙文。

# 教师招聘考试预测试卷(九)

# 中学语文

**(时间150分钟　满分120分)**

本套试卷共38小题,包括基础知识题(15小题)、古诗文默写(10小题)、语言文字运用(3小题)、阅读鉴赏题(9小题)、写作题(1小题)。

**一、基础知识题(本大题共15小题,每小题2分,共30分)**

1. 下列词语中加点字的读音完全正确的一项是(　　)

A. 憩息(qī)　哺育(bǔ)　蛟龙(jiāo)　饿殍遍野(piáo)

B. 衣袂(mèi)　山岚(luán)　倾圮(qǐ)　面面相觑(qù)

C. 胡同(tòng)　游弋(yì)　鸟窠(kē)　良莠不齐(yǒu)

D. 恫吓(hè)　熨帖(yùn)　针砭(biān)　咫尺天涯(zhǐ)

2. 下列词语中字形完全正确的一项是(　　)

A. 洗漱　纳罕　孽根祸胎　懵懂顽童　　B. 寒喧　踌躇　惴惴不安　瘦消不堪

C. 残骇　桅杆　司马轻衫　咀嚼赏鉴　　D. 拊膺　缭倒　怡然自得　赴汤蹈火

3. 下列句子中加点的成语使用正确的一项是(　　)

A. 中央公布的八项规定,对广大党员干部来说,诚为清规戒律,不容违犯,它是使我们的党风、政风日渐好转的重要保证。

B. 从用字之讲究可以看出,这首诗的作者苦心孤诣,要在这有限的篇幅中营造出一种深邃幽远的意境。

C. 他心高气傲,目空一切,总喜欢妄自菲薄别人,结果可想而知,没有人愿意跟他打交道,他成了大海里的一叶孤舟。

D. 晚会上,豫剧演员将自己的代表曲目《谁说女子不如男》唱得字正腔圆、声情并茂,令观众刮目相看、赞叹不已。

4. 依次填入下列横线上的词语正确的一项是(　　)

工匠精神从来都不是什么________,而是一种改变世界的现实力量。坚守工匠精神,并不是把"拜手工教"推上神坛,也不是鼓励________、"躲进小楼成一统",而是为了擦亮爱岗敬业、劳动光荣的价值原色,倡导质量至上、品质取胜的市场________,展现创新引领、追求卓越的时代精神,为中国制造强筋健骨,为中国文化立根固本,为中国力量凝神铸魂。



A. 花拳绣腿　深居简出　风气　　B. 雕虫小技　离群索居　风尚

C. 花拳绣腿　离群索居　风尚　　D. 雕虫小技　深居简出　风气



5. 下列各句中没有语病的一项是(　　)

A. 喜欢苏东坡最先是由他的诗文开始的。对于我们,用什么样的溢美之词苏子诗文都不觉得有过。

B. 通过具有典型意义的事件来表现人物的优秀品质,形成了通讯《"探界者"钟扬》的独特艺术特色。

C. 无论是春耕秋收辛勤劳作的农民,还是救死扶伤护佑生命的医生,劳动没有贵贱之分,推动着社会的发展、时代的进步。

D. 闻一多的《红烛》化用"蜡烛"这一古典意象,赋予它新的含义,赞美了红烛以"烧蜡成灰"来点亮世界的奉献精神。

6. 下列各句中的标点符号使用正确的一项是(　　)

A. 据老王自己讲:北京解放后,蹬三轮的都组织起来;那时候他"脑袋慢""没绕过来""晚了一步",就"进不去了。"

B. "有些靴子,"他慢慢地说,"做好的时候就是坏的。如果我不能把它修好,就不收你这双靴子的工钱。"

C. 比如孔子说己所不欲,勿施于人,强调的是人们"不应该做什么",而不是要求人们"应该做什么"。

D. 但不知为什么,每想起老王,总觉得心上不安。因为吃了他的香油和鸡蛋;因为他来表示感谢,我却拿钱去侮辱他。都不是。

7. 下列各项的判断与分析,正确的是(　　)

A. 团员　雾霾　好说　自矜

解说:这四个词语的词性相同。

B. 荒草萋萋　两会召开　热烈欢迎　阳光灿烂

解说:这四个短语的结构相同。

C. 鸡鸭鱼肉也有吃腻的时候,与其说抢红包抢走了春晚的风头,不如说老百姓的娱乐生活更加丰富了。

解说:这是一个选择关系的复句。

D. 在挑战"最大份炒饭"吉尼斯世界纪录后,烹制好的扬州炒饭"去向"问题引发关注。

解说:这个句子的主干是"'最大份炒饭'引发关注"。

8. 下列选项中关于文学、文化常识的表述有误的一项是(　　)

A. 杜牧,字牧之,号樊川居士,晚唐杰出的文学家。他的诗歌成就颇高,与李商隐并称为"小李杜"。

B. 鲁迅,原名周树人,现代著名文学家、思想家。著有小说集《呐喊》《彷徨》,散文诗集《野草》《朝花夕拾》等。

C. 欧·亨利,美国短篇小说家,代表作有《麦琪的礼物》《警察与赞美诗》等。他与契诃夫、莫泊桑并称为"世界三大短篇小说巨匠"。

D. 干支纪年法是中国传统的纪年方法,干支是天干和地支的简称。这种方法把干支按顺序相配,六十个为一周期,周而复始,循环记录。

9. 下列有关文学常识的解说,有误的一项是(　　)

A. 词是诗歌的一种形式,又被称为"诗余"或"长短句"。词大多分段,一段就是一个乐段,叫"片"或"阕"。

B. 元代杂剧是综合表演、说、唱、音乐、舞蹈的艺术形式,每本通常四折一楔子,每一折都由同宫调的若干曲牌联成一套曲子。

C.《史记》是我国第一部编年体史书,全书130篇,被鲁迅先生誉为"史家之绝唱,无韵之离骚",作者是东汉著名史学家、文学家司马迁。

D. 苏轼,字子瞻,号东坡居士。他凭散文成为唐宋八大家之一,词与辛弃疾并称为"苏辛",诗与黄庭坚并称为"苏黄"。

10. 下列加点词的意义和用法全都相同的一项是(　　)

| | |
|---|---|
| A. 吾尝终日而思矣 | 则施施而行 |
| B. 少焉,月出于东山之上 | 积土成山,风雨兴焉 |
| C. 青,取之于蓝,而青于蓝 | 于其身也,则耻师焉 |
| D. 师道之不传也久矣 | 惟江上之清风 |

11. 下列各组句式相同的一项是(　　)

| | |
|---|---|
| A. 夫晋,何厌之有? | 大王来何操? |
| B. 如今人方为刀俎,我为鱼肉 | 以其无礼于晋 |
| C. 父母宗族,皆为戮没 | 具告以事 |
| D. 邻之厚,君之薄也 | 而燕国见陵之耻除矣 |

12. 下列句子翻译正确的一项是(　　)

A. 胜负之数,存亡之理。

翻译:胜与败的次数,存与亡的道理。

B. 邻之厚,君之薄也。

翻译:邻国的雄厚是你的薄弱啊。

C. 女之耽兮,不可说也!

翻译:女子沉溺在爱情里,不可以脱身。

D. 狗彘食人食而不知检。

翻译:猪狗吃人却不知道检查。

13. 下列选项中的诗句,填入白居易的《曲江有感》一诗画横线处,恰当的一项是(　　)

曲江西岸又春风,万树花前一老翁。________________,若论惆怅事何穷。

| | |
|---|---|
| A. 年事已多筋力在 | B. 自别花来多少事 |
| C. 遇酒逢花还且醉 | D. 西南一望云和水 |



14. 下列诗句所写的历史人物,与其他三项不同的一项是(　　)

A. 三闾一去湘山老,烟水悠悠痛古今。(唐·刘威)

B. 托孤既尽殷勤礼,报国还倾忠义心。(唐·白居易)

C. 灵均去后楚山空,澧阳兰芷无颜色。(宋·苏轼)

D. 国亡身殒今何有,只留离骚在世间。(宋·张耒)

15. 下列有关文学常识的表述,不正确的一项是(　　)

A.《神曲》—但丁—意大利—谴责教会的统治

B.《琵琶行》—白居易—唐代—新乐府运动

C.《过秦论》—贾谊—西汉—"过秦"即指出秦的过失

D.《红楼梦》—曹雪芹—清代—自传体小说

**二、古诗文默写(本大题共10小题,每小题1分,共10分)**

1. ________________? 雪拥蓝关马不前。(韩愈《左迁至蓝关示侄孙湘》)

2. 古人之观于天地、山川、草木、虫鱼、鸟兽,往往有得,________________。(王安石《游褒禅山记》)

3. ________________,微冷,山头斜照却相迎。(苏轼《定风波》)

4. ________________? 只是当时已惘然。(李商隐《锦瑟》)

5. ________________,未成曲调先有情。(白居易《琵琶行·并序》)

6. ________________,塞上风云接地阴。(杜甫《秋兴八首·其一》)

7. 苏轼《赤壁赋》中"________________",以细丝比喻不间断的箫声;白居易《琵琶行·并序》中"________________",以私语声比喻琵琶声。

8. 杜牧《泊秦淮》中,讽喻晚唐统治者醉生梦死、荒淫误国的诗句是:"________________,________________。"

9.《氓》中,表现女主人公每天都早起晚睡、辛勤劳作的句子是:"________________,________________。"

10. 周敦颐《爱莲说》中"________________,________________"两句写君子行为方正,通达事理,不攀附权贵。

**三、语言文字运用(本大题共3小题,共15分)**

1. 每个人都拥有自己的"梦想",请在所给人物中任选一位,仿照例句另写一句话。(3分)

《三国演义》中的曹操、《平凡的世界》中的孙少平、《雷雨》中的侍萍、《巴黎圣母院》中的卡西莫多

例句:痛恨种族歧视的镣铐和枷锁,马丁·路德·金梦想自由和正义,渴盼黑人和白人平等友好相处。

________________,________________,________________。

2. 提取下列材料中的要点整合成一个单句,为"端午节"下定义。(3分)

①端午节是我国民间的一个传统节日,又称端阳节。

②端午节的时间是在每年的夏历五月初五这一天。

③端午节的起源说法不一,但大多认为源于纪念投汨罗江自沉的战国时楚国爱国诗人屈原。

④过端午节人们通常要赛龙舟,今年湖北就举行了龙舟竞渡活动,香港、澳门都派了代表队参加。

⑤过端午节时南方各省区人们通常要吃粽子,这是用箬叶包裹糯米煮成的一种食品。

3. 请按情境要求完成下列各题。

郭沫若曾为天一阁(中国现存最早的私家藏书楼,也是亚洲现有最古老的图书馆和世界最早的三大家族图书馆之一)撰写一副对联,为"好事流芳千古,良书播惠九州"。

(1)请你简单解读一下这副对联的含义,不超过40字(包括标点)。(5分)

(2)请你根据对比与对偶的原则重新为"好事流芳千古"拟出下一联。(4分)

**四、阅读鉴赏题(本大题共9小题,共35分)**

阅读下面的诗歌,回答问题。

**春**

穆　旦

绿色的火焰在草上摇曳,
他渴求着拥抱你,花朵。
反抗着土地,花朵伸出来,
当暖风吹来烦恼,或者欢乐。
如果你是醒了,推开窗子,
看这满园的欲望多么美丽。

蓝天下,为永远的谜迷惑着的
是我们二十岁的紧闭的肉体,
一如那泥土做成的鸟的歌,
你们被点燃,却无处归依。
呵,光,影,声,色,都已经赤裸,
痛苦着,等待伸入新的组合。

一九四二年二月



1. 首句"绿色的火焰在草上摇曳"好在哪里?(4分)

2. 诗的结尾两句有什么作用?(4分)

阅读下面的文言文,回答第3~6小题。

及至始皇,奋六世之余烈,振长策而御宇内,吞二周而亡诸侯,履至尊而制六合,执敲扑而鞭笞天下,威振四海。<u>南取百越之地,以为桂林、象郡</u>;百越之君,俯首系颈,委命下吏。乃使蒙恬北筑长城而守藩篱,却匈奴七百余里;胡人不敢南下而牧马,士不敢弯弓而报怨。于是废先王之道,焚百家之言,以愚黔首;隳名城,杀豪杰;收天下之兵,聚之咸阳,销锋镝,铸以为金人十二,以弱天下之民。然后践华为城,因河为池,据亿丈之城,临不测之渊,以为固。良将劲弩守要害之处,信臣精卒陈利兵而谁何。天下已定,始皇之心,自以为关中之固,金城千里,子孙帝王万世之业也。

始皇既没,余威震于殊俗。然陈涉瓮牖绳枢之子,氓隶之人,而迁徙之徒也;才能不及中人,非有仲尼、墨翟之贤,陶朱、猗顿之富;蹑足行伍之间,而倔起阡陌之中,率疲弊之卒,将数百之众,转而攻秦;斩木为兵,揭竿为旗,<u>天下云集响应,赢粮而景从</u>。山东豪俊遂并起而亡秦族矣。

且夫天下非小弱也,雍州之地,崤函之固,自若也。陈涉之位,非尊于齐、楚、燕、赵、韩、魏、宋、卫、中山之君也;锄櫌棘矜,非铦于钩戟长铩也;谪戍之众,非抗于九国之师也;深谋远虑,行军用兵之道,非及向时之士也。然而成败异变,功业相反,何也?试使山东之国与陈涉度长絜大,比权量力,则不可同年而语矣。然秦以区区之地,致万乘之势,序八州而朝同列,百有余年矣;然后以六合为家,崤函为宫;一夫作难而七庙隳,身死人手,为天下笑者,何也?仁义不施而攻守之势异也。

(节选自贾谊《过秦论》)

3. 对下列句子中加点词的解释,不正确的一项是(　　)(3分)

A. 履至尊而制六合　　六合:六国

B. 以弱天下之民　　弱:使……弱小

C. 才能不及中人　　中人:平常的人

D. 非抗于九国之师也　　抗:匹敌,相当

4. 下列各组句子中,全都表明秦朝灭亡原因的一项是(　　)(3分)

①焚百家之言,以愚黔首　②隳名城,杀豪杰　③收天下之兵,聚之咸阳

④废先王之道　⑤率疲弊之卒,将数百之众　⑥振长策而御宇内

A. ②④⑤　　B. ①②③　　C. ④⑤⑥　　D. ②④⑥

5. 下列对文段有关内容的理解和分析,不正确的一项是(　　)(3分)

A. 文段叙述了秦始皇为了巩固政权采取对内镇压对外掠夺的措施。

B. 作者用对比论证的方法阐述了秦朝灭亡的原因是"仁义不施而攻守之势异也"。

C. 文中叙述秦始皇取天下之猛和守天下之严是为了反衬出秦朝灭亡之迅速。

D. 作者既歌颂了秦始皇统一天下的丰功伟绩,也批评了他不体恤百姓的暴行苛政。

6. 把文言文中画横线的句子翻译成现代汉语。(4分)

(1)南取百越之地,以为桂林、象郡。

(2)天下云集响应,赢粮而景从。

阅读下面的文章,回答第7~9小题。

## 苍茫中原

朱以撒

①这些日子里,经孟州、孟津,到洛阳、安阳、开封,总是会日复一日地迎受一种与江南不同的厚重感。是这里带有寒意的凌厉的风,是那看起来比故乡大而深红的落日,还是落日背景下那卸去累累果实的无垠原野?感觉总是难以言明。可是肌肤与心灵明明白白地体验着与我所居住的都市不同的气息,心弦不由地被撩拨得颤动起来。我只能挑一个我以为合适的词来表达,那就是:苍茫。

②这些有过古都兴衰千年激荡的土地,在经过世事翻覆、鹿鼎频争的烽烟之后,已经变得和其他城市没有什么两样了,现代文明已深深地弥漫其中。可是,只要你抽身出来,到郊原,到旷野,你仍然会感慨不已。这方水土曾有过的英雄气概和草莽纷争,并不因时光的流逝而飘散,只要你有心撩开一角,那些带有图腾、饕餮、甲骨、金文的古风就会扑面而来。

③这个晚秋的黄昏,我在远离城区的郊外漫步,原野苍茫秋风苍凉,深红的落日把远山映衬出一个绵延的剪影。这么大的空间,有几个农夫在拉扶着犁耙。他们不是借助牲畜的力量,而是尽自己的力量破开土层。这在广袤的原野上就显得十分渺远,他们的移动,成为黄昏中最动人的一笔。在他们劳作的不远处,散落着的一些短粗的城堞纹丝不动。时日久远,风雨侵蚀无歇,城堞外表如同千疮百孔的马蜂窝,只要看着那厚实沉甸的分量,就很容易使人想起宝剑和英雄,每一块土疙瘩里都可能掉下一则传奇故事,每一阵风卷出的黄尘都可能扬起战马的嘶鸣。如期而至的黄昏笼罩在空寂的城堞上,引人无限遐想:岁月真是无从再现么?其实我已逐渐能够由此领悟中原的笔墨情怀了。在这种环境下生存,特有的意象时时刻刻地熏染,笔下自然就野犷起来。亘古的南北有别,是渗透于艺人艺事的方方面面的,你看看他们手执长锋狼毫在雪白的宣纸上驰骋,多是乘势翻卷的草书,与沙场上的箭镞飞鸣、刀光剑影似乎没有什么两样,只是表现形式更换了罢了。

④在我们感慨岁月的磨洗使许多鲜明的过往人事化为乌有的同时,还是会看到许多不畏惧风霜刀斧剔抉的古典依然如故。我看到并抚摸到了这些昔日古都的石像、石碑。四季轮回春秋迭代,石像中的文官武将,已失却了当年的文质彬彬或威武睥睨,在改朝换代的风云中一脸漠然。他们有的依旧兀立于田头篱角,有的则离开原来坐落的方位,被人集中一室面面相觑。他们是留恋秦时汉时的明月呢,还是渴望唐时宋时的清风呢?令人乐意驻足的是与石像同存的石碑。时光的清冷沁入了石表,损伤了点画结构,使句读时不免受阻。可心灵却因之而酣畅,分明品味出碑文深处的内涵,丰富而深沉。这使我们面临它的时候,看出旧日创造的美丽辉煌的闪耀;在触摸它的时候,感觉到岁月翩翩远去的雪泥鸿爪,不免能领悟上苍的一点暗喻,一点象征,一点意趣。这是如今一些雕琢精美的石像石碑所无从具备的。这些古代的石头荡起的历史回声,很有可能会令我们捡拾起精神上的一些遗失。

⑤在中原的大地上穿行,有一种纵横六合天高地迥的开阔逼近心胸。像我这样方向感不强的人,如果向匆匆前行的中原人讨教,他们总是会站定了,缓缓抬手,至眉端,"喏,向南猛走,再向西拐"。他们的方位感特别强,又有一种指挥若定、胸有成竹的意气。我从中得到的暗示是,当年中原逐鹿的后代,血液中还流动着纵横捭阖的气概,犹如指点江山那般。

⑥我又一次地见到黄河。这个季节,黄河正走向安静,两岸萋萋芳草,正随着晚秋的劲风扭动腰肢。我内心自然有荒凉之意,因为在此之前我才欣赏到壶口那一泻千里的瀑布,怎么也想不到在这里化为宁静。不过,话说回来,黄河毕竟是黄河,和芳草碧连天的江南溪流大有不同,还是磐露出了它的雄浑和宽博。随便俯身掬一捧水,都可以察觉出积淀下来的桀骜不驯,黄河就是这一捧水的无限放大。

⑦一弯寒月升上来了,远处近处层次分明。这不是十五的月亮,却由此衬托出了空间的苍茫无限,朦胧色调更平添这一古老地域的神秘与辽远。流连在历史往事的废墟上,思想无处不达地展开,灵活并且随意。在搜寻这方土地的遗留时,有许多次,视觉是徒劳无获的,只有靠心灵去感受,用知觉去捕捉。像这样有着悠久历史积淀的地方,战争的风云、英雄的情操、艺术的拙朴、民气的强悍,根本不会因时光潮水的浸漫而退却。

⑧我想,我也许还有不少机会走入这苍茫的中原。

(有删改)

7. 作者感受到的中原大地的"苍茫"体现在哪些方面?请结合全文概括作答。(4分)

8. 本文语言很有特色，请作简要赏析。(4分)

9. 请赏析文中画线的句子。(6分)

(1)城堞外表如同千疮百孔的马蜂窝，只要看着那厚实沉甸的分量，就很容易使人想起宝剑和英雄。

(2)随便俯身掬一捧水，都可以察觉出积淀下来的桀骜不驯，黄河就是这一捧水的无限放大。



**五、写作题(本大题共30分)**

阅读下面的材料，根据要求写作。

“我们都在努力奔跑，我们都是追梦人。”近日，某网站想出以“追梦·奋斗”为主题的大型专题征文活动，以加强网民互动，传递新时代强音。

请你针对这一专题活动写一篇不少于800字的文章。

要求：选好角度，确定立意，明确文体，自拟标题，不要套作，不得抄袭，不得泄露个人信息。

# 教师招聘考试预测试卷(十)

## 中学语文

**(时间120分钟　满分100分)**

本套试卷共19小题,包括单项选择题(10小题)、填空题(5小题)、阅读鉴赏题(3小题)、写作题(1小题)。

**一、单项选择题(本大题共10小题,每小题2分,共20分)**

1. 下列词语中加点字的读音,完全正确的一组是(　　)

A. 缜(zhěn)密　商榷(què)　和(huò)稀泥　揆情度(duó)理

B. 取缔(tì)　木讷(nè)　档(dàng)案袋　疾风劲(jìn)草

C. 栖(qī)息　挟(xiá)持　白炽(chì)灯　戎马倥偬(zǒng)

D. 葳蕤(ruí)　豢(huàn)养　软着(zhuó)陆　扣人心弦(xuán)

2. 下列句子中,没有错别字的一项是(　　)

A. 天空形云密布,无需繁文辱节的雪花就要飘舞起来了。

B. 他按捺不住心中的激动,看着娇嗔的女儿潸然泪下。

C. 信息反刍,有助于避免信息陷井。

D. 如果文字改革者畏葸不前,我们就会仍然停留在楔形文字时代。

3. 填入下列横线处的词语,正确的一项是(　　)

①我们夫妇散步,经过一个________的小胡同,看见一个破破落落的大院,里面有几间塌败的小屋。

②我们从干校回来,载客三轮都________了。

③几年过去了,我渐渐明白:那是一个幸运的人对一个不幸者的________。

A. 荒僻　取消　惭愧　　　B. 荒僻　取缔　愧怍

C. 偏僻　取缔　愧怍　　　D. 偏僻　取消　惭愧

4. 下列各句中,没有语病的一项是(　　)

A. 大学生村官制度是希望优秀的大学生吸引到农村来,既可以为新农村建设予以人才方面的支持,又能使大学生在实践上得到锻炼。

B. 这些安全生产漏洞和问题的存在,使人民的生命财产安全严重受到侵害,有违我们的经济又好又快地发展的目标。

C. 政府要加大对教育、卫生、医疗、交通、水、电、供暖等关系国计民生的公益事业的投入,加大对公益行业的经济扶持。

D. 领导干部是一种特殊职业,在管理国家和社会事务中,承担着特殊使命,应该有高度的敬业精神。



5. 下列各句中对文言虚词"其"的解释不正确的是(　　)

A. 其如土石何?(在"如……何"前加强反问语气)

B. 其真不知马也。(加强揣测语气,相当于"恐怕""大概""原来是")

C. 黔娄之妻有言:"不戚戚于贫贱,不汲汲于富贵。"其言兹若人之俦乎?(代作者自己,第一人称)

D. 亦不详其姓字。(他的)

6. 下列各句中不包含"名词作状语"用法的一项是(　　)

A. 少时,一狼径去,其一犬坐于前。(《狼》)

B. 香远益清,亭亭净植。(《爱莲说》)

C. 潭西南而望,斗折蛇行。(《小石潭记》)

D. 闭之,则右刻"山高月小,水落石出",左刻"清风徐来,水波不兴",石青糁之。(《核舟记》)

7. 下列分析不正确的一项是(　　)

A. "告诉你少管闲事!"是一个祈使句。

B. "你这么做太过分了。"是一个感叹句。

C. "是不是每个人给一点就合理?"是一个疑问句。

D. "这女孩长得可真漂亮!"是一个感叹句。

8. 下列作品、作家、时代(国别)及体裁对应不正确的一项是(　　)

A.《北京人》《雷雨》——曹禺——现代——话剧

B.《我有一个梦想》——马丁·路德·金——美国——演讲词

C.《巴黎圣母院》——雨果——英国——小说

D.《离骚》——屈原——战国——骚体诗

9. 下列说法不正确的一项是(　　)

A.《楚辞》的年代比《诗经》晚二三百年,地域上也相距较远,因而两部作品的用韵完全不一致。

B. 汉字六书包括象形、指事、会意、形声、转注、假借。

C. 双声指的是两个字的声母相同,叠韵指的是两个字的韵腹和韵尾相同。因为语音系统的不同,古汉语的双声、叠韵和现代汉语的双声、叠韵并不完全一致。

D. 两个字的字形不同,意义不同,只是由于声音相同或相近,古人就用甲字来代替乙字,这种现象称为古音通假。

10. 下列对《义务教育语文课程标准》(2011年版)"第四学段"(7~9年级)目标与内容的表述,不正确的是(　　)

A. 在阅读中了解叙述、描写、说明、议论、抒情等表达方式。

B. 随文学习基本的词汇、语法知识,用来帮助理解课文中的语言难点。

C. 自信、负责地表达自己的观点,做到清楚、连贯、不偏离话题。

D. 写作不可发挥自己的想象,力求真实表达自己对自然、社会、人生的感受、体验和思考。

## 二、填空题(本大题共5小题,每空1分,共10分)

11.《登岳阳楼》中“________________,________________”两句,写洞庭湖浩瀚无际的磅礴气势,意境阔大,景色宏伟奇丽。

12. 在《春江花月夜》中,“________________,________________”两句运用典故,暗含鱼雁不能传音讯之意,写两人音讯断绝,相思无着落。

13. 宋濂在《送东阳马生序》中表明自己不追求物质享受,把读书当作最大乐趣的句子是:“________________,________________。”

14. 语文课程评价的过程即学生学习的过程,应围绕阅读与鉴赏、表达与交流、梳理与探究等学习活动,在具体的语文________和________中,全面考查学生核心素养的发展情况。

15. 教材编写要以________________为纲,以________________为主线,落实18个学习任务群的要求。

## 三、阅读鉴赏题(本大题共3小题,共30分)

16. 阅读下面这首宋词,完成下列各题。

**鹧鸪天**[①]

陆　游

家住苍烟落照间,丝毫尘事不相关。斟残玉瀣[②]行穿竹,卷罢黄庭[③]卧看山。

贪啸傲[④],任衰残,不妨随处一开颜。元知造物心肠别,老却英雄似等闲!

【注】①宋孝宗乾道二年(1166年),陆游因被人以“交结台谏,鼓唱是非,力说张浚用兵”的罪名弹劾而免官,退居期间写下了这首词。②玉瀣:美酒。③黄庭:道家的一种经书。④啸傲:放歌长啸,傲然自得。

(1)下列对这首词的理解与赏析,不正确的一项是(　　)(3分)

A. 开头勾画了闲居的环境,云气苍茫如烟,夕阳晚照,词人觉得可摆脱一切尘事。

B. 饮美酒,逛竹林,读道经,赏青山,坐卧随意,词人感慨这样的生活无不惬意。

C. 词人说自己放歌长啸,傲然自得,即使身体“衰残”也要抗争到底,不委屈自己。

D. 这首词写闲居生活的感受,词人用任情适性的笔触,抒发了自己复杂的心情。

(2)有评论认为,这首词表面上写出了词人退隐生活的闲适与惬意,实则不然。请结合“元知造物心肠别,老却英雄似等闲”简要分析。(4分)

17. 阅读下面的文言文,完成(1)~(4)题。

彻里帖木儿,阿鲁温氏。祖父累立战功,为西域大族。彻里帖木儿幼沉毅有大志,早备宿卫,擢中书直省舍人,遂拜监察御史。时右丞相帖木迭儿用事,生杀予夺皆出其意,道路侧目。彻里帖木儿抗言,历诋其奸,帖木迭儿欲中伤之。会山东水,盐课大损,除山东转运司副使。期月,补其亏数皆足。转刑部尚书,京师豪右惮之,不敢犯法,而以非罪丽法者多所全脱。

天历二年,拜中书右丞,寻升中书平章政事,出为河南行省平章政事。黄河清,有司以为瑞,请闻于朝。彻里帖木儿曰:“吾知为臣忠、为子孝、天下治、百姓安为瑞,余何益于治。”岁大饥,彻里帖木儿议赈之。其属以为必自县上之府,府上之省,然后以闻。彻里帖木儿慨然曰:“民饥死者已众,乃欲拘以常格耶?往复累月,民存无几矣。此盖有司畏罪,将归怨于朝廷,吾不为也。”大发仓廪赈之,乃请专擅之罪。文宗闻而说之,赐龙衣、上尊。

至顺元年,云南伯忽叛,以知行枢密院事总兵讨之。治军有纪律,所过秋毫无犯。贼平,赏赉甚厚,悉分赐将士。师旋,囊装惟巾栉而已。

除留守上都。先是,上都官买商旅之货,其直不即酬给,以故商旅不得归,至有饥寒死者。彻里帖木儿为之请。有旨,出钞四百万贯偿之。迁江浙行省平章政事,以严厉为政,部内肃然。寻召拜御史中丞,朝廷惮之。

初,彻里帖木儿之在江浙也,会行科举,驿请考官,供张甚盛,心颇不平,故其入中书,以罢科举为第一事。至元元年,拜中书平章政事。首议罢科举,又欲损太庙四祭为一祭。监察御史吕思诚等列其罪状劾之,帝不允,诏彻里帖木儿仍出署事。时罢科举诏已书而未用宝,参政许有壬入争之。太师伯颜怒有壬曰:“汝风台臣言彻里帖木儿邪?”有壬乃曰:“科举若罢,天下人才绝望。”伯颜曰:“举子多以赃败,又有假蒙古、色目名者。”有壬曰:“科举未行之先,台中赃罚无算,岂尽出于举子?举子不可谓无过,较之于彼则少矣。”伯颜心然其言,然其议已定,不可中辍,乃为温言慰解之。

彻里帖木儿尝指斥武宗为那壁,那壁者,犹谓之彼也。又尝以妻弟阿鲁浑沙女为己女,冒请珠袍等物。于是台臣复劾其罪。诏贬彻里帖木儿于南安,人皆快之。久之,卒于贬所。

(有删改)

(1)下列加点词的解释,不正确的一项是(　　)(3分)

A. 师旋,囊装惟巾栉而已　　旋:归来

B. 时右丞相帖木迭儿用事　　用事:执政当权

C. 诏彻里帖木儿仍出署事　　署:代理

D. 期月,补其亏数皆足　　期:希望

(2)下列各组句子中,加点词的意义和用法相同的一组是(　　)(3分)

A. 祖父累立战功,为西域大族　　彻里帖木儿为之请

B. 生杀予夺皆出其意　　监察御史吕思诚等列其罪状劾之

C. 以知行枢密院事总兵讨之　　　　举子多以赃败

D. 其属以为必自县上之府　　　　久之，卒于贬所。

(3)下列属于"诏贬彻里帖木儿于南安"的原因的一项是(　　)(3分)

A. 彻里帖木儿曾经大声谴责右丞相帖木迭儿的奸诈行为。

B. 彻里帖木儿曾任刑部尚书，严格执法，令京师豪右害怕。

C. 彻里帖木儿在言语上对武宗不敬，并曾骗取朝廷的赏赐。

D. 至元元年，彻里帖木儿曾经第一个提出了废科举之事。

(4)将下列文言语句翻译成现代汉语。(3分)

太师伯颜怒有壬曰："汝风台臣言彻里帖木儿邪？"

18. 阅读下面的文字，完成后面的问题。

## 海边的雪

张　炜

风肆无忌惮地吼叫着，绞拧着地上的雪。天就要黑下来了。他们一刻也没有多站，就返身回铺子里了。

金豹重新坐到炉台跟前，烘着手说："这样的鬼天气只能喝酒。唉唉，到底是老了，没有血气了，简直碰不得风雪。"

"这场雪不知还停不停。等几天你看吧，满海都漂着冰砚。"老刚还在专心听着风雪的吼叫声。

"唉，老了，老了。"金豹把一双黑黑的手掌放在炉口上，像烤咸鱼一样，反反正正地翻动着。"就像雪一样，欢欢喜喜落下来，早晚要化的。"

老刚点点头："像雪一样。"

金豹望着铺门上那块黑乎乎的玻璃："还是地上好，雪花打着旋儿从天上下来，积起老厚，让人踏，日头照，化成了水。它就这么过完一辈子。"

"人也一样。真不容易啊！"老刚的声音有些发颤，他的眼睛直盯住跳动的灯火，眼角上有什么东西在闪亮。金豹慢慢地吸一支烟，把没有喝完的半瓶酒重新插到沙子里去。

两个老人挨在一起，闭着眼睛各自想心事。老刚想他的儿子——这时已经背上猎枪和金豹的儿子回家了。

老刚躺下了。金豹自己却睡不着了。他侧身吸着烟，静静地听外边的声音。海浪声大得可怕，他知道拍到岸上的浪头卷起来，这时正恶狠狠地将靠岸的雪坨子吞进去。他惯于在骇人的海浪声里甜睡。可是今晚却睡不着了。仿佛在这个雪夜里，有什么令人恐惧的东西正向他慢慢逼近过来。他怎么也睡不着，披上破棉袄钻出了铺子。



刚一出门，一股旋转的雪柱就把他打倒了，头被撞得有些懵。金豹望着四周，真不敢相信自己的眼睛。他突然想起了白天搬动的舢板，加固的锚绳也不保险哪！他像被什么蜇了似的喊着老刚，返身回铺子去了。

凭借雪粉的滑润，他们将几个舢板又推离岸边好几丈远。彼此都看不见，只听见粗粗的喘息声。他们不敢去推稍远一些的小船，怕摸不回铺子。

他们的手脚冻得没有了知觉，终于不敢耽搁，开始摸索着回铺子了。金豹不断喊着老刚，听不到回应，就伸手去摸他、拉他。有一次脸碰到他的鼻子，看到他用手将耳朵拢住，好像在听什么？

老刚真的在倾听。听了一会儿，他的嘴巴颤抖起来，带着哭音喊了一句："妈呀，海里有人！"

金豹像他那样听了听。

"呜喔——哎——救救——呜……"

是绝望的哭泣和呼喊。金豹跳了起来，霹雳一般吼道：

"有人！他们上不来了！"

"听声音不远！"老刚身上抖起来，牙齿碰得直响。

金豹在浪头跟前吼起来，浪头扑下来，他的身子立刻湿透了……老刚喊了一阵，最后绝望地说："不行了，他们听见也摸不上来，他们不行了……"

金豹奔跑着，呼喊着，不知跌了多少跤子，伸开手在雪地上乱摸——他想摸些柴草点一堆大火：被海浪打昏了头的人，只有迎着火光才能爬上来，金豹想按海上规矩，为落水者点一堆救命的火。厚厚的大雪，哪里寻柴草去！他一声不吭地站在了老刚身边，突然说了句："点铺子吧！"

铺子是他们承包组的全部家当哪。

大火燃起来了！风吹着，熊熊烈火四周容不得冰雪了。空中飞旋的雪花，都被映红了；雪地上，远远近近都是嫣红的火的颜色。狂暴的风雪比起这团大火好像已经是微不足道的了……

金豹钻到了水浪里，盯着水里的那团黑影。黑影近了，是抱着一块木板的落水者。金豹拖上他，刚迈开一步，就被一巨浪打倒了，他爬起来时，看到老刚也拖着一个人……他们把两个落水的人抱到了大火边上。

烤了一会儿，两个身体蠕动起来。

正在这时候，金豹和老刚听到了大火的另一边有一种奇怪的声音。他们跑去一看，惊得说不出话——从雪地里、从黑夜的深处滚来两个"雪球"！"雪球"滚到大火边上才展开，让他们看出原来是两个人。老刚低头瞅一瞅，惊慌地捏住其中一个的手说："这是我儿子！"

原来他们终于没能冲出茫茫原野，在漫天的雪尘中迷路了！他们左冲右突，终于知道自己注定要冻死在这个雪夜里了。可他们绝境中望到了奇迹——一团生命的大火在远方剧烈燃烧，爆出了耀眼的白光！他们流着眼泪，爬过去，滚过去……

火势渐渐弱下去，那一堆炭火却红得可爱。两个落水的人能够坐起来了，他们看看炭火，看看

远处的黑夜,放声大哭起来。

两个年轻猎人的双筒猎枪早已不知丢在哪里了。他们的一身冰坨融化着,水流又渗进沙子里。他们颤声叫着:“爸……”

他们和两个落水的人一块儿跪在了两个老人面前……

(1)下列对小说相关内容和艺术特色的分析鉴赏,不正确的一项是(　　)(3分)

A. 小说开头写金豹烘手、饮酒取暖,突出风雪带来的寒冷程度之深,把酒瓶插到沙子里暗示了地点,这些描写紧扣了标题。

B. 两位老人对海边正下着的大雪有一番对话,话语中流露出他们对自己“老了”的无奈心态,真实展示了老年人对未来生活的迷茫。

C. 小说写金豹睡不着,目的是引出下文一连串情节,因为睡不着而走出铺子,直到他们点火救人,构思巧妙,环环相扣。

D. 小说语言细腻生动,运用多种修辞手法,极富画面感和表现力,把一个寒冷冬季风雪天气里的温暖故事,讲述得精彩动人。

(2)小说极力描写海浪和风雪之大,这样描写有哪些作用?请结合作品简要说明。(4分)

(3)小说结尾写金豹和老刚的儿子也因为点燃的大火而得救,这样处理有怎样的艺术效果?请结合作品简要分析。(4分)

**四、写作题(本大题共40分)**

19. 阅读下面的材料,按要求作文。

人云:“以恕己之心恕人,则全交;以责人之心责己,则寡过。”

曾国藩说:“善莫大于恕。”

安德鲁·马修斯说:“一只脚踩扁了紫罗兰,它却把香味留在那脚跟上,这就是宽恕。”

最新科学研究显示:原谅别人有益身心健康。

读了上面的这几段话,你有什么感想?请综合材料内容及含义作文。

要求:选好角度,确定立意,明确文体,自拟标题;不要套作,不得抄袭;不少于800字。

# 目　录

## 真题试卷



## 预测试卷

# 真题试卷

## 2022年江苏省南京市教师招聘考试语文真题试卷(精编)(一)

一、单项选择题

1. B 【解析】本题考查字音、字形的辨析。针砭(biān):比喻发现或指出错误,以求改正,如针砭时弊。挟(xié)持:从两旁抓住或架住被捉住的人(多指坏人捉住好人);用威力强迫对方服从。摈(bìn)弃:抛弃。泯(mǐn)灭:(形迹、印象等)消灭。

2. D 【解析】本题考查成语的辨析。A项,不孚众望:不能使大家信服,未符合大家的期望。用在此处不符合语境,可改为"不负众望"。B项,不以为然:不认为是对的,表示不同意(多含轻视意)。用在此处不符合语境,可改为"不以为意"。C项,不绝如缕:像细线一样连着,差点儿就要断了,多用来形容局势危急或声音细微悠长。用在此处不符合语境,可改为"络绎不绝"。D项,耸人听闻:使人听了非常震惊。符合语境。

3. A 【解析】本题考查文学常识相关内容的识记。A项,《桃花扇》的作者是孔尚任,以侯方域、李香君的悲欢离合为主线。B项,《静静的顿河》的作者是苏联作家肖洛霍夫,主人公是格里高利,聂赫留朵夫是列夫·托尔斯泰小说《复活》的男主人公。C项,《许三观卖血记》的作者是余华,大乐、二乐、三乐是主人公许三观的孩子。D项,《叶甫盖尼·奥涅金》的作者是俄国作家普希金,奥菲利亚是莎士比亚《哈姆雷特》中的女性角色。

4. B 【解析】本题考查文学常识的积累与运用。B项,"小学"是古今异义词,古义指研究文字、训诂、音韵的学问;今义多为对儿童、少年实施初等教育的学校。D项,"主人下马客在船,举酒欲饮无管弦"与"谈笑间,樯橹灰飞烟灭"有相同的修辞手法——借代。

5. D 【解析】本题考查文学常识的积累与运用。D项,只读书学习而不思考,就会感到迷茫而无所适从;只空想而不读书学习,就会产生疑惑而难定夺。表达的是学习与思考是相辅相成的,缺一不可,只有把学习和思考结合起来,才能学到切实有用的真知的理念,不适合放在会议室。

6. B 【解析】本题考查病句的辨析。A项,"原来的初衷",语意重复,可删去"原来的"。C项,中途易辙,前后主语不一致,可将"自从"提到句首,"做了学习方法和效率的讲座之后"应改为"做了关于学习方法和效率的讲座之后"。D项,"引发了观众广泛而热烈的讨论和思考"中"热烈"和"思考"搭配不当。

7. C 【解析】本题考查语句的衔接。前一句柔美,后一句苍劲凄凉。"小桥流水"化用诗句,对应"大漠孤烟"。排除B、D两项。风花雪月:原指古典文学里描写自然景物的四种对象,后借指堆砌辞藻而内容贫乏的诗文;也指男女情爱的事。轻歌曼舞:轻松愉快的歌声和柔和优美的舞蹈。气冲霄汉:形容大无畏的精神和气概。沧海桑田:大海变成农田,农田变成大海,形容世事变化很大。去棹归帆:往来的船只。结合语境,"风花雪月"应与"沧海桑田"对应,"轻歌曼舞"应与"气冲霄汉"对应,排除A项。故选C。

8. D 【解析】本题考查表现手法的辨析。采用托物言志法的特点是:用某一物品来比拟或象征某种精神、品格、思想、感情等。D项,李白《赠汪伦》中"桃花潭水深千尺,不及汪伦送我情",诗人用潭水深千尺和汪伦与他的友情作对比,运用了夸张的修辞手法。

9. A 【解析】本题考查对诗歌思想感情的理解。A项,赵师秀《约客》的这句话表达作者与人相约而久候不至的焦躁不安。B项,王湾《次北固山下》的这句话抒写诗人泛舟东行,停船北固山下,见潮平岸阔,残夜归雁而引发的怀乡情思。C项,张继《枫桥夜泊》的这句话表达了作者羁旅之思,家国之忧,以及身处乱世尚无归宿的顾虑,是写"愁"的代表作。D项,温庭筠《商山早行》的这句话抒发了游子在外的孤寂之情和浓浓的思乡之意,字里行间流露出人在旅途的失意和无奈。

10. C 【解析】本题考查语言表达的理解。"'两弹一星'和国产航母的成功研制说明我国核心技术受制于人的局面得到了根本改变",无中生有。原文说"从'两弹一星'成功研制,到国产航母跃然于世,无不充分说明,关键核心技术是要不来、买不来、讨不来的,必须立足自主创新、自立自强"。

二、文言文阅读题

11. A 【解析】A项,刊约:删削。

12. C 【解析】C项,文中指孙权称帝。

13. B 【解析】B项,原文为"孙权为骠骑将军",他任命阚泽为西曹掾,阚泽并未做过骠骑将军。

14.【参考答案】(1)阚泽想用讽刺譬喻来说明治理乱世的道理,就回答说贾谊的《过秦论》最好,孙权便览阅了这篇文章。

(本题共3分。答出“以”“因”“善”“览读”的意思2分,语句通顺流畅1分)

(2)有关部门纠察处置,奏请对他处以死刑,有人认为应施以火烧和车裂的刑罚,以昭示首恶。

(本题共4分。答出“穷治”“大辟”“用彰元恶”的意思3分,语句通顺流畅1分)

15.【参考答案】①阚泽性情谦逊恭谨、笃实慎重,宫廷官府的小官们他都以礼相应。②别人有错误短处,他嘴上从来不说。③朝中大事,孙权征询阚泽的意见,阚泽奏对中正平和。④孙权打算增添律令条例,以加强控制,阚泽每次都说“应依照礼仪、法律”。⑤节选《礼》教授两宫,拟定礼仪,著书纠正历法差误。

(本题共3分。答出“谦逊恭谨”“不评论别人”“中正平和”“教授两宫”等关键词,结合文章内容具体分析3分)

**文章大意:**

阚泽字德润,是会稽郡山阴县人。他家世代为农民,到了阚泽时他很好学,家贫没有钱,常常受人雇用抄书,来供给纸笔费用,抄写的任务结束,抄写的内容也完全诵读了。他寻求老师,讨论讲习,深研遍览群书,还通晓天文历法,因此名声显露。察举为孝廉,任命为钱塘县长官,后升任郴县县令。

孙权任骠骑将军,召任他补西曹掾;等到孙权称帝,任命阚泽为尚书。嘉禾年间,任中书令,加官侍中。赤乌五年,授任太子太傅,仍旧兼任中书令。

阚泽认为经传文字繁多,难以全部用上,就斟酌各家说法,删节《礼》经的文字和各种注释解说来教授二宫,为他们制定颁行出入和会见宾客的礼仪,又撰写《乾象历注》来校正历法。每当朝廷有重大议论、经典中的疑难,往往向他征询。他因为勤于研究儒学,被封为都乡侯。他性情谦虚恭敬,诚厚慎重,宫廷官府的小吏,叫来问答,都以平等的礼节对待。

别人有错误短处,他嘴上从来不说,表情面貌上似乎有不满足,学问见闻却没有穷尽。孙权曾经问他说:“书传文赋,哪个最好?”阚泽想用讽刺譬喻来说明治理乱世的道理,就回答说贾谊的《过秦论》最好,孙权便览阅了这篇文章。

当初,因吕壹的奸邪罪恶被揭露,有关部门纠察处置,奏请对他处以死刑,有人认为应施以火烧和车裂的刑罚,以昭示首恶。孙权向阚泽询访此事,阚泽说:“盛明的时代,不应当再有这种刑罚。”孙权听从了他的建议。另外各官府有隐患和弊端,想要增加条令处罚,来约束控制臣下,阚泽每每说“应当遵照礼仪和刑律”,他平和而又公正,都像这样。

赤乌六年冬季,阚泽逝世。孙权痛惜感伤哀悼,一连几天吃不下饭。

## 三、现代文阅读题

16.【参考答案】①丰富人物形象。对话展现了老人大半生的经历,体现青春、家庭、事业的酸甜苦辣之味,生死离别之苦,从中可见老人一辈子为儿女操劳,为家为国,曲折艰辛。②为下文情节埋伏笔。回忆与现实交织,两人的对话前言不搭后语,为下文叙述老庞误把苏颖奶奶当作老伴的情节埋下伏笔。③丰富主题意蕴。老人在彼此孤寂的晚年生活里,彼此陪伴,以慰对方,体现了老人美好而矜持的感情世界,孤寂无处可诉的老年孤独生活。④增强效果。对话场景温馨俏皮,生活气息浓郁,虽漏洞百出,极具跳跃性,令人啼笑皆非,却增添了小说的张力,引发阅读兴趣。

(本题共6分。从“丰富人物形象”“为下文情节埋伏笔”“丰富主题意蕴”“增强效果”四个方面结合文章内容具体分析可得6分,每点1.5分,每少答一点扣1.5分)

17.【参考答案】①喜鹊代表着吉祥如意,它欢快的鸣叫,寓意为报喜之声。喜鹊是小说的线索,贯穿整个故事的发展。②交代了小说的情节。开头起于喜鹊,结尾终于喜鹊,中间又写到喜鹊,前后呼应推动情节发展。③设置悬念,激发读者的阅读兴趣。④奠定基调,整篇小说洋溢着积极向上的昂扬的生命力。⑤暗示了主题,“喜鹊”是促使人物获得幸福的媒介,牵线搭桥的红娘。

(本题共4分。答出“线索”“交代情节”“设置悬念”“奠定基调”“暗示主题”等关键内容4分)

18.【参考答案】①老庞深情内敛,有爱心。天气好的时候,老庞总是出现在街心公园,不时喂公园里的喜鹊,喜鹊也同他熟悉起来,同时也是为了陪伴苏颖奶奶。②耿直硬汉,温情脉脉。面对苏颖奶奶的唠叨抱怨,不以为意,夸奖对方是大功臣。③童心不老,苏颖奶奶同他说悄悄话的时候，会顽皮地偷笑伸舌头。④果断有担当，听闻苏颖奶奶住院，确定是对方之后，不顾自己身体年迈，拉着苏颖去医院探望。

(本题共6分。从“深情内敛，有爱心”“耿直，温情”“童心不老”“果断有担当”四个方面回答，并结合文章内容具体分析6分，每少答一个方面扣1.5分，其中不结合文章内容扣0.5分)

**四、教学设计题**

19.【参考答案】问题1：文中作者提及了四个故乡——“我的祖籍在广东新会”“水光潋滟、山色空蒙的西子湖畔是我的出生地”“离杭州100里水路的江南小镇洛舍是我的外婆家”“我19岁便离开了我的出生地杭州城，走向遥远而寒冷的北大荒”，这四个故乡的景色有哪些特点？作者对这些故乡怀有怎样的感情？

问题2：作者每介绍完一个故乡，表达完对这个故乡的肯定以后，都紧跟着否定这个故乡，文中有四处表达了作者对故乡的否定态度，将这些内容与之前作者表达出肯定与喜爱的意思组合起来看，分析文章的行文思路。

问题3：“故乡”在《现代汉语词典》中有三个义项：出生或长期居住过的地方；家乡；老家。表达三种义项的故乡都被作者否定了，那么作者试图表达的“故乡”的内涵是什么呢？

(本题共6分。结合文章内容，围绕“故乡”和“作者的态度”提出三个问题，并且符合该学段学生的认知特点6分，每少提一个问题扣2分)

20.【参考答案】教学过程：

(1)学生齐读第6自然段，理解该段内容。

(2)学生就不理解的地方讨论，教师相机点拨、引导。

(3)小组内讨论，勾画出句中的写得比较好的词语及句子。

(4)小组内讨论，分析句式特点和景物描写的手法。

(5)个人踊跃发言，教师明确句式特点和景物描写的手法。

(6)教师展示校园景物相关图片，引导学生简单写出校园景物的特点以及四季变化。

(7)小组讨论、探究，怎样让自己的描写能像文中作者的描写一样精彩。(教师指导学生运用好词好句，运用不同的表现手法)

(8)仿写练习

①小组合作，根据第6自然段的句式特点和景物描写的手法，结合校园景物的特点以及四季变化进行仿写。

②教师巡视，相机指导。

③小组代表展示组内成果。

④小组互评。

⑤学生投票，选出仿写最佳的一组。

⑥教师针对各小组的仿写成果进行点评。

(本题共6分。①教学内容符合“指导学生写校园景物的四季变化”主题得1分，若教学内容不符合此主题，则该题不得分；②教学过程引导学生理解该段内容，运用讨论法让学生通过勾画优美词语、分析句式特点、明确景物描写手法理解该段内容得2分；③从校园景物特点和四季变化两方面运用寓情于景等多种描写手法进行仿写练习的教学，体现学生的主体地位和教师的主导作用得3分，没有体现可酌情扣0.5～1分)

21.【参考答案】

故乡在远方

张抗抗

故乡在心中

| | |
|---|---|
| 祖籍 | 有隔膜和猜疑 |
| 外婆家 | 无比眷恋 |
| 出生地 | 无故园感觉 |
| 工作地 | 无比亲切 |

(本题共6分。①板书内容包括作者提及的四个故乡3分，表现作者的情感态度2分；②板书设计简洁，突出重点1分)

## 2022年山西省特岗教师招聘考试语文真题试卷(二)

### 第一部分　教育基础知识

**一、选择题**

1. D 【解析】本题考查的是习近平总书记关于教育的重要论述。习近平总书记同北京师范大学师生代表座谈时的讲话指出，我们的教育是为人民服务、为中国特色社会主义服务、为改革开放和社会主义现代化建设服务的，党和人民需要培养的是社会主义事业建设者和接班人。好老师的理想信念应该以这一要求为基准。广大教师要始终同党和人民站在一起，自觉做中国特色社会主义的坚定信仰者和忠实实践者，忠诚于党和人民的教育事业，自觉把党的教育方针贯彻到教学管理工作全过程，严肃认真对待自己的职责。

2. B 【解析】本题考查的是《义务教育课程方案》

(2022年版)。《义务教育课程方案》(2022年版)在“培养目标”中表明,义务教育要在坚定理想信念、厚植爱国主义情怀、加强品德修养、增长知识见识、培养奋斗精神、增强综合素质上下功夫,使学生有理想、有本领、有担当,培养德智体美劳全面发展的社会主义建设者和接班人。

3. B 【解析】本题考查的是我国古代蒙学教材。蒙学教材按内容可分为六类:(1)综合类。综合各种常识的识字课本以《三字经》《百家姓》《千字文》等最有影响。(2)伦理道德类。这类蒙学教材主要有《太公家教》《名贤集》《二十四孝》等。(3)历史类。这类蒙学教材主要有李瀚的《蒙求》、王令的《十七史蒙求》、黄继善的《史学提要》等。(4)诗歌、文学类。诗文教学的课本以《千家诗》《唐诗三百首》《神童诗》《古文观止》《唐宋八大家文钞》《笠翁对韵》《声律启蒙》等最为著名。(5)博物自然类。以宋代方逢辰的《名物蒙求》为代表。(6)数学类。以宋代数学家杨辉的《日用算法》及元代数学家朱世杰的《算学启蒙》为代表。故答案选B项。

4. C 【解析】本题考查的是皮亚杰的认知发展阶段理论。皮亚杰提出了认知发展的阶段理论,将个体的认知发展分为四个阶段:感知运动阶段(0~2岁)、前运算阶段(2~7岁)、具体运算阶段(7~11岁)和形式运算阶段(11岁~成人)。一般来说,小学生的年龄为6~12岁,故其思维水平处于具体运算阶段。

5. A 【解析】本题考查的是《中华人民共和国家庭教育促进法》。《中华人民共和国家庭教育促进法》第四条规定,未成年人的父母或者其他监护人负责实施家庭教育。国家和社会为家庭教育提供指导、支持和服务。

## 第二部分 学科专业知识

### 二、选择题

6. D 【解析】本题考查的是字音的辨析。D项,巷道(hàng),余勇可贾(gǔ)。

7. C 【解析】本题考查的是字形的辨析。C项,“直接了当”应为“直截了当”,“轻歌慢舞”应为“轻歌曼舞”。

8. A 【解析】本题考查的是成语的正确使用。①鞭辟入里:形容能透彻说明问题,深中要害。用来形容深入某种现象的演讲,符合语境。②刮目相看:用新的眼光来看待。这里是指期待改革的效果,不符合语境。③飞云掣电:形容非常迅速。用来形容时光流逝,科技发展,符合语境。④见贤思齐:见到贤能的人就想向他看齐。用来形容向优秀党员学习,符合语境。⑤良莠不齐:指好的坏的混杂在一起。用来形容教育质量不均衡,不符合语境。⑥朗朗乾坤:形容政治清明,天下太平。用来形容天气,不符合语境。综上所述,成语使用正确的有①③④。

9. D 【解析】本题考查的是语言表达得体的辨析。A项,寒舍:谦辞,对人称自己的家。不能用来称别人的家。B项,令爱:敬辞,称对方的女儿。称自己的女儿可以用“小女”,且“您的”和“我的”应删去。C项,久仰:客套话,仰慕已久,一般用在初次见面。形容老同学许久未见不合适。

10. C 【解析】本题考查的是词语的选用。然而:连词,表转折。但是:连词,表示语义的转折,往往与“虽然、尽管”等呼应。这里另起话题,表示转折,此处二者都可以。挖空心思:形容费尽心计,多含贬义。殚精竭虑:用尽精力,费尽心思。用来形容为明辨是非所做的努力,无贬义,应填入“殚精竭虑”。指鹿为马:比喻颠倒是非。混淆是非:故意把正确的说成错误的,把错误的说成正确的。用来形容对“我对社会的批评”,应填入“指鹿为马”。故弄玄虚:故意玩弄使人迷惑的花招儿。弄虚作假:耍花招儿,欺骗人。根据语境应填入“故弄玄虚”。综上所述,本题选C。

11. D 【解析】本题考查的是标点符号的正确使用。D项,丁句,分号应改为逗号,“有人……有人……”都是针对“同一首诗歌”而言。

12. B 【解析】本题考查的是病句的辨析与修改。原句病因是成分残缺。应改为“对于……来说”,故B项正确。

13. D 【解析】本题考查的是句子的选用。根据前后文先叙述客观事实,再叙述“人心”,排除A、C两项。根据“既要……又要……”的位置判断,排除B项。

### 三、填空题

14. 年代

15. 韩愈;柳宗元;曾巩;欧阳修;王安石

16. 蜀道之难;难于上青天

17. 万里悲秋常作客;百年多病独登台

18. ①“生死未卜”应改为“至关重要”;
②“叫您”应改为“邀请您”;
③“聆听”应改为“听到”;
④“莘莘学子们”应改为“莘莘学子”;
⑤“惠顾”应改为“到来”。

## 四、阅读理解

19. C 【解析】"不与"意为不给,"因"意为趁机,根据含义可知应在"因"之前断开,排除A、B两项。"使……为令"是固定搭配,应在"令"之后断开,排除D项。句子大意为:上官大夫看见了就想把草稿强取为己有,屈原不给。上官大夫就趁机谗毁他说:"君王让屈原制定法令,大家没有不知道的,每出一道法令,屈原就炫耀自己的功劳。"楚王听了很生气,因而疏远了屈原。

20. A 【解析】A项,"属"在"屈平属草稿未定"中不是通假字,意为"撰写"。

21. A 【解析】A项,"经常夸耀自己的功绩""以致被流放"错误,文中是说上官大夫想将屈原编写的政令占为己有,屈原不给他,他就诬陷屈原四处夸耀自己的功绩,导致楚王误会,疏远了屈原。

22. 【参考答案】(1)怀王逃往赵国,赵国不肯接纳。只好又到秦国,最后死在秦国,尸体被运回楚国安葬。

(2)屈原来到江滨,披散着头发,在水边缓步悲吟,脸色憔悴,模样消瘦干枯。

(本小题共4分。①第一句答出"亡""内""之""竟"的意思,语句通顺流畅2分;②第二句答出"至于""被发"的意思1分,语句通顺流畅1分)

**文章大意:**

屈原,名平。担任楚怀王的左徒。他知识广博,长于记忆,明晓国家治乱的道理,擅长辞令。对内与怀王谋划商议国事,用来发号施令;对外接待宾客,应酬诸侯。怀王很信任他。怀王让屈原制定国家法令,屈原撰写草稿尚未定稿,上官大夫看见了就想把草稿强取为己有,屈原不给。上官大夫就趁机谗毁他说:"君王让屈原制定法令,大家没有不知道的,每出一道法令,屈原就炫耀自己的功劳。"楚怀王听了很生气,因而疏远了屈原。屈原痛心于楚怀王惑于小人之言,不能明辨是非,端方正直的人不为(昏君谗臣)所容,所以忧愁苦闷而写下了《离骚》。"离骚",就是遭遇忧患的意思。

这时秦昭王与楚国通婚,想要和怀王会面。怀王打算前往,屈原说:"秦国是虎狼一样的国家,不可信任,不如不去。"怀王的小儿子子兰却劝怀王去,说:"怎么可以断绝秦王的欢心呢?"怀王最终前往。一进入武关,秦国的伏兵就截断了他的后路,于是扣留怀王,要求楚国割让土地。怀王很愤怒,不肯答应。怀王逃往赵国,赵国不肯接纳。只好又到秦国,最后死在秦国,尸体被运回楚国安葬。

长子顷襄王即位,任用他的弟弟子兰为令尹。楚国人都责怪子兰,因为他劝怀王入秦而怀王最终未能回来。屈原也为此怨恨子兰,虽然流放在外,仍然眷恋着楚国,心里挂念着怀王,念念不忘想要返回朝廷。他思念国君,希望能复兴国家,他在一篇作品中都再三表达这种意愿。令尹子兰听说后,非常生气,最终让上官大夫在顷襄王面前诋毁屈原,顷襄王很生气,因而放逐屈原。

屈原来到江滨,披散着头发,在水边缓步悲吟,脸色憔悴,模样消瘦干枯。渔父看见后便问他:"您不是三闾大夫吗?为什么来到这儿?"屈原说:"整个世界都是混浊的,只有我一人清白;众人都昏醉,只有我一人清醒。因此被放逐。"渔父说:"聪明通达的人,不为外物所拘束,而能随世道变化而变化。整个世界都混浊,为什么不随从世俗,与之同流呢?众人都昏醉,为什么不与众人同醉呢?"屈原说:"谁愿意让自己洁净的身体蒙受外物的污染呢?宁可投入江水葬身于江鱼的腹中,又哪能使自己高洁的品德,去蒙受世俗的尘垢呢?"于是他写下了《怀沙》这篇赋……因此抱着石头,自投汨罗江而死。

23. B 【解析】B项,错误,上句的"园荒",表明旧宅被闲置无人居住;"径新"透露出帝王旧宅平时有人守护整葺。下句则由"园荒"带出"苔古",由"径新"带出"阶斜"。诗句给人以新旧交织的观感,并没有"渲染出荒寂古朴、破败肃杀的氛围"。

24. 【参考答案】(1)本诗选择的意象是作者出生地——武功旧宅中典型的自然风景:池水和老树。它们更新或生长,展现了宅园里一片欣欣向荣的景象。水清花开,因有源有根,而诗人的生长亦如此,这样,诗句便流露出作者对故里旧宅的深情厚谊。

(2)《次北固山下》一诗选择的意象则以时节为主,展现出时序的流逝交替,匆匆不可等待,强化了身在异地的诗人浓浓的思乡之情。

(本题共6分。答出"池水和老树""时节"的意象2分,分别结合两首诗的意象分析表达的思想感情各2分)

25. A 【解析】A项,"对'我'偷懒的行为感到气愤"表述错误,王全并不是对"我"感到气愤,"我"也没有偷懒,而是王全觉得"我"用铁锹的姿势不对,白白浪费力气,忍不住要来教“我”如何使用铁锹。

26.【参考答案】①固执任性,自作主张地换工作且不听劝告。②善良实在,把牲口当孩子对待,尽心尽力喂养。③单纯率真,人到中年有时还跟个孩子似的,不懂人情世故,不看场合地提意见。④爱憎分明,帮助、鼓励用心干活的“我”,痛打偷马料的王升。

(本题共5分。答出“固执”“善良”“单纯”“爱憎分明”并结合相关事例分析4分,语言连贯且表述清晰1分)

五、写作

27.【写作指导】

本题是一道材料作文题。所给材料为组合型材料,材料一引用顾拜旦的话,带出作文主题——交流与融合;材料二和材料三涉及具体的交流和融合内容。这三则材料都围绕一个主题——没有交流就没有融合。交流是融合的前提和条件,融合是交流带来的一个而不是全部结果,融合也有利于更多、更好、更全面、更深入地交流。因此,可供考生参考的立意角度有:(1)人与人、国与国、民族与民族之间,均应该增加交流、增进理解,以此消解纷争,促进团结;(2)世界的美好应在交流中实现,未来应在融合融入中而不是在分裂对抗中走向和谐;等等。

【评分标准】

| 等级 | 标准 |
| --- | --- |
| 一等文章<br>(占总分的80%~100%) | **内容**:深刻揭示“交流与融合”的主题,正文从1~3个角度切入对材料的分析,如写出人与人、民族与民族、国与国之间的交流与融合带来的效果,多角度叙述,充实文章的内容。立意新颖独特,情感真实,细节丰富,观点联系材料,内容具体。<br>**语言**:文从字顺,语言准确生动,有文采,使用1~3种写作手法(运用议论、抒情等表达方式,对比、欲扬先抑等表现手法,排比、比喻、引用等修辞手法)。因使用多种写作手法,可以有0~1处词汇或句法错误。<br>**结构**:结构严谨、完整,层次清晰,全文结构紧凑。<br>**书写**:字体工整,书写规范,卷面整洁。 |
| 二等文章<br>(占总分的51%~79%) | **内容**:正确揭示“交流与融合”的主题,从一种角度切入对材料的分析,素材内容能对应主题,但整体立意不够深刻。情感真实,细节较丰富,观点联系材料,内容较具体。<br>**语言**:文从字顺,表达较好,较有文采,使用一种写作方法。因使用复杂的写作方法,可以有2~3处词汇或句法错误。<br>**结构**:结构完整,层次比较清楚,全文结构紧凑。<br>**书写**:字体工整,书写较规范,卷面整洁。 |
| 三等文章<br>(占总分的28%~50%) | **内容**:未能揭示“交流与融合”的主题,但能够联系部分材料进行分析,情感较真实,点出部分细节。<br>**语言**:语句基本通顺,未使用任何写作手法。有3~4处词汇或句法错误,影响了对写作主题的表达。<br>**结构**:结构不够完整,层次模糊,整体缺少连贯性,信息未能清楚地传达给读者。<br>**书写**:字迹清楚,错别字较少。 |
| 四等文章<br>(占总分的0~27%) | **内容**:主题揭示错位,情感失真,有观点无内容,或无观点堆砌材料。<br>**语言**:语句不通顺,用词不当,语句不通,有超过5处词汇或句法错误。<br>**结构**:结构混乱,逻辑不通,整体不连贯,信息未能清楚地传达给读者。<br>**书写**:字迹不易辨认,错别字多,卷面不整洁。 |

注:其他试卷的作文评分标准参考以上评分标准。

【参考例文】

**和合共生,美美与共**

现代奥林匹克之父顾拜旦说:“奥林匹克不是一场竞赛,而是一种源于内心的交流与融合。”中国古老的《周易》记载:“保合太和,乃利贞。”中外古今之言均体现的是万物“和合共生”,就能“美美与共”的人类光辉理想。

当下,21世纪历史的车轮,正在5G的强大推动下,加速向未来狂奔,人类正沐浴在新一轮科技革命的霞光中。这霞光,氤氲着各民族璀璨的文明,正是这些不同文明的交融聚合,才造就了当今精彩纷呈的和平大势。

但正如阳光的背后总有阴影存在一样，在人类不可阻挡的和平大势洪流中，美国逆势而为，挑起“中美贸易战”。这场没有硝烟的战争，就像是一支灰暗的逆流，与“和合”悖逆，与“美美”僭离。然而，回顾历史，无论中外，“和”才是大势所趋，“和”才能百味纷呈。

中国的历史，是一部“和合”的历史。放眼全球，世界的历史，也同样是一部“和合”的历史。

古代丝绸之路，不仅仅是商品的贸易，更是东西方文化的深度交融。陆上丝绸之路，由西汉张骞开辟，后联结欧洲各国。源源不断的货物贸易，促进了沿线各地的经济发展和繁荣。西方的葡萄、核桃等，通过丝绸之路融入大汉民族的食谱；中原的瓷器、丝绸饰品，丰富了西方人的生活情趣。陆上丝绸之路的深远意义，至今不灭。而如今的“丝绸之路”在中国的倡议和领导下，吸引了近20个亚欧国家的广泛参与，正谱写着“丝绸之路”新的时代光辉。

这种“和合共生”，不正是“美美与共”的鲜活体现吗？

在“中美贸易战”中，备受世人瞩目的华为创始人任正非先生，回答记者采访时曾说：“迟早我们要与美国相遇的，那我们就要准备和美国在‘山顶’上交锋……但最终，我们还是要在山顶上拥抱，一起为人类社会做贡献的。”不管贸易战如何激烈，在任正非先生的眼里，最后双方还要在山顶拥抱。“和合共生”，才能“美美与共”，才能“共建人类命运共同体”。这是中国人的胸怀和智慧，也是中国“和合”文化的现实写照。

我们青年一辈，无疑是幸运的。因为时代为我们铸就了奋斗拼搏的舞台，祖国为我们植入了和合共生的基因。我们唯有努力，才能不辜负时代和祖国的期待和召唤。

（①本篇作文，用两个短语作标题，新颖独特，引人注意；②开篇直接引用材料，就事说事，直接引题；③正文从正反两方面论证“和合共生”的重要性以及必然性，论点鲜明，论据充分，说理性强；④结尾的呼吁振聋发聩，升华主旨；⑤拟定得分：29分）

## 2022年6月浙江省杭州市教师招聘考试中小学语文真题试卷（精编）（三）

**一、基础知识**

1. C 【解析】本题考查字音的辨析。A项，吐槽（tǔ）。B项，载体（zài）。D项，卡点（qiǎ），龅牙（bāo）。
2. C 【解析】本题考查字形的辨析。A项，“奔溃”应为“崩溃”。B项，“仗义直言”应为“仗义执言”。D项，“展露头角”应为“崭露头角”。
3. D 【解析】本题考查词义的辨析。“无材可去补苍天，枉入红尘若许年。此系身前身后事，倩谁记去作奇传”意思是：被女娲遗弃的无用之材，没有被拿去补天，白白地在尘世中蹉跎了这么些年。这里记述的是我生前身后的亲身经历，请谁替我抄去作故事流传。其中“倩”的含义是“请”。
4. A 【解析】本题考查词语的正确使用。揭示：公布；使人看见原来不容易看出的事物。揭晓：公布（事情的结果）。文中是说将“文本集合内在结构特征”这一不容易被人发现的事物公布出来，应选用“揭示”。演变：发展变化（指历时较久的）。善变：心意摇摆不定，容易改变。用来形容“语言”变化，应选用“演变”。展示：清楚地摆出来；明显地表现出来。描绘：描画。根据句意应选用“展示”。超越：超出；越过。超过：由某物的后面赶到它的前面；高出……之上。用来形容抽象事物，应选用“超越”。
5. A 【解析】本题考查成语的辨析。A项，漠不关心：形容对人或事物冷淡，一点儿也不关心。用来形容对某一现象一点不关心，符合语境。B项，不以为然：不认为是对的，表示不同意（多含轻视意）。与语境不符，可改为“漠不关心”。C项，巧夺天工：精巧的人工胜过天然，形容技艺极其精巧。用来形容“自然景观”使用对象错误。D项，甘之如饴：感到像糖一样甜，形容甘愿承受艰难、痛苦。用来形容欣赏古典乐，不符语境。
6. C 【解析】本题考查关联词语的选用。根据后文的“那么”，第一空选择“如果”与其搭配。第二、三空是一个条件复句，选择“无论……都”。第四空选“因为”，对前文做解释。
7. D 【解析】本题考查标点符号的用法。A项，冒号一般管到句末，可将“一个是设计创新”后的逗号改为句号。B项，引用部分不是独立部分，句号应在引号外。C项，分号一般表示复句内部并列关系分句之间的停顿，以及非并列关系的多重复句中第一层分句之间的停顿。此处没必要用分号，可将分号改为逗号。
8. C 【解析】本题考查病句的辨析。A项，成分残缺,“针对”缺少宾语,应在“较快”后加上“现象”。B项,缺少主语,删掉“随着”或者“使”。D项,句式杂糅,删掉“是毋庸置疑的”。

9. C 【解析】本题考查古诗文含义的理解。C项,“忽如一夜春风来,千树万树梨花开”运用比喻的修辞手法,将大雪落满枝头的景象比喻成梨花盛开,并不是描写梨花,不能用来形容梨花盛开的景象。

10. D 【解析】本题考查中外文学史的识记。D项,“世界三大短篇小说之王”分别是法国的莫泊桑、俄国的契诃夫和美国的欧·亨利。

11. C 【解析】本题考查修辞手法的辨析。C项,句子运用了比喻的修辞手法,形象生动地把“连山”比作“铁的兽脊”。

12. B 【解析】本题考查对联的辨析。题干中“雅集鸿文”是两个偏正词语组成的并列短语,“传”是动词,“百代”是数量词。根据对联要求对仗的规则判断,B项符合要求。

13. D 【解析】本题考查语言表达能力。A项,声明一般要用书面语,“都是假的”“当心被骗”都是口头语,可改为“均为假冒”“谨防受骗”。B项,抛砖引玉:谦辞,比喻用粗浅的、不成熟的意见引出别人高明的、成熟的意见。不能用来指他人发言内容。C项,精妙:精致巧妙。为褒义词,不能用来形容电信诈骗的手法。

14. A 【解析】本题考查文言句子的断句。“而”连词,表转折,应在其前断开,排除B、C两项。“也”语气词,一般在句末,故在其后断开。整句话的大概意思是:天下的事故,通常发生在极为细微,隐而不显的地方,最后却成为莫大的祸患。最初认为不值得处理,可是最后会变成没有办法处理的地步。当最初发生,容易处理时,往往吝惜些微的精力,轻忽它而不管,等到祸患形成了,花费很长的时间,用尽了脑筋,精疲力竭,才仅仅能把这祸患克服,天下事,像这拇指的,可太多了。

**二、教材教法**

**《赫耳墨斯和雕像者》教学设计**

教学目标:

1. 了解寓言故事情节,体味蕴含在寓言中的寓意。

2. 多角度提炼寓意,培养发散性思维。

3. 展开联想和想象,续写寓言,领悟生活哲理。

教学过程:

一、导入

今天我们来学习一篇寓言。对寓言,同学们并不陌生,同学们能举几个你听过或读过的寓言吗?(中国的寓言大多凝成四言成语:同学们熟悉的如《拔苗助长》《刻舟求剑》《守株待兔》等,外国寓言如《狼和小羊》《乌龟和兔子》《农夫和蛇》等)

总结:寓言往往都通过一个故事告诉我们道理,那么如何从故事中提炼出寓言的寓意呢?今天让我们通过学习《伊索寓言》中的《赫耳墨斯和雕像者》,一起来探究。

二、初读课文,整体感知

1. 学生自由朗读课文,读准、读通课文。

2. 学生示范朗读,其他同学认真听,从字词读音、朗读节奏、语气表达等方面进行评价。

3. 全班齐读课文,读后用自己的话复述寓言故事的内容。

4. 总结寓言寓意。(课文最后一句话)

三、抓住联系,深入体悟

1. 找出课文中表现赫耳墨斯爱慕虚荣的语句,并朗读。

2. 注意文中词语的变化,讨论人物的心理变化。

明确:想知道—问道—笑着问道—心想—问道。为什么赫耳墨斯先问宙斯和赫拉的?是看见了,还是特意找的?如果连赫耳墨斯的雕像都没有会怎么样?“笑着问道”赫耳墨斯笑的背后内心在想什么?

3. 多角度提炼寓言寓意。

如:(1)人要有自知之明,清楚地认识自己。

(2)在一个岗位要尽到自己的责任。

(3)人的价值不是通过地位的高低决定的,而是看一个人为社会做了多少贡献。

(4)不被人重视的人不等于没有价值。

四、发挥想象,续写故事

寓意来源于故事,那如果故事的结尾不一样,那寓言的寓意会不会改变呢?

思考:赫耳墨斯听说自己的雕像只能算“添头”,白送后,内心会怎么想?他会说些什么?又会做些什么呢?请同学们发挥想象,为这则寓言续写一个结尾,并思考寓意是否发生变化。

五、拓展延伸

阅读《伊索寓言》中的《樵夫与赫耳墨斯》,从该故事中多角度提炼寓意。

六、总结

寓言是一个怪物,当它朝你走过来的时候,分明是一个故事,生动活泼;而当它转身要走开的时候,却突然变成了一个哲理,严肃认真。希望同学们走进寓言时能看到生动活泼的故事，离开时能带走更多属于自己的体验。

(本题共20分。①教学目标从了解故事情节、提炼寓意和续写寓言三个方面展开，每方面2分，陈述明确合理，具有可操作性；②导入从寓言的相关内容展开，生动有趣得1分；③初读课文从字音、朗读节奏、语气等方面入手，引导学生复述寓言故事的内容得2分；④深入体悟部分可以引导学生从文中找出体现赫耳墨斯爱慕虚荣的句子，通过分析文中词语的变化，探讨人物的心理变化从而深入理解课文内容得3分，尝试让学生在理解课文的基础上发散思维，多角度提炼寓意得4分；⑤引导学生发挥想象，能够续写寓言故事，表述合理得2分；⑥最后从寓言的特点方面引导学生对课文进行升华总结得2分，没有升华总结可酌情扣0.5分)

三、写作

【写作指导】

根据题干要求需要分别从主题思想和写作特点两方面对材料进行赏析。阅读材料后可知，这是一篇微型小说，主题是"母爱"。写作时可以从小说常见写作手法入手，如人物描写的手法：细节描写、外貌描写、语言描写、动作描写等。结构思路：伏笔与对照，结尾点题等。在写作中照顾到以上几点，加以提炼，语言尽量简洁，逻辑通畅，言之有理，即可拿高分。

【参考例文】

母爱无言

盘子碎了一地，打碎了作者的心，也打开了文章前眼眶湿润的我的心门。母爱何其伟大，伟大到如山海般高大；母爱何其微小，微小到不经意间就流淌进我们的心底，润泽、呵护着我们。母爱，无言。

作者笔下的母爱是不经意却厚重的。母亲因为看不见而跌倒，却说自己是不小心；母亲已挺不起腰却说着没事。不用华丽的辞藻，无须过多的描绘，从细节处就能彰显母爱的伟大。作者通过对母亲神态、动作、语言的描写，把我们带入那个场景，将母亲的一言一行生动地展现在我们面前，使我们感受到母爱的深沉。

结尾是出人意料的，却又在情理之中。初读只觉心酸和感动，再读更有一股震撼的力量在敲打着我们。作者做了大量铺垫，早已暗示母亲年事已高，背已无法挺直，饺子也落了灰，但母亲还是用善意的谎言搪塞过去了，"我"竟也没有发现。通过"我"的不够关心和母亲深沉的爱的对比，母爱之伟大跃然纸上。

《慈母情深》中母亲的反复动作、朱自清《背影》中父亲笨拙的身影，都在平凡的事中体现他们伟大的爱。本文亦是如此，平凡的言行间，展现出一个坚韧伟大的母亲形象。是啊，上帝不是无所不能的，所以创造了母亲，我们应该从细微处感知母爱，珍惜这份美好。故事如何继续发展尚未可知，但文章前的我们一定能感受到那份坚定有力的爱。母爱，无言。

(①这篇作文符合赏析类文章的要求；②开篇先简述自己的阅读感受；③然后从写作手法入手，结合材料分析，有理有据；④接着从行文结构着手进行赏析；⑤最后升华主题，照应题目；⑥整篇作文结构完整，逻辑清晰，是一篇赏析佳作；⑦拟定得分：32分)

# 2022年湖南省长沙市长沙县教师招聘考试中小学语文真题试卷(四)

## 第一部分　教育理论

一、单项选择题

1. D 【解析】本题考查教育的质的特点。教育不是盲目、自发的活动，而是一种自觉的、有目的的活动，A项说法正确。教育是一种激励与教导受教育者自觉学习和自我教育的活动，B项说法正确。教育是教育者引导受教育者学习、传承、践行人类经验的互动活动，C项说法正确。教育是有目的地引导受教育者能动地学习与自我教育以促进其身心发展的活动，D项说法错误。

2. B 【解析】本题考查人的发展的规律性。人的发展的个别差异性强调，尽管正常人的发展要经历一些共同的基本阶段，但个别差异仍然非常明显，每个人的发展优势、发展速度与高度往往是千差万别的。不同的学生喜欢或擅长的科目不同，体现了人的发展的个别差异性。

3. D 【解析】本题考查教育的经济功能。教育的经济功能是指，教育通过传授生产经验、科学知识，培养各个层次、各种类型的劳动者和专门人才，均有助于发挥人的劳动积极性与创造性，强有力地推动生产发展，显著地提高劳动生产率，能够产生巨大的经济效益。

4. D 【解析】本题考查德育的作用。德育是引导学生领悟社会主义思想观点和道德规范，组织和指导学生的道德实践，培养学生的社会主义品德的教育。它集中体现了我国教育的价值取向和社会政治性质，在学生的全面发展中起着定向和动力的作用。

5. C 【解析】本题考查杜威的教育思想。杜威主张"抛弃把教材当作某些固定的和现成的东西，当作在儿童的经验之外的见解；不再把儿童的经验当作一成不变的东西；而把它当作某些变化的、在形成中的、有生命力的东西；我们认识到，儿童和课程仅仅是一个单一的过程的两极。正如两点构成一条直线一样，儿童现在的观点以及构成各种科目的事实和真理，构成了教学。"

6. A 【解析】本题考查教学过程的中心环节。在教学过程中，不能让学生的认识停留在感性上，而要引导他们把所感知的材料同书本知识联系起来，进行思维加工，把握事物的本质和规律，上升到理性认识。因此，理解教材是教学过程的中心环节。

7. C 【解析】本题考查讲授法的形式。讲授法的形式可分为讲读、讲述、讲解和讲演四种。讲读是读(教科书)与讲的结合，边读边讲，亦称串讲。讲述是教师向学生描绘学习的对象、介绍学习的材料、叙述事物产生变化的过程。讲解是教师向学生对概念、原理、规律、公式等进行解释、论证。讲演则是教师在中学高年级采用的一种教学方法，它要求教师不仅要系统全面地描述事实，而且要通过深入分析、推理、论证来归纳、概括科学的概念或结论。题干中的教师论证了勾股定理，属于讲授法中的讲解。

8. A 【解析】本题考查学期教学进度计划的编制要求。学期教学进度计划是教师根据该学期所用的学科课程标准、教科书和学校的学期教学总要求，结合任课班的学生的具体情况来编制的。首先，要确定学期学科教学所要实现的目的与任务；其次，要按周安排教材章节或课题的教学进程，包括教学时数、教材纲要、确定要进行的参观或实验等重要的实际活动；最后，要提出教学研究与改革的设想与举措等。

9. D 【解析】本题考查综合实践活动的生成性特征。综合实践活动注重学生的积极参与和亲身经历，让学生在活动过程中不断地形成自身良好的思想意识、情感、态度、价值观和品行，不断地发展动手能力、综合实践能力和创造性，所以，综合实践活动具有生成性，富有生成性的教育价值。

10. B 【解析】本题考查非正式群体。非正式群体是在同伴交往过程中，一些学生自由结合、自发形成的小群体。它是同伴关系的一种重要形式。非正式群体对学生个体和正式群体既有积极影响，也有消极影响。非正式群体对个体的影响是积极的还是消极的，主要取决于非正式群体的性质以及与正式群体的目标一致的程度。因此班主任在对待班集体中的非正式群体时，要倡导非正式群体积极服务班集体，促使非正式群体向与正式群体一致的目标发展。

11. A 【解析】本题考查诊断性评价的目的。诊断性评价的目的在于弄清学生现有知识和能力发展情况，优点与不足之处，以便更好地改进教学，因材施教，因势利导。

12. A 【解析】本题考查操行评定相关知识。为了写好操行评定，班主任在工作中要注意积累每个学生的材料。在评定前，可征求有关教师和团队干部的意见；或让学生做自我鉴定，以供参考。然后，由班主任考虑学生的实际表现和各方面意见写成。

13. A 【解析】本题考查同化。同化是指在有机体面对一个新的刺激情境时，把刺激整合到已有的图式或认知结构中。

14. B 【解析】本题考查教养方式。权威型教养方式的父母对孩子提出合理的要求，对孩子的行为做出适当的限制，设立恰当的目标，并坚持要求孩子服从和达到这些目标；以积极肯定的态度对待儿童，表现出对孩子成长的关爱，会耐心地倾听孩子的观点；对儿童不同的行为表现奖惩分明。故选B项。

15. D 【解析】本题考查消退。在条件刺激与无条件刺激之间建立联结的过程叫作条件反应的习得过程。条件反射形成以后，如果得不到强化，条件反应会逐渐减弱，直至消失，称为消退现象。D项对儿童的攻击行为不加理睬，是让儿童的攻击行为得不到强化，符合消退的内涵，故选D项。

16. D 【解析】本题考查有效教学的QAIT模式。美国教育心理学家斯莱文提出的有效教学的QAIT模式，说明了高质量课程的主要特征。Q代表教学质量(Quality of instruction)，A代表教学适当性(Appropriate levels of instruction)，I代表诱因(Incentive)，T代表时间(Time)。

17. A 【解析】本题考查影响学习动机形成的因素。影响学习动机形成的主观因素包括需要与目标结构、成熟与年龄特点、性格特征与个别差异、志向水平与价值观和焦虑程度等。其中，志向水平与价值观是指学生的理想与志向水平影响着其学习动机和目标结构的形成，一般地说，理想、志向水平越高,学习动机就越强,且越具有持久性。世界观、人生观和价值观直接影响着个体对事物的价值判断,进而影响着是否把该事物作为目标物以及对该目标物追求的强烈程度。题干中学生认为读书没有价值而难以产生学习动力,体现了学生的志向水平与价值观对学习动机形成的影响。

18. C 【解析】本题考查韦纳的归因理论。根据韦纳的归因理论,当个体将成功归因于能力和努力等内部因素时,会产生骄傲、自豪感,增强自信心和动机水平。具体内容参见张大均主编的《教育心理学》。

19. D 【解析】本题考查惩罚。负惩罚又称移除性惩罚(取消性惩罚),是指在行为后移去满意刺激,以减少行为的发生。例如,老师要求学生"不写完作业就不能出去玩",用"出去玩"这个满意刺激的移除来减少学生"不写作业行为"的发生。题干中张老师在学生甲扰乱课堂纪律的行为后,移除了次日参加学校春游活动这一满意刺激,以减少学生甲扰乱课堂纪律的行为,属于负惩罚,故选D项。

20. C 【解析】本题考查学习迁移。学习迁移也称训练迁移,是指一种学习对另一种学习的影响,或习得的经验对完成其他活动的影响。C项中小提琴的学习对二胡学习的影响体现了迁移,故选C项。

21. D 【解析】本题考查遗忘的规律。根据艾宾浩斯遗忘曲线可知,遗忘的进程是不均衡的,其趋势是先快后慢、先多后少,呈负加速,且到一定的程度几乎就不再遗忘了。因此,对于新学习的材料,为了防止遗忘,必须"趁热打铁",及时进行复习。D项体现了及时复习,故选D项。

22. B 【解析】本题考查课堂纪律的种类。课堂纪律一般可分为教师促成的纪律、集体促成的纪律、任务促成的纪律和自我促成的纪律四类。其中,集体促成的纪律是指在集体舆论和集体压力的作用下形成的群体行为规范。

23. A 【解析】本题考查爬山法策略。爬山法是采用一定的方法逐步降低初始状态和目标状态的距离,以达到问题解决的一种方法,与手段—目的分析法类似。两者的不同之处在于,手段—目的分析法包括这样一种情况,即有时人们为了达到目的,不得不暂时扩大目标状态与初始状态的差距,以便最终达到目标。题干中电工在寻找电路断点,对电路进行逐步测试时,不需要暂时扩大目标状态与初始状态的差距,因此属于爬山法,选A项。

24. A 【解析】本题考查创造性活动的阶段。沃拉斯认为,创造性活动主要由准备、酝酿、明朗和验证四个阶段构成。其中,准备阶段是创造过程的基础阶段,包括积累知识、提出问题、调查研究、收集资料、分析别人的经验和数据等。这一阶段的任务,主要是在积累知识的过程中检查和理清问题,确定创造的方向和目标,从主观和客观条件上做好必要的准备。题干中小王分析其他人制作榫卯结构物品的经验数据,说明他处于创造性活动的准备阶段。

25. D 【解析】本题考查《中华人民共和国教师法》。根据《中华人民共和国教师法》第二十五条规定,教师的平均工资水平应当不低于或者高于国家公务员的平均工资水平,并逐步提高。建立正常晋级增薪制度,具体办法由国务院规定。B项正确。第二十六条规定,中小学教师和职业学校教师享受教龄津贴和其他津贴,具体办法由国务院教育行政部门会同有关部门制定。A项正确。第二十八条规定,县、乡两级人民政府应当为农村中小学教师解决住房提供方便。C项正确。第二十九条规定,教师的医疗同当地国家公务员享受同等的待遇;定期对教师进行身体健康检查,并因地制宜安排教师进行休养。医疗机构应当对当地教师的医疗提供方便。故D项错误。

26. D 【解析】本题考查《中小学教育惩戒规则(试行)》。根据《中小学教育惩戒规则(试行)》第四条规定,实施教育惩戒应当符合教育规律,注重育人效果;遵循法治原则,做到客观公正;选择适当措施,与学生过错程度相适应。

27. B 【解析】本题考查教育热点。"双减"文件是指中共中央办公厅、国务院办公厅印发的《关于进一步减轻义务教育阶段学生作业负担和校外培训负担的意见》。故本题选B项。

28. C 【解析】本题考查教育热点。《关于进一步减轻义务教育阶段学生作业负担和校外培训负担的意见》中指出,提升学校课后服务水平,满足学生多样化需求。保证课后服务时间。学校要充分利用资源优势,有效实施各种课后育人活动,在校内满足学生多样化学习需求。引导学生自愿参加课后服务。课后服务结束时间原则上不早于当地正常下班时间;对有特殊需要的学生,学校应提供延时托管服务;初中学校工作日晚上可开设自习班。学校可统筹安排教师实行“弹性上下班制”。

29. B 【解析】本题考查《中小学教师资格定期注册暂行办法》。《中小学教师资格定期注册暂行办法》第二条规定，教师资格定期注册是对教师入职后从教资格的定期核查。中小学教师资格实行5年一周期的定期注册。定期注册不合格或逾期不注册的人员，不得从事教育教学工作。

30. C 【解析】本题考查教育热点。“五项管理”指的是中小学生作业、睡眠、手机、读物、体质管理。其中，《关于进一步加强中小学生睡眠管理工作的通知》明确了学生睡眠时间要求。根据不同年龄段学生身心发展特点，小学生每天睡眠时间应达到10小时，初中生应达到9小时，高中生应达到8小时。学校、家庭及有关方面应共同努力，确保中小学生充足睡眠时间。

## 第二部分　语文学科专业知识

### 二、语言文字运用

31. C 【解析】本题考查词语的选用。如履薄冰：战战兢兢地好像踩在薄冰上，形容谨慎戒惧。进退维谷：进退两难。举步维艰：迈步艰难，比喻办事情每向前进行一步都十分不容易。步履艰难：行走艰难。根据语境，这里指疫情期间老年人因没有或不会使用智能手机、无法出示健康码和行程码等通行凭证而造成的困难，故第一空应选“举步维艰”。遭受：受到（不幸或损害）。沾染：因接触而被不好的东西附着上；因接触而受到不良的影响。罹患：遭遇，遭受。蒙受：受到，遭受。结合上下文内容，这里指很多老年人患有多种慢性病，故第二空应选“罹患”。由此排除A、B、D三项。

32. A 【解析】本题考查句子的选用。B项，该句主语与后文“为其保留一扇人工窗口、一条人工通道”的主语不一致，故排除。C项，说明的是老龄化问题，与疫情防控内容无关，故排除。D项，提到的“劣势群体”与前后文内容不一致，故排除。

33. B 【解析】本题考查病句的辨析。画线句出现的主要问题是主客颠倒，应是“年轻人对网络购物”，故排除C、D两项。画线句的主语应是“网络购物”，而不是“年轻人”，这样整句话前后文的主语才能保持一致，故排除A项。

### 三、论述类文本阅读

34. C 【解析】A项，“花朝节早在魏晋南北朝时期就已形成”表述错误，原文第二段指出“如果单就‘花朝’一词而论，早在魏晋南北朝时期就已出现”，并不是已形成。B项，“一般为农历二月十二”表述错误，由原文第三段“除了农历二月十五日，历史上还有以二月初二或者十二日为节期的情况，可能由于各个历史时期以及各个地方的气候不同，花朝节具体日期也不一”可知，“农历二月十二”并不是花朝节公认的具体日期。D项，“鸦片战争之后，其影响已不复存在”表述错误，由原文第八段“1925年3月7日（农历二月十三日），上海世界书局发行的《红玫瑰》杂志第32期专门开设‘百花生日号’专刊，纪念已远离普通民众生活的花朝节。可见当时花朝节的影响尚在，但已不复往昔”可知，鸦片战争之后花朝节的影响尚在。

35. D 【解析】D项，由文中“魏晋南北朝”“宋代”“元明清”等时间词可知，前文以时间为线，叙述了花朝节的发展历程，采用了递进式结构。

### 四、文学类文本阅读

36.【参考答案】(1)①“几个少年”在这里指为解救劳苦大众，在革命中流血牺牲的烈士们；②这句话运用了排比的修辞手法，写出了烈士们的斗争过程和不幸遭遇，增强了文章的气势，表达了作者对暗杀少年者的谴责，对烈士们被遗忘的愤慨以及对烈士们的同情和讴歌。

(2)①这句话运用了神态描写和动作描写；②生动形象地写出了N先生脾气乖张的特点，表现了N先生的得意心情，引出下文与“头发”有关的故事情节。

（本题共4分。①第1句答出“几个少年”的含义得1分，正确答出“排比”的修辞手法及其作用得1分；②第2句答出“神态描写和动作描写”的方法得1分，表达效果分析正确得1分）

37.【参考答案】①有利于塑造人物形象，丰富人物的心理世界。小说的整体结构是建立在反语之上：我们看到N先生得意的笑容，却分明感受到他的辛酸苦痛；听到N先生对辛亥革命的赞美，感受到的却是他深重的失望。写出了以N先生为代表的新知识分子愤世嫉俗的特点以及对民族满贮热爱的情感。

②不受时空限制，便于情节的发展。文中对N先生的自言自语进行细节描写，比如回忆剪辫子、双十节等故事情节，丰富了文章的内容，再现客观现实，方便读者理解与感受。

③通过人物独白的形式，以N先生的视角叙事便于抒情，从而深化文章的主题。作者选择了

一条辫子的遭遇来抒发愤懑之情，这条辫子深深地植根在民族的痼疾里，所以辫子的命运与民族的命运紧密相连，这就便于表达作者极为复杂的感受，表达了作者对辛亥革命的欣喜和失望，对民族病根的忧虑与愤慨。

（本题共3分。答出“塑造人物形象，丰富人物的心理世界”“不受时空限制，便于情节的发展”“通过人物独白的形式，深化文章的主题”等关键词句并结合文章具体内容分析完整得3分，每漏答一点或错答一点扣1分）

38.【参考答案】①表达了对革命者的同情和讴歌。双十节到了，国民们忘却了纪念，以十分漠然的态度来对待中国近代史上具有重大影响的日子，在这革命的途中，多少热血少年曾受苦受难、流血牺牲，所得的却是国民如此的冷漠。

②对民众的同情及批判。本文通过描写历史上的辫子事件以及N先生剪辫子的情节，抒发了作者对民众在时代背景下的遭遇的同情，但民众忘却了为革命而牺牲的烈士们，作者又对国民的麻木健忘而愤慨。

③揭示了革命失败的原因以及作者对现实的激愤。一场革命只剩“一块斑驳陆离的洋布”，揭示了革命的软弱性与妥协性，本篇小说里有失望、有悲哀，然而更多的却是愤激，而这愤激，正植根于作者至高无上的民族责任感。

（本题共3分。答出“对革命者的同情和讴歌”“对民众的同情及批判”“揭示了革命失败的原因以及作者对现实的激愤”等关键词句并结合文章具体内容分析完整得3分，每漏答一点或错答一点扣1分）

**五、文言文阅读**

39. D 【解析】D项，更：经历。

40. C 【解析】A项，介词，凭借/介词，因为。B项，介词，到/介词，比。C项，两个“之”均为代词，可译为“他、他们”。D项，连词，表并列，而且/连词，表目的，用来。

41. A 【解析】A项，“何太后反对并打算召董卓进京，以利用董卓的兵力协助自己”表述错误，原文第一句“何太后不听，进乃召董卓，欲以兵胁太后”，是何进打算召董卓带兵进京，想利用董卓的兵力胁迫太后。

42.【参考答案】(1)公孙康向来畏惧袁尚等人，我逼急了他们就会联合起来抵抗，我缓一步，他们就会互相图谋，这是情势所必然的。

(2)老虎正在捕鹿，熊去占有虎穴并且吃掉虎子，老虎向前得不到鹿，退后又不能得到虎子。

（本题共4分。①第1句答出“素”“急”“并力”“图”的含义得1分，语言表述完整流畅得1分；②第2句答出“据”“啖”“进”“退”的含义得1分，语言表述完整流畅得1分）

**文章大意：**

何进和袁绍谋划诛杀宦官，何太后不接受他们的意见，何进就召董卓进京，想用武力胁迫太后。曹操听到之后讥笑何进，说：“宦官从古至今都有，但皇上不应该给予他们权力和宠爱，使他们达到现在这种地步。既然要治他们的罪，应当杀掉首恶，这只需要一个狱吏就够了，何必召来外地将领呢？想全部杀掉他们，事情必然泄露。我已经预见到他的失败了。”董卓还没赶到京城，而何进已经被宦官杀害了。

袁尚、袁熙投奔辽东，手下还有几千人马。起初，辽东太守公孙康依仗他占据的地方远离中原而不服朝廷。等到曹操打败乌丸，有人劝曹操顺便征讨公孙康，袁尚兄弟也可以被擒拿。曹操说：“我正要让公孙康斩下袁尚、袁熙的头送来，不需要用兵。”九月，曹操率领军队从柳城回师，公孙康便杀了袁尚、袁熙，并送来了他们的首级。众将领询问其中的缘故，曹操说：“公孙康向来畏惧袁尚等人，我逼急了他们就会联合起来抵抗，我缓一步，他们就会互相图谋，这是情势所必然的。”

曹操东征刘备，参加议事的人担心军队出征之后，袁绍要来袭击他们的后方，结果进不能作战，退又失去自己所占据的地方。曹操说：“袁绍为人料事迟缓而多疑，来的必然不快。刘备刚刚崛起，众心还没有归附，急速进攻他，他必然失败。这是存亡的关键时刻，不可以失掉战机。”于是立即东征攻打刘备。田丰果然说服袁绍说：“老虎正在捕鹿，熊去占有虎穴并且吃掉虎子，老虎向前得不到鹿，退后又不能得到虎子。现在曹操亲自率领军队征讨刘备，国内空虚。将军步兵百万，骑兵千群，直接攻打许昌，捣毁曹操的巢穴。百万雄师从天而降，好像举烈火烧蓬草，倾海水来浇炭火，有能不被消灭的吗？用兵的机宜变化就在须臾之间，胜利的取得在于应变的迅速。曹操听到许昌被我们攻下了，必定丢开刘备返回攻打许昌。我军占据城内，刘备率军在城外进攻，叛贼曹操的头颅，必然悬挂在将军您的军旗之下了！如果失掉了这个机会，曹操得以回国，休养生息，积蓄粮食,培育人才。现在汉运衰败,纲纪松弛,而曹操凭借自己骁悍雄杰的本性,应用他专权跋扈的势力,放纵他那虎狼一样的欲望,酿成篡权叛逆的阴谋,到那个时候,即使百万兵马攻打他,也是无法取胜的。”袁绍以儿子有病而推辞,不肯出兵。田丰用手杖敲打着地面叹道:“遇到这样难得的机会,却因为小孩子的缘故而失去了,真可惜啊!”

安定郡和羌人的地界很接近,太守毋丘兴上任时,曹操警告他说:“羌人假使想与我们交往,应当由他们派人来,你千万不可派人去。因为好使者不容易找,派去的人一定会为了个人的私利,教羌人对中国做种种不当的请求。到那时,若不应允则会失去当地羌人的民心,如果应允又对我们没有什么好处。”毋丘兴假装答应而去。到了安定郡,却派遣校尉范陵到羌,范陵果然教唆羌人出面请求让他做属国都尉。曹操笑着说:“我预测必会如此,并不是我特别聪明,只是阅历多罢了。”

曹操明白要得到天下,一定得消灭刘备。而汉中之役,却因急着占有陇地,而让刘备有机会占有蜀地。没有采纳司马懿、刘晔的计策,是什么原因呢?或者是天意吧?

六、古代诗歌阅读

43.【参考答案】①前两句运用设问的修辞手法,言明自己的处境,表达作者想脱离官场而不能的苦闷,同时引导出作者对僧人的赞扬。

②此诗运用了借景抒情的表达技巧,把情与理置于形象的描写之中,在鲜明完整的意象中表现个人的思想和情感,刻画传神,细致入微,表达了他对弘济上人怀念的同时,把僧人的品德、感天动地月为之明的情形写了出来,可见诗人内心潜在的无须言明的感情。

③运用想象的表达技巧,诗歌最后两句通过描写诗人想象弘济上人立于檀溪之上,朗月清辉照拂他一人的情景,表达了诗人对友人的怀念和赞扬。

(本题共6分。答出“设问”“借景抒情”“想象”关键词得3分,结合表达技巧及诗歌内容具体分析情感且表述清晰严谨得3分,每漏答一点或错答一点扣1分)

七、名篇名句默写

44.(1)六跪而二螯;非蛇鳝之穴无可寄托者

(2)寄蜉蝣于天地;渺沧海之一粟

八、写作题

45.【写作指导】

这是一则材料作文,考生首先要阅读材料,从中提取出重点内容。材料主要围绕“专注”展开叙述。考生在写作时,可以从“专注”方面进行立意,素材选择自身熟悉的材料进行写作,要注意字数的要求。

【参考例文】

**保持专注,必有收获**

陈寿在《三国志》中说:“守少则固,力专则强。”人生在世,应该以此为圭臬,学会保持专注。毕竟,一个人的精力和时间都有限,如果多处着手,四面出击,必然会分散时间和精力,导致一事无成。

当今社会,如同一个不停运转的巨型机器,而每个人都是它身上的小小齿轮,不可缺少。有了专注的心态和习惯,便会获得一步步前进的持续性动力。南宋思想家陈亮在《耘斋铭》中讲:“工贵其久,业贵其专。”这“久”“专”二字,体现的是一种执着、一种坚持。事实证明,一个人的注意力始终聚焦,就会产生不可思议的力量;一个团队的精力投在一处,就会孕育出无坚不摧的能量。

袁隆平毕生追求水稻高产,就连获得共和国勋章的当天,年近九旬的他还在田里干活,领完勋章第二天便又赶回试验田工作。袁老“用心一也”的专注劲儿,令世人感慨。

今天,我们的“北斗”系统、“嫦娥”探月工程等,之所以取得如此辉煌的成就,与一个个团队的目光始终聚焦于同一个目标是分不开的。被誉为“当代毕昇”的王选院士,曾带领团队在20多年间紧跟市场需求持续创新,使中国传统出版印刷行业“告别铅与火,迎来光与电”;南仁东专注于技术攻关24年,潜心磨剑,最终率团队打造出世界最大、最灵敏的单口径射电望远镜,领先世界20年。他们的成功,就在于他们能找准一个方向深扎进去,心无旁骛坚守本业,直到“探得泉眼,喝到甘泉”。

专注是定力、是操守,要坐得稳、守得住,不为繁华易素心。清代的纪昀说:“心心在一艺,其艺必工;心心在一职,其职必举。”真正的大国工匠,都有“择一事终一生”的执着专注,有“干一行专一行”的精益求精,有“偏毫厘不敢安”的一丝不苟。许振超专注于码头集装箱装卸,在平凡的岗位干出不凡的业绩;屠呦呦经历过无数次实验失败，终于发现了抗疟效果为100%的青蒿提取物，赢得了诺贝尔奖。

“人若愿意，何不以悠悠之生，立一技之长，而贞静自守。”唯有让专注成为一种行为习惯，驰而不息，久久为功，才能看到别人难以看到的旖旎风景，登上别人难以抵达的事业高峰。路途虽远，行则将至。山再高，往上攀总能登顶；路再长，走下去定能到达。

（①作文开篇通过引用名言引出本文的主题，引用手法的运用增强了语言美；②接着作者通过大量的事例来充实文章内容；③文章结尾处再次运用引用的手法深化文章主题，富有文采；④拟定得分：27分）

# 2021年江西省教师招聘考试初中语文真题试卷(精编)(五)

## 第一部分 客观题

### 一、单项选择题

1. C 【解析】本题考查《义务教育语文课程标准》(2011年版)学段目标与内容。第三学段阅读教学目标与内容要求：“阅读说明性文章，能抓住要点，了解文章的基本说明方法。”(备注：本题属于超纲题，所考查的知识点为新课标5～6年级的内容，不属于初中学段。考生在作答时，可先采用排除法，根据已复习的新课标7～9年级的内容将D项排除。再结合实际，说明文属于较难理解的内容，一般不会在第一、二学段进行教学)

2. D 【解析】本题考查《义务教育语文课程标准》(2011年版)学段目标与内容。D项，新课标中关于写作教学目标与内容要求：“作文每学年一般不少于14次，其他练笔不少于1万字，45分钟能完成不少于500字的习作。”

3. C 【解析】本题考查《义务教育语文课程标准》(2011年版)关于阅读的评价建议。C项，新课标中关于阅读的评价建议指出：“评价学生阅读古代诗词和浅易文言文，重点考查学生的记诵积累，考查他们能否凭借注释和工具书理解诗文大意。词法、句法等方面的概念不作为考试内容。”

4. A 【解析】本题考查字音的识记。B项，安营扎寨(zhā)。C项，纤维(xiān)。D项，棱镜(léng)。

5. B 【解析】本题考查短语的结构。A项，“南昌起义、久久驻足”为偏正短语，“石破天惊、初心使命”为联合短语。B项，均为动宾短语。C项，“石块崩裂”为主谓短语，“步枪扳机、敢于斗争、必胜信念”为偏正短语。D项，“一座雕塑、一只大手、一把步枪”为量词短语，“一筹莫展”为主谓短语。

6. A 【解析】本题考查句子的选用。这段话总的意思应该是：因为黄公望绘就了《富春山居图》，使得当时的富春江的山水美景永久地留存了下来。因此本题应选A项，“凭借艺术的非凡力量(黄公望绘就《富春山居图》)，大自然之美获得了永恒的生命(至今留存)”。

7. C 【解析】本题考查修辞手法的辨析。第一段：第一句话运用了反问的修辞手法；第二句话运用了拟人的修辞手法，将炊烟拟人化；第三句话运用了比喻的修辞手法，将父亲的声音比作“洪钟”的响声。第二段：第三句话运用了反问的修辞手法；第五句话运用了比喻的修辞手法，将炊烟比作“一棵树”；第八句话运用了比喻和排比的修辞手法，用排比句将炊烟比作“飞流直下的瀑布”“艳丽多彩的锦缎”“婀娜多姿的少女”“飘忽散淡的烟霞”；第九句运用了通感的修辞手法，让视觉状态下的炊烟有了“麦子的香味”。故选C。

8. B 【解析】本题考查句子的选用。第一空由前文“没有风的时候”可知，①句应填“有风的时候”，两者句式保持一致。第二空由前文“无论是有风的时候，还是无风的时候，乡村上空的炊烟”可知，该句话构成了“是……还是……”的选择关系和“无论……都……”的条件关系，因此②句应填“都是一幅动人的画卷”。

9. A 【解析】本题考查病句的辨析。文中画线的句子逻辑关系错误，“更”表示更进一步，因此后边的内容应比前边的程度更深，因此，这句话应为：“可是炊烟与画卷又不同，因为炊烟里还有麦子的香味，更有母亲殷殷的目光。”

10. C 【解析】本题考查汉字的笔顺和笔画。C项，“道”先写“首”，后写“辶”，捺要长。“辶”三笔写成，第二笔是横折折撇。

11. B 【解析】本题考查句子的选用。该段话由三个排比句构成，因此分句的结构应该相同，画线句子中的“筑长城开运河”“脱贫困奔小康”分别是由两个动宾短语构成，而A、D两项的“建筑文明大国”与画线句句式不一致，故排除A、D两项。由后文的“中国人民具有伟大的团结精神”可知，空缺处应填与“团结”有关的内容，C项与“团结”无关，排除C项。故选B。

12. B 【解析】本题考查语言表达。B项，太极阴阳鱼是中国道家文化的产物。

13. A 【解析】本题考查语言表达。首先判断林肯面对的是外交官，因此语言应婉转，避免生硬，C项的回答过于生硬，含有嘲讽意味，容易引发矛盾，排除C项。B项的回答容易引起歧义，“只擦自己的靴子”，是不是代表只顾自己，不管他人，不符合一国总统的外交辞令。D项，外交官的揶揄是在讽刺林肯一国总统还要自己擦靴子，而D项的回答正中外交官的下怀。而A项既回答了外交官的问话，又进行了幽默的反击。

14. A 【解析】本题考查句意的辨析。“无时无刻”意为没有哪一时刻，用在“不”前，合起来表示“时时刻刻都……”，改句中缺少了关键字“不”，以致句子意思变为“我们时时刻刻都不维护国家的海洋权益，建设海洋强国”，与原句意思截然相反。

15. B 【解析】本题考查看图提取信息。图中没有关于物流的信息。故选B。

16. D 【解析】本题考查复句类型的辨析。D项，该句为“不是……而是……”引导的对照并列复句，“技术类真理”和“开辟了通向真理的道路”是并列关系。

17. C 【解析】本题考查句子的排序。第一句话中出现了与下面六句话相关的一个名词“高程”，因此接下来应该是讲“高程”的，以此选出④句，④句中有一个关联词“而”，由此可判断前面还应有一句话，排除A、D两项。⑥句提到了“水准原点”与下文中“以水准原点为起点”相照应，可知⑥句在最后，排除B项。故选C。

18. B 【解析】本题考查语言表达的准确、连贯、合理。A项，出生：胎儿从母体中分离出来。诞辰：生日（多用于所尊敬的人）。伟人的生日应用“诞辰”。B项，“继承和发扬”没有问题，本就应先继承再发扬。C项，风气：社会上或某个集体中流行的爱好或习惯。作风：（思想上、工作上和生活上）表现出来的态度、行为。“优良作风”属固定搭配，且要继承和发扬的也应是先辈思想、工作和生活中的态度和行为。D项，“此致敬礼”用于书信的结尾，通知稿上一般不用。

19. B 【解析】本题考查语段的概括。本段话讲了“‘科学也偶像’科学家精神短视频征集活动”的主办方、开始时间、内容、意义、评审等内容。而B项的“主人公多为一线科研工作者”只是说了活动视频里的主人公，不属于主干信息。

20. D 【解析】本题考查文化常识的识记。D项，“致仕”“致事”表示辞官退休。

21. D 【解析】本题考查古代文学史相关内容。D项，《史记》是一部纪传体史书。

22. D 【解析】本题考查《红楼梦》相关内容。D项，“贾府众女子在清明节祭花神”说法错误，原文中为“至次日乃是四月二十六日，原来这日未时交芒种节。尚古风俗：凡交芒种节的这日，都要设摆各色礼物，祭饯花神”。

23. A 【解析】本题考查造字法的辨析。A项，“雨、泉、瓜、舟”均为象形字。B项，“本、朱、刃”为指事字，“从”为会意字。C项，“武、取、涉”为会意字，“绳”为形声字。D项，“辩、耕、匣”为形声字，“森”为会意字。

24. D 【解析】本题考查朗读节奏的划分。“孀妻”指寡妇，是一个词语，朗读时不能断开，这句话正确的朗读节奏划分应为“邻人京城氏之孀妻/有遗男”。

25. A 【解析】本题考查句子节奏的划分。这句话的意思是：“大王的军队被秦、晋打败后，丧失土地数百里，这说明楚国军队软弱；庄跻在境内作乱，而官吏却不能禁止，这说明楚国政事混乱。”由此可知本题应选A项。

26. B 【解析】本题考查文言实词的翻译。B项，阙：通“缺”，空隙、缺口。

27. A 【解析】本题考查文言实词的翻译。A项，①句中的“顾”意为“看，视”，②句中的“顾”意为“回头看”，这两句话中的“顾”都有“看”的意思。B项，①句中的“道”意为“方法”，②句中的“道”意为“说”。C项，①句中的“过”意为“犯错误”，②句中的“过”意为“经过”。D项，①句中的“谓”意为“告诉”，②句中的“谓”意为“认为”。

28. B 【解析】本题考查文言实词的翻译。B项，“痛恨”意为“痛心、遗憾”。

29. A 【解析】本题考查文言虚词的翻译。“送杜少府之任蜀州”中的“之”意为“到，往”。A项，“之”意为“到，往”。B项，“之”用于主谓之间，取消句子独立性，可不译。C项，“之”意为“的”。D项，“之”为代词。

30. D 【解析】本题考查文言虚词的翻译。A、B、C三项的“以”均译为“因为”。D项，“以”表目的，可译为“来”。

31. D 【解析】本题考查词类活用现象。A、B、C三项的加点字均为使动用法。D项，加点字为意动用法，意为“以……为乐”。

32. A 【解析】本题考查文言句式的判断。①句为宾语前置句,②句为被动句,③句为判断句,④句为宾语前置句,⑤句为状语后置句,⑥句为陈述句,⑦句为判断句,⑧句为宾语前置句。

33. C 【解析】本题考查句子的翻译。A项,“或”意为“或许,也许”,“或异二者之为”翻译为“或许不同于以上两种表现”。B项,“苍颜”意为“苍老的容颜”。D项,漏了文中的“约”字,正确的翻译应为“小船从头到尾长约八分多一点,高度二分上下”。

34. A 【解析】本题考查句子的翻译。①句“流辈”意为“同辈”,应译为“在太学里读书已经两年了,同辈人十分称赞他的贤能”。

35. D 【解析】本题考查古代文学相关知识。D项,《鱼我所欲也》是孟子论述生死观的重要篇章,孟子将“生命”与“义”的冲突置于一个两难的境地。

36. A 【解析】本题考查《红楼梦》的相关内容。《红楼梦》中的薛宝钗容貌丰美,举止娴雅,善处世为人,识大体。

37. B 【解析】本题考查古诗词的鉴赏。B项,“造化钟神秀,阴阳割昏晓”写近望中所见泰山的神奇秀丽和巍峨高大的形象。

38. A 【解析】本题考查古诗词的理解。这首诗描写了诗人在凝视那一轮明月时的感怀,触景生情,流露出诗人心中的闲愁。“月”是中秋节比较常用的意象,因此,这首诗最有可能表示的节气/节日是中秋。

39. C 【解析】本题考查古诗词的鉴赏。C项,“相顾无相识,长歌怀采微”借典抒情,情景交融,是说作者在现实中孤独无依,只好追怀古代的隐士,和伯夷、叔齐那样的人交朋友了。

## 第二部分　主观题

**一、古诗文填空**

1. 长风破浪会有时;直挂云帆济沧海
2. 星河欲转千帆舞;九万里风鹏正举
3. 万钟则不辩礼义而受之;万钟于我何加焉
4. 人生自古谁无死;留取丹心照汗青

**二、简答题**

《义务教育语文课程标准》(2011年版)指出:“写作的评价,应按照不同学段的目标要求,综合考察学生写作水平的发展状况。第一学段主要评价学生的写话兴趣;第二学段是习作的起始阶段,要鼓励学生大胆习作;第三、第四学段要通过多种评价,促进学生具体明确、文从字顺地表达自己的见闻、体验和想法。”请你谈谈如何有针对性地制订初中生写作的评价标准。

**【参考答案】**(1)评价标准分类制订。平时的作文训练和考试作文应该采用不同的评价标准,考试时的作文评价标准和操作方法不适于照搬到日常的作文教学之中;不同的学习阶段、不同的写作学习目标应该有不同的评价标准;不同的学生应该采用不同的评价标准。

(2)评价内容多维化。评价的内容要努力全面反映学生的写作实际情况和发展过程,还要重视情感、态度、价值观的综合评价。

(3)评价主体多元化。学生的自我评价和学生互评最能体现学生作文评价的主体性。

(本题共8分。①答出“评价标准分类制订”“评价内容多维化”“评价主体多元化”3个要点并结合具体内容合理阐述得6分,每个要点2分,每少答一点扣2分;②语言连贯得2分)

**三、诗歌鉴赏题**

**【参考答案】**这首词以白描的手法、浅近的语言,勾勒出一幅春光明媚、万物竞发的田园风光图。上阕描写的是一处静态风景,主要描写的是村庄、小园春景。下阕则描写流水青旗的农家乡院以及莺歌燕舞、蝶影翻飞的迷人春色。上下两阕的风景合起来,便组成了一幅春意盎然的宋代农村画卷。

全词写景状物,围绕词人游春足迹这个线索次第展开,不慌不忙而意趣自出;结构上完美对称,组成两幅相对独立的活动图画,相互辉映而又和谐统一。词人运用通俗、生动、朴素、清新的语言写景状物,使朴质自然的村野春光随词人轻松的脚步一一展现。全词意兴盎然,洋溢着一种由衷的快意和舒畅。

这首词一反词人其他词中常有的哀怨情调,色彩鲜明,形象生动,写出了春天生机勃勃的景象,给人以轻松愉快的美的享受。

(本题共14分。①从诗歌的“思想内容”角度进行正确赏析,答出“田园风光”“上阕写静态风景”“下阕写农家乡院和迷人春色”“色彩鲜明”“生机勃勃”“轻松愉快”等关键词得6分;②从诗歌的“艺术特色”角度进行正确赏析,答出“白描”“写景状物”“语言通俗生动”等关键词得6分;③整体语言表述连贯得2分)

**四、教案设计题**

**《行香子》教学简案**

教学目标:

1. 了解作者生平背景,积累文中词语,背诵并默写这首词。

2. 正确、流利、有感情地朗读这首词，理解诗词大意，体会词中表达的情感。

3. 学习本词的表现手法并运用到写作中；能根据所学内容鉴赏这首词。

教学重点：

有感情地诵读本词，学会鉴赏，能够背诵与默写。

教学难点：

学习这首词的表现手法，并运用到实际中。

教学方法：

提问法、探究法、情境创设法、读书指导法、讨论法。

教学时间：

一课时。

教学过程：

一、问题导入

1. 导语："春有百花秋有月，夏有凉风冬有雪。若无闲事挂心头，便是人间好时节。"这是宋朝无门慧开禅师所作的诗句，道尽了四季的美景和人间的真理。诗词就是有这样的魅力，在某一刻给你美的感受和智的启迪。"等闲识得东风面，万紫千红总是春"，这是美丽的春天；"流水落花春去也，天上人间"，这是伤感的春天。你们还知道有哪些描写春天的诗词名句吗？

2. 教师引导学生自由发言，并总结诗词名句内容。

3. 小结过渡：大家的古诗词储备非常丰富。总之，春天是个好时节，有千千万万的诗人为它欣喜，为它着迷，为它感伤。今天我们要学的这首古诗词，也与春天有关，作者的情感又是怎样的呢？希望在今天的学习中，大家能自己找到答案。

4. 引导学生根据课前预习，介绍作者及写作背景，教师补充引导。

二、诵读感知

1. 自由朗读，读准字音。

2. 点名朗读，注意语调语速。

3. 听录音范读，分析朗读情感；全班配乐齐读。

4. 传唱经典：播放凤凰传奇的《行香子·树绕村庄》歌曲。

提问：经典传唱，余音绕梁。在这美好的氛围中，有谁愿意谈一谈对这首词的初步理解？

三、词句理解

1. 引导学生小组讨论，尝试用自己的语言描摹词句内容。

2. 引导学生自选角度，对喜欢的句子或者是整首词作分析。（从修辞手法、写景顺序、动静结合、描写手法、作者情感等角度）

3. 教师总结。肯定学生正确的回答，指正学生错误的回答，点拨学生不理解的地方，总结全词内容。

四、拓展延伸

1. 秦观诗词名句欣赏：

浣溪沙

漠漠轻寒上小楼，晓阴无赖似穷秋。淡烟流水画屏幽。

自在飞花轻似梦，无边丝雨细如愁。宝帘闲挂小银钩。

2. 比较诵读：比较秦观的《行香子》和《浣溪沙》在表达手法和思想感情方面有哪些异同。

3. 带领学生回顾学过的关于春天的诗句，积累课外的诗词名句。

五、课堂小结

秦观留给后人的词，多有浓雾一样化不开的忧愁，后人称他为"古之伤心人"，这多与词人入仕后的困顿失意、仕途坎坷有关。但在今天的学习中，通过《行香子·树绕村庄》，我们却感受到了一个少年书生闲庭信步、悠游自得的喜悦之情。

古人云"诗言情""诗言志"，希望同学们也能在诵读诗词中产生情感的共鸣，这是学习诗词最好的方法。

六、课后作业

1. 背诵《行香子》。

2. 结合这首词，写一篇赏析的小练笔，不少于300字。

七、板书设计

行香子

秦观

行香子
- 内容：田园春光
- 情感：欢快、愉悦
- 技巧
  - 白描
  - 定点观察
  - 色彩斑斓
  - 移步换景
  - （生机勃勃、动静结合）

（本题共20分。①教学目标从了解作者生平、朗读并理解诗词大意、学习并运用诗词的表现手法三方面展开，每方面1分，要陈述明确合理，具有可操作性；②教学重点能够依据教学目标，确定本课核心教学内容得1分，教学难点能够根据学生不易理解或不易掌握的技能技巧进行设置得1分；③导入从作者或者诗词内容相关的方面展开，引导有趣得1分；④诵读感知部分从字音、语调、语速等方面入手，引导学生运用多种形式朗读诗词内容得2分；⑤词句理解部分引导学生用自己的语言描摹词句内容得3分，自选角度进行词句赏析或整首词赏析得4分；⑥教师引导学生从表达手法和思想感情等方面对比分析秦观的其他作品得2分；⑦最后从诗词的情感方面引导学生对课文进行技法总结得2分，没有升华总结可酌情扣0.5分；⑧作业布置符合该学段学情，板书突出重点得1分)

# 2021年广东省广州市花都区教师招聘考试中小学语文真题试卷(六)

## 第一部分　公共知识

### 一、单项选择题

1. A 【解析】本题考查时政内容。十九大报告指出，实现伟大梦想，必须建设伟大工程。这个伟大工程就是我们党正在深入推进的党的建设新的伟大工程。本题选择A项。

2. B 【解析】本题考查时政内容。十九大报告指出，必须坚持国家利益至上，以人民安全为宗旨，以政治安全为根本。本题选择B项。

3. C 【解析】本题考查时政内容。2013年12月，在纪念毛泽东诞辰120周年座谈会上的讲话中，习近平指出："实事求是，是马克思主义的根本观点，是中国共产党人认识世界、改造世界的根本要求，是我们党的基本思想方法、工作方法、领导方法。"坚持实事求是，就要把握客观规律性，在认识规律、遵循规律的基础上开展工作。坚持实事求是，关键在于"求是"，就是探求和掌握事物发展的规律。

4. D 【解析】本题考查时政内容。在党的十八届五中全会提出的五大发展理念中，"共享发展"揭示了发展的价值取向，揭示了当代中国发展的根本出发点和落脚点。《中共中央关于制定国民经济和社会发展第十三个五年规划的建议》指出，共享是中国特色社会主义的本质要求。故本题选择D项。

5. C 【解析】本题考查时政内容。习近平总书记指出：坚持社会主义市场经济改革方向，核心问题是处理好政府和市场的关系，使市场在资源配置中起决定性作用和更好发挥政府作用。本题选择C项。

6. A 【解析】本题考查时政内容。2021年政府工作报告指出，要推动义务教育优质均衡发展和城乡一体化，加快补齐农村办学条件短板，健全教师工资保障长效机制，改善乡村教师待遇。本题选择A项。

7. D 【解析】本题考查《中华人民共和国教师法》的内容。根据《中华人民共和国教师法》第三十七条规定，教师体罚学生，经教育不改的，由所在学校、其他教育机构或者教育行政部门给予行政处分或者解聘。排除A项。行政处分的种类有：警告、记过、记大过、降级、撤职、开除等，排除B、C项。本题选择D项。

8. B 【解析】本题考查《中华人民共和国预防未成年人犯罪法》的内容。《中华人民共和国预防未成年人犯罪法》第十二条规定，预防未成年人犯罪，应当结合未成年人不同年龄的生理、心理特点，加强青春期教育、心理关爱、心理矫治和预防犯罪对策的研究。本题选择B项。

9. D 【解析】本题考查《中华人民共和国预防未成年人犯罪法》的内容。根据《中华人民共和国预防未成年人犯罪法》第三十一条规定，学校对有不良行为的未成年学生，应当加强管理教育，不得歧视；对拒不改正或者情节严重的，学校可以根据情况予以处分或者采取以下管理教育措施：(1)予以训导；(2)要求遵守特定的行为规范；(3)要求参加特定的专题教育；(4)要求参加校内服务活动；(5)要求接受社会工作者或者其他专业人员的心理辅导和行为干预；(6)其他适当的管理教育措施。排除A、B、C项，本题选择D项。

10. B 【解析】本题考查《新时代中小学教师职业行为十项准则》的内容。传播优秀文化要求教师带头践行社会主义核心价值观，弘扬真善美，传递正能量；不得通过课堂、论坛、讲座、信息网络及其他渠道发表、转发错误观点，或编造散布虚假信息、不良信息。根据题意，本题选择B项。

11. C 【解析】本题考查《新时代中小学教师职业行为十项准则》的内容。坚守廉洁自律要求教师严于律己，清廉从教；不得索要、收受学生及家长财物或参加由学生及家长付费的宴请、旅游、娱乐休闲等活动，不得向学生推销图书报刊、教辅材料、社会保险或利用家长资源谋取私利。题干中邵老师变相向家长推销大米，是利用家长资源谋取私利的行为，违反了坚守廉洁自律的要求，故本题选择C项。

12. C 【解析】本题考查布卢姆情感领域教学目标。情感领域的教学目标分为五个等级，分别为接受、反应、形成价值观念、组织价值观念系统和价值体系个性化。形成价值观念指学习者对特定的对象、现象或行为的价值或重要性的认识。例如:当讨论有关小煤窑瓦斯爆炸事件时,学生应能积极表达自己关注生命等观点。根据题意,本题选择C项。

13. B 【解析】本题考查教学板书。板书内容构成直接影响板书质量和教学效果。通常,系统性板书内容的构成形式有以下四种:(1)内容式板书——以全面概括课文内容为主的板书。它便于学生全面理解课文内容,是板书内容构成的基本形式。(2)强调式板书——以发挥某种强调作用的板书。这种形式的板书可根据需要,灵活机动地突出课文的某一部分或某种思想,增强针对性,以使学生把握学习重点。(3)设问式板书——用问号启发学生思考问题的板书。这种板书可根据教学目标、要求,在课题的难点或重点下边引而不发地画上一个或几个问号,并配上必要的文字提示,以指导学生注意阅读和思考。(4)序列式板书——按内容发展的序列构设板书内容的板书。这种板书能比较清晰地显示内容轮廓,使学生对内容有完整印象,并领会其脉络。根据题意,本题选B项。

14. D 【解析】本题考查加涅学习过程的八个阶段。加涅将学习的过程分为八个阶段,概括阶段指学生对所学东西的提取和应用并不限于同一种学习情境,人们常常要在变化的情境或现实生活中利用所学的东西,这需要实现学习的概括化。学习者要想把获得的知识迁移到新的情境,首先依赖于知识的概括,同时也依赖于提取知识的线索。为了促进学习迁移,教师必须让学生在不同情境中学习,并给学生提供在不同情境中提取信息的机会。本题选择D项。

15. A 【解析】本题考查课堂提问的类型。开放式提问是要求学生朝不同方向、不同角度、不同层面去思考,有大量不同的答案,或者根本就没有固定标准答案的问题。教师在讲完课后要求学生回答学习感想,学生可从自身体会出发,给出不同的思考方向和答案,这属于开放式提问。

16. D 【解析】本题考查教育目的论。杜威提倡教育无目的论,将教育目的与教育活动本身联系起来,反映了教育活动主体的自觉。"教育无目的论"并非主张真正教育无目的,而是认为无教育过程之外的"外在"目的。社会本位论认为确立教育目的的根据是社会的要求,个人的发展必须服从社会需要。个人本位论认为确立教育目的的根据是人的本性,倡导个性解放,尊重人的价值。宗教本位论认为教育应当建立在精神本质占优势的基础之上,教育的最高目标是培养青年对于上帝的虔诚信仰。本题选D项。

17. D 【解析】本题考查赫尔巴特的教学四阶段论。赫尔巴特提出了教学四阶段论,即明了、联合(联想)、系统、方法。明了,主要是把新教材分解为各个构成部分,并和意识中相关的观念,即已经掌握的知识进行比较;联合(联想),建立新旧观念的联系,使学生在新旧观念的联系中继续深入学习新教材;系统,学生在教师的指导下,在新旧观念联系的基础上进行深入思考,寻求结论和规律;方法,引导学生把所学知识用于实际。题干中,学生在课堂上学会了测量,课后自己拿工具进行路段测量是将所学知识用于实际,属于四个阶段中的"方法"阶段。

18. C 【解析】本题考查教育的功能。"君子如欲化民成俗,其必由学乎"意为"君子如果要教化人民,形成良好的风俗习惯,一定要从教育入手"。"是故,古之王者,建国君民,教学为先"意为"因此古代的君王建立国家,治理民众,都把教育当作首要的事情"。这两句话都强调通过教育为社会培养合格的成员和公民,使受教育者社会化,这体现的是教育的政治功能。

19. A 【解析】本题考查课程内容组织的原则。关于如何组织与呈现课程内容的问题,泰勒提出了三个基本准则,至今仍常被引述,它们是:连续性、顺序性和整合性。连续性是指直线式地呈现主要的学习经验,是系统有效地纵向组织学习经验。顺序性与连续性有关,但又超越连续性。顺序性强调把每一后继经验建立在前面经验的基础上,同时又对有关内容作更深入、广泛的探讨。顺序性强调的不是重复,而是在更高层上处理每一后继的学习经验。整合性是指课程经验的横向联系,以便于学生获得一种统一的观点,并把自己的行为与所学的课程内容统一起来。根据题干所述"后面出现的内容应该是在更高层次上进行探讨,而不仅仅停留在同一水平的重复"可知,其强调的课程内容组织原则是顺序性原则。

20. C 【解析】本题考查态度与品德学习的一般过程。态度与品德的形成是一个从外到内的转化过程,是社会规范的接受和内化,大致经历依从、认同和内化三个过程。认同指在思想、情感、态度和行为上主动接受规范，从而试图与之保持一致。认同实质上就是对榜样的模仿，其出发点就是试图与榜样一致。根据题干表述，王老师的做法符合认同，故本题选择C项。

21. B 【解析】本题考查德育的模式。体谅模式把道德情感的培养置于中心地位。该模式假定与人友好相处是人类的基本需要，满足这种需要是教育的职责。认知模式假定人的道德判断力按照一定的阶段和顺序从低到高不断发展，道德教育的目的就在于促进儿童道德判断力的发展及其行为的发生。价值澄清模式着眼于价值观教育，试图帮助人们减少价值混乱并通过评价过程促进统一的价值观的形成。社会模仿模式认为人与环境是一个互动体，人既能对刺激做出反应，也能主动地解释并作用于情境。答案选B项。

22. B 【解析】本题考查操作性条件反射作用的基本规律。操作性条件作用的基本规律有：强化、逃避条件作用与回避条件作用、消退、惩罚。强化有正强化和负强化之分。负强化也称消极强化，是通过消除或中止厌恶、不愉快刺激来增强反应频率。题干中小明月考成绩有进步，就免去他每天多做三道试题的任务，是消除了不愉快刺激(多做三道试题)，之后小明月考进步的频率增加，是负强化的应用，故本题选择B项。

**易错提示：**考生易混淆强化和惩罚。行为频率升高的是强化，行为频率降低的是惩罚。呈现一个刺激的是正向强化或惩罚，移除一个刺激的是负向强化或惩罚。

23. A 【解析】本题考查学习迁移的种类。根据迁移的性质和结果，可分为正迁移、负迁移和零迁移。正迁移也叫“助长性迁移”，是指一种学习对另一种学习的促进作用。负迁移也叫“抑制性迁移”，是指一种学习对另一种学习产生阻碍作用。题干中分数乘法对分数加减法起到的是阻碍作用，是负迁移，排除B、C项。根据迁移发生的方向，可分为顺向迁移和逆向迁移。顺向迁移是指先前学习对后继学习产生的影响。逆向迁移是指后继学习对先前学习产生的影响。题干中分数乘法是后学习的，对之前学习过的分数加减法有影响，是逆向迁移，排除D项，选择A项。

24. C 【解析】本题考查学习策略的种类。精加工策略是指把新信息与头脑中的旧信息联系起来从而增加新信息意义的深层加工策略。它常被描述成一种理解记忆的策略，其要旨在于建立信息间的联系。题干所述运用了记忆术来记忆历史知识，这种学习策略属于精加工学习策略，故本题选择C项。

25. C 【解析】本题考查发散思维的基本特征。流畅性是指在限定时间内产生观念数量的多少。在短时间内产生的观念越多，流畅性越大。高某能在较短时间内考虑可供选择的多个方案、假设，这表明了高某的思维具有流畅性，选择C项。

26. A 【解析】本题考查遗忘理论。压抑(动机)说认为，遗忘是由于情绪或动机的压抑作用引起的，如果压抑被解除，记忆就能恢复。学生被叫起回答问题时会紧张等，这些情绪压抑了记忆内容，待坐下后，便能回想起来，符合压抑(动机)说的含义，本题选择A项。

27. D 【解析】本题考查想象的种类。再造想象是依据词语或符号的描述、示意在头脑中形成与之相应的新形象的过程。阅读他人作品在头脑中想象其描绘的场景体现的是再造想象，故本题选择D项。

28. C 【解析】本题考查注意的分类。有意注意也称随意注意，是有预先目的，必要时需要意志努力，主动地对一定事物所发生的注意。题干中的学生即使不喜欢英语也能认真听讲，这体现的是有意注意，故本题选择C项。

29. B 【解析】本题考查记忆的分类。语义记忆又称语词逻辑记忆或词的抽象记忆，是以语词所概括的事物的关系以及事物本身的意义和性质为内容的记忆。根据题意，本题选择B项。

30. C 【解析】本题考查班级群体的类型。班级群体的存在不是静止不动的，而是一个非常活跃的动态集合体，随时都在不断变化与发展着。根据班级群体的多变因素及其凝聚程度，班级群体可分为四种类型：松散型、集团型、浮动型、集体型。其中浮动型班级的特点是时好时坏，左右摇摆，处于中游状态，顺意时群情振奋，稍有挫折就出现波动，不能保持稳定发展；班干部虽基本团结，但不坚强，有一定的组织能力，但号召力不强；或者干部本身思想情绪容易波动，班级活动不能完全令人满意；虽有班级规范，未得到普遍的遵守，正确的舆论时强时弱；非正式群体随班级起伏状况，时而在积极方面起一定作用，时而又表露消极方面；班主任不善于组织班集体，陷入事务之中。符合题干描述，本题选择C项。

31. A 【解析】本题考查班级管理的目的。班级管理是一种有目的、有计划、有步骤的社会活动，这一活动的根本目的是实现教育目标，使学生得到充分的、全面的发展。

32. A 【解析】本题考查班级组织的功能。班级组织的个体化功能包括：促进发展的功能、满足需求的功能、诊断功能以及矫正功能。矫正功能是指学生存在的人格及能力缺陷，可以通过班级组织进行矫正。例如，自我中心的学生会因受到伙伴的批评而改变行为；自我控制能力欠缺的学生能够在集体的监督约束下逐步形成自律意识。

33. B 【解析】本题考查学校心理咨询的内容。学校心理咨询的内容非常广泛。如果按照学校心理咨询的任务加以归纳，大体可分为以下四方面的内容。(1)以教育发展为中心的咨询内容。(2)以校园辅导为中心的咨询内容。(3)以心理卫生为中心的咨询内容。(4)以心理治疗为中心的咨询内容。其中以校园辅导为中心的咨询内容主要包括：掌握教材感到困难的心理机制和对策；感知、记忆、理解、应用书本知识的科学方法和规律；良好学习习惯的培养和不良学习习惯的纠正；增强学习动机的途径和方式；课外学习与课内学习的关系和衔接；学习方法的自我检查和调整，应试技能的训练和提高；人际交往的原则和技巧；重大转折时期的环境适应和自我心理调节；个人与集体的关系及其矛盾处理；个人专长的确定和兴趣的培养；升学时的专业选择，就业前的职业定向和准备；等等。符合题干描述，故本题选择B项。

34. C 【解析】本题考查学校心理素质教育的基本任务。从学校心理素质教育的根本目标出发，学校心理素质教育的基本任务主要体现在以下五个方面：(1)促进和维护学生心理健康。(2)开发智力，促进能力发展。(3)提高德性修养，培养良好品德。(4)培养主体意识，形成完善人格。(5)养成良好行为习惯，提高社会适应能力。其中心理素质教育的首要功能是促进和维护学生心理健康，本题选择C项。

35. B 【解析】本题考查建立良好辅导关系的促进条件。同感、尊重和真诚是建立良好辅导关系的促进条件。同感，也译作共感、共情、同理心、神入等，指进入受辅导学生的内心世界，通过他的眼睛看事物，体察他的思想与感受，了解他观察自己与周围世界的方式。符合题干描述，故本题选择B项。

**二、多项选择题**

36. ABCD 【解析】本题考查孔子的教育思想。孔子提倡“有教无类”，提出由平民中培养德才兼备的从政君子，即“学而优则仕”。在教学方法上，主张“因材施教”和“温故而知新”，并以此作为教育原则。因此，A、B、C、D四项均为孔子的教育思想。

37. ABC 【解析】本题考查时政内容。十九大报告指出：坚持党的领导、人民当家作主、依法治国有机统一是社会主义政治发展的必然要求。本题选择A、B、C三项。

38. BCD 【解析】本题考查《中小学教育惩戒规则(试行)》的内容。根据《中小学教育惩戒规则(试行)》第七条规定，学生有下列情形之一，学校及其教师应当予以制止并进行批评教育，确有必要的，可以实施教育惩戒：(1)故意不完成教学任务要求或者不服从教育、管理的。(2)扰乱课堂秩序、学校教育教学秩序的。(3)吸烟、饮酒，或者言行失范违反学生守则的。(4)实施有害自己或者他人身心健康的危险行为的。(5)打骂同学、老师，欺凌同学或者侵害他人合法权益的。(6)其他违反校规校纪的行为。A项拒绝参加班级公益服务不属于上述的可以实施教育惩戒的情况，故排除A项。本题选择B、C、D三项。

39. ABD 【解析】本题考查学习动机的分类。按学习动机产生的诱因来源，可分为内部学习动机和外部学习动机。内部学习动机是指诱因来自学习者本身的内在因素，即学生因对活动本身发生兴趣而产生的动机。外部学习动机是指诱因来自学习者外部的某种因素，即在学习活动以外由外部的诱因激发出来的学习动机。C项属于内部动机，排除。故本题选择A、B、D三项。

40. ACD 【解析】本题考查班级授课制。班级授课制的优点包括：(1)它能够大规模地面向全体学生进行教学。一位教师能同时教许多学生，而且使全体学生共同前进，有助于提高教学效率。A项表述正确。(2)它能够保证学习活动循序渐进，并使学生获得系统的科学知识，扎扎实实，有条不紊。C项表述正确。(3)它能够保证教师发挥主导作用，教师可以有目的、有组织、有计划地指导学生的学习过程。(4)固定的班级人数和统一的时间单位，有利于学校合理安排各科教学的内容和进度并加强教学管理，从而赢得教学的高速度。(5)在班集体中学习，学生可与教师、同学之间进行多向交流，互相影响，互相启发和互相促进，从而增加信息来源或教育影响源。(6)它在实现教学任务上比较全面，从而有利于学生多方面的发展。D项表述正确。班级授课制不利于学生主体性的发挥，也不利于培养学生的探索精神、创造能力和实际操作能力。B项表述错误。

**三、案例分析题**

41.【参考答案】(1)案例1中教师的做法值得学习与提倡，案例2中教师的做法不妥，应当避免。

(2)新课程教学评价倡导的基本理念之一为关注学生发展。课堂教学要真正体现以学生为主体、以学生发展为本。要改变评价过分强调甄别与选拔的功能，发挥评价促进学生发展、教师提高和改进教学实践的功能。案例1中，学生B因为只写对了两个生字而感到羞愧，语文老师何某及时关注到学生的情绪表现，表扬他“第一个举手”“字写得很漂亮”，鼓励他“下次也能全写对”，这是以学生发展为本的表现，学生B的情绪受到抚慰，有利于其积极投入到接下来的学习中，也为其之后的进步垫下基石。案例2中，伍某认真答题，考试取得进步，却因为在班级排名靠后，受到了刘老师的批评，这表明，刘老师在教学中，仍过度关注学生的学习成绩，过度关注相对性评价，而忽视了发展性评价，这样下去会严重打击学生的积极性和进取心，不仅不利于学生的学习进步，也会损害学生的心理健康。

(3)在实际教学中，教师应树立正确的教育评价理念，关注学生的健康、可持续发展，以学生的发展为本，这样才能取得好的教学效果。

(本题共12分。①答出“案例1中教师的做法值得学习与提倡”“案例2中教师的做法不妥”得2分；②答出“关注学生发展”“以学生为主体、以学生发展为本”“改变评价过分强调甄别与选拔的功能”“发挥评价促进学生发展、教师提高和改进教学实践的功能”等关键词得4分；③结合2则案例内容进行具体分析得4分；④答出“教师应树立正确的教育评价理念”“关注学生的健康、可持续发展”等关键词得2分)

## 第二部分　专业知识

**四、阅读理解**

42. D 【解析】D项，“为了表现老班长的技术无人能及”说法错误，是为了表现老班长的成功除了技术，更多的是热爱、执着和专注的精神。

43.【参考答案】(1)交代了事件发生的时间和人物活动的场所，增加了文章的真实性，推动了故事情节的发展。(2)通过自然环境描写渲染气氛，为后面的内容作铺垫。

(本题共4分。①答出“交代事件发生的时间和人物活动的场所”“推动故事情节发展”得2分；②答出“渲染氛围”“为后文作铺垫”得2分；③每个要点1分，每少答一点扣1分)

44.【参考答案】本篇小说刻画了李四虎“既粗犷又温情”的军人形象。粗犷：①他踹石平阳一脚以示惩罚，行为粗野；②在炮场上脏话连篇，语言粗鲁。温情：①反复抹大炮上的铅笔线，爱惜大炮，内心细腻；②给士兵们讲述老班长的故事，以情动人；③查看石平阳手上的烂处与老茧，关心战友；④将自己揣摩出的技术全部送给石平阳，帮助战士。

(本题共5分。①答出“既粗犷又温情”得1分；②结合文章具体内容答出“粗犷”的2点具体表现得2分；③结合文章具体内容答出“温情”的任意2点具体表现即可得2分)

**五、文言文**

45. C 【解析】牵是指“漳盗蔡牵”，“定海”根据前后文可断定是地名，可以理解为“嘉庆八年，蔡牵率众匪流窜到定海”；长庚是人名，“长庚掩至”后要停顿，“牵仅以身免”后停顿，意思是“李长庚领兵趁其不备采取行动，蔡牵仅仅能够自身逃脱”，排除A、D两项。闽洋是地名，“穷追至闽洋”后要停顿，意思是“军队穷追不舍，追至福建一带海上”，排除B项。故选C。

46. B 【解析】B项，根据原文“阿林保密劾其逗留，章三上。”“后阿林保置酒款长庚，谓曰：‘海外事无左证，公但斩一酋，以牵首报，我飞章告捷，以余贼归善后办理。公受上赏，我亦邀次功，孰与穷年冒风涛侥幸万一哉？’”可知“好意劝告与热情款待”说法错误。

47.【参考答案】(1)蔡牵畏惧军队的霆船，就买通福建商人制造大艇。他们渡过横洋，连续劫夺运往台湾的米粮。

(2)李长庚熟知海岛的形势，海上的风、云及沙滩的情况，每次作战他都亲自掌舵，这一点连精于驾船的人也比不上他。

(本题共8分。第一句：①答出“畏”“贿”“造”“连”4个字的意思得2分，每个字0.5分；②表述清晰、语言连贯得2分。第二句：①答出“风云沙线”“持”“老”“不及”4个字词的意思得2分，每个字词0.5分；②表述清晰、语言连贯得2分）

**文章大意：**

李长庚，字西岩，是福建同安人。乾隆五十二年，代理担任福建海坛镇总兵时，他曾倾尽家中财产招募乡勇，捕获大盗。从乾隆季年，匪艇开始进犯福建三澎，李长庚领兵打跑他们。嘉庆五年，李长庚被提拔为福建水师提督，很快调往浙江任职。不久，艇匪都被漳州盗蔡牵所兼并。蔡牵，奸诈狡猾善于利用众人，得到匪艇之后，更加猖獗。巡抚阮元与长庚商议认为匪艇船只高大，军队的战舰不能制服它，就募集捐款十余万金交给李长庚，修造大舰三十艘，给它们起名叫霆船。这以后，李长庚率军在海上接连击败蔡牵，军威大振。

嘉庆八年，蔡牵率众匪流窜到定海，李长庚领兵趁其不备采取行动，蔡牵仅仅能够自身逃脱，军队穷追不舍，追至福建一带海上，贼船之上粮食吃完，船帆损坏，他们就假装向总督玉德乞求投降，玉德紧急下令命浙江军队收兵入港，蔡牵能够在这一期间修理船只然后扬帆远逃。浙江军队追击到了三沙，击毁海匪的六艘船。蔡牵畏惧军队的霆船，就买通福建商人制造大艇。他们渡过横洋，连续劫夺运往台湾的米粮。

皇上下令逮捕惩治玉德，以阿林保来代理玉德之职。阿林保到福建后，文武官员们因为未能协助剿匪，不能有效断绝岸上奸人对海匪的接济帮助，惧怕因此而受到惩治，都诬陷李长庚。阿林保也以贻误战机的罪名向朝廷秘密弹劾李长庚，弹劾李长庚的奏章连续不断地呈上。皇上下令秘密询问巡抚清安泰。清安泰上疏说：“李长庚熟知海岛的形势，海上的风、云及沙滩的情况，每次作战他都亲自掌舵，这一点连精于驾船的人也比不上他。两年来，一直身在军中，率军经过自己的家门也不进去。用募捐的款项修造船只器械，倾尽了自己的家产。战斗中所获的战利品全部用来奖赏有功之人，将士们争着为他效命。他确实是水师诸将中的第一功臣。”当时一同和李长庚作战的各位将领，也都交互呈上奏章说李长庚确实没有拖延贻误战机。仁宗非常生气，严厉斥责阿林保并下令修造三十艘大梭船。李长庚听到这个消息，更加感动振奋。后来，阿林保置办酒宴款待李长庚，对李长庚说：“大海上的事一般没有什么证明，您只需斩杀一个海匪的头目，把这个头颅当作蔡牵的头颅上报，我用报告急事的奏章向朝廷告捷，把对其余海匪的打击放到以后的事务之中处理。您可以接受上等奖赏，我也可以得到次一级的功劳，这样做与整年迎风破浪而取得侥幸中万一的胜利相比，哪一个更好呢？”李长庚拒绝说：“我怎么能这样做呢？长久以来，把海船当作自己的家宅，我发誓和海匪一同战死，绝不和他们同生！”他封存好自己掉落的牙齿寄给妻子，立志以身殉国。这年秋，因抗击海匪而受伤。

十二月，追击蔡牵到黑水洋。当时蔡牵仅留存三艘舰艇，残余的匪徒都是身经百战的，以死抗拒。李长庚亲自把火攻船挂到海匪的艇尾之上，想要跳跃登上敌船，忽然被枪弹击中喉部，没过多久就离世了。皇上震惊痛悼，下令褒奖抚恤，起初曾打算等海匪平定后赐给李长庚伯爵之位，就追封他为三等壮烈伯，谥号忠毅，在他的原籍建专祠以示纪念。

**六、作文**

**48.【写作指导】**

这是一篇材料作文，材料作文要抓住材料中关键的句子或词语来立意，这则材料的关键语句是：“大海的确很好，但以我的身体条件，不能适应海里生活。看来我还是要回到我的井里去，那里才是我的乐土。”因此，考生可从“适合自己的才是最好的”这一角度进行立意。

**【参考例文】**

**没有最好**

有最好的花吗？陶潜以菊为挚友，周敦颐以荷为至爱，王子猷却以竹为知己。

有最好的女子吗？宝玉钟情于柔弱纤细的黛玉，贾母偏爱端庄贤淑的宝钗，焦大喜欢的却是健康壮实的村姑。

有最好的庭院吗？中原王侯以黄瓦红墙的皇城为傲，江南文人以曲径通幽的园林为佳，深林隐士却以柳阴柴门的茅屋为美。

人各有志趣，各有长短，适合自己的才是最好的，在适合自己的天空，我们才可以把翅膀张开到最大限度，飞到最高的高度。马克·吐温在成为知名作家之前曾立志做一名商人，像当时的成功商人一样“腰缠万贯”，但他先后两次惨败，债台高筑。最终，他清醒认识到自己的天赋在于文学创作，经商并不适合自己。

每个人都有自己最好的天空，都有不同的

长处短处。试想若让余秋雨打篮球,让科比搞文学创作,其结果会怎样？社会上有人一心寻找“最好”的专业,学一门“最好”的文学,找“最好”的学习方式,这样只会造成盲从盲动,浪费光阴且收效甚微。大文豪高尔基在凌晨思维活跃,文思泉涌,难道在凌晨写作对大多数人都适用吗？偌大一个世界,漫长历史长河中又有几人如此？盲目追求最好,只能是邯郸学步,东施效颦。

没有最好,只有更好,我们对“最好”的追求没有极限。没有绝对的纯金,只有百分比更大的含金混合物;没有纯硅,科学家竭力提纯了几十年仍是枉然,但它们的纯度却随技术进步不断地提升。

人类的大脑是最急需开发的隐藏资源,它可以存储大量的信息,常人一辈子只用了其存储功能的2%,闻名于世的爱因斯坦也只用了15%,正如牛顿所说,人类面对着知识的海洋,常常为拾到沙滩上较为光洁的卵石而沾沾自喜。人类前进的道路漫漫,作为社会的一分子,唯有竭力寻找“更好”,而不能满足于所谓的“最好”。

没有最好,人人各有不同的眼光,怀藏着不同的天赋,适合自己的才是最好!

(①作文开篇运用了设问的修辞手法,语言优美,富有文采;②正文部分结合大量的名人事例,从不同角度论证观点,增强了文章的说服力,充实了文章的内容;③文章结尾处再次点题,言简意赅;④拟定得分:23分)

## 2021年安徽省教师招聘考试中学语文真题试卷(七)

**一、基础知识**

1. C 【解析】本题考查字形的识记。A项,“炭”应为“碳”。B项,“再接再励”应为“再接再厉”。D项,“戒骄戒燥”应为“戒骄戒躁”。

2. B 【解析】本题考查成语的正确使用。A项,浮光掠影:像水面的光和掠过的影子一样,一晃就消逝,形容印象不深刻。此处用来形容清流不恰当。B项,生生不息:事物不断地发展、产生。符合语境。C项,矢志不渝:发誓立志,不改变。此处用来形容创新不恰当。D项,事倍功半:形容花费的气力大,收到的成效小。用在此处不符合语境。

3. D 【解析】本题考查病句的辨析。A项,语序不当,应将“3400多个”移到“沿线项目”前。B项,句式杂糅,应去掉“以”。C项,成分残缺,应在“展现”后加上“新作为”。

4. D 【解析】本题考查文学常识的积累与运用。A项,《阅微草堂笔记》的作者是纪晓岚。B项,《巴黎圣母院》的作者是雨果。C项,我国古代戏曲四大名著是王实甫《西厢记》、汤显祖《牡丹亭》、洪昇《长生殿》、孔尚任《桃花扇》。《琵琶记》的作者是高明。

**二、阅读鉴赏**

5. C 【解析】A项,去:舍弃。B项,守:官职。D项,适:恰逢,正赶上。

6. B 【解析】A项,连词,表顺承/连词,表并列。B项,都是用在形容词、副词之后,表示状态。C项,助词,定语后置的标志/主谓之间,取消句子独立性。D项,介词,因为/连词,表示后一行动是前一行动的目的。

7. D 【解析】A项,从文中第二段“彼游于物之内,而不游于物之外”及下文可知,游于“物之内”会令人产生悲哀,而不是“无往而不乐”。B项,文中“狱讼充斥”指案件很多,并不是“监狱里关着许多罪犯”。C项,“想到东西南北都有影响很大的名人”表述有误,文中向南望“庶几有隐君子乎”,可知南望没有想到哪位影响很大的名人。

8. 【参考答案】在这儿住了一年,我的脸渐渐丰润起来,白发也一天天返黑了。我已经喜欢上这里淳厚的民风,而这里的官吏和百姓也习惯了我的拙朴。

(本题共4分。①答出“期年”“加”“反”“予”“风俗之淳”“拙”6个字词的意思得3分,每个字词0.5分;②表述清晰、语言连贯得1分)

**文章大意:**

凡是事物都有可供观赏的地方,假如有可以观赏的地方,就都有让人快乐的地方,不一定要是奇异壮丽才行。吃酒糟,喝薄酒,都可以叫人醉;水果蔬菜草木,都可以吃饱。以此类推,我去哪里会不快乐呢?

人们常说要寻求福祉而躲避灾祸,因为福祉是可喜的,灾祸是可悲的。人的欲望没有尽头,但可以用来满足我们欲望的物质是有限的。辨别美好与丑恶的意念在内心争斗,取舍的抉择在眼前交战。那么使人快乐的东西就常常很少,使人悲哀的东西却往往很多。这就叫作寻求灾祸而躲避福祉。寻求灾祸躲避福祉,这难道是人之常情吗?那都是因为受了外物蒙蔽呀。人们在物质利禄中游荡,而不能超出物质利禄之外。事物是没有大小差别的,从它的内部来看,没有什么事物不是高大的。它对我居高临下,那我就常常眼花缭乱,犹豫不定,就像从缝隙中看人争斗,又怎么会知道谁胜谁负呢?因此美好和丑恶交相产生,忧愁和快乐一并出现,这不是极大的悲哀吗!我从钱塘调到胶西做知州,放弃了坐船的安逸,而经受车马颠簸的劳苦;离开了带有彩绘墙壁的华丽住宅,而蜗居在用粗木做椽的屋子里;远离了湖光山色,而行走在生长着桑麻的田野地头。刚来的时候,这里连年歉收,到处是强盗小偷,案件很多;厨房里空荡荡的,做不出什么像样的菜,只好每天吃枸杞、菊花,人们一定怀疑我很不快乐。在这儿住了一年,我的脸渐渐丰润起来,白发也一天天返黑了。我已经喜欢上这里淳厚的民风,而这里的官吏和百姓也习惯了我的拙朴。于是我整治果园菜园,打扫庭院屋宇,采伐安丘、高密的树木,来修补破败之处,作为苟且求安的打算。

在园子北面,那座倚靠着城墙修建的高台已经很破旧了,稍微修葺一下使它变新一点儿,常常和人一起登台观景,在这里放开心境,纵情快乐。向南眺望,看见马耳山、常山,若隐若现,若近若远,或许那里住着隐士吧!而高台的东面就是卢山,那里是秦朝人卢敖隐居的地方。向西望是穆陵,隐约像城池,姜子牙、齐桓公的功业,还有留存。向北俯瞰是潍水,我不禁感叹,想起淮阴侯的功绩,而同情他的不得善终。这座城台高大结实,幽深敞亮,夏天凉爽,冬天暖和。雨雪纷飞的早晨,风清月明的夜晚,我没有不登台的,客人们也没有不跟我去的。我们采摘园子里的蔬菜,钓取池塘里的鱼儿,用高粱酿酒,拿糙米煮饭,大家都说:玩得真痛快啊!

当时,我弟弟子由正好在济南,听说了这些,就写一篇赋,并把这座台命名为“超然”,以表明我到哪里都不会不快乐的原因,就是因为我能够游心于物质利益之外。

9.【参考答案】①“笼”是全诗的诗眼,有“笼罩”之意。②在本诗中“笼”一方面是指山岩峭壁上突出的林木,枝叶婆娑,笼罩着栈道,准确地写出了栈道林荫是由山上树木朝下覆盖而成的特色。③另一方面与前面的“芳树”相呼应,形象地描绘了春林长得繁盛芳茂的景象。④诗人以浓彩描绘蜀道胜景,表达了对入蜀的友人抚慰与鼓舞之情。

(本题共4分。①答出“诗眼”“笼罩”得1分;②结合诗歌内容答出“林木笼罩栈道”得1分;③答出“呼应”以及描绘的景象得1分;④答出“抚慰与鼓舞之情”得1分)

10.【参考答案】颔联的景物表现出入蜀路途上的险峻,使人感受到路途的艰辛;颈联则描绘出蜀地多姿的春景或秀美的风光,让人感受到蜀地的美好。文章借景抒情,体现出作者对友人的劝诫——升沉已定,劝勉友人不要担心仕途或人生的沉浮。

(本题共4分。①答出颔联内容体现的“险峻、艰辛”得1分;②答出颈联内容体现的“秀美、美好”得1分;③答出“借景抒情”“对友人的劝勉”得2分)

11.【参考答案】(1)“焚书”是贯穿全文的线索,统领全文。(2)概括小说的主要内容。(3)揭示文章主旨。“焚书”的事件揭示了日本侵略者的罪行,表达了作者对觉醒爱国青年走向抗日的赞许,对普通民众坚守民族大义的肯定。(4)设置悬念,“焚什么书”“为何焚书”,激发读者的阅读兴趣。

(本题共5分。①答出“线索”“概括主要内容”“揭示文章主旨”“设置悬念”4个要点得4分,每个要点1分;②4个要点结合文章内容阐述合理、语言连贯得1分)

12.【参考答案】(1)小说通过语言描写写出钱默吟是一个处事谨慎却勇敢、迂腐却有气节的人。(2)“把声音放得更低”通过语言描写写出了钱默吟处事谨慎;“怎么不便声张”写出了钱默吟对二儿子这类抗日志士的支持与爱护,表现了钱默吟的爱国情怀,也表达了对日本侵略者的痛恨。(3)“我是向来不问国家大事的人”通过语言描写写出了钱默吟是个安于本分、迂腐的旧知识分子;“我们是等着锁镣加到身上而不能失节”表现了钱默吟崇高的民族气节。

(本题共7分。①概括出钱默吟整体的性格特点以及塑造方法得1分;②答出体现语言描写的具体语句得2分;③答出语句体现的人物性格特点的关键词“处事谨慎”“爱国情怀”“安于本分”“民族气节”得4分)

13.【参考答案】作用:(1)巡长代表了有良知的执法者对底层百姓悲惨遭遇的同情却又无可奈何的

一类人，巡长安排四爷提醒的话是小说故事发生的引子，推动下文发展，引出小说的主人公。(2)祁瑞宣与祁瑞全形成鲜明对比，以祁瑞宣的懦弱反衬出祁瑞全的勇敢，用祁瑞宣来反衬祁瑞全的进步。(3)钱家老二尽管出场较少，但意义非凡，钱家老二的革命精神正面影响着祁瑞全，钱家老二是祁瑞全理想的象征，是祁瑞全坚持奋斗想成为的人，既推动情节发展，也烘托了人物形象，凸显作品主题。

主旨：小说通过“焚书”一事，揭示了日本侵略者的罪行，表达了作者对觉醒爱国青年走向抗日的赞许，刻画了面对侵略危机时不同人的表现，表达了作者对底层人民的同情及对勇于抗争的志士的赞颂之情，表达了作者对普通民众坚守民族大义的肯定。

(本题共5分。①答出“巡长”“祁瑞宣”“钱家老二”的作用得3分，每个要点1分；②答出主旨中的关键词“揭示侵略者的罪行”“对觉醒爱国青年的赞许”“同情与赞颂”“坚守大义的肯定”得2分)

**三、课程理论**

14. 核心素养；语文实践；任务；学习项目；学习情境

15. D 【**解析**】本题考查《义务教育语文课程标准》(2011年版)和《普通高中语文课程标准》(2017年版)的相关内容。D项，选择性必修和选修课程评价，要在关注共同基础的前提下，突出差异性和层次性，以促进学生的个性发展。

**四、教学实践**

16. 【**参考答案**】(1)《义务教育语文课程标准》(2011年版)指出“阅读教学应引导学生钻研文本”，这告诉我们文本对于阅读的重要性。《义务教育语文课程标准》(2011年版)还强调：“阅读教学要防止远离文本的过度发挥。”

(2)片段一中让学生朗读课文、梳理课文内容，教师串课文，让学生展开想象为童话续写结尾等，都体现出了对文本的重视，且紧扣文本设计由浅到深的问题，尊重学生的主体地位，重视启发式教学，运用自主合作探究式学习的教学方法，教师相机指导、点拨，有利于达到较好的课堂效果。

(3)片段二的问题设计体现了教师在进行阅读教学时，尊重学生个性化的阅读理解，如问题设计呈现“你觉得……”。但是该案例没有很好地紧扣文本进行教学，学生在没有深入了解文本内容的基础上回答这些问题有一定的难度，且教师没有进行有效的指导、点拨，可能会使学生产生畏难情绪，达不到理想的课堂效果。

(本题共6分。①根据教授的话作答出对应的课标内容得2分；②片段一能够根据具体内容阐述如何体现课程标准内容得2分，没有具体内容分析，只有课程标准内容的阐述可酌情扣1分；③片段二能够结合具体内容阐述如何体现课程标准内容得1分，结合片段内容分析出案例没有很好体现课程标准的内容得1分，只从其中一个方面进行回答扣1分)

17. 【**参考答案**】教学活动：

活动主题：找出你认为文中最具夸张力(想象力)的地方。

活动形式：演讲比赛。

活动内容：(1)布置任务

①全班分成若干小组，以小组为单位，确定演讲的内容。

②根据课文内容，梳理自己的论证思路、论证方式和论证素材。

(2)活动实施

①以小组为单位，上台分享自己小组的观点和内容。

②师生针对学生的演讲内容进行质疑、提问和讨论。

③小组之间进行互评，并给出相应的建议。教师相机指导。

(3)活动总结

童话通过丰富的想象和夸张来塑造形象，反映生活，语言通俗、生动，故事情节离奇曲折，引人入胜。通过演讲，大家能更好地掌握学习童话的方法，提高阅读浅近童话的能力，理解其中的主旨。

(本题共6分。①活动主题符合课标要求阐述合理得1分；②活动形式切实可行得1分；③活动具体内容部分任务布置符合学生的学情得2分，活动实施过程能够完成活动主题，帮助学生学习得1分；④活动总结能够反映活动主题、符合活动形式得1分)

18. 【**参考答案**】(1)引导学生关注和参与当代文化生活；了解家乡的人和物，关注家乡的文化与风俗，深入认识家乡，对丰富家乡文化生活提出合理建议；回顾昨天，考察今天，展望明天，寻找情感归宿，增进对家乡的文化认同；积极参与中国特色社会主义先进文化的传播和交流，增强文化自信。

(2)“家乡文化生活”这一活动课，充分体现了语文是一门综合性、实践性的课程，所以只是在课内学习，或只在课外实践都是不可取的，并且家乡文化生活涉及的内容比较多，采访、调查、实地考察等都需要较长的时间，所以要贯穿到学期。通过课内课程能让学生了解学习目标、任务与内容，教给学生相应的方法，确定学习的计划和要求等内容，又能通过课外学习让学生真正参与到实践中去，掌握语文实践的方法，然后再进行讨论与交流，提炼成果。

(本题共5分。①从个人、家乡、国家三个角度分析与文化的联系，作答出教学计划安排的目的得3分，每漏答一个角度扣1分；②结合课程标准的内容进行分析活动课教学计划安排的目的，答出课程性质并阐述具体方法得2分)

19.【参考答案】(1)从当地的特色文化，比如历史、建筑、食物、文化遗产等方面开发。

(2)从当地的名人着手，不管是对经济、政治、文化等哪个方面有影响力的都可以。

(3)从当地的人情世故、民风民俗等方面着手。

(本题共5分。①答出“当地的特色文化”“当地的名人”“当地的人情世故、民风民俗”等关键句得3分；②语言连贯得2分)

五、写作表达

20.【写作指导】

题目一：这是一则材料作文。通过阅读材料，从中提取出重点内容“本科毕业论文进行抽检试点工作，有利于提高教育教学质量，促进个人的成长”。考生在写作时，可以结合本科毕业论文写作感受谈谈对将要从事的中学语文教育教学工作的影响，观点要明确，注意写作文体为议论文。

题目二：结合材料和题干要求，考生要选择自己比较喜欢的古诗词作品进行推荐。古诗词推荐时尽量选取内容熟悉的篇目进行写作，这样有对应的材料可写。正文部分要写清楚推荐的诗词作品名称，推荐内容或角度，文章要写深刻。注意推荐对象为中学生，语言方面不要太晦涩。

【参考例文】

**我最喜欢的一首诗**

诗，是美的享受；诗，是快乐的体验；诗，是畅想的园地。一首诗代表着作者内心世界的奇思妙想，一首诗能告诉我们人与人之间的真善美，一首诗能流露出人的道德修养……诗，能告诉我们的实在是太多了。

历代诗人借诗抒情，千万首诗都是经典，让人回味无穷。我们在文天祥那里读到一股正气，平治天下；我们又在辛弃疾那里读到一腔热血，救助苦难；我们在李白那里读到一份高傲，快意人生……诗，是经典。

唐朝是诗歌鼎盛的朝代，大多数著名诗人皆出于此朝代——李白，杜甫，杜牧……在众多诗中，我最喜欢的是孟郊的《游子吟》：

慈母手中线，游子身上衣。

临行密密缝，意恐迟迟归。

谁言寸草心，报得三春晖。

每每吟诵它，我的脑海中仿佛就出现了这样一幅画面：英气勃发的儿子坐在简陋的茅屋里读书。不远处，满头银发的老母亲正埋着头，弓着背，在一盏微弱的油灯下，为即将远行的儿子缝补衣服。每一针，都蕴含着母亲对儿子深沉的爱；每一线，都代表着母亲对儿子的真挚情感。这浓浓的母爱，全都倾注在这一针一线间。母亲对儿女情深似海，而母亲那无私的爱，作为儿子何时才能报答呢？正所谓“谁言寸草心，报得三春晖”。

母爱不仅是无私的，母爱更是伟大的！母爱如水，是那么清凉；母爱如雪，是那么洁白；母爱如雨，滋润着颗颗幼小的心灵；母爱如阳，用自己最朴实的爱把幼小的生命照耀；母爱如风，轻轻抚摸着一个个可爱的小脸蛋。母爱如四季，在春天把爱播种，在夏天把爱培育，在秋天把爱收获，在冬天把爱贮存。母爱是春天里的太阳，照耀祖国的花朵；母爱是夏天里的雨，“浇灭”了炎热，带来了凉爽；母爱是秋天里的大树，结满了丰硕的果实；母爱是冬天里的一把火，点燃了冬天里的激情！

母爱是无价的，更是无私的。就像孟郊的诗一样，如此有韵味，又如此让人回味！

(①作文开篇运用了大量的排比句，增强了语言的气势和美感，并引出下文推荐的诗词篇目及具体内容；②正文部分对所推荐的诗词展开诗意理解、情感分析等方面的叙述；③文章结尾处再次运用排比的修辞手法增强文章的气势，深化文章主题，打动人心；④拟定得分：37分)

# 2020年云南省特岗教师招聘考试中学语文真题试卷(八)

一、单选题

1. B 【解析】本题考查字音的辨析。B项,泥淖(nào)。
2. D 【解析】本题考查韵母的发音状态。A项,e为舌面、后、半高、不圆唇元音。B项,i为舌面、前、高、不圆唇元音。C项,er为卷舌、央、中、不圆唇元音。D项,ü为舌面、前、高、圆唇元音。
3. B 【解析】本题考查字义的理解。A项,“苟且,不严肃”,如偷生。C项,“偷盗”,如偷窃。D项,“懒惰”,如偷懒。
4. C 【解析】本题考查汉字的演变。汉字的演变是由象形到不象形的过程。
5. B 【解析】本题考查虚词的用法。A项,两个“其”均译为“他的”。B项,表示祈使语气,可译为“还是”“可要”。C项,两个“其”均为代词,可译为“自己的”。D项,两个“其”均译为“他的”。
6. D 【解析】本题考查病句的辨析。D项,关联词语使用错误,应将“如果”改为“尽管”,“多么”改为“这么”。
7. D 【解析】本题考查短语结构的辨析。A项属于动宾短语,B项属于偏正短语,C项属于联合短语,D项属于主谓短语。
8. B 【解析】本题考查《山海经》的文学意义。《山海经》是我国古代保存神话资料最多的著作。
9. C 【解析】本题考查《孟子》的艺术成就。气势浩然是《孟子》散文的重要风格特征。这种风格,源于孟子人格修养的力量。孟子曾说:“我善养吾浩然之气。”同时,《孟子》大量使用排偶句、叠句等修辞手法,来加强文章的气势,使文气磅礴,若决江河,沛然莫之能御。
10. A 【解析】本题考查屈原的代表作品。A项,《九歌》是屈原的代表作品。B项,《采薇》是《诗经·小雅》中的篇目。C项,《对楚王问》是宋玉面对他人的谗毁所作的自我辩解。D项,《风赋》是战国末期文学家宋玉创作的文学作品。
11. C 【解析】本题考查司马相如的代表作品。A项,《七发》是汉代辞赋家枚乘的赋作。B项,《招隐士》是汉代淮南王刘安门客淮南小山的作品(一说为淮南王刘安所作)。C项,《子虚赋》是汉代辞赋家司马相如的作品。D项,《甘泉赋》是西汉扬雄的作品。
12. A 【解析】本题考查古诗词作家作品。“狗吠深巷中,鸡鸣桑树颠”选自陶渊明的《归园田居·其一》。
13. D 【解析】本题考查中国古代作家作品的识记。《世说新语》是南朝时期刘义庆所作(一说为刘义庆组织门客编写)的文言志人小说集。
14. A 【解析】本题考查古诗词作家作品。“长风破浪会有时,直挂云帆济沧海”出自唐代李白的《行路难·其一》。
15. C 【解析】本题考查杜甫诗歌的艺术风格。杜甫诗歌的风格为“沉郁顿挫”,“沉郁”指的是文章的深沉蕴藉,“顿挫”则是指感情的抑扬曲折,语气、音节的跌宕摇曳。
16. B 【解析】本题考查柳永词曲创作方面的艺术成就。柳永是两宋词坛创用词调最多的词人,词至柳永,体制始备,令、引、近、慢、单调、双调、三叠、四叠等长调短令,日益丰富。
17. A 【解析】本题考查辛弃疾词作的创作风格。“以文为词”就是将写文章的技巧、方式用来写词。辛弃疾的豪放词不仅数量庞大,风格雄健,更进一步扩大了词的题材范围,他不仅将可以入诗的内容都写到词里,更在词中使事用典、抒情言志、发表议论,将词体的表现功能发挥到了与诗、文等同的境界。后人称辛弃疾的这种词体艺术为“以文为词”。
18. C 【解析】本题考查《西厢记》的文学意义。《西厢记》是代表元代戏曲创作最高水平的作品。
19. B 【解析】本题考查《牡丹亭》的人物形象。《牡丹亭》描写了官家千金杜丽娘对梦中书生柳梦梅倾心相爱,竟伤情而死,化为魂魄寻找现实中的爱人,人鬼相恋,最后起死回生,终于与柳梦梅永结同心的故事。
20. A 【解析】本题考查“性灵说”的相关内容。“性灵说”是中国古代诗论的一种诗歌创作和评论的主张,是对明代以公安派为代表的“独抒性灵,不拘格套”诗歌理论的继承和发展,以清代袁枚倡导最力。
21. A 【解析】本题考查中国古代作家作品的识记。《镜花缘》是清代文人李汝珍创作的长篇小说。
22. B 【解析】本题考查外国作家作品的识记。长诗《工作与时日》和《神谱》的作者是赫西俄德,他是荷马之后古希腊最早的诗人。
23. D 【解析】本题考查莎士比亚作品的内容。克劳狄斯是哈姆莱特的叔父,在哥哥死后继任了王位,最后死在侄子复仇的毒剑下。

24. C 【解析】本题考查《新爱洛依丝》的文学意义。《新爱洛依丝》被誉为18世纪最重要的书信体小说。

25. B 【解析】本题考查外国作家作品识记。华兹华斯与柯勒律治将各自的诗歌合为一册,定名为《抒情歌谣集》。但其中柯勒律治的诗仅有四首较短的诗和一篇长诗《老水手行》。

26. B 【解析】本题考查巴尔扎克笔下人物的形象。巴尔扎克笔下的拉斯蒂涅和司汤达笔下的于连同为19世纪法国青年野心家的典型。

27. A 【解析】本题考查外国文学作家作品识记。《基督山伯爵》是法国著名作家大仲马的代表作。

28. A 【解析】本题考查陀思妥耶夫斯基作品及代表人物。拉斯柯尔尼科夫是陀思妥耶夫斯基《罪与罚》的核心人物。

29. D 【解析】本题考查外国文学发展史。艾略特的《荒原》被认为是西方现代派诗歌里程碑的作品。

30. A 【解析】本题考查中国现代诗歌发展史。中国第一个象征主义诗人、现代主义诗人是李金发。

二、多选题

31. AC 【解析】本题考查文言虚词翻译。B、D、E三项,"者"都是语气词,表示判断。

32. ABCDE 【解析】本题考查字形的辨析。

33. AD 【解析】本题考查中国古代文学作品体裁。《国语》为国别体史书,《左传》为编年史著作,《史记》为纪传体史书,《战国策》为国别体史书,《春秋》为编年体史书。

34. BCDE 【解析】本题考查宋代中兴四大诗人。宋代中兴四大诗人是南宋前期尤袤、杨万里、范成大、陆游四位诗人的合称,又称南宋四大家。

35. ABCDE 【解析】本题考查明中期"前七子"具体人物。"前七子"是明弘治、正德年间的文学流派。成员包括李梦阳、何景明、徐祯卿、边贡、康海、王九思和王廷相七人。

36. BD 【解析】本题考查字音的辨析。A项,淙淙(cóng)。C项,徘徊(huái)。E项,发酵(jiào)。

37. ABE 【解析】本题考查合成词结构类型。"途径""始终""国家"为联合型合成词,"冰箱"为偏正型合成词,"地震"为主谓型合成词。

38. BCD 【解析】本题考查古典主义文学艺术特征。古典主义文学的艺术特征是:①从古希腊古罗马文学中汲取艺术形式和题材;②有一套严格的艺术规范和标准;③主张语言准确、精练、华丽、典雅,表现出较多的宫廷趣味;④人物塑造类型化。

39. ACE 【解析】本题考查巴尔扎克的代表作品。《高老头》《驴皮记》《欧也妮·葛朗台》是巴尔扎克的作品,《伪君子》的作者是法国喜剧作家莫里哀,《包法利夫人》的作者是法国作家福楼拜。

40. ABCDE 【解析】本题考查文学革命的代表作家。文学革命开始于1917年,它是晚清文学改良运动在新的历史条件下的发展,是适应以思想革命为主要内容的新文化运动而发生的,是新文化运动的一个组成部分,对封建思想的批判必然地转向对封建主义文学的攻击,反对文言,提倡白话,反对旧文学,提倡新文学。倡导文学革命的作家有胡适、陈独秀、李大钊、郭沫若、蔡元培、郑振铎、钱玄同、刘半农、周作人、鲁迅等。

三、阅读题

41.【参考答案】数千里外,得长者时赐一书,以慰长想,即亦甚幸矣。

在几千里之外,时常收到您老人家的来信,安慰我对您长久的想念,这已经十分幸运了。

(本题共6分。①标点正确得3分;②答出"赐""书""慰""即"4个字的意思得2分,每个字0.5分;③表述清晰、语言连贯得1分)

42.【参考答案】(1)馈遗:赠送礼物。

(2)不才:我。

(3)殷:恳切。

(4)孚:信任。

**文章大意:**

在几千里之外,时常收到您老人家的来信,安慰我对您长久的想念,这已经十分幸运了。又怎么能劳您赠给我礼物,这样我就更加不知道拿什么来报答您了!(您)信中流露的情意是很恳切的,从您不忘记我的父亲这点,我就知道我的父亲对您的思念也一定是很深的。

至于您用"上司下属互相信任,才德跟地位相符合"这句话来告诫我,我对此有很深的感触。我的才德跟自己的地位不相称,本来我就知道的;至于不能做到与上司下属之间互相信任的弊病,我在这方面就表现得更明显。

四、教学设计

43.【参考答案】

一、导入新课

1. 讲述昭君出塞的故事进行导入。

2. 解题。
3. 背景、作者简介。
二、整体感知
1. 朗读诗歌,了解诗歌内容。
2. 找出直接抒发情感的一个词语。
三、赏析诗歌
1. 思考:这首诗写的什么内容?怎么写的?为什么这样写?
2. 解读诗歌,理解诗歌中的典故、内容及作者情感等。
3. 分析诗人表达情感的方式。
四、鉴赏语言
1. 进行字、词、句解读。
2. 分析诗歌语言表达特色。
五、课堂小结
教师总结诗歌的内容、表现手法、语言特色、思想情感。
六、布置作业
就课文写一篇不少于500字的赏析文章。

(本题共5分。①导入从作者或诗歌的相关内容展开,能够吸引学生的兴趣得0.5分;②整体感知课文从朗读方面入手,引导学生能够了解诗歌的内容和情感得0.5分;③诗歌赏析部分能够引导学生解读诗歌内容、手法及情感得1.5分;④能够通过字词句和语言特色等方面进行赏析诗歌得1分;⑤从诗歌内容、表现手法、语言特色、思想感情等方面引导学生对课文进行升华总结得1分,没有升华总结可酌情扣0.5分;⑥作业布置符合该学段学情得0.5分)

44.【参考答案】

咏怀古迹(其三)

| 人物 | 昭君 | 诗人 |
| --- | --- | --- |
| 起因 | 绝代佳人,入宫见妒 | 才华横溢,入朝见妒 |
| 经过 | 画图省识,远离汉宫 | 不分忠佞,无辜遭贬 |
| 结果 | 身死异国,环珮空归 | 漂泊西南,有家难归 |
| 情感体现 | 千载之怨 | 深沉怨恨 |

(本题共5分。①板书标题居中且无错别字得1分;②板书整体以表格的形式呈现或其他形式工整清晰呈现得1分;③板书具体内容重点突出,结合诗句将起因、经过、结果简明扼要地呈现得2分;④情感分析正确且位置放置合理得1分)

**五、写作题**

**45.【写作指导】**

这是一篇材料作文。考生在写作时要读懂材料内容,这段话的意思是“传闻不可以不审察,经过辗转相传,白的成了黑的,黑的成了白的。所以狗似玃,玃似猕猴,猕猴似人,人和狗的差别就很远了。这是愚人犯大错误的原因”。即告诉我们不可以轻信传闻,要有自己的判断。因此,考生可从“谣言止于智者”这一方面进行立意写作。

**【参考例文】**

**谣言止于智者**

夫得言不可以不察,数传而白为黑,黑为白。故狗似玃,玃似母猴,母猴似人,人之与狗则远矣。此愚者之所以大过也。

“众口铄金,积毁销骨。”谣言可畏:轻者,扰人心智;重者,毁人前途,置人于死地。唯有智者,他们善于思考,勤于思考,乐于思考,能够从众多的谣言中辨明真伪,不盲目跟从。

今年的新冠肺炎就很好地验证了这句话。疫情初现时人们由于恐慌,轻信了很多谣言:基因武器,抽烟喝酒杀毒,爆竹杀毒等。恐慌之中人们开始病急乱投医,有人说双黄连口服液有可能抑制病毒,一夜之间,药店所有的双黄连口服液均被抢光,还闹出“双黄莲蓉月饼”也遭到疯抢的笑话,更有不少人因连夜排队购买双黄连口服液感染病毒。这时候人们如果仔细思考就会知道,如果双黄连口服液真的能抑制病毒,国家相关部门首先就会采取行动,他们比任何人都希望疫情早日结束。因此,无论在什么情况下,都要做一个善于思考的智者,不要让谣言扰乱了自己的思路,跟风而行。

谣言止于知者,止于心,闭于口。我们要有自己思辨的能力,面对谣言时,能做到冷静思考,在不能确定事情真相时,不信谣,不传谣。谣言既不能填补我们茶余饭后的空闲时间,也不能满足我们对未知事情的探索,我们应该保持冷静,科学明辨,不盲目轻信,也不武断否定,做一个能辨是非的人。

谣言止于智者,古往今来,谣言不断,但智者难求。战国初年,魏文侯遣乐羊攻中山国,三年围而不攻,尽管对乐羊不利的谣言四起,文侯仍然信任乐羊,派兵相助,最终攻下中山国;春秋时期，宋王听说丁家人挖井，竟挖出了活人，经调查，原来是挖井后节省出一个劳动力，而被人误传多出一个活人。无数的例子都告诉我们，谣言止于智者，我们要做一个善于思考的人，不被谣言左右。

谣言止于治者，谣言本质上是一个给人们提供权力感的虚拟世界，它就像黑暗中游走的猛兽，一遇昏庸发热的头脑便会吞噬理智，铸下无法挽回的大错，造成危亡倾覆的结局。谣言在正义面前往往站不住脚，与其道听途说，不如将有限的精力和时间用来期待官方性的报道。

在网络发达的今天，网络暴力轻而易举就可以将一个人摧毁，因此，我们更应该理智对待，认真思考，明辨是非。"雪崩到来时，没有一片雪花是无辜的"，一时的快感，并不能将无用的负面情绪宣泄出来，如果我们能做到相信真相，期待真相，不做压垮树枝的任何一片雪花，让谣言无藏身之处，谣言便很快就会不攻自破。在谣言满天飞的今天，我们更要站在科学的一方，同时遵守相关的法律法规，保护自己的同时，也要尊重别人的合法权益。

展浩繁卷帙，阅累累风霜，我们可以发现，多少人、多少王朝覆于谣言，而唯有智者可止之。"视思明，听则聪"，博纳诸家之言，明辨于心，让谣言止于耳，止于心，止于口，做知者，做智者，做治者。

(①本篇文章用材料内容开篇，引出观点，紧扣主题；②正文部分结合典型事例进行论述，增强文章的说服力；③篇末提出措施，联系实际；④尾段再次点题，语言表述优美，引用名言，深化主题；⑤拟定得分：28分)

## 六、简答题

46. 教师的职业行为规范包括哪些方面？

**【参考答案】**教师职业行为规范是教师在职业活动过程中，为了实现教育目标、履行教师职责、严守职业道德，从思想认识到日常行为应遵循的基本准则。其主要内容包括：(1)教师的思想行为规范；(2)教师的教学行为规范；(3)教师的人际行为规范；(4)教师的仪表行为规范；(5)教师的日常活动行为规范。

(本题共5分。答出"思想行为规范""教学行为规范""人际行为规范""仪表行为规范""日常活动行为规范"5个要点得5分，每个要点1分，每少答一点扣1分)

47. 什么叫学习迁移？如何运用学习迁移理论指导教学？

**【参考答案】**(1)学习迁移也称训练迁移，是指一种学习对另一种学习的影响，或习得的经验对完成其他活动的影响。(2)探讨学习迁移的主要目的是为教学能有效地促进学生学习的迁移提供依据和策略指导。根据迁移理论，尤其是实验心理学家们的迁移理论，在教学中要促进学生的学习迁移应注意以下几点：①使不同的学习课题之间保持一定的同一性；②加强基本原理的教学，促进原理或规则的迁移；③注意教材的整体结构，使学生把握事物的整体关系；④让学生学会学习，并正确发挥学习定势的作用。

(本题共5分。①答出"学习迁移"的概念得1分；②从"不同学习课题的同一性""基本原理的加强""教材的整体结构""学生学会学习"4个角度进行回答得4分，每少答一点扣1分)

## 七、论述题

48. 论述成就归因理论的基本原理与教育意义。

**【参考答案】**(1)成就归因理论的基本原理。美国心理学家韦纳把人经历过事情的成败归结为六种原因，即能力、努力程度、工作难度、运气、身心状况、外界环境。又把上述六项因素按各自的性质，分别归入三个维度：内部归因和外部归因、稳定性归因和非稳定性归因、可控制归因和不可控制归因。韦纳认为，每一维度对动机都有重要的影响。控制点维度与个体成败的情绪体验有关。稳定性维度与个体对未来成败的期望有关。可控性维度既与情绪体验有关，又与对未来成败的预期有关。

(2)成败归因理论的教育启示与意义。①启示：根据成败归因理论，学生将成败归因于努力比归因于能力会产生更强烈的情绪体验。努力而成功，体验到愉快；不努力而失败，体验到羞愧；努力而失败，也应受到鼓励。因此，教师在给予奖励时，不仅要考虑学生的学习结果，而且要联系学生学习进步与努力程度的状况。在学生付出同样努力时，对能力低的学生应给予更多的奖励；对能力低而努力的人给予最高评价；对能力高而不努力的人则给予最低评价，以此引导学生进行正确归因。②意义：韦纳的成败归因理论在教育上具有重要意义。教师根据学生的自我归因可预测其此后的学习动机。学生自我归因虽未必正确，但却是重要的。因为归因促使学生在从了解自己到认识别人的过程中，建立起明确的自我概念，促进自身的成长。而如果学生有不正确的归因，则更表明他们需要教师的辅导与帮助。长期消极的归因不利于学生的个性成长，这就需要教师利用反馈的作用，并在反馈中给予鼓励和支持，帮助学生正确归因，重塑自信。韦纳发现，在师生交互作用的教学过程中，学生对自己成败的归因，并非完全以其考试分数的高低为基础，而是受到教师对他的成绩表现所做反馈的影响。

（本题共10分。①成就归因理论的基本原理中答出人经历过事情成败的六种原因得1分；②答出六项因素按照各自的性质归入的三个维度得3分；③根据成败归因理论，答出学生将成败归因于努力比归因于能力的要点并展开具体分析得1分；④答出教师能够根据学生的情况进行正确的引导得2分；⑤答出成败归因理论的重要意义体现在教师可以预测学生的学习动机并通过正反两方面进行分析得2分；⑥答出学生对于自己成败的归因受到教师对学生反馈的影响得1分）

# 2020年天津市静海区教师招聘考试语文真题试卷（九）

## 第一部分　教育综合知识

### 单项选择题

1. B 【解析】本题考查学生身心发展的规律。个体身心发展的规律包括：顺序性、阶段性、不平衡性（不均衡性）、互补性、稳定性和可变性以及个别差异性。故B项错误。

2. A 【解析】本题考查记忆周期。根据艾宾浩斯的实验研究可知，第一个记忆周期是5分钟，第二个记忆周期是30分钟，第三个记忆周期是12小时。

3. C 【解析】本题考查课堂目标结构的类型。个体相互作用的方式主要有相互对抗、相互促进和互相独立三种形式，与此相对应，也存在着三种现实的课堂目标结构：竞争型、合作型和个体化型。合作型目标结构能最大限度地调动学生的学习的积极性，更有利于激励学生学习和改善同伴关系。

4. D 【解析】本题考查《国家中长期教育改革和发展规划纲要（2010～2020年）》的有关内容。《国家中长期教育改革和发展规划纲要（2010～2020年）》提出，义务教育的战略性任务是均衡发展。

5. A 【解析】本题考查教师成长公式的提出者。美国教育心理学家波斯纳提出了教师成长公式：经验+反思=成长。

6. B 【解析】本题考查短时记忆的存储方式。复述是短时记忆中的信息存储的有效方法。通过复述可以将短时记忆的信息转入长时记忆。

7. A 【解析】本题考查惩罚的内涵。惩罚是指当有机体做出某种反应以后，呈现一个厌恶刺激，以消除或抑制此反应的过程。题干所述事例符合惩罚的内涵。

8. C 【解析】本题考查非指导性教学的有关内容。学生中心模式又称为非指导性教学模式。在这个模式中，教师最富有意义的角色不是权威，而是“助产士”和“催化剂”。教师只是一个“为学习提供便利条件的人”“学习的促进者”。

9. D 【解析】本题考查原型启发的内涵。对问题解决起启发作用的事物叫原型。原型启发是指从其他事物上发现解决问题的途径和方法。苍蝇是原型，苍蝇促进蝇眼透镜的研发是原型启发。

10. D 【解析】本题考查教师对学生的期望。教师对学生的期望包括两方面的内容，一是对学习潜力的推测，二是对品德发展的推测。

11. A 【解析】本题考查下位学习的内涵。下位学习又称类属学习，是一种把新的观念归属于认知结构中原有观念的某一部分，并使之相互联系的过程。

12. C 【解析】本题考泛化的内涵。某种特定条件刺激的反应形成后，与之不同但类似的刺激也能引发这一条件反应，属于刺激的泛化。题干所述属于刺激的泛化。反应泛化是指在条件作用中，相同的刺激引起不同的反应。

13. D 【解析】本题考查课堂结构的构成要素。学生、学习过程和学习情境是课堂的三大要素，这三大要素相对稳定的组合模式就是课堂结构。

14. C 【解析】本题考查遗忘的原因。压抑（动机）说认为，遗忘是由于情绪或动机的压抑作用引起的，如果压抑被解除，记忆就能恢复。该理论是弗洛伊德在给病人催眠时发现的。他认为个体之所以无法回忆，是因为该记忆使病人感到痛苦而被人为地压抑到潜意识中。

15. A 【解析】本题考查父母的教养方式。专制型父母对儿童严厉、粗暴，缺少温情。他们滥用权力，要求儿童绝对服从，却很少对儿童说明为什么要这么做。为使儿童服从，他们常常运用惩罚和剥夺爱的策略。题干所述属于专制型父母的教养方式。放纵型父母对儿童高度接纳和肯定,允许儿童自由表达思想和感情,但很少提出控制和要求,偶尔对儿童提出纪律要求却不能坚持下去。忽视型父母对儿童缺少关注与爱,很少提出要求与控制。对儿童的要求缺乏回应,让儿童感到受到了忽视与冷落,情感需求得不到满足。权威型父母对孩子的态度是积极肯定和接纳的,对儿童有明确的要求。他们对儿童的控制是建立在理性的基础上的,在向儿童提出要求或命令时,通常会向儿童解释这样做的理由,同时也能倾听儿童的心声,考虑儿童的需要。

16. B 【解析】本题考查直观性原则的具体运用。直观性原则通过提供给学生直接经验或利用学生已有的经验,帮助他们掌握原本生疏难解的理论知识,如陶行知先生所说的"接知如接枝",这一种树枝,可以接到另一种树枝上去,使它格外发荣滋长,开更美丽的花,结更好吃的果。如果把别人从经验里发生出来的真知识,接到从自己经验里发生出来的真知识上去,那么,我们的知识必定格外扩充,生活必可格外丰富。故题干体现的是直观性原则。

17. D 【解析】本题考查认知策略的内涵。认知策略是学习者信息加工的方法和技术。其基本功能有两个方面:一是对信息进行有效的加工与整理;二是对信息进行分门别类的系统储存。认知策略包括:复述策略、精加工策略、组织策略。网络关系图属于认知策略中的组织策略。题干所述为认知策略。

18. A 【解析】本题考查动机冲突的内容。双避冲突是指从希望回避的两种事物中必取其一的心理状态。题干所述既不想学习又不想成绩不好为典型的双避冲突。双趋冲突是指从自己同时都很喜爱的两个事物中仅择其一的心理状态。趋避冲突是指对同一目的兼具好恶的矛盾心理。多重趋避冲突是指对含有吸引与排斥两种力量的多种目标予以选择时所发生的冲突。

19. B 【解析】本题考查加涅的学习结果分类。按学习结果,心理学家加涅将学习分为五种类型:智慧技能、认知策略、言语信息、动作技能和态度。态度指影响个人对人、事、物采取行动的内部状态。题干所述符合态度的学习。

20. D 【解析】本题考查耶克斯—多德森定律的有关内容。"耶克斯—多德森定律"表明,动机不足或过分强烈都会影响学习效果。(1)动机的最佳水平随着任务性质的不同而不同。在比较容易的任务中,行为效果(工作效率)随着动机的提高而上升;随着任务难度的增加,动机的最佳水平有逐渐下降的趋势。(2)一般来讲,最佳水平为中等强度的动机。(3)动机水平与行为效果呈倒U型曲线。

21. D 【解析】本题考查教学的特点。教学的特点包括:(1)教学以培养全面发展的人为根本目的;(2)教学由教与学两方面组成,教学是师生双方的共同活动;(3)学生的认识活动是教学中的重要组成部分;(4)教学具有多种形态,是共性与多样性的统一。

22. B 【解析】本题考查《中华人民共和国义务教育法》的有关内容。根据《中华人民共和国义务教育法》第二十六条规定,学校实行校长负责制。校长应当符合国家规定的任职条件。校长由县级人民政府教育行政部门依法聘任。

23. C 【解析】本题考查素质教育的内涵。素质教育的内涵包括:(1)素质教育是面向全体学生的教育;(2)素质教育是促进学生全面发展的教育;(3)素质教育是促进学生个性发展的教育;(4)素质教育是以培养创新精神和实践能力为重点的教育。故C项正确。

24. A 【解析】本题考查德育过程的基本规律。德育过程是一个长期的、反复的、逐步提高的过程。题干中的"多次的培养或矫正训练""不能操之过急"等就体现了学生德育培养的过程具有长期和反复的特点。

25. C 【解析】本题考查思想性(教育性)和科学性相统一的原则的具体运用。思想性(教育性)和科学性相统一的原则是指教学要以马克思主义为指导,授予学生科学知识,并结合知识教学对学生进行社会主义品德和正确人生观、科学世界观教育。这一原则的实质是要求在教学活动中把教书和育人有机地结合起来。C项中的王老师在传授化学知识的同时,向同学们介绍居里夫人献身科学的事迹,使同学们在学习知识的同时,感受到居里夫人献身科学的精神,帮助学生树立正确的人生观、科学世界观,从而为人类社会做贡献。A、B、D三项中的老师只是对知识进行讲解,并没有渗透德育的内容。

## 第二部分　学科专业知识

### 一、单项选择题

1. B 【解析】本题考查病句的辨析。A项,"学生倾向于短期突击为主"句式杂糅,可删去"为主"。C项,"扩大经济发展"搭配不当,可改为"促进经济发展”或者“拉动经济发展”。D项，“均面临着停车难、停车乱”成分残缺，可在其后加上“的问题”。

2. C 【解析】本题考查成语的运用。①别无二致：没有两样；没有区别。②万人空巷：家家户户的人都从巷子里出来（观看或参加某些大的活动等），多用来形容庆祝、欢迎等盛况。此处应用形容人多的成语。③上下其手：指玩弄手法，暗中作弊。该词语为贬义词，此处使用错误。④胶柱鼓瑟：比喻固执拘泥，不能变通。⑤无所不为：没有什么不干的，指什么坏事都干。该词语为贬义词，此处使用错误。⑥不一而足：不止一种或一次，而是很多。

3. A 【解析】本题考查语言文字运用。原文以“文化发展的动力”来类推“教育进步的关键”。题干论述：文化只有独立并由内部首创精神取代外部压力的时候才能有所发展。语段中把“单独的学校”类比为“独立的文化”，那么学校的发展应该跟文化的发展类似，即学校只有独立并由内部首创精神取代外部压力的时候才能有所发展，A项表达的正是这个观点。独立是发展的必要条件而不是充分条件，B项排除；具体做法如何题干没有涉及，C项排除；D项，从反面来说，不如正面表述的A项到位，且适当的压力有利于促进学校的发展。

4. B 【解析】本题考查句子表达是否得体的辨析。A项，“大作”为敬辞，此处形容自己的作文应用“拙作”。C项，“令郎”为敬辞，此处称呼自己的儿子应用“犬子”。D项，题干中的语境是“两校师生交流”活动，因此我校教授发表讲话应用谦辞，而“高见”“洗耳恭听”均为敬辞，使用不当。

**二、阅读下面的论述类文本，完成5～7题**

5. C 【解析】A项，“每个汉字形体”说法太过绝对，且文中并没有提到。B项，因果关系错误，不能由原文推出“汉字形体不断演变，不断进步”是“汉字成为世界上最古老、使用者最多的文字”的原因。D项，从文中第三段“但存在过多的异体，将影响汉字在全社会的统一使用”可知“总体表现为消极作用，严重阻碍……”的应是“过多的异体”，而不是“异体字”。

6. C 【解析】“从内因到外因的顺序逐层推进”错误，都是文字本身发展的原因，并无外因。

7. D 【解析】A项，“从群众中产生的简化字应该得到推广”绝对化，原文第二段“汉字简化是人们在使用汉字过程中自然生长出来的要求，是社会发展的诉求，是不可阻挡的历史潮流”“汉字的简化绝不是随心所欲的简化”。B项，文中第三段只指出汉字具有变异性，而不是“文字”。C项，“每个时期都有汉字正字法”错，原文第三段说“我国历史上继秦‘书同文’以后，每隔几百年就要做一次汉字正字法的整理工作”。

**三、阅读下面的文言文，完成8～10题**

8. D 【解析】正确的标点符号应为“符习初镇天平，以书告属邑，毋聚敛为献贺。衎未领书，以故规行之。寻为吏所讼。习遽召衎笞之，幕客军吏咸以为辱及正人”。

9. D 【解析】祖饯：古代饯行的一种隆重仪式，祭路神后，在路上设宴为人送行。应为“祭祀路神”，而不是“天神”。

10. C 【解析】“能毅然请辞”错，父亲病时，他“不奏弃官去侍疾”。

**四、翻译题**

11. 【参考答案】(1)房知温阴险固执，加重赋敛多不合法令，颜衎常常极力劝谏，不回避这样做带来的祸患。

（本题共3分。①答出“险愎”“不法”“言”“避”4个字词的意思得2分，每个字词0.5分；②表述清晰、语言连贯得1分）

(2)我没有其他才能，不知道什么人误传让您听说，希望准许我回家，使我能如愿奉养双亲。

（本题共3分。①答出“才术”“误有”“闻达”“私养”4个词语的意思得2分，每个词语0.5分；②表述清晰、语言连贯得1分）

**文章大意：**

颜衎，字祖德，兖州曲阜人。年少时刻苦学习，研究《左氏春秋》。后梁龙德年间登第，初入仕授官北海主簿，以政绩闻名。后唐天成年间，颜衎任邹平令。符习最初镇守天平，用文书通告隶属城邑，不要搜刮财物进献祝贺。颜衎还没有领到文书，所以按过去的规矩来做。不久被吏人告发。符习立刻召来颜衎拷打，幕府的僚属和军吏都认为侮辱了正派的人，符习对此十分后悔，就上表推荐颜衎做观察推官，姑且补救此事。长兴初年，召为太常博士，符习极力上奏挽留颜衎。符习退休后，颜衎东回家乡奉养父母。不久，房知温镇守青州，又征召颜衎到幕府。房知温阴险固执，加重赋敛多不合法令，颜衎常常极力劝谏，不回避这样做带来的祸患。晋祖进入洛阳，房知温凭借兵力强而非常傲慢，颜衎劝他向晋祖进贡。房知温能够善终，是颜衍的功劳。颜衎被改任为河阳三城节度副使，管理州中事务。过了半年，收到家中的书信，得知父亲在青州患了风痹病，颜衎没有上奏就弃官离去侍候父亲的病，不再有做官的意思。一年多以后，父亲病得不能起床，颜衎亲自照顾父亲大小便，不曾有一点厌倦。晋祖听到这件事，征召他为工部郎中，接连派人催促他到朝廷，颜衎推辞说："我没有其他才能，不知道什么人误传让您听说，希望准许我回家，使我能如愿奉养双亲。"晋祖说："我自己了解你，不是他人推荐。"不久废除了枢密院，颜衎以本官为奉参加朝会。过了一年，颜衎上表请求回家侍奉父亲，于是授予青州行营司马。父亲去世服丧，他悲哀过度而身体严重毁损。不久召他任驾部郎中、盐铁判官。因为母亲年老恳切辞谢，诏令仅守本官。开运末年，授左谏议大夫，权判河南府，召回为御史中丞。丧乱之后，朝廷纲纪不振，颜衎执行法令颇有风采。他曾经进言说："州郡没有下级进见上级的礼仪，出入失去御史之体，请从今天起，藩镇的幕僚不得任台官；即使是亲王、宰相出朝镇守，也不得上奏充任宾佐。不是奉皇帝命令调查事情，不得离开京城，此外不让他们处理杂务。"皇帝下诏只有征召入幕府按照原来的制度，其余采纳他的请求。当时王峻掌权，颜衎和陈观一起被王峻所引荐任用。适逢王峻失败，陈观被降职，颜衎被免职，只任兵部侍郎一职。显德初年，上表请求解除官职，被授为工部尚书，退休回乡，御史台、尚书省官员在都城门外为他饯行，一路上官车前后不绝，当时的人们都认为他很荣耀。建隆三年春，在家中去世，享年七十四岁。

**五、古诗词阅读**

12.【参考答案】①身世悲凄，命运坎坷。作者谪边十年方回到秦京，转眼又被改谪到岭南。②生离死别，会见难期。此次和友人分别，不知相见何期。③权贵迫害，国家衰微。借古时伏波将军庙前的萧索苍凉暗指安史之乱后国家的衰败。国家满目疮痍，自己又受到排挤而无能为力，内心悲苦至极。④仕路堵塞，报国无门。表面上写自己因懒散粗疏而遭非议，劝诫友人不要因议政文章出风头，实则表达自己被排挤非议，报国之志不得伸张的苦闷。

（本题共4分。答出"身世悲凄、命运坎坷""生离死别、会见难期""权贵迫害、国家衰微""仕路堵塞、报国无门"等关键词句并结合具体诗歌内容分析得4分，每个要点1分，每少答一点扣1分）

13.（1）学而不思则罔；思而不学则殆

（2）滚滚长江东逝水；浪花淘尽英雄

**六、阅读下面的文学类文本，完成14～15题**

14.【参考答案】①廉洁正直：没有要市政府家属院的房子，委婉拒绝朋友的礼物。②重情重义：看重同学情、邻里情，在家宴请同学，特意为不喝白酒的同学准备干红葡萄酒，因舍不得周围老邻居而没有搬离老房子。③艰苦朴素：骑破旧的"飞鸽"自行车；住简朴至极的两居室，在家里宴请同学。④勤奋自强：吃自己种的草莓；凭自己的能力当上市长。⑤平易近人：不摆官架，不打官腔。

（本题共4分。答出"廉洁正直""重情重义""艰苦朴素""勤奋自强""平易近人"中的四个关键词即可得4分，每少答一点扣1分；需结合文中内容分析，否则酌情扣1～2分）

15.【参考答案】①塑造人物形象。体现出母亲的坚强和教诲对他的人生影响，有利于更好地凸显主人公的清廉正直和艰苦朴素的作风。②丰富故事情节。情节照应文章的标题，使情节更加丰富完整。③表现小说主题。体现了主人公的自诫、自律，同时也是对同学的诫勉，能够更好地表现"靠双手获得的果实才是最香甜的"这一小说主题。④增强表达效果。有利于增强小说故事情节的真实性，有较强的说服力。

（本题共6分。从"塑造人物形象""丰富故事情节""表现小说主题""增强表达效果"等方面分析好处且结合文章具体内容进行分析得6分，每少答一点扣1.5分）

**七、阅读下面的新闻材料，按要求完成16～17题**

16.【参考答案】各地将推出遏制租房乱象新平台

（本题共2分。拟写的新闻标题表述合理，不超过15字得2分）

17.【参考答案】政府主导建设租房平台，将有效遏制租房乱象。这体现了政府关注民生问题，切切实实为百姓做好事、做实事的决心。

（本题共4分。针对新闻材料进行恰当评论，语言表述连贯得4分）

**八、作文**

18.【写作指导】

考生可以先圈出材料中的对象——院方和患者，每一个对象都可以是一个单一的角度，然后分析各方做法背后的原因。

①从患者的角度分析,一方面,可以从人情和索赔并不冲突,索赔也是正当要求,索赔推动医院完善制度等方向立意;另一方面,也可从被挽救性命却还要索赔,不懂得感恩,不能分清主次等方向立意。

②从院方的角度分析,医院弄丢了患者的个人物品,但又对患者进行了赔偿,这说明他们认识到了自己工作中的漏洞,他们敢于承认自己的错误,医院为此也有必要加强内部管理,而不仅仅是赔偿患者了事,从这个角度来看,我们可以围绕"加强管理""强化制度""敢于认错"等方面立意。

③从医生与患者的关系角度分析,可以说医患双方应当互信、互助、互谅,也可以说医患双方要责任分明。

(①考生在写作时首先要明确自己的态度;②开篇可以通过简述材料内容表明自己的态度,比如站在患者的角度进行分析然后确定文章的中心"规矩大于人情";③接着可以通过一些名人名言作为过渡句,引出后文对规矩的阐明;④其次结合材料内容分析材料中的患者做法是否符合规矩,这样的规矩对院方有什么作用;⑤然后结合实际说一说"为什么规矩大于人情";⑥最后在文章的结尾处再次深化主题,强调规矩的重要性,整篇文章的语言要生动形象,可以通过引用等手法,增强文章的文采;⑦多采用议论的表达方式来阐明自身的观点,结构上要注意前后逻辑的严谨性;⑧以此为思路行文,拟定得分:27分)

# 2020年山西省忻州市教师招聘考试语文真题试卷(精编)(十)

## 第一部分　教育综合知识

### 一、单项选择题

1. A　**【解析】**本题考查时政知识。习近平总书记强调,加强党的领导是做好教育工作的根本保证。

2. C　**【解析】**本题考查时政知识。习近平总书记强调,服务经济社会发展全局是教育的重要使命。建设社会主义现代化强国,发展是第一要务,人才是第一资源,创新是第一动力。

3. C　**【解析】**本题考查教育政策知识。中共中央办公厅、国务院办公厅印发的《加快推进教育现代化实施方案(2018—2022年)》指出,加快推进教育现代化的指导思想是:以习近平新时代中国特色社会主义思想为指导,全面贯彻党的十九大和十九届二中、三中全会精神,以培养社会主义建设者和接班人为根本任务,以全面加强党对教育工作的领导为根本保证,以促进公平和提高质量为时代主题,围绕加快推进教育现代化这一主线,聚焦教育发展的战略性问题、紧迫性问题和人民群众关心的问题,统筹实施各类工程项目和行动计划,着力深化改革、激发活力,着力补齐短板、优化结构,更好发挥教育服务国计民生的作用,确保完成决胜全面建成小康社会教育目标任务,为推动高质量发展、实现2035年奋斗目标夯实基础。因此,A、B、D三项都属于加快推进教育现代化的指导思想,故答案选C项。

4. D　**【解析】**本题考查法律法规知识。根据《中华人民共和国义务教育法》第二条规定可知,义务教育是国家统一实施的所有适龄儿童、少年必须接受的教育,是国家必须予以保障的公益性事业。故A项说法错误。义务教育在中国得到基本普及,故B项说法错误。根据《中华人民共和国教师法》第二十五条规定可知,教师的平均工资水平应当不低于或者高于国家公务员的平均工资水平,并逐步提高。故C项说法错误。因此,本题选D项。

5. B　**【解析】**本题考查《学生伤害事故处理办法》。根据《学生伤害事故处理办法》第二条规定,在学校实施的教育教学活动或者学校组织的校外活动中,以及在学校负有管理责任的校舍、场地、其他教育教学设施、生活设施内发生的,造成在校学生人身损害后果的事故的处理,适用本办法。因此,学生自行组织的校外活动不属于《学生伤害事故处理办法》的适用范围。

6. D　**【解析】**本题考查《新时代中小学教师职业行为十项准则》。根据《新时代中小学教师职业行为十项准则》可知,"坚持言行雅正"的准则包括:为人师表,以身作则,举止文明,作风正派,自重自爱;不得与学生发生任何不正当关系,严禁任何形式的猥亵、性骚扰行为。故答案选D项。而A项属于"关心爱护学生"的准则,B项属于"自觉爱国守法"的准则,C项属于"潜心教书育人"的准则。

7. C　**【解析】**本题考查2008年修订的《中小学教师职业道德规范》中的"为人师表"。为人师表是教师职业的内在要求。"学为人师,行为世范"是教师职业最基本的原则。倡导为人师表,就是要求教师言传身教,以身立教,言行一致。教师的一言一行、一举一动,都会对学生产生潜移默化的影响。教师在学生心目中就像一面镜子,无论是学识、思想、境界、品德还是好恶,都可能影响到学生。所以,教师在教学过程中起到表率作用,其中最重要的是言行一致。

8. A 【解析】本题考查教师职业道德的功能。教师职业道德对教师工作具有促进功能。教师职业道德对教师教育行为的调节主要是通过社会舆论和内心信念这两种形式来实现的。

9. A 【解析】本题考查2008年修订的《中小学教师职业道德规范》。爱岗敬业的师德规范要求教师对工作高度负责,认真备课上课,认真批改作业,认真辅导学生,不得敷衍塞责。李老师即使被学生家长辱骂和投诉,还是努力做好本职工作,这是爱岗敬业的表现。

10. B 【解析】本题考查教师劳动的特点。教师劳动的示范性指教师的言行举止,如人品、才能、治学态度等都会成为学生学习的对象。张老师不顾个人安危救助学生的行为对全体学生产生了积极影响,体现了教师劳动的示范性。

11. B 【解析】本题考查《中华人民共和国义务教育法》。根据《中华人民共和国义务教育法》第三十五条规定可知,学校和教师按照确定的教育教学内容和课程设置开展教育教学活动,保证达到国家规定的基本质量要求。国家鼓励学校和教师采用启发式教育等教育教学方法,提高教育教学质量。

12. A 【解析】本题考查运用讨论法的基本要求。运用讨论法的基本要求有:讨论前,教师应提出有吸引力的讨论题目,并明确讨论的具体要求,指导学生收集有关资料;讨论时,教师要善于启发引导学生围绕中心,联系实际,自由发表意见,并让每个学生都有发言机会;讨论结束后,教师要进行小结,并提出需要进一步思考的问题。所以只有A项符合题意。B项属于运用讲授法的基本要求,C项属于运用练习法的要求,D项属于运用演示法的要求。

13. C 【解析】本题考查新课程背景下教师教学行为的变化。在对待自我上,新课程强调反思;在对待与其他教育者的关系上,新课程强调合作;在对待师生关系上,新课程强调尊重、赞赏;在对待教学关系上,新课程强调帮助、引导。所以答案选C项。

14. B 【解析】本题考查新课程理念中的教学原则。资源性原则是指,所有的媒体展现出来的资源,都服务于课标,它替代不了课本,也不能取代教师的地位。媒体素材只能是师生共享的资源。如在生物教学中,经常把收集的各种图片、影视素材片段调用到课堂的某一环节中,使课堂在探究中有生趣,活跃而不散乱,学生在轻松愉快中学到了知识。反之,如果整节课全面运用媒体,教师和学生两个主体的个性将被扼杀在媒体的主导中。所以答案选B项。

15. A 【解析】本题考查课外活动的意义。课外活动是因材施教、发展学生个性特长的广阔天地。与课堂教学相比,课外活动更有利于发展学生个性。

16. C 【解析】本题考查课程的定义。实践性课程理论认为,课程不是静态的物(教材、教具等),而是教师、学生、教材、环境之间动态交互作用的"完整文化",是一个动态平衡的"生态系统",教师与学生是课程意义的创造者和主体。

17. B 【解析】本题考查课程内容选择的原则。生活效用准则又称社会效率原则,它以个人的社会生活为着眼点,认为对人生有用的内容为好内容。斯宾塞、博比特等人持此观点。在他们看来,凡是能促进人生各类活动的课程与教学内容,即为具备社会效率的内容,即为有用的课程教学内容。该原则的特点是重视个人的生活需要,而忽视学习者的本性、兴趣与当前需要,而且也忽视了社会发展需要及社会应有的方向。

18. C 【解析】本题考查非正式评价的概念。非正式评价是指在日常教学活动中,在评价者和评价对象的相互接触、互动过程中,评价者以观察和交流为主要方式,不断地了解评价对象,进而在有意或无意之间形成对评价对象的某种看法和判断的一种评价类型。非正式评价所提供的是关于评价对象全面的、活生生的信息,而不是死板静止的分数。

19. C 【解析】本题考查建构主义学习理论。建构主义认为,知识的意义就在于学习者的主动建构性,知识无法通过直接的传递实现。故本题答案选C项。

20. B 【解析】本题考查气质的类型。胆汁质的人以精力旺盛、粗枝大叶、表里如一、刚强、易感情用事为特征,整个心理活动笼罩着迅速而突发的色彩,并不容易形成善于克制自己情绪的性格特征。孙悟空精力旺盛、反应迅速、容易冲动,这些表现都说明其气质类型属于胆汁质。

21. D 【解析】本题考查布鲁纳的学习理论。布鲁纳提出了发现教学法，斯金纳提出了程序教学法，罗杰斯提出了非指导性教学模式，布卢姆提出了掌握学习模式。故本题答案选D项。

22. A 【解析】本题考查注意的品质。注意广度的大小主要取决于一个人已有的经验和知识。经验愈多，知识愈广，就愈善于组织所感知的对象，把它们联系成一个整体来感知。

23. C 【解析】本题考查想象的类型。再造想象是依据词语或符号的描述、示意在头脑中形成与之相应的新形象的过程。人在阅读文艺作品、历史文献，工人看建筑或机械图纸，学生听教师对课文生动形象的描述时，头脑中出现的有关事物的形象，都属于再造想象。因此，题干中阅读诗句所产生的现象，就是一种再造想象。

24. B 【解析】本题考查巴甫洛夫的经典性条件作用规律。分化抑制是指只对条件刺激物加以强化，对类似刺激物不予强化，使类似刺激物引起的反应受到抑制。题干中对"已""巳"的区分，这是只对条件刺激做出反应的过程，故属于分化抑制。

25. B 【解析】本题考查技能与习惯的区别。技能和习惯的区别在于：(1)技能是越来越向一定的标准动作体系提高，而习惯则越来越保持原来的动作组织情况。(2)技能有高级、低级之分，但没有好坏之别。习惯则不同，它根据对个人和社会的意义有好坏之分。(3)技能和一定的情境、任务都有联系，而习惯只和一定的情境相联系。(4)技能要与一定的客观标准做对照，而与习惯做对照的，则只是上一次的动作。因此，B项中说技能没有高级、低级之分的说法是错误的。

## 二、多项选择题

26. ABD 【解析】本题考查《中国教育现代化2035》。《中国教育现代化2035》提出了推进教育现代化的八大基本理念：更加注重以德为先，更加注重全面发展，更加注重面向人人，更加注重终身学习，更加注重因材施教，更加注重知行合一，更加注重融合发展，更加注重共建共享。故答案选A、B、D三项。

27. BCD 【解析】本题考查《中华人民共和国教育法》。根据《中华人民共和国教育法》第五十一条规定可知，广播、电视台(站)应当开设教育节目，促进受教育者思想品德、文化和科学技术素质的提高。

28. AB 【解析】本题考查教师职业道德的基本原则。"师也者，教之以事而喻诸德也"的意思是：教师的职责是既要教学生有关具体事物的知识，又要让学生知晓立身处世的品德。"师者，所以传道受业解惑也"的意思是：老师，是用来传播道理、教授学业、解答疑惑的。这两项都体现了教师职业道德的教书育人原则。C项体现了教师职业道德的为人师表原则。D项体现的是一种谦虚的学习态度。

29. BC 【解析】本题考查教师职业道德的相关内容。严谨治学、不断进取是师德的生命，也是教师应具备的业务素质。严谨治学，是指教师要具有坚实的知识功底和对待科学的严肃态度。必须做到勤奋学习，不断钻研业务，力求精益求精，不断进取，努力提高自身的知识素养和业务能力。

30. ABD 【解析】本题考查班主任工作的相关内容。精深的专业知识和广博的相关学科知识是班主任开展工作的理论基础。

31. ACD 【解析】本题考查课程资源开发与利用的基本原则。关于课程资源开发与利用的基本原则有多种表述，其中之一为：(1)优先性原则；(2)经济性原则；(3)适应性原则；(4)共享性原则。

32. ACD 【解析】本题考查情感的分类。从情感的社会内容角度来看，人类的情感有道德感、美感和理智感三种形式。

33. BCD 【解析】本题考查情绪的相关知识。应激是出乎意料的紧迫情况所引起的急速而高度紧张的情绪状态，故A项说法错误。激情是一种爆发式的、猛烈而时间短暂的情绪状态，故B项说法正确。心境是一种微弱的、持续时间较长的，带有弥漫性的情绪状态，故C项说法正确。愉快是大脑释放出类似快乐的电流的情绪状态，故D项说法正确。

## 三、判断题

34. √ 【解析】本题考查政治知识。改革创新是时代发展的不竭动力，只有坚持深化改革不动摇，不断释放制度红利，才能使我国教育越办越好，实现由教育大国到教育强国的历史跨越。故题干说法正确。

35. × 【解析】本题考查《中国教育现代化2035》。《中国教育现代化2035》中指出，要推动各级教育高水平高质量普及。提升高中阶段教育普及水平，推进中等职业教育和普通高中教育协调发展，鼓励普通高中多样化有特色发展。故题干说法错误。

36. × 【解析】本题考查教育法规的体系结构。教育法规按适用范围和法律效力的大小分为以下7个层次：(1)宪法中的教育条款；(2)教育法；(3)教育方面的其他法律和其他法律中的教育条款；(4)教育行政法规；(5)教育规章；(6)地方性教育法规；(7)地方性教育规章。因此，题干中的说法是错误的。(具体内容参见龚德隆主编的《学校法律实务大全》)

37. × 【解析】本题考查教师职业道德教育的方法。说理疏导法是指在教师职业道德教育中广开言路、循循善诱、说服教育，引导教师不断提高自己的道德觉悟，以满足社会对教师的职业道德要求的教育方法。

38. √ 【解析】本题考查《新时代中小学教师职业行为十项准则》。根据《新时代中小学教师职业行为十项准则》中提出的“潜心教书育人”的准则可知，教师不得违反教学纪律，敷衍教学，或擅自从事影响教育教学本职工作的兼职兼薪行为。故题干说法正确。

39. √ 【解析】本题考查教师职业道德的特点。教师职业道德具有强烈的责任感，是教师自觉、积极职业态度形成的基础，是教师教育、教学和自身发展的重要精神动力。

40. √ 【解析】本题考查个体身心发展的规律。人的发展的顺序性是客观的、不以人的意志为转移的，教育工作要遵循这种顺序性，循序渐进地促进人的发展。所以题干表述正确。

41. × 【解析】本题考查个体身心发展的动因。内发论强调内在因素，如“需要”“成熟”，强调人的身心发展的力量主要源于人自身的内在需要，身心发展的顺序也是由身心成熟机制决定的。即在人的身心发展过程中起决定作用的是遗传素质。所以题干所述属于内发论的观点。

42. √ 【解析】本题考查教学大纲的概念。“教学大纲”是一门课程的纲要结构，是以纲要的形式规定有关学科内容的指导性文件，它规定了各门学科的目的、任务、内容、范围、体系、教学进度、时间安排以及对教学方法的要求等，教学大纲是国家对各科教学内容所规定的统一要求，是编制教材的直接依据和进行教学工作和考核教学效果的基本指南。

43. × 【解析】本题考查个别教育工作。班主任做好个别教育工作，包括做好先进生的教育工作、中等生的教育工作和后进生的教育工作。

44. √ 【解析】本题考查现代社会教育的特征。现代教育逐步发展为一个开放的系统，这是它的一个基本特征。现代教育的开放性不仅表现在制度上和组织形式上逐步突破封闭性，而且表现在课程内容、教学方法等也不再是封闭的了，不再局限于课堂内教师传授固定的已知真理知识，而是同时提倡发现和创造的学习，把课堂教学和课外活动以及广阔的生活天地联系起来。现代教育作为一个系统，整体性越来越强。它的各个组成部分和各个方面相互依存，联系越来越密切。

45. × 【解析】本题考查新课程改革的核心理念。贯穿于第八次课程改革的核心理念是：为了中华民族的复兴，为了每位学生的发展。新课程改革倡导以学生为本，而不是以学生的学习成绩为本。

46. × 【解析】本题考查关键期和最近发展区的内涵。最近发展区是儿童在有指导的情况下，借助成人的帮助所能达到的解决问题的水平与独自解决问题所达到的水平之间的差异，实际上是两个邻近发展阶段间的过渡状态。关键期是指人的某种身心潜能在某一年龄段有一个最好的发展时期。在这一时期内，对个体某一方面进行训练可以获得最佳成效，并能充分发挥个体在这一方面的潜力。因此，题干所述体现了关键期的内涵。

47. × 【解析】本题考查韦纳的成败归因理论。根据韦纳的归因理论可知，如果一个人将失败归因于缺少能力，则会产生羞愧和内疚，并且长期归因于能力，还会形成一种习得性无助的自我感觉。

48. √ 【解析】本题考查安德森的心智技能形成理论。著名认知心理学家安德森认为，心智技能(智慧技能或智力技能)的形成需经过三个阶段，即认知阶段、联结阶段和自动化阶段。

49. √ 【解析】本题考查心智技能的内涵。心智技能又称智慧技能或智力技能，是借助于内部言语在头脑中进行的智力活动方式，它是按照合理、完善的程序组织起来的。故题干所述体现了心智技能的内涵。

50. × 【解析】本题考查学习动机的种类。附属内驱力是指个体为了获得长者们(如家长、教师)的赞许或认可而表现出把工作、学习做好的一种需要。因此,附属内驱力是一种间接的学习需要,属于外部动机。

51. × 【解析】本题考查感觉的规律。感觉适应是指感受器在刺激物的持续作用下,引起感受性暂时起伏波动的现象;感觉对比是指同一感受器官在不同刺激物的作用下,感受性发生起伏波动的现象。因此,题干所述为感觉适应的内涵,故题干说法错误。

52. √ 【解析】本题考查直觉思维的相关知识。直觉思维的成效取决于人对事物的洞察力和理解力,并与思维者知识经验的丰富程度有密切的关系。因此,知识经验丰富的人在其领域内有较高的直觉思维水平。

53. √ 【解析】本题考查认知方式的特点。场独立型学习者善于从整体中分析出各个元素,喜欢学习无结构的材料,喜欢个人独自学习,不太容易受外界的影响,对于他人的评价有自己的看法,不受外界环境的干扰。故题干说法正确。

## 第二部分 学科专业知识

### 一、单项选择题

1. C 【解析】本题考查词的义项。"义项"指字典、词典中同一个条目内按意义分列的项目。A项,小:①在体积、面积、数量、力量、强度等方面不及一般的或不及比较的对象(跟"大"相对);②短时间地;③稍微;④略微少于,将近;⑤排行最末的;⑥年纪小的人;⑦指妾;⑧谦辞,用于称自己或跟自己有关的人或事物;⑨前缀,用于称人、排行次序、某些人等;⑩姓。B项,多:①数量大(跟"少"、"寡"相对);②超出原有或应有的数目;比原来的数目有所增加(跟"少"相对);③过分的,不必要的;④(用在数词或数量词后)表示有零头;⑤表示相差的程度大;⑥疑问代词;⑦大多,大都;⑧用在感叹句里,表示程度很高;⑨姓。C项,碣:圆顶的石碑。D项,宽:①横的距离大,范围广(跟"窄"相对);②宽度;③放宽,使松缓;④宽大,不严厉,不苛求;⑤宽裕,宽绰;⑥姓。

2. A 【解析】本题考查短语的结构。B项为主谓短语,C项为偏正短语,D项为后补短语。

3. B 【解析】本题考查现代汉语知识。A项,普通话是以北京语音为标准音,以北方话为基础方言,以典范的现代白话文著作为语法规范的共同语。C项,汉语的音节结构严密,每个音节都由韵腹和声调构成。D项,词类具有多功能性,与句法成分不存在简单的对应关系。

4. A 【解析】本题考查句子的类型。连动句是用连动短语充当谓语的句子,或者是由连动短语直接构成的句子。

5. B 【解析】本题考查字音的辨析。A项,摇曳(yè)。C项,硕果累累(léi)。D项,奇葩(pā)。

6. C 【解析】本题考查字形的辨析。A项,"罐养"应为"灌养"。B项,"万像更新"应为"万象更新"。D项,"岐路"应为"歧路"。

7. D 【解析】本题考查词语的辨析。A项,屈尊:降低身份俯就。下顾:称客人来访。B项,矢志不渝:立誓决不改变自己的志向。C项,高山仰止:比喻崇高的德行,令人景仰。D项,明日黄花:原指重阳节一过,赏菊的节令就过去了,菊花日渐枯萎,没什么好玩赏的了。后来比喻已失去新闻价值的报道或已失去应时作用的事物。

8. A 【解析】本题考查词语的运用。身临其境:指亲身面临那种境地获得某种切身感受。设身处地:设想自己处在别人的地位或境遇中。将心比心:拿自己的心去比照别人的心,指遇事设身处地替别人着想。推己及人:用自己的心思来推想别人的心思;设身处地替别人着想。由词义可知,第一空应填"身临其境"。印证:证明与事实相符;用来印证的事物。关照:关心照顾;照应;口头通知。目睹:亲眼看到。映射:照射。由词义可知,第二空应填"印证"。故选A。

9. A 【解析】本题考查句子的排序。通读六句话可以发现主要是讲小满这一节气,③应首句,排除C、D两项。接下来应引出小满的内容,按照逻辑顺序可推断出③后应接①,排除B项。故选A。

10. C 【解析】本题考查古代文学常识。国子监是我国古代的教育管理机构,入国子监学习的学生称为监生。

11. B 【解析】本题考查汉字的演变。A项,小篆字形更匀称、整齐,笔画圆转、简化,异体字基本废除了。B项,隶书是古今汉字的转折点,汉字字形变圆形为方形,线条变弧线为直线,笔画变繁杂为简省。C项,行书形体近楷不拘,近草不放,笔画连绵,各字独立,易写好认。D项,楷书字形方正笔画没有波磔,书写方便。

12. D 【解析】本题考查现当代作家作品。《故事新编》里的全部作品是神话、传说及史实的演义的总集。

13. C 【解析】本题考查现当代作家作品。C项,茅盾的小说在艺术结构上,追求宏伟而严谨的布局,人物众多,情节复杂,线索纷繁交错而又严密完整,形成一种立体交叉的结构。

14. D 【解析】本题考查现当代文学流派。七月派是中国现代文学史上历时甚长、富有探索精神,而又具有沉重的悲剧命运的进步文学流派。其主要成就在诗歌上,代表作家有绿原、牛汉等。由于领导者胡风等的文艺思想在20世纪40年代起已受到有组织的批判,相应也形成了对这一诗派的巨大压力。在进入20世纪50年代之后,这些诗人的创作已明显减少,有的作品发表时就受到批评,小说创作代表作家有路翎、田间、阿垅等。

15. C 【解析】本题考查外国文学常识。马克思曾经评价说:“希腊神话不只是希腊艺术的武库,而且是它的土壤。”

16. B 【解析】本题考查外国文学常识。《悭吝人》中的吝啬鬼形象为阿巴贡。

17. A 【解析】本题考查外国作家作品。B项,《百年孤独》是魔幻现实主义作品。C项,《战争与和平》是批判现实主义作品。D项,《第二十二条军规》是黑色幽默派及荒诞派的代表作。

18. D 【解析】本题考查文学表现手法。情景交融是意境创造的表现特征,它有三种形式:景中藏情、情中见景、情景并茂。故选D。

19. A 【解析】本题考查文学理论知识。文学风格是指作家的创作个性在文学作品的有机整体中通过言语组织所显现出来的,能够引起读者持久审美享受的艺术独创性。

20. C 【解析】C项,说的是“移情作用”,原文中指出:“所谓美感经验,其实不过是在聚精会神之中,我的情趣和物的情趣往复回流而已。”

21. B 【解析】B项,逻辑关系有误,原文说的是“移情作用不一定就是美感经验,而美感经验却常含有移情作用”,两者并非互为必要条件。

22. C 【解析】C项,根据第三段的“真正的美感经验都是如此,都要达到物我同一的境界”可知该项“欣赏书法则只需要把握创作者的情感”理解错误。

23. C 【解析】A项,说法过于绝对,原文说的是“要弄懂中国的艺术,我们必须从中国人的韵律和艺术灵感的来源谈起”。B项,说法错误,原文说的是“西方艺术总是到女性人体那里寻求最理想、最完美的韵律,把女性当作灵感的来源。而中国的艺术家和艺术爱好者则通常满足于高兴地赏玩一只蜻蜓、一只青蛙或一块嶙峋的怪石。由此看来,西方艺术的精神较为耽于声色,较为热情,较为充满艺术家的自我;而中国艺术的精神则较为高雅,较为含蓄,较为和谐于自然”,并没有说“中国艺术的精神较为充满艺术家的自我”。D项,原文说的是“学习书法艺术,实则学习形式与韵律的理论,由此可见书法在中国艺术中的重要地位”。

24. D 【解析】D项,说法错误,原文说的是“毛笔使用起来比钢笔更为精妙,更为敏感。由于毛笔的使用,书法便获得了与绘画平起平坐的真正的艺术地位”。

25. B 【解析】B项,说法错误,原文说的是“这种对韵律理想的崇拜首先是在中国书法艺术中发展起来的”。

**二、判断题**

26. B 【解析】本题考查字形的辨析。“座南朝北”应为“坐南朝北”。

27. A 【解析】本题考查成语的辨析。莘莘学子:众多的学生。

28. B 【解析】本题考查病句的辨析。这句话重复赘余,“因为好经也要提防不被念歪”应改为“因为好经也要提防被念歪”。

29. A 【解析】本题考查修辞手法的辨析。这句话中把“春天”拟人化了。

30. B 【解析】本题考查比喻义和引申义。“绿色食品”用的是比喻义。

31. B 【解析】本题考查单纯词与合成词。“珊瑚”一词属于单纯词。

32. A 【解析】本题考查汉语常识。“雅言”是中国最早的通用语言,在通用意义上相当于现在的普通话,后人将古代通用的上古音系称为“雅言”。

33. B 【解析】本题考查儿化音。儿化音变主要表现在韵尾,对声母没有影响。

34. A 【解析】本题考查王勃的代表作品。“落霞与孤鹜齐飞,秋水共长天一色”出自王勃的《滕王阁序》。

35. B 【解析】本题考查文学常识。苏轼与黄庭坚因为诗歌创作并称“苏黄”。

36. A 【解析】本题考查文学常识。贾谊在《过秦论》中将秦朝灭亡的原因归为“仁义不施”。

37. B 【解析】本题考查文言实词常识。古代儿童把头发分成左右两半,梳成两个发髻,叫总角,后来用“总角”指代童年时代。“总角”并不是单单指男童。

38. B 【解析】本题考查文化常识。进士,是古代科举殿试及第者之称。

39. B 【解析】本题考查《围城》相关内容。"城里的人想逃出来,城外的人想冲进去……"选自《围城》。

40. A 【解析】本题考查现当代文学常识。

41. A 【解析】本题考查郭沫若作品的创作特色。郭沫若的《女神》是一部浪漫主义诗集。

42. A 【解析】本题考查外国文学知识。都德与福楼拜、左拉、龚古尔和俄罗斯作家屠格涅夫这五位作家经常共进午餐,在席间热烈讨论文艺问题,这种沙龙式的聚会,在文学史上被誉称为"五人聚餐会"。

43. A 【解析】本题考查雨果代表作品的思想内容。《巴黎圣母院》《悲惨世界》《海上劳工》是体现雨果人道主义思想的三部曲。

44. B 【解析】本题考查文学四要素。艾布拉姆斯提出的文学四要素是:世界、作者、作品、读者。

# 预测试卷

## 教师招聘考试中学语文预测试卷(一)

### 一、单项选择题

1. D 【解析】本题考查字音的识记。A项,庇护(bì),讷言敏行(nè)。B项,作坊(zuō)。C项,喊喊喳喳(chā)。

2. D 【解析】本题考查字形的辨析。A项,"树竿"应为"树干"。B项,"激厉"应为"激励"。C项,"朔源"应为"溯源"。

3. B 【解析】本题考查成语的运用。A项,不瘟不火:指表演既不沉闷也不过火。此处用来形容考研报名人数少不恰当。B项,闻一知十:指听到一点就能理解很多,形容善于类推。语境中该成语用于教学中,让学生善于类推,使用正确。C项,着手成春:妙手回春,称赞医生医道高明,能把垂危的病人治好。此处用来形容书法大师们进行书法创造不恰当。D项,不虞之誉:没有意料到的赞扬。语境中已经有"没有想到",再使用"不虞之誉"会导致重复累赘。

4. A 【解析】本题考查病句的辨析。B项,应将"经过"放在"工作人员"前面。C项,应在"在于它"后加上"是否"。D项,应将"梳理文物、收集文脉"改为"收集文物、梳理文脉"。

5. D 【解析】本题考查句子的选用。根据横线后的句子"雨季来时上面长了些绿绒似的苔类"判断,横线处的主语应该是"石头",排除A、C两项。根据横线前的句子"最好去处是到个庙宇前小河旁边大石头上坐坐"判断,横线处应该是对"石头"的解释说明。B项和D项的主语相同,但D项用判断动词"是"进一步强调主语为"石头",因此选D。

6. D 【解析】本题考查文学常识的积累与运用。A项,吴趼人——《二十年目睹之怪现状》。B项,李宝嘉——《官场现形记》。C项,曾朴——《孽海花》。

7. D 【解析】本题考查语言的简明连贯得体。D项,"大作"用于形容自己的作品不恰当。

8. C 【解析】本题考查中国古代文学常识的相关内容。C项,"乐府双璧"是《孔雀东南飞》和《木兰诗》。

9. D 【解析】本题考查《义务教育语文课程标准》(2022年版)第四学段"表达与交流"要求的内容。第四学段"表达与交流"要求"作文每学年一般不少于14次,其他练笔不少于1万字,45分钟能完成不少于500字的习作"。

10. A 【解析】本题考查《普通高中语文课程标准》(2017年版)"整本书阅读与研讨"任务群内容的识记。《普通高中语文课程标准》(2017年版)"整本书阅读与研讨"任务群的学习目标与内容要求在指定范围内选择阅读一部长篇小说。通读全书,整体把握其思想内容和艺术特点。

### 二、填空题

11. (1)士不可以不弘毅;任重而道远

(2)浮光跃金;静影沉璧

(3)谨庠序之教;申之以孝悌之义

12. 子无良媒

13. 驽马十驾

14. 扪参历井仰胁息

15. 四弦一声如裂帛

### 三、简答题

16. 试分析戴望舒的《雨巷》中"姑娘"的形象。

【参考答案】《雨巷》塑造了一个像丁香一样的结着愁怨的姑娘。诗人把当时黑暗阴沉的社会现实暗喻为悠长而寂寥的"雨巷",诗中的"姑娘",

我们可以认为是实指，是诗人心中期待已久的美丽、高洁而忧郁的姑娘；也可以把这位“姑娘”当作诗人心中朦胧的理想和追求，代表了诗人陷入人生苦闷时，对未来渺茫的憧憬。丁香一样的姑娘象征着像诗人一样的知识分子要苦苦追寻的救国理想，也象征着中国的希望，他们在黑暗中摸索前行，苦苦寻找救国之路。

17. 简述《哈姆莱特》的艺术成就。

**【参考答案】**俗话说，“有一千个读者，就有一千个哈姆莱特”，这句话概括说明了《哈姆莱特》的艺术成就。《哈姆莱特》是莎士比亚的四大悲剧之一，突出反映了作者的人文主义思想，对后代作家的影响颇为深远，在世界文学史上占有极其重要的地位。文章情节生动，语言丰富，题材的典型性和鲜明的人物个性构成了《哈姆莱特》最大的艺术特色。《哈姆莱特》以现实主义的创作手法和娴熟的艺术技巧而著称，该部作品带给人们沉重的反思，对哈姆莱特命运的反思，对当时文艺复兴时期社会背景的反思。

18. 简述《普通高中语文课程标准》(2017年版)中有关教学建议的主要内容。

**【参考答案】**(1)发挥语文课程的独特功能，促进学生语文学科核心素养全面发展。

(2)充分理解学习任务群的特点，处理好学习任务群之间的关系。

(3)创设综合性学习情境，开展自主、合作、探究学习。

(4)整体把握必修和选修课程，加强课程之间的衔接和统整。

(5)探索信息化背景下教与学方式的转变。

(6)提高课程开发与设计的能力，实现教师与课程同步发展。

**四、阅读题**

19. **【参考答案】**“长”和“畏”这两个字用得好。“长”表时间，在这里指永远沉醉不愿醒来，只有在长醉中，才能忘却飘零之苦，暂得欢愉，从侧面表现了诗人流离的痛苦。“畏”有“畏惧”之意，这里是说害怕听到报晓的钟声，曲折地表达了不忍与朋友分别的心理，体现了诗人对友情的珍视和漂泊在外的痛楚。

20. **【参考答案】**这两句诗通过写乌鹊的惊动和秋虫的悲鸣表现了夜色的沉寂和凄凉。抒写了诗人身世漂泊之感和宦海浮沉之痛，有怀乡思亲的悲凉。

21. B **【解析】**“蒙正起裨贩”是典型的主谓结构，是一个独立完整的句子，所以“贩”后应该断开，排除A、C两项。“向徙郴州”为动补结构，是一个完整的句子，“徙”后不能断开，排除D项。故选B。

22. D **【解析】**D项，表述错误，“雅”为宫廷乐歌。

23. D **【解析】**D项“治愈母病”错，原文无此表述。

24. **【参考答案】**(1)当时范仲淹因为进谏议政获罪而被免职，(贬)任睦州知州，余靖、尹洙上书营救范仲淹，(两人)相继被贬。

(2)高若讷说：“河朔地区是重兵囤积之地，现在赦免不去征讨，以后将要开启祸端。”

**文章大意：**

高若讷字敏之，本是并州榆次人，迁居至卫州。考取进士后，补授彰德军节度推官，后调任太常博士、主管商河县。御史知杂杨偕推荐他任监察御史里行，主管谏院。当时范仲淹因为进谏议政获罪而被免职，(贬)任睦州知州，余靖、尹洙上书营救范仲淹，(两人)相继被贬。欧阳修就致书责备高若讷说：“范仲淹刚强正直，通晓古今，朝廷中无人可比。却因为无罪被驱逐，你作为谏官不能明辨，仍厚颜面对士大夫，出入朝廷，这是不再知人间有羞耻之事(的行为)啊！”高若讷把他的书信(内容)上奏，皇帝将欧阳修贬为夷陵县令。王蒙正任蔡州知州，高若讷进言：“王蒙正自小贩被起用，靠攀附外戚权贵得任官职，之前调任郴州，众议尚且不满，现在给他(蔡州这样的)大州(治理)，可以吗？”(皇上)下诏令搁置他的任命。大庆殿设置祈福道场，高若讷上奏说：“大庆殿是国家的正殿，怎么能聚集道士和僧人行轻慢亵渎之事？”又上奏，(以前)三公长时间坐而议政，现在的二府对答政务却只有数刻之久，怎么能尽言政务？应当赐座使(二府官员)从容对答，如同唐朝延英殿(优待臣子)旧制。遭遇母丧。守丧期满后，任右谏议大夫代理御史中丞。当时宰相贾昌朝与参知政事吴育多次在皇帝前争议政事。第二年春天，天大旱，皇帝询问这样(干旱)的原因，高若讷说：“大臣不严肃恭敬，那么雨水不时就会像这样(不至)。”于是贾昌朝和吴育都被罢职，高若讷于是代替吴育出任枢密副使。王则占据贝州，(朝廷)征讨他，月余尚未攻下。有人提议招降，高若讷说：“河朔地区是重兵囤积之地，现在赦免不去征讨，以后将要开启祸端。”等到城池被攻破，知州张得一被送往御史台审判治罪，他有屈从于敌贼的情况。朝廷商议免除死罪，高若讷说："守臣没有战死，本来(就)应当自杀，何况是屈从于敌人呢?"张得一于是被杀。(高若讷)知晓王守忠想出任节度使，坚持认为不可。皇祐五年去世，被追赠为右仆射，谥号文庄。高若讷学识丰富，善于识记，从秦、汉以来经典著作无不博学通晓，特别喜欢申不害、韩非、管仲的著作，十分精通阴阳历数之学。因为母亲患病，就兼通医书，纵然名医也叹服。张仲景《伤寒论诀》、孙思邈《方书》久不能传，高若讷将错误全部考订、校正使之刊行，世人才知道有此医书。当时名医多出自卫州，其从师本源都是高氏。皇祐年间，下诏令以定尺寸标准并制定音律(标准)，争论多年未有决断。高若讷以汉货泉币(尺寸大小)为标准确定一寸，依据《隋书》确定一尺(的长度)上奏(皇帝)。连同增减祭祀器物等(建议)，皆一一施行。有文集二十卷。

25.【参考答案】①母亲在月光下教育哥哥；②"我"和母亲在月光下给父亲送饭。

26.【参考答案】"硬生生""扛"表现了母亲面对家庭困境时的坚强，体现了"我"对母亲的心疼。

27.【参考答案】运用了比喻的修辞手法，把月光比作利剑，把乌云比作袍子，生动形象地写出了月光穿透乌云时的景象以及月光的力量，烘托出母亲乐观的心态。

28.【参考答案】遭遇困境时要学会勇敢面对，保持乐观的心态，坚信光明定会到来。

**五、写作题**

29.【写作指导】

这段材料的关键词语是：恶狗(障碍)、扫平(战胜)、避开(绕道)。从这些关键词语中可以提取出这则材料的核心内容，即"人生路上遇见障碍是要战胜它还是要避开它"。从年轻人的角度应侧重于"人生路上遇见障碍要避开它"，考生可围绕"走弯路也会是捷径"或"避开障碍不是怯懦，而是智慧"等方面进行立意。从路人的角度应侧重于"人生路上遇见障碍要战胜它"，考生可围绕"战胜障碍，勇往直前""逃避永远不能成功"等方面进行立意。

【参考例文】

**"路障"难越，"绕道"也行！**

如果通往远方的途中有许许多多"路障"，我们又没有太多的时间和精力去应付它们，那我们何不绕道而行呢?

恶狗挡道，绕道而行，是行路的智慧。

昔时，怀王与诸将约曰："先破秦入咸阳者王之。"项羽披坚执锐，攻无不克，战无不胜，攻陷一座座城池，一路杀向咸阳。然而，等到了咸阳城外，却发现刘邦已先入关破城。这就是刘邦的智慧：强敌面前，绕道而行。刘邦并非害怕，而是心中有更远大的目标。项羽则不然，这种"小聪明"他是不屑为之的，也不符合他为人处事的准则。垓下兵败后，项羽大势已去，宁可自刎乌江也绝不肯转弯，留下千古遗恨。

绕道而行，是一种智慧，是生命韧性的表现。

勾践受辱于吴后，无力和强大的吴国对垒，于是他绕道而行，表面上臣服吴国，实则卧薪尝胆，改正原来的缺点，努力使国富民丰，十年的积累，最终灭吴。红军反围剿失败后，面对强敌，他们没有选择放弃，也没有选择死拼，而是选择了长征，保存实力，最后夺取政权，建立新中国。"大丈夫能屈能伸"，在生死抉择的时刻，如果能绕道而行，保存实力，终将立于不败之地。

学会转弯，心灵才不会为世俗所累，才能活出柳暗花明的新境界。

遇到"路障"，屈原"特立独行"，虽信而见疑，忠而被谤，但他绝不转弯，终落得与旧时代共亡的结局；嵇康面对司马昭不会转弯，非要以卵击石，终落得令人唏嘘悲叹的结局……人生最大的价值在于解决问题，而不是与问题同归于尽。保存实力，留得青山，才是最大的智慧。不会转弯的心灵在让人击节叹赏的同时，也让人扼腕叹息。

反观之，适时的转弯能让生命发挥更大的价值。唯有如此，我们才会拥有"悠然见南山"的超逸境界，才会拥有柳暗花明的前路。心灵转弯是一种哲学、一种智慧，它不同于俗世的圆滑，也不同于趋炎附势的阿谀。心灵转弯，会给我们的灵魂以重生的希望和机会。

泥盆纪总鳍鱼爬出污水，走上河岸，获得沧海桑田之后的新生；上古时代古猿滑下古树，走出丛林，揭开人类文明的扉页。通向成功的道路并非只有一条，此路不通时，何不绕道而行，让心灵转个弯?

# 教师招聘考试中学语文预测试卷(二)

**一、单项选择题**

1. B 【解析】本题考查字形的辨析。A项,“荦”应为“荦”。C项,“讫”应为“迄”。D项,“萤”应为“荧”。

2. A 【解析】本题考查修辞手法的运用。A项,运用了夸张的修辞手法,突出了敌军来势凶猛,情势危急,渲染了紧张气氛,赞美了守边将士临危不惧、视死如归的英雄气概。

3. A 【解析】本题考查成语的运用。①接踵而至:后面的人的脚尖接着前面的人的脚跟,形容人或事物一个又一个接连不断。本句用于形容获得的奖项多,使用正确。②前车之鉴:指当作鉴戒的前人的失败教训。“前辈苦心孤诣获得的研究成果”不能说成是“前车之鉴”,不合语境。③矫俗干名:指故意违背世俗去获取名声,贬义词。与“改善社会风气”感情色彩不符,不合语境。④头角峥嵘:形容不凡的气概或突出的才华(多指青年人的)。褒义词贬用,不合语境。⑤沆瀣一气:泛指臭味相投的人结合在一起。用于形容“两个腐败分子”的联手,使用正确。⑥不温不火:不冷淡也不火爆,形容平淡适中。用于形容两个人的关系,使用正确。

4. B 【解析】本题考查病句的辨析。A项,两面对一面,“高低”是两面,后面“他坚持了多读多写这一基本也最重要的语文学习方法”只有一面,应在“坚持”前加上“是否”。C项,逻辑关系不当,“不仅侵害了民族的历史记忆、共同的价值追求,更触碰了法律的底线”应改为“不仅触碰了法律的底线,更侵害了民族的历史记忆、共同的价值追求”。D项,宾语中心语残缺,应在“发展脚步”后加上“的反映”。

5. A 【解析】本题考查文学常识的积累与运用。B项,《钢铁是怎样炼成的》写人物以叙事和描写为主。C项,《儒林外史》是一部以知识分子为主要描写对象的长篇小说。D项,《海底两万里》是凡尔纳三部曲中的第二部,第一部为《格兰特船长的儿女》,第三部为《神秘岛》。

6. C 【解析】本题考查《普通高中语文课程标准》(2017年版)“教学与评价建议”内容的识记。《普通高中语文课程标准》(2017年版)指出:选择性必修应注重学习“面”的广度,选修应注重学习“点”的深度。

**二、填空题**

7. (1)不知命;无以立也
   (2)猿猱欲度愁攀援
   (3)长余佩之陆离

8. 表达方式;文学样式

9. 叙事性;说明性

**三、论述题**

10. 结合作品论述新写实小说的特征。

【参考答案】(1)叙事立场:新写实小说叙事平民化,作家和读者是平等的关系。在作品中,作家只是客观地描写,而不显露自己的立场。新写实小说消解了是非、善恶、褒贬等主体价值,以冷漠化的不动声色讲述故事。如《一地鸡毛》,在展现现实生活的同时,也让人看不到作者的爱憎,看不到生活的希望。

(2)叙事话语:新写实小说叙写日常生活——食、色、结婚、生子、柴米油盐酱醋茶,为了生存找门子拉关系,等等。如刘恒的《狗日的粮食》——食,《伏羲伏羲》——色。新写实小说大多是对社会下层生命的注目与关怀,尤其是对琐屑零碎的生活细节的描写。如《一地鸡毛》中塑造的小林就是一个普通的公务员,所记叙的事也就是他在家里的日常生活。

(3)叙事法则:新写实小说大量地借鉴了现代主义的叙事手法。其一,放弃塑造典型人物。其二,移植新的叙事手法,写生活流,突破传统的情节模式。

(4)叙事风格:新写实小说回到了原生态叙事。所谓原生态叙事,就是描写原汁原味的生活,客观自然地描写生活,不仅不回避生活中的矛盾斗争,反而有意识地展示生活底层的东西,写人与生活的本来面目。注重情节、人物上的“非典型化”。新写实小说在写法上追求“流水账”式的生活本来面目的原生态呈现,即所谓的“还原”。如《烦恼人生》中,写印家厚普通一天的生活,作者所要展现出的就是这种平凡人的日常生活。

11. 简述《义务教育语文课程标准》(2022年版)中有关课程理念的主要内容。

【参考答案】①立足学生核心素养发展,充分发挥语文课程育人功能。②构建语文学习任务群,注重课程的阶段性与发展性。③突出课程内容的时代性和典范性,加强课程内容整合。

④增强课程实施的情境性和实践性，促进学习方式变革。⑤倡导课程评价的过程性和整体性，重视评价的导向作用。

四、阅读题

12. B 【解析】A项，以偏概全，“由皇室、世家大族和官吏组成”的“上层社会”，缩小了范围，原文是“以皇室、世家大族和官吏为主体的上层社会”。C项，“促使江南地区成为贸易体系中心”的原因不仅仅是“市镇数量急速增加”，还有“专业化市镇网络体系”的形成。D项，“融入”错误，应该是“赋予了江南城市诸多文化品格”。

13. A 【解析】A项，“苏湖熟，天下足”是为了说明南宋时期江南的农业已非常发达。

14. A 【解析】A项，无中生有，文章第②段提到北人南迁所带来的文化有“精英文化”和“市民文化”两类，这二者并无主次之分。

15.【参考答案】大雾的出现令城市不知所措地改变了运转节奏，使“我”得以进入一个自由王国，从而引出下文“我”在雾中的想象、心理活动与特别行为，为“我”的得意忘形铺设背景，营造情境，提供可能。

16.【参考答案】①从修辞的角度分析：运用排比的手法，形象地描写了“我”的各种走姿，表现“我”从开始稀奇古怪地走到最后欲疯欲醉的变化过程，活灵活现，生动传神。②从句式的角度分析：善用短句，加快语言节奏，极力表现“我”稀奇古怪的走姿的变化多端，千姿百态。③从表达方式的角度分析：描写、叙述相结合，诙谐幽默，表现了“我”驾雾行走时轻松雀跃的心情。

17.【参考答案】①对自然天成的景致的喜爱；②对自由本真的人性状态的向往；③对互不设防、坦诚相见的人际交往的渴望。

18.【参考答案】①文章题目中的“你”泛指每一个人，含有“每个人都可以在大雾里得意忘形”的意味。“我”是“你”的一员，实写“我”的得意忘形，暗写每个人都可以达到的生命状态。②文章题目中的“你”泛指每一个人，含有“希望每个人都在大雾里得意忘形”的吁请意味。写“我”得意忘形、放松自在，意在以点带面，增强吁请、号召的说服力。③文章题目中的“你”泛指每一个人，在大量描写“我”的个体行为时，也穿插了对“你”（每个人）生命状态的普遍意义的探寻，点面结合，既具感性之美亦富悟理之妙。④文章题目中的“你”既是泛指，也是具体指“我”在雾中遇见的姑娘，“你”是和“我”一样在雾中“放肆”的人。作者塑造这个形象，意在使文中的“我”的形象具有普遍意义。⑤文章题目中的“你”指假定的读者，作者以第二人称增强了文章的亲近意味，拉近了与读者的距离。以对“我”的得意忘形的具体描述，传达对自由人生境界的向往和对读者改变生命状态的真切期待。

五、写作题

19.【写作指导】

本题题干要求考生针对所给材料谈自己的看法和观点，因此考生必须结合“唐诗宋词”进行立意。题干要求写演讲稿，这就限定了文体。本题写作中考生要做到：①必须符合演讲稿的形式。②紧扣演讲主题，说理严密，思路清晰，语言要具有鼓舞性。③必须要有对人生理想和人生价值的阐释。参考立意：①发现唐诗宋词之美。②爱上唐诗宋词。③唐诗宋词丰富我们的精神世界，促进我们成长。

【参考例文】

徜徉在美丽的唐诗宋词中

亲爱的老师、同学们：

大家好，今天我演讲的题目是“徜徉在美丽的唐诗宋词中”。

读唐诗宋词，将自己置身于古色古香之中，体会文化的内涵。身处优美的意境中，忘却自我，如痴如醉，不亦乐乎？

一壶酒，就醉倒了整个天下。他端着斗酒向我走来，一轮明月在他俯身长叹中，散发出清冷的光。那飘逸、那豪放、那不摧眉折腰的气势使他“人生得意须尽欢，莫使金樽空对月”，太白居士，把酒对月，纵情高歌，超然而又洒脱。那“玉碗盛来琥珀光”的美酒，散发着一股扑鼻而来的浓烈，于是他对月大喊“与尔同销万古愁”。“痛饮狂歌空度日，飞扬跋扈为谁雄”的个性，才是真正的豪放之美，真正的“天子呼来不上朝”的狂傲豪气。

快听！听着琵琶演奏的“大江东去，浪淘尽，千古风流人物”，我仿佛随着东坡的脚步，来到大江东岸，看乱石穿空，江面上的火还在蔓延；看浓烟未退，烧红了赤壁，也燃旺了东坡的壮志。此刻，我体会到了他为天下百姓的安定而在官场上苦苦挣扎的悲凉，体会到了他那一首首以现实为基础的歌赋的震撼。那震耳欲聋的江水声，让我的思绪随之翻腾，经久不息……曾想“乘风归去”“羽化登仙”，但终为了“但愿人长久，千里共婵娟”的手足之情而选择旷达乐观。东坡的一生，虽历经坎坷，仍满怀豪气。

看，那个“此情无计可消除，才下眉头，却上心头”的独守空闺的妻子，痛失丈夫的冷冷清清，凄凄惨惨戚戚。她伫立在西楼之上，纤纤玉手捧着一撮黄花，轻轻地吟唱“东篱把酒黄昏后，有暗香盈袖。莫道不销魂，帘卷西风，人比黄花瘦”。易安居士内心的寂寞凄凉化作滴滴梧桐雨，在我心坎上敲打了千年，也从未歇息。

走在唐诗宋词里，醉在袅袅余韵中……唐诗宋词，它就静静地躺在那里，你不去理它，它自不会理睬你，一旦你走近它，你会听到“随风潜入夜，润物细无声”般的倾诉，你会看到千年前的智慧光芒。

品唐诗宋词，其实就是一次心灵的熏陶。当你合上那微微泛黄的书本时，你就会发现，它并不朦胧，并不难以领略，甚至，它很高尚，很深奥，也很美。走近它，其实很简单，欢迎你们踏上这“简单”的心灵旅程，探索唐诗宋词之美……

我的演讲到此结束，谢谢大家。

## 教师招聘考试中学语文预测试卷(三)

### 一、多项选择题

1. BCD 【解析】本题考查字形的识记。B项，“万赖俱寂”应为“万籁俱寂”。C项，“声斯力竭”应为“声嘶力竭”。D项，“婉蜒”应为“蜿蜒”。

2. ACD 【解析】本题考查病句的辨析。A项，成分残缺，应在“启动单日接待游客不超过8万人次的限流”后面加“方案”一类的词语。C项，成分残缺，“年轻人无疑具有很强的吸引力”应改为“对年轻人无疑具有很强的吸引力”。D项，语序不当，“杂志虽然让我难以获得”应改为“虽然杂志难以让我获得”。

3. AC 【解析】本题考查成语的正确使用。A项，沾沾自喜：形容自以为很好而得意的样子。B项，另辟蹊径：另外开辟一条路，比喻开创新方法、新风格、新思路。此处司机并未开辟新道路，使用该词与“选择了一条林中道路”矛盾。C项，好整以暇：形容在紧张繁忙之中仍能严整有序，从容不迫。D项，按图索骥：按照图像寻找好马，比喻按照死规矩机械、呆板地做事，也泛指按照线索寻找目标。此处可用“去伪存真”。

4. CD 【解析】本题考查语言的表达得体。A项，抛砖引玉：谦辞，比喻用粗浅的、不成熟的意见引出别人高明的、成熟的意见。不能用于别人，只能用于自己。B项，笑纳：客套话，用于请人收下礼物。这里使用对象错误。

5. BD 【解析】本题考查文学常识的积累与运用。B项，《装在套子里的人》的作者是契诃夫。D项，唐宋八大家是唐代韩愈、柳宗元和宋代欧阳修、苏洵、苏轼、苏辙、王安石、曾巩八位散文家的合称。

### 二、名词解释题

6. 桐城派

【参考答案】桐城派是清代的散文流派，由方苞开创，其后刘大櫆、姚鼐等进一步发展，因他们都是桐城人，故名“桐城派”。他们主张学习《左传》《史记》等先秦两汉散文和唐宋古文家韩愈、欧阳修等人的作品，讲究“义法”，要求语言“雅洁”，以阳刚阴柔分析文章风格。

7. 建安七子

【参考答案】建安七子是汉建安年间七位文学家的合称，包括孔融、陈琳、王粲、徐幹、阮瑀、应玚、刘桢。他们对于诗、赋、散文的发展，都曾做出过贡献。建安七子为汉末三国时期文学成就的代表。

8. 象征主义

【参考答案】象征主义是19世纪末20世纪初流行于欧美的重要文学流派之一。1886年，年轻诗人让·莫雷亚斯在《费加罗报》上发表了一篇文学宣言，主张用“象征主义者”来称呼当时的前卫诗人，这份宣言标志着象征主义流派的诞生。他们认为现实的物质世界是虚幻而痛苦的，只有隐匿在背后的内在的世界才是真实的。作品中运用大量的暗示和象征来隐喻表现人的内心世界。法国诗人波德莱尔和美国诗人爱伦·坡是象征主义的先驱。

### 三、古诗鉴赏题

9. C 【解析】C项，“晴云如擘絮”运用比喻的手法，把晴云比作擘絮。而“岭上晴云披絮帽”的意思是白云给山头戴上了一顶絮帽。运用了比拟的手法。

10.【参考答案】①前两联借景抒情，写诗人日暮归来，躺在屋檐下，天气晴朗，视野开阔，生活惬意，心情愉悦。②颈联直抒胸臆，表达了诗人对仕宦生活的厌倦和对田园生活(或隐逸生活)的向往。③尾联写诗人希望与友人相聚，无奈一年又将结束，表达了诗人对友人的思念之情和时光流逝之慨。

四、文言文阅读题

11. D 【解析】“出镇”“谋议”语义连贯，不可断开。故选D。

12. B 【解析】B项，古代称土神为社，谷神为稷。

13. A 【解析】A项，“李安世还是被贬为衡山县知县”说法错误，被贬为衡山县知县的是孙沔。

14.【参考答案】(1)孙沔曾经驻守环庆，培养训练士兵，招降安抚异族，恩德信义最突出。

(2)孙沔做官凭借才能闻名，刚强正直，少有忌惮，可是喜欢宴饮游乐，(沉迷)美色，所以任职中被免官。

**文章大意：**

孙沔，字元规，是越州会稽人。考取进士，补任赵州的司理参军。景祐元年，礼院上奏在冬至日这一天册封皇后，孙沔上奏说：“丧事还没有举行完，就举行婚礼，这不合乎规制。”李安世上书指责朝廷，(结果)被弹劾。孙沔上奏：“(如果)加罪于李安世，恐怕会拒绝天下上书言事的人，请不要治他的罪。”(孙沔)被贬为衡山知县。他在路上上书谈论时政大事，再被贬为永州监酒。他治理的地方都有很好的政绩。当时的宰相吕夷简请求罢官，仁宗颁下褒奖他的诏书，没有允许。孙沔上书说：“自从吕夷简把持朝政以来，废黜忠诚的言论，废弃正直的道路，等到他凭借使相的身份出任许昌的长官，才推荐王随、陈尧叟代替自己。这两个人才能平庸可是要担负的责任重大，谋划事情不相互协商，在宰相位上相互怨恨争斗，嘲笑众多的贤士，政事被搁置荒废。又让张士逊位居宰相第一位，张士逊本来就缺乏深远的见识，以至于破坏国家大事。吕夷简不提拔贤才，为国家作长远的考虑，却引荐不如自己的人，作为巩固自己地位的计谋，想要让陛下您知道辅佐朝政的职位非他自己不可，希望您能够再次想起他自己而被召用。”过了两个月，孙沔升迁为礼部郎中，主政庆州。元昊死了，诸位将领想趁这个机会，一举灭了西夏。孙沔说：“乘人之危，在别国举丧之时攻打他，不是大国的作风。”三司给予的特别赏赐，东西质量不好但是估价很高，士兵有埋怨之语，艺人于是嘲弄这件事，(孙沔)下令斩杀艺人来示众。第二天，给予特别赏赐的时候，士兵没有敢欢呼起哄的。孙沔升迁为枢密直学士，主政成都府，孙沔还没到任，因为母亲逝去，所以罢官归去。守丧期满，任职陕西都转运使。调任秦州，当时侬智高谋反，孙沔入宫觐见，皇上用秦州政事勉励他。孙沔回答说：“虽然我年老，但是秦州不足以劳烦陛下您担忧挂虑，陛下您应该担心岭南地区的事情。我看反贼势力正在扩张，朝廷军队早晚会有失败的消息传来。”第二天，听说蒋偕死了，皇帝告诉执政说：“南方战事果真像孙沔预料的那样。”英宗继位，孙沔升迁入户部。皇帝与执政讨论守边的人选，苦于没有合适的人，欧阳修上奏说：“孙沔曾经驻守环庆，培养训练士兵，招降安抚异族，恩德信义最突出。如今他虽然七十岁，精神体力没有衰减，任职中曾经因为罪行被废免，然而应该不追究缺点和过错。”于是又让他担任观文殿学士，主政庆州，调任延州，在路上去世。孙沔做官凭借才能闻名，刚强正直少有忌惮，可是喜欢宴饮游乐，(沉迷)美色，所以任职中被免官。

五、现代文阅读题

15. C 【解析】C项，小说结尾表现了县委书记为人民解决了问题，且小说主旨重在表现人们的互帮互助。

16.【参考答案】①吃苦耐劳。杜秋妹连夜拉八百斤棉花，走了四十里路，赶了几个小时去排队卖棉花。②灵敏果敢。杜秋妹最先发现棉花包着火，并且奋不顾身去扑火。③心胸开阔。拖拉机手对杜秋妹并不友好，但杜秋妹不斤斤计较，并在第一时间帮助拖拉机手扑火。

17.【参考答案】①小说以天气变化来推动情节的发展。写天气酷热为棉花包着火埋下伏笔；雷阵雨突然降临，使得卖棉者们更加团结互助。②小说以天气变化来衬托人物的心理。初秋清晨，天气湿冷，烘托出杜秋妹初次卖棉遇上道路受阻后情绪低落；“秋老虎”的燥热衬托出棉农排长队售棉的焦躁情绪；雨过天晴，阳光照耀，烘托出棉农内心因棉花遇雨无虞且队伍前进速度变快而产生的喜悦之情。

六、技能应用题

18.【参考答案】(1)①丰富语言，促进学生智力发展。②激发学生学习兴趣，培养学生良好的思维习惯。③结合课文教学，组织必要的、专门的智力训练。④发展学生智力的各个组成因素。⑤培养学生的非智力因素。(联系教学实际说明略)

(2)提问法。其优点是能帮助学生温故知新,具有促进学生思维发展和促进课堂教学和谐发展的作用,有利于教师主导作用和学生主体作用的发挥。(联系教学实际说明略)

(3)符合要求。因为此板书具有目的性和方向性,具有条理性和灵活性,具有集中性和简洁性。

七、写作题

19.【写作指导】

这是一道命题作文题,要求以"享受生命中的惊喜"为题进行写作。在现代汉语词典中,"惊喜"指的是"又惊又喜",其中"惊"是指出乎意料的,"喜"是指愉悦欢畅的。因此,写作内容应是既在意料之外的"惊",又在情理之中的"喜"。从命题者意图看可以记叙一些令自己惊喜的事,也可以表达对"惊喜"的看法。

【参考例文】

享受生命中的惊喜

自然之中,有数不清的奇妙景象,它们栖息于我们的生活之中,引领我们去倾听自然的声音,感受不一样的惊喜。在变化无穷的自然里,我最喜欢的就是雨了,它总能让我感受到自然的恩惠和大地的力量。

在家乡的春天里,天空是那么清淡,蕴含着让大地苏醒的能量,一望无际的麦田里似乎还挂着一丝冬天的昏黄,渐渐地,天明亮了起来,雨丝如细针般坠入大地,陷于深深的土壤之中,空气随之柔和起来。一颗颗水珠从叶尖滑过,小草在雨中打着转儿,花苞在向雨点倾诉,这是上天给予我们的礼物,她在万物经过死寂一般的冬天之后用她那温柔的手来唤醒它们,这何尝不是生命中的惊喜呢?至今我依然回味着雨的温柔。

天空忽而变得烦躁,空气也变得格外压抑,因为我们已经向春天告别了,还没准备好夏天就已经来临,在这炙热的大地上你似乎连呼吸都觉得困难,麦田里的土地似乎也留下一丝干纹。突然,天空降下了豆大的雨点,你也许会马上跑掉,但也可以亲自去感受一下雨的气息。这个时候你的毛孔已经迫不及待地想和夏雨接触,雨点在你身上打着滚,滚掉了那份压抑与不适。你置身夏雨之中,与自然对话,带着这份清爽,与夏日告别。在去秋天的路上我依然沉浸在夏雨带给我的惊喜与关怀之中。

麦田慢慢披上了金色的大衣,空气吸走了水分,似乎闻不到一点雨的味道,在急切的等待中已经入夜,忽然听到了窗外的滴答声。当你好奇地向窗外望时,你会发现秋雨就像无染的清泉,在夜里无形地把万物包裹在自己身下,洗去沉积的凡尘,迎接丰收的喜悦,这是生命中的礼物,更是大自然给我们的惊喜。

不知不觉已经入冬。好像雨的精灵已经消失,大地失去了原有的颜色,变得格外单调。好似有一片白花飘过,这是雪,不一会儿,大地换上了白色的戎装,这时的大地似乎比天还要亮。这是这一年里雨送给人们的最后一份礼物,此时的我依然沉浸在雨的轻声低语里。

也许生命中有过天空昏暗的一刻,但是雨在闪亮;也许大地有过寂静无声的时刻,但是雨在倾诉。当我们在生命中,处身于自然,享受着大自然的惊喜——雨,你会意外地发现享受这份惊喜,生命将格外开阔!

## 教师招聘考试中学语文预测试卷(四)

一、基础知识题

1. B 【解析】本题考查字音的识记。A项,亘古(gèn)。C项,癖好(pǐ),处女作(chǔ)。D项,牛虻(méng)。

2. A 【解析】本题考查字形的识记。B项,"叙叨"应为"絮叨"。C项,"缈茫"应为"渺茫","义奋填膺"应为"义愤填膺"。D项,"匪疑所思"应为"匪夷所思"。

3. A 【解析】本题考查《义务教育语文课程标准》(2022年版)第四学段学业质量部分的内容。《义务教育语文课程标准》(2022年版)第四学段学业质量要求"在学习与生活中,累计认识3500个左右常用汉字,能规范、端正、整洁地书写常用汉字"。

4. 东皋薄暮望;徙倚欲何依

5. 少壮不努力;老大徒伤悲

6. 孔子

7. 沉钟社

8. √ 【解析】从表面上看,"狂人"是一个患有迫害狂想恐惧症的人,小说中,"狂人"异乎常人的思想行为特征导致了他在生活中受到排挤、敌视,被认为"有病",但实际上"狂人"是一个象征性的形象。鲁迅明写"狂人"的狂态,实际上笔笔触动的都是读者思考时代、社会、人生真谛的心弦。

“狂人”在日记中所叙述的环境缺乏写实性,却一语道破几千年中国封建社会“吃人”的社会本质,可谓是反封建的斗士。

9. × 【解析】二十四史是从《史记》到《明史》的二十四部史书。

10. √ 【解析】泰戈尔,印度诗人、文学家、社会活动家、哲学家和印度民族主义者。代表作有《吉檀迦利》《飞鸟集》《园丁集》《新月集》等。1913年,他以《吉檀迦利》成为第一位获得诺贝尔文学奖的亚洲人。

**二、古诗鉴赏题**

11. C 【解析】C项,“不但描绘了梅花,还描绘了桃花、李花”说法错误,墨梅图中并无桃李,诗歌中“桃李依然是仆奴”只是借用桃李进一步衬托画中梅花的“清姝”。

12. A 【解析】B项,第一首诗的主旨是赞颂画师画梅的高超以及梅花的清姝,并不是对“颠倒黑白、奴颜婢膝之人”的讽刺。C项,第二首借用寿阳公主的典故,将美人之面与高洁之花融合,目的是衬托梅花的美,并非“表现梅花的富贵气质”。D项,将“艺术来源于生活”作为诗人的“画外音”属过度解读。

13.【参考答案】认识:不施色彩,只用水墨,重视神韵而不拘泥于形貌(或:重“意”而轻“颜色”,强调意趣而不求形似)。

不同:第一首诗将桃李与墨梅相比较,突出了墨梅淡雅清新的特点;第二首诗运用了寿阳公主卧于含章殿檐下,梅花落在额头形成美妆与春秋时相马名手九方皋的典故,侧重刻画了墨梅的娇美。

**三、文言文阅读题**

14. B 【解析】B项,遽:突然。

15. A 【解析】A项,“而”均表修饰。B项,在/比。C项,相当于“而”,表修饰/介词,用。D项,才/就。

16. B 【解析】B项,“作者杨万里素来仰慕李台州至孝之名”错误。杨万里是在李台州去世后,与丞相京公交谈中才知道李台州母子之间的故事,了解到李台州至孝之名的。

17.【参考答案】(1)宗质站起来向她作揖请她坐下,用主客之礼招待她。

(2)像李台州,他的事迹难道和朱寿昌有什么不同吗?这不就是所说的至孝和神明相通吗?

**文章大意:**

李台州名宗质,字某,是北方人,不知道是哪个郡邑的。母亲姓展,是他父亲的妾,生下宗质后遭遇靖康年间的动乱,母子失散。宗质凭着父亲的官职得到荫赏,(宗质)长大以后,到达做官的所在必定到处寻找母亲,没有找到。姻亲司马季思到蜀地去做官,宗质说:“我寻找母亲,东南地区没找到,一定在蜀地吧?”于是(宗质)跟随他到西边去。乘船所经过的州,像是县或者是村市,一定登上岸,走遍这个地方大声呼叫,喊道:“展婆,展婆。”到了傍晚,哭着回去,不吃饭。司马家的人很同情他,一定(多方)宽慰劝服他,(他)才一边哭着一边勉强吃点东西。等到季思任职期满向东而下,所经过的(地方李台州)仍然这样,始终没有找到。到了荆州,仍然这样。每天早晚号叫呼喊,咽喉疼痛,身体疲惫,(在茶楼)稍事休息,(伤心地)流泪。

坐了一会儿,一个讨饭的老妇人来到他的面前,作揖说:“官人给我一文两文钱吧。”宗质站起来(向她)作揖请(她)坐下,用主客之礼待(她)。喝完茶以后,(宗质)询问老人的家乡姓氏。老妇人勃然大怒说:“官人能给我多少钱,为何突然问我姓名?我不是要饭的人。”宗质起身,更加恭敬,道歉说:“我十分惶恐,忤逆了阿婆,希望(您)能停止生气,试着说一说,又有什么害处呢?恐怕或许是乡邻或亲族,我愿意倾囊为阿婆馈赠财物。”老妇人高兴地说:“我的姓氏很特别,不能说。”宗质极力恳请,(老妇人)忽然说:“我姓展。”宗质惊讶地站起来,抱着她,大哭道:“夫人,(您)是我的母亲啊。”老妇人说:“官人不要错了,我儿子有可以验证的标记,(他的)右腋下有一个紫色的痣,大小如杯子。”宗质跪拜说:“是这样的。”(宗质)露出右腋给她看,于是母子拥抱在一起哭泣,周围观看的人有几十上百人,(他们)都一边叹息一边流泪。

宗质背着他的母亲回去,季思和家人孩子也(为他们)哭泣,从此以后迎养母亲孝顺奉养十多年,母亲在高龄寿终,宗质也已经白头了。

宗质乾道庚寅年间做洪倅,我当时是奉新县县令,多次拜见他,不知他们母子之间的这些事情。第二年,我到中都做官,宗质回到朝廷,被授予台州知州。朝中人士说:“李台州,是曾觌(dí)的亲家,曾觌没有儿子,把台州的儿子当作自己的儿子。”我见了一次不敢见第二次,也不曾知道他的孝顺。

十七年后,李台州已经去世,我和丞相京公一同做宰掾。谈话间,京公对我说起李台州母子的事情。我八岁的时候，先太夫人(即母亲)去世，我终身抱憾。听说这件事情，哭泣不能停止，感动并且为他作传。

称赞说：孔子说："孝悌达到极点，是和神明相通的(意为真正能把孝敬父母，友爱兄弟之道做到尽善尽美，就会感动天地神明)。"像李台州，生下来就不知道失去了母亲，但成年以后知道寻找母亲，寻找母亲却找不到，找不到却不懈怠，走遍半个天下，到老了才找到。昔日苏东坡歌颂朱寿昌，至今人们都咏叹歌颂并以此为美谈。像李台州，他的事迹难道和朱寿昌有什么不同吗？这不就是所说的至孝和神明相通吗？如果不是至孝，怎么能感动天地神明？不是和神明相通，怎么能找到母亲？我每次对士大夫们说起这件事，听到的人必(感动得)哭泣。世人谁没有母亲？有母亲的人谁没有这样的心呢？他们有母亲，未曾失去母亲，有母亲，不用等待寻找母亲，母亲健在。有的人却忽视并且不尊敬她，抑或者违背甚而不爱惜(她)，他们这是什么心啊？

**四、论述类文本阅读题**

18. B 【解析】B项，变成丑人不是得到他人爱慕的必要条件。

19. A 【解析】A项，正确表述应为"是因为他看到了人'形骸之内'的美是要高于人的'形骸之外'的美的"，要仔细对照原文理解重要概念。

20. D 【解析】D项，原文提到在魏晋时期美学得到发展的是庄子"对于人的精神美的高度重视和追求"，而不是"在丑的外形之中完全可以包含超越于丑的形体的精神美"。

**五、文学类文本阅读题**

21. 【参考答案】①句中"凝视""呆痴"等词写出老人对孩子那种幸福生活的羡慕之情，也写出了老人向往幸福的童年和安逸舒适的生活。

②句中"堆着""宁静""微笑"等词反映了老人临终时内心的满足和欣慰之情，满足于自己在想象中终于成为幸福的孩子，拥有了亲情和美好的童年。

22. 【参考答案】①营造寂静、温暖的氛围。②烘托老人的喜悦、兴奋之情。③与老人充满尘土、嘈杂的工作环境形成强烈反差，突出与现实截然不同的童年世界、亲情世界的幸福美好。

23. 【参考答案】①善良。小男孩有了铁箍，"真叫人高兴"。②胆小谨慎，略带羞怯。"身体紧靠栅栏站在十字路口""他小心地朝四面张望了一下，然后弯下腰哆哆嗦嗦地捡起那个圆箍""虽然他面带笑容，但还是不大好意思把它拿回家去"，说明他最初并不好意思玩。③劳苦、虚弱。"他整个一生都是在艰辛困苦中度过的""灰白的胡须在憔悴的脸庞上颤抖着，不住的笑声和咳嗽声同时从他那没有牙齿的嘴里迸发出来"。

24. 【参考答案】①主题思想：铁圈象征老人不曾拥有过的幸福的童年、温暖的亲情与衣食无忧的生活，对铁圈的追求就是老人对幸福的追求。

②情节结构：铁圈是贯串全文的线索，是小说的结构要点，推动着故事情节的发展，且全文是围绕"看玩铁圈——梦玩铁圈——捡旧铁圈——自玩铁圈"展开的。

③人物塑造：铁圈促成老人的心理、行为产生变化，激起了长期生活在单调、麻木状态下的老人的内心追求，完成了追求童年梦想的过程。

**六、写作题**

25. 【写作指导】

这是一道材料作文题。通过阅读材料可知，中州蜗牛最终枯死在蓬蒿秆上，在于它好高骛远，在自我认知与理想定位上存在严重缺陷；在于它不能正视主观的理想定位与其客观的实力水平存在的落差，不能及时改正自身眼高手低的缺点，调整目标。因此，考生可围绕这两点进行立意和写作。参考立意：①确定目标、树立志向，要符合客观实际；②与其自怨自艾，不若自知自强；③人生要有规划，规划须与时俱进，灵活调整；④"志""力"两者并具，才能抵达理想的巅峰；等等。

【参考例文】

**精神可以到达**

"脚不能到达的地方，眼睛可以到达；眼睛不能到达的地方，精神可以到达。"在强大的自然伟力面前，人有时显得非常渺小，但人有强大的精神力量。正是这种强大的精神力量的支撑，才使得人类具有非凡的创造力和不可战胜的顽强意志力。

人们在嘲笑"蚍蜉撼大树"不自量力的同时，却忘了蚍蜉所具有的强大的精神信念。也许人们会同情那只蜗牛的枯死在蓬蒿秆上的不幸命运，可是我们要知道，我们之所以为蜗牛的悲剧所深深触动，是因为我们不愿意看到蜗牛面对强大的困境而轻易地放弃了自己的追求。事实上，蜗牛缺乏的恰恰就是冲破困难束缚去取得成功的精神信念。

也许有人会反驳说，难道有了精神信念，蜗牛就可以用三千年时间登上泰山、走到汉水？其实不然，虽然目标难以实现，但只要拥有这种精神信念，它就会朝着目标一直努力，即使达不到预期效果，它也会在实现目标的努力过程中获得满足，会在短暂的生命中拥有挑战的乐趣。

我们每个人都不可能逃脱向自身命运挑战的宿命。对那只蜗牛来说，它的宿命就是不论爬越泰山、横渡汉水需要多少年，哪怕是刚刚爬了几步就倒毙在地，它也只能认这个“死理”。

因此，支撑人类生生不息的精神动力，更多的是“明知其不可为而为之”。明明知道不可能实现的事情却偏偏要去“为之”，这正是人类的伟大之处。

人类正是在“愚公移山”这种看似糊涂的行为实则蕴涵着深刻的思想洞见的精神感召下，才一代一代前仆后继与大自然抗争着，才创造了今天辉煌的文明。从这个意义上说，蜗牛东攀泰山与南渡汉水的宏伟抱负，其意义不在于它能不能到达，而在于它不向命运屈服。

古往今来，无数仁人志士舍生取义，不外乎是在实现人类共同追求的一种精神与价值。屈原自沉汨罗江，不外乎是要向世人昭示他的信仰；文天祥“人生自古谁无死？留取丹心照汗青”，也不外乎是要实现他所崇尚的节操。

也许正是因为这些信仰与节操，才使得后人获得精神的启迪与感染。只有不向命运低头，才能使人们摆脱一切懦弱与卑怯的枷锁，从而获得超越自我、超越自然的伟大力量。

## 教师招聘考试中学语文预测试卷(五)

**一、单项选择题**

1. C 【解析】本题考查字音的识记。A项，百舸(gě)。B项，跂而望矣(qǐ)。D项，六艺经传(zhuàn)。

2. A 【解析】本题考查语言基础知识的积累与运用。这则故事主要意思是在苦思不得的情况下，却由于偶然的事情找到了答案。A项，重在说明对事情的执着，与故事内容所蕴含的理趣不符。

3. B 【解析】本题考查成语的正确使用。A项，一念之差：一个念头的差错(多指会引起严重的后果)。用在此处不符合语境。B项，乐此不疲：指对某事特别爱好，精力为之贯注，不觉得疲倦。C项，拍手称快：指鼓掌欢呼，表示非常高兴。多用于表示正义得到伸张时或事情的结局称人的心意，用在此处不符合语境。D项，功败垂成：指快要成功的时候遭到失败。多含有惋惜之意，用在此处不符合语境。

4. A 【解析】本题考查病句的辨析。B项，偷换主语，可在“成为”前边加上“使之”。C项，“是”应改为“体现了”。D项，一面对两面，应删去“能否很好”，将“地”改为“的”。

5. A 【解析】本题考查文学常识的积累与运用。B项，《静静的顿河》是苏联著名作家肖洛霍夫的作品。C项，《长恨歌》是白居易的作品。D项，归有光是明朝人。

6. D 【解析】本题考查对词类活用的掌握。①③名词作动词，其中“水”，游泳；“鼓”，击鼓。②⑨形容词的意动用法，其中，“奇”，认为……奇；“壮”，以……为壮，认为……壮。④⑤⑩名词作状语，其中，“内”，在国内；“间”，从小路；“云”，像云一样。⑥⑦⑧使动用法，其中，“闻”，使……听到；“膏”，使……滋润肥美；“负”，使……承担。故选D。

7. A 【解析】本题考查《普通高中语文课程标准》(2017年版)学科核心素养的内容。语文学科核心素养包括：语言建构与运用、思维发展与提升、审美鉴赏与创造、文化传承与理解。

8. D 【解析】本题考查《义务教育语文课程标准》(2022年版)过程性评价原则的内容。《义务教育语文课程标准》(2022年版)过程性评价原则指出：“过程性评价应综合运用多种评价方法，增强评价的科学性、整体性。”

9. C 【解析】本题考查《义务教育语文课程标准》(2022年版)教材编写建议的内容。C项，“建立合作开发机制，实现课程资源的共建和共享”属于《义务教育语文课程标准》(2022年版)课程资源开发与利用的内容。

10. B 【解析】本题考查教学方法的理解与运用。情境导入是指教师用生动的语言，进行直接描绘，或巧妙地运用幻灯机、录音机、电脑等电教用具，通过欣赏音乐，观看电视、录像、电影等方式，激活学生的艺术细胞，提高学生的学习兴趣的一种教学导入方法。根据题干所述，这位教师所使用的导入方法应属于情境导入。

**二、填空题**

1. 蟹六跪而二螯；非蛇鳝之穴无可寄托者

2. 位卑则足羞;官盛则近谀
3. 风之积也不厚;则其负大翼也无力
4. 剑阁峥嵘而崔嵬;一夫当关;万夫莫开
5. qiè;横
6. 动宾短语;主谓短语
7. 龟甲兽骨;青铜器
8. 语文学科核心素养;语言运用情境
9. 探究性阅读;创造性阅读
10. 课程内容

**三、简答题**

1. 简述《儒林外史》叙事艺术的新特点。

**【参考答案】**《儒林外史》采取第三人称隐身人的客观观察的叙事方式,让读者直接与生活见面,大大缩短了小说形象与读者之间的距离。作者尽量不对人物作评论,而是给读者提供了一个观察的角度,由人物自己呈现在读者面前。作者企图创造一种与生活更直接不隔的、显示着生活本身流动的、丰富的、天然形态的艺术。《儒林外史》的叙事新特点与作者的美学思想是一致的。

2. 简述堂吉诃德的人物形象。

**【参考答案】**堂吉诃德是一个脱离现实、耽于幻想、行动盲目的人。他因读骑士小说入迷而想入非非,丧失了基本的理性。他把骑士小说的描写当成现实生活,无视已经发生了变化的时代。

堂吉诃德是一个纯粹的理想主义者。他痛恨专制残暴,同情被压迫的劳苦大众,向往自由,把保护人的正当权利与尊严,锄强扶弱,清除人世间的不平作为自己的人生理想。

堂吉诃德也是一个可笑、可悲又可敬,崇高与平淡,美与丑各种对立因素融为一身的人,是有着崇高精神境界的伟大的疯子。他是一个善于幻想、到处碰壁的可笑的人;他的高尚理想与黑暗现实脱节,互相矛盾,是一个可悲的人;他能为自己的事业献身,又是个可敬的人。

3. 简述《义务教育语文课程标准》(2022年版)关于教学建议部分的主要内容。

**【参考答案】**(1)立足核心素养,彰显教学目标以文化人的育人导向。

(2)体现语文学习任务群特点,整体规划学习内容。

(3)创设真实而富有意义的学习情境,凸显语文学习的实践性。

(4)关注互联网时代语文生活的变化,探索语文教与学方式的变革。

**四、阅读题**

1. B 【解析】B项,间:机会。
2. C 【解析】A项,……的人/放在宾语后相当于"的"。B项,介词,和/介词,在。C项,都是连词,况且。D项,助词,可不译/用于主谓之间取消句子独立性。
3. D 【解析】作者只是嗜书,并没有嗜酒肉。
4. 【参考答案】(1)窥视到这些情景的仆人都害怕惊讶,猜不出我是什么意思,于是偷偷地议论,等到我渐渐平静下来,才散开离去。

(2)于是想到我对书,确实同刘伶对酒没有差别,正担心刚发誓随即就要违背。

**文章大意:**

在厅堂左侧收拾一间干净的屋子作为书斋,明亮的窗户、洁白的墙壁,很安静。摆放了两个几案,一个放笔墨,一个放置香炉茶碗这类东西。一张竹床,用来坐;一张木榻,用来躺卧。还摆放了四个书架和四个书筒,古今的书籍都放在里边。琴、磬和麈尾等各种日用杂物,也都交错地摆放在旁边。

早晨刚起床,就不戴帽子,拂去几案上的灰尘,把水倒进砚台里面,研磨好墨和丹砂、铅粉,把笔蘸饱满做好准备。随意抽出一卷书,靠坐在案边批阅。一会儿读到自己有领悟的地方,就用笔在纸上尽情批注,书上的字迹大半因此而看不清楚了。有时候唱起歌来,有时候发出感叹;有时候大笑,有时候哭泣;有时候生气痛骂,有时候郁闷得要死;有时候大声叫嚷口称痛快,有时候是连连惊叹感到诧异;有时候躺着静静思考,有时候起身一阵乱跑。窥视到这些情景的仆人都害怕惊讶,猜不出我是什么意思,于是偷偷地议论,等到我渐渐平静下来,才散开离去。婢女送来酒茶,都记不得端来喝。有时候不小心碰到,打翻后弄湿了书本,就很生气地责骂,婢女后来也就不再端来了。过了时间我还没有吃饭,也没有人敢上前请我。只有妻子有时隔着门帘观察我,找到机会才走进来,说:"时间已经是正午了,可以吃饭了吗?"我答应了。妻子离去,我却又忘掉了。食物都凉了,多次拿去重新加热等着我去吃。等到去吃饭,仍然带着一本书一道前往,边吃边看,食物即使凉了,或者味道都快变了,也没有察觉。甚至有时误用一双筷子在读的书上乱点画,过了许久才醒悟过来不是笔,妻子及婢女们没有不偷着笑的。晚上读书常常到午夜,回头看仆人,没有人在旁边,一会儿身边鼾声震响,起身一看,他们都熟睡在地上。

有客人前来拜访我,名帖已经送进来,碰上我正在校读书籍,没有立即出去见客人。客人等我久了,就非常生气地责骂我,或者要回他的名帖,我也不知道。大概是因为我的性情严厉急躁,家里的人禀告事情时间不恰当,就大声呵斥并把他赶出去,而事情的紧急舒缓不加过问,因此匆忙之中不明白事情的底细。家里的盐米等琐碎事务,都是妻子掌管,很有秩序。我因此没有什么顾忌和忧虑,读书的嗜好越来越深。

有一天我忽然自己悔悟了,打算发誓戒掉它,就同妻子商量。妻子笑着说:“你不会是仿效刘伶戒酒的方法,只来骗得我的酒肉,弥补五脏的辛劳吧?我也只能坐看你沉湎在书籍之中,而不能够赞成你的打算。”我惊疑了很久,于是想到我对书,确实同刘伶对酒没有差别,正担心刚发誓随即就要违背;况且嗜好诗文,不比沉溺于女色还好吗?于是笑着回答说:“像你说的,沉湎于诗文也是很好的。”于是我不再戒掉嗜书,并且采用她话中的意思来为我的书斋起名,叫作“醉书”。

**五、教学设计题**

**【参考答案】**教学目标:

(1)能借助注释和工具书理解本文的基本内容,并掌握常用的文言词汇;准确、流利地朗读、背诵、翻译课文。

(2)在朗读中感悟,读出感情;通过反复朗读,感受语言特点,体味作品的语言美;通过复述课文,理清文章思路,学习文章多角度描写景物的方法。

(3)理解作者所创设的意境,体会文中作者追求自由的情怀,把握文章的主旨;激发热爱祖国传统文化、热爱祖国大好河山的感情,养成健康的审美情趣。

教学过程:

(一)创设情境,导入新课

同学们,语文学习就像一场快乐的旅行,给我们带来快乐和幸福,也给我们带来知识和感悟。今天,就让我们背起智慧的行囊,继续我们的快乐之旅。我们的目的地是一头连着有“人间天堂”之称的杭州西湖,一头连着“五岳归来不看岳”的安徽黄山的富春江。

(二)朗读课文,整体感知

(1)指名朗读课文。(同学评价)(课件出示朗读要求)

①重音——如“急湍甚箭,猛浪若奔”重音应落在“箭”“奔”二字上。

②节奏——以“二二”节拍为主(多为四字句),如“风烟/俱净,天山/共色”;对于整散相对的句子,应读得抑扬顿挫。

③语速——应慢一些,慢一些才能有时间去品味文中的意境。

④情感——流露出对富春江山水的由衷赞叹、无比向往之情。

(2)自由朗读课文。(注意体会文本语言上的特点)

提问:请谈谈文章的语言特点,并举例说明。

学生讨论,教师引导。

出示课件:

①句式整齐、音韵和谐,读来朗朗上口,节奏感极强。(泉水激石,泠泠作响;好鸟相鸣,嘤嘤成韵)

②整散相间,别具一番参差错落的韵致。(蝉则千转不穷,猿则百叫无绝。鸢飞戾天者,望峰息心;经纶世务者,窥谷忘反)

③形象生动,写景文字精当凝练,有一种独特的美。如:急湍甚箭,猛浪若奔(比喻、夸张)。负势竞上,互相轩邈(拟人)。泉水激石,泠泠作响;好鸟相鸣,嘤嘤成韵(对偶)。

(三)合作探究,赏析文“美”

(1)小组内自由朗读课文。

①富春江景色的总体特点是什么?

②作者是如何描写山水的奇异的?

学生从文章中找出相应的语句并加以概括,教师明确。

③作者面对这“天下独绝”的“奇山异水”时流露出一种怎样的感情和志趣?

从文中找出相关语句,并加以分析。学生思考讨论。

(2)研读最后四句:横柯上蔽,在昼犹昏;疏条交映,有时见日。

学生思考,教师引导点拨。

(四)拓展延伸

记得我们曾经学过许多描写山水的诗文。同学们能不能说几句?

(五)布置作业

(1)完成课后练习。

(2)背诵课文。

**六、案例分析题**

**【参考答案】**①该教师的整个教学过程自然、贴切,通过提问,引导学生自主学习,合作探究。学生在教师尊重、信任、期待的目光中学习,真正成了课堂教学探究活动的主角,提高了学习的效率。

②教师的思维不能代替学生的思维。有的学生在教学过程中可能会出现新颖、独特的想法。因此,教师要随时做好面对课堂生成及课堂反馈的准备,做到适时引导,有效控制,呵护学生的创新意识。

③教学过程中要以学生为主体,教师要积极鼓励学生自我尝试、自我发现、自我创新、自我评价,并适时为其指引方向,点拨迷雾。

**七、写作题**

**【写作指导】**

本材料的核心内容是钢琴家的答话——"人,要隐于音乐背后",即人们应该追求内在的修养,而不是美丽的外表;应该追求精神的高境界,而不是浮华的名利。参考立意:①人,不靠包装靠实力;②内在充实远胜于外在浮华;③抛开虚名浮利,追求生命本色;④心有清音品自高;⑤反浮华,反浮躁,保持人生本真;⑥务实,于人、于社会来说都是最重要的;等等。

**【参考例文】**

**过低调的清水人生**

站在华丽的舞台上,女钢琴家那一身朴素的衣着与华丽的舞台格格不入。面对人们的好奇,女钢琴家淡然回应道:"人,要隐于音乐背后。"是啊,人应该善于隐,学会低调。因为低调中蕴含着美德、智慧与修养。在当今社会经济大潮的冲击下,人更应做一滴清水,将微薄之力奉献给社会。

低调,是一种美德。作为伟人的妻子,卓琳一直在伟人的背后,低调平淡。在别人眼里,她是伟人的妻子,然而,在她自己看来,她只是一位普通的妻子。这位彩云之南的才女,在邓小平最辉煌的时刻,选择了隐在背后,选择了低调。是她,用精神支持着伟人;是她,用低调的人生陪伴着伟人;是她,用付出成就了伟人。她让邓小平能安心地实现带领中国人民完成改革开放的伟业。这种低调,是一种美德。如同一滴清水,清新淡雅,无丝毫杂质。

低调,是一种智慧。低调不仅仅是一种美德,在激烈的竞争中,它更是一种智慧。在沙滩上,生活着两种蓝甲蟹:一种争强好胜,一种性情温顺。然而,历经数百年,争强好胜者所剩无几,而性情温顺者则"枝繁叶茂"。后者凭借着低调,使种群不断壮大,这是一种生存的智慧。在激烈的竞争中,何不选择低调呢?低调,是一种智慧。学会低调,做一滴平凡的清水。

低调,是一种修养。现今社会,高调之人很多,有些人的高调使人感到不快。就像某些明星,先是比豪宅、豪车,又比游艇、飞机,过度地张扬、高调使人感到分外"耀眼"。更有甚者,如网上炫富的网红,他们的高调并没有起到积极作用,反而激起了社会的谴责。

在高调与低调之间,我宁愿选择低调。因为,低调是一种修养,使我放弃张扬,敢于沉淀;低调是一种智慧,使我韬光养晦,静以修身;低调是一种美德,使我沉潜,正确地认识自我。正如儒家所倡导的"修身齐家治国平天下"的主张一样,我们要把"修身"放在第一位。

我是新时代的青年,我愿做一滴清水,滴落在社会主义建设的琴键上,奏出一曲充满美德、智慧与修养的完美旋律,让它伴随着时代的步伐,成为激荡着现实进步的主旋律。

## 教师招聘考试中学语文预测试卷(六)

**一、单项选择题**

1. C 【解析】本题考查字音的识记。A项,踯躅不前(zhú)。B项,赍钱(jī)。D项,如法炮制(páo)。
2. D 【解析】本题考查字形的识记。A项,"搏奕"应为"博弈"。B项,"挖墙角"应为"挖墙脚"。C项,"法码"应为"砝码"。
3. B 【解析】本题考查标点符号的使用。A项,第一个逗号应改为问号,第一个问号应改为逗号,感叹号改为句号。C项,冒号应改为逗号。D项,分号应改为逗号。
4. A 【解析】本题考查句子的排序。首先综观全段是阐述阅读的本质,先强调的是"个人行为",因此后面应是具体说明,应选④,排除B、C两项。个体感悟和个体经验是相连的,且语言标志"其次"与"首先"呼应因此接下来应为②,排除D项。
5. A 【解析】本题考查汉字的笔顺和笔画。B项,"爽"字先写横,再从左到右写四个"×",最后写"人"。C项,"董"字的最后两笔分别是竖、横。D项,"万"先写横,再写横折钩,最后写撇。
6. D 【解析】本题考查文学常识的积累与运用。A项,"六一居士"是指欧阳修,王安石号半山。B项,苏洵擅长散文,尤其擅长政论,议论明畅,笔势雄健。《过秦论》的作者是贾谊。C项,"小李杜"是晚唐时期的诗人。
7. B 【解析】本题考查文学常识的积累与运用。A项,莎士比亚的"四大悲剧"包括《哈姆莱特》《奥赛罗》《李尔王》《麦克白》。C项,《窦娥冤》全剧共四折。D项,词58字以内为小令,59～90字为中调,91字及以上为长调。

8. C 【解析】本题考查《义务教育语文课程标准》(2022年版)课程总目标的内容。《义务教育语文课程标准》(2022年版)课程总目标指出“学会倾听与表达,初步学会用口头语言文明地进行人际沟通和社会交往。能根据需要,用书面语言具体明确、文从字顺地表达自己的见闻、体验和想法”。

9. A 【解析】本题考查“发挥语文课程的独特功能,促进学生语文学科核心素养全面发展”的具体内容。A项是“充分理解学习任务群的特点,处理好学习任务群之间的关系”的具体内容。

10. B 【解析】本题考查《普通高中语文课程标准》(2017年版)“学习任务群”的相关内容。《普通高中语文课程标准》(2017年版)将高中语文课程内容分为了18个学习任务群。

**二、语言文字运用**

1.【参考答案】(1)“垂念”改为“思念”。
(2)“高足”改为“得意门生”。
(3)“斧正”改为“指出”。
(4)“鼎力”改为“大力”。

2.【参考答案】埃德加·斯诺;《红星照耀中国》

3.【参考答案】(1)则会造成听力损失
(2)无论暴露时间长短
(3)如果音量过大

**三、古诗文默写**

1. 生物之以息相吹也
2. 见不贤而内自省也
3. 艰难苦恨繁霜鬓
4. 女娲炼石补天处;石破天惊逗秋雨
5. 渺沧海之一粟

**四、古诗鉴赏题**

1. A 【解析】A项,“寡淡的心情”错,词人在这里说“更无一点风色”,是表现洞庭湖上万里无云,水波不兴,读之冷然、洒然,令人向往不已。

2.【参考答案】苏东坡的《水调歌头·明月几时有》在构思上仿佛是与明月对话,在对话中探讨着关于人生的哲理。张孝祥的《念奴娇·过洞庭》则是将自身化为那月光和湖水,一起融于理想的澄澈之境中。下片中他还通过想象,以主人自居,请万象为宾客,与大自然交朋友,豪放旷达,出神入化。

**五、文言文阅读题**

1. A 【解析】A项,游处:交往相处。

2. C 【解析】A项,均为动词,好像。B项,均为连词,表修饰,说明动作进行的方式。C项,助词,定语后置标志/助词,取消句子的独立性。D项,均为句末语气助词,表陈述。

3. C 【解析】C项,“负重泅渡而来”的是韩子派出的人,并非韩子。

4.【参考答案】行一小巷/巷尽为旷野/草树弥空/如绿云掩冉/烟流其上/泉贯其下/俯视碎日金沙玲珑/为之心目交畅/行之惟恐其尽。

5.【参考答案】(1)虽然屋内屋外可以相望,但是近在咫尺却无路可走;虽然你我相对而立,但是说的话根本听不清。
(2)大概我们两人没有在阴霾昏沉中终结的原因,恐怕就是因为这些东西吧?

**文章大意:**

金陵有两位客居之人,一位是圣秋人氏韩子,住在清水潭边;另一位是于皇人氏杜子,住在金陵宫城之外。这两位客人交往相处好像亲兄弟一样开心,从来没有十天不见面的,如果说有这样的情况,那便是今年的五月。

这个月天降大雨,是老人们平生罕见。那场大雨不是灌下来的,而是直接从天上倾倒迸落下来的。凡是倾倒下来的雨水应该马上结束,但是这场雨却是轰然澎湃,连喘口气的时间也没有,接连下了二十多个昼夜。接着千百道墙壁一起倒塌,从而更助长了雨声,就好像倾听长江瞿塘峡中江水的奔腾声,震惊不断。天上雷霆肆虐,地上青蛙蚯蚓放纵,四溢的洪水没有什么能阻挡,短墙全都被冲毁。虽然屋内屋外可以相望,但是近在咫尺却无路可走;虽然你我相对而立,但是说的话也根本听不清。

当时杜子蹲坐在一块高高的石头上,向西望着灌注下来的大雨,思念久别的韩子,忽然看见洪水中好像有个人背负着重物泅水渡河而来,原来是韩子派了个劳力来送米,这才能够向他一通询问,得知韩子并没有什么危险。然而大雨依然像先前一样下个不停。心中暗想这辈子跟韩子定然长时间独守一地了,天空阴霾密布,无所适从,再看不到太阳,不一会儿忽然天空出现白日,杜子于是粲然一笑,拄着拐杖出门。只见回归沟壑的乱流,水声淙淙,洪水就要结束了吗?我听孟子的话是这样。曲折向南的是北门桥,那里杀猪卖肉、开店卖酒的纷纷忙碌起来,店堂装饰一新。

但是长时间的下雨之后,腥膻之味越发不能忍受。一路小跑着跑过北门桥,拐个弯然后向西走。走在一条小巷中,小巷尽头是空旷的原野,草木布满天空,好像绿云摇曳,烟雾在草木之上流动,泉水在草木之下穿越而过。向下看,细碎的阳光落在金色的沙滩上,晶莹剔透,心灵与眼睛为之交相舒畅,走过去唯恐它们结束。从这以下几里路,都在绿云之中起起伏伏。突然走过一道山岗望见一片潭水,先前幽深的潭水,如今竟然就在鞋子底下。但是潭水虽满却没有溢出来,有隐士一样的品德,虽然阴雨连天,又哪里能危害这潭水呢?我喜爱它敬重它,徘徊了好长时间,然后选择一条小路,看到一棵独树,韩子的草庐就在这里,韩子这人就在这里,彼此相见的喜悦之情可想而知了。

于是韩子给我倒上一杯苦茶,煮上一锅糙米饭,酒喝了四五回,纵情交谈极尽欢心,然而我的心还是怦怦跳,觉得还有异常情况。韩子于是慢慢取出他的自选诗集十本,交给我看。我发觉他的诗句,深刻灵动警醒奥妙,所有流传后世、恢复古时风尚的道理全都体现在他的诗集中,于是我跳起来紧握着韩子的手说:“大概我们两人没有在阴霾昏沉中终结的原因,恐怕就是因为这些东西吧?即使人生另有欢乐,我也不敢奢望能够看到。那么,今天我所遇到的一切,都值得庆贺,也都值得记录下来。”

**六、现代文阅读题**

1. CE 【解析】A项,“对地下斗争题材影视作品的模仿”于文无据。B项,“我”“也有打官司的经验”于文无据。D项,“王有福担心的‘投案自首’之事是经常发生的”在文中并没有依据。

2. 【参考答案】①性情谦卑,甚至有点窝囊:见了晚辈,也要鞠躬;说话谦和。

②胆小怕事,有点狡黠:撞了玻璃偷偷溜掉,别人问起也不敢承认。

③有点固执,但不失本性善良:怀疑酒店诚意,承认自己责任,不愿借机发财。

3. 【参考答案】①讲述故事:小说故事是由“我”讲述出来的,真实可信。

②推进情节:“我”是事件的参与者,由于“我”的行为,使情节得以发展变化。

③衬托人物:小说主人公王有福的性格,由于“我”的存在而更加鲜明。

**七、写作题**

**【写作指导】**

这是一篇材料作文,由材料内容很容易得出最佳立意:辩证地看待“守住自我”和“改变自我”的关系。“守住自我”是要坚守心灵的净土,“改变自我”是要提升生命的高度。例如:我们要守住自己的诚实、正直、梦想等,要改变自己的懒惰、虚荣、怯弱等。注意,在写作时要涉及“守住自我”和“改变自我”两方面内容。

**【参考例文】**

**坚守为舟,改变为帆**

海纳百川,浩渺的胸怀在接受溪的劝告、浪的忠言之时,保有坚定的内核;地容万类,广阔的心灵在接受风的絮语、露的倾诉之时,坚守不变的心灵坐标。于是我们看到了有容乃大,看到了万类霜天,也看到了坚守内核,灵动对待外物最终取得成功的智慧。

颓丧的战士,惨白的沙场,越王勾践,以一种坚毅而高贵的帝王气节,立下复国誓言。布衣蔬食,改变的是浮华,磨砺的是执着;卧薪尝胆,改变的是骄奢,带来的是不屈。于是十年以后,越国的旗帜插上曾经的国土,一个坚守自我同时也改变过自我的灵魂在历史的天空凯旋。

坚守是一种气节,改变是一种智慧,将二者结合而行,拥抱人生的至高之境。

激动的眼神,挥动的画笔,大师毕加索,以一种对于艺术不变的崇拜和热爱,塑造自己一生多变的画风,忠于自己的传奇。其一生多次变换画风,从抽象派到野兽派又到风行至今的稚拙派,不管有多少人对他提出质疑,他依然如故,守住了自我对于艺术与灵魂的不变追求。于是,艺术的殿堂永远有他这个殿堂级人物在那里淡定地微笑,为后人讲述守住自我与改变自我的精妙和玄机。

坚守是一种根基,改变是一种思考,将二者相结合,渡向人生的胜利之岸。

纵观历史长河,我们分明看到乌江之畔孤高的霸王因坚守而亡,也真切听到善变而无主张的袁绍混沌而死。历史的教训让我顿悟,坚守和改变不能只固守其一。看那海明威坚持自我之下几易其稿,于是《老人与海》流传至今;听那贝多芬坚持自我之下听从他见,于是《命运》之曲千古传扬;读那唐太宗坚持自我之下虚怀纳谏,于是大唐盛况耀亮历史之河。他们熟谙坚守与改变的玄妙,谱写了自己出彩的人生。

让坚守成为坚固的人生之舟,让改变作为灵动的生活之帆。扬帆漾舟,舟掌方向,人生便会驶向胜利的远方!

# 教师招聘考试中学语文预测试卷(七)

一、单项选择题

1. D 【解析】本题考查字音的识记。A项,加点的字分别读为dǐ/dǐ/dǐ/dī/dǐ。B项,加点的字分别读为fēi/fěi/fěi/fěi/fēi。C项,加点的字分别读为mó/mó/mò/mò/mó。D项,加点的字分别读为gē/lào/lù/luò/hé。

2. A 【解析】本题考查字形的辨析。A项,"锋芒必露"应为"锋芒毕露"。

3. C 【解析】本题考查成语的正确使用。狐假虎威:比喻倚仗别人的势力来欺压人。使用正确。老生常谈:原指老书生的平凡议论,今指很平常的老话。使用正确。感同身受:原指感激的心情如同亲身受到对方的恩惠一样(多用来代替别人表示谢意),现多指虽未亲身经历,但感受就同亲身经历过一样。不宜用于动物。外强中干:指外表上好像很强大,实际上很空虚。使用正确。纵横捭阖:指在政治、外交上运用手段进行联合或分化。用来形容《秦腔》中的大小事件纵横交错,不合语境。谈笑自若:指说说笑笑,跟平常一样(多指在紧张或危急的情况下)。语境中不属于紧张或危急的情况,此处属于望文生义。

4. C 【解析】本题考查语言基础知识的积累与运用。A项,犯了重字的错误,上下联同一位置不能重字。B项,语法错误,同位置词语词类和结构都要相同,"人心"是名词,与"远近"词性、结构均不同。D项,对联音律讲究仄起平收,但"暖"为仄声,且语意也没有C项衔接自然。

5. C 【解析】本题考查病句的辨析。A项,主宾搭配不当,"地铁1号线"不是汇集之处。B项,"20到30分钟左右",逻辑不当,删去"左右"。D项,语序不当,应为"稳定粮食生产、增加农民收入、拉动农村消费"。

6. D 【解析】本题考查汉语造字法的理解与运用。A、B、C三项均为形声字。D项均为会意字。

7. A 【解析】本题考查词语的结构类型。B项,"良心"是定中式,"搜索"是联合式。C项,"重心"是偏正式,"索然"是补充式。D项,"家产"是偏正式,"索要"是联合式。

8. D 【解析】本题考查标点符号的运用。A项,冒号应改为逗号。B项,"无罪的被处死……却被现实所捉弄",这些种种情况是对荒谬情况的列举,因此"荒谬"后的逗号应改为冒号,"想给敌人开玩笑""却被现实所捉弄"是说的一种情况,两句话中间用逗号,"处死""成全敌人""不死""被抓"后的逗号应改为分号。C项,"威力"后的问号应改为逗号。

9. D 【解析】本题考查语言基础知识的运用。"付出代价"与前文构成转折,且与后文"容易成为被人利用的漏洞"照应。

10. D 【解析】本题考查语言的简明连贯得体。D项,说话人面对的是校友,校友之间称自己的学校,不能说是"敝校",应将"敝校"改为"母校"。如果向非校友介绍自己的学校,可用"敝校",以示谦虚。且"躬临"是敬辞,用在此处不合适。

11. C 【解析】本题考查文学常识的积累与运用。C项,以周立波为代表的是"茶子花派",它是中国当代很有实力的一个乡土型与审美型相结合的文学流派,描写的主要地域环境是湖南;"山药蛋派"的创始人是赵树理,是以山西农村生活为主要写作背景的。

12. B 【解析】本题考查文学常识的积累与运用。元曲四大家一般指关汉卿、白朴、郑光祖、马致远四位元代杂剧作家。

13. B 【解析】本题考查古代文化常识的积累与运用。B项,"除"指任命、授官,而非罢官。

14. B 【解析】本题考查文言文虚词的翻译。"古之学者必有师"中的"之"为结构助词,译为"的"。A项,"之"为代词,代指"冰"。B项,"之"为结构助词,译为"的"。C项,"之"为定语后置的标志,可不译。D项,"之"用于主谓之间,取消句子独立性,可不译。

15. A 【解析】本题考查对文学常识的理解与积累。《故事新编》是鲁迅创作的一部历史小说集,主要以神话及中国历史为题材,"只取一点因由,随意点染""将古代和现代错综交融",想象丰富,颠覆了人们对传统神话的认识,具有开创性。

16. B 【解析】本题考查文学常识的积累与运用。沈从文一直坚持说自己是"乡下人","乡下人"的观念终其一生,并贯穿、融化于其作品中,成为作者心中一个难以割舍的情结。

17. D 【解析】本题考查文学常识的积累与运用。北宋词人张先,号子野,诗句精工受人称赞。《古今诗话》中记载:有客谓子野曰:“人皆谓公张三中,即心中事、眼中泪、意中人也。”子野曰:“何不目之为张三影?”客不晓。公曰:“‘云破月来花弄影’‘娇柔懒起,帘幕卷花影’‘柳径无人,堕絮飞无影’,此余生平所得意也。”

18. C 【解析】本题考查文学常识的积累与运用。“风”为各地的民歌,是《诗经》中的精华部分;“雅”多为贵族祭祀之诗歌,祈丰年、颂祖德;“颂”则为宗庙祭祀之诗歌。

19. C 【解析】本题考查文学常识的积累与运用。《驿站长》在俄国文学史上第一次提出小人物主题,以满腔同情描写一个处于社会底层的小人物的遭遇。

20. C 【解析】本题考查文学常识的积累与运用。小说引人入胜地展示了女主人公简·爱与男主人公罗切斯特曲折起伏的爱情经历,成功塑造了一个敢于反抗、敢于争取自由和平等地位的妇女形象。

21. C 【解析】本题考查《红楼梦》的相关内容。“冷月葬花魂”出自《红楼梦》第七十六回,是林黛玉和史湘云联诗的最后一句。此句意境优美,宛若天成。

22. B 【解析】本题考查文学常识的积累与运用。世界四大吝啬鬼形象分别是夏洛克、葛朗台、阿巴贡和泼留希金。

23. D 【解析】本题考查修辞手法的理解与运用。A、B、C三项都运用的有设问的修辞手法,D项,运用夸张的修辞手法表明蜀道之难。

24. D 【解析】本题考查通假字的辨析。A项,“要”同“邀”,邀请。B项,“要”同“邀”,求取。C项,“然”同“燃”,燃烧。D项,不含通假字。

25. B 【解析】本题考查文学常识的积累与运用。陈子昂在他的《修竹篇序》中首次提出“风骨”的概念。

26. D 【解析】本题考查文言句式的理解与运用。A、B、C三项均为宾语前置句。D项是定语后置句。

27. C 【解析】本题考查古诗文的鉴赏。水墨画以黑白灰为主,A、B、D三项的诗句中均有色彩描写,只有C项符合,而且也只有水墨画能表现出C项诗句的空寂意境。

28. C 【解析】本题考查文学常识的积累与运用。C项,《鲁滨逊漂流记》讲的是主人公鲁滨逊在海上遇难,漂流到一个孤岛上,凭着自己的能力,战胜种种困难,在孤岛上生存了20多年之后,最终被解救的故事。故事中没有大人国、小人国的情节。

29. D 【解析】本题考查《义务教育语文课程标准》(2022年版)第四学段“识字与写字”要求的识记。《义务教育语文课程标准》(2022年版)第四学段“识字与写字”学段要求:“在使用硬笔熟练地书写正楷字的基础上,学写规范、通行的行楷字,提高书写的速度。”

30. D 【解析】本题考查《普通高中语文课程标准》(2017年版)“整本书阅读与研讨”任务群的学习目标与内容。D项是“文学阅读与写作”任务群的学习目标与内容。

**二、填空题**

1. 断肠人在天涯
2. 实迷途其未远
3. 大庇天下寒士俱欢颜
4. 风流总被雨打风吹去
5. 一尊还酹江月

**三、文言文阅读题**

1. A 【解析】A项,望:望族。

2. A 【解析】A项均为连词,表目的,可译为“来”;B项,介词,跟/连词,表并列,和;C项,介词,凭借/介词,通过、经由;D项,代词,代书/助词,用于主谓之间取消句子的独立性。

3.【参考答案】出京(都城)担任永嘉太守,他做事勤勉,体恤百姓,官吏和百姓认为给他们带来了便利。

4.【参考答案】博览群书,处世简朴,体恤百姓。

**文章大意:**

裴松之,字世期,河东闻喜人。父亲裴珪,任正员外郎。松之八岁时就通晓《论语》《毛诗》。他博览典籍,立身简朴。二十岁时做了殿中将军,此官是在皇帝身旁值勤护卫。晋孝武帝太元年间选拔名人作参谋顾问,开始起用的琅邪人王茂之和会稽人谢輶,二人都是南北方的望族。松之的舅舅庾楷在江陵,打算带着松之西上,任职新野太守,因为事情难办而中止。义熙初年,松之作了吴兴故鄣县令。在县里颇有政绩,入朝作尚书祠部郎。

宋高祖北伐,兼任司州刺史,让松之作了司州主簿,后又调为治中从事史。攻克洛阳后,高祖吩咐说:“裴松之是朝廷人才,不应该长久主持边务,现召他为世子洗马,与殷景仁相同,可让他知道此事。”当时正在商议建立五庙礼乐，松之认为妃子臧氏的庙乐也应该与其他四庙相同。松之被任命为零陵内史，召为国子博士。

裴松之出使归来后，上奏说：“臣听说上天之道因普照下土而显得光明辉煌，天子恩德因广泛布施而臻于极致。古代圣君都是凭仁爱之心，普济天下。因而帝王如果自身具有完美的德行，那么时代自然和谐融洽，礼义能在长江、汉水流域施行，完美的教化就能推行到远方。所以帝尧顺应天道建立大业，其功绩为人歌颂；周文王励精图治，使周朝强盛起来，其谋略为人赞美。微臣承蒙皇上提拔任用，忝居显要职务，以臣短浅贫乏的才识，即使焦思苦虑，也不能畅达地表达皇上的旨意，整顿廓清风俗教化，而且考察、升降地方官员没有次序；访求荐举贤才，又很少听闻。甚觉惭愧惶恐，不知如何是好。奉呈奏议二十四条，都是在出使过程中遇到问题的记录。微臣见到癸卯诏书中说，礼法和习俗的得失，一律依照周朝的典制，每位使者各自写好文字材料，回来后列举条陈上奏。谨依据事情原委，整理成文，附在奏章后面。”

皇上叫他注解陈寿的《三国志》，松之把传记聚集一起，增加了许多新奇的内容，完成后奉给皇上。皇上认为它很好，说：“这是不朽之作啊。”松之出京担任永嘉太守，他做事勤勉，体恤百姓，官吏和百姓认为给他们带来了便利。入补通直散骑常侍，仍领任司、冀两州的大中正，不久又出任南琅邪太守。元嘉十四年，松之辞去官职，不久任国子博士，又进为太中大夫，国子博士如旧。接替何承天撰写国史，还没有来得及写，就在元嘉二十八年去世，时年八十岁。

**四、现代文阅读题**

1. D 【**解析**】D项，“秋花”属于闽粤的典型景物，不是江南的典型景物。

2. 【**参考答案**】①作者按照时间顺序安排诗句，既写出了江南雪景不同时段的美丽，又表现了从日暮到清晨的江南雪景的整体意境之美。②通过引用，作者以虚写实，引起了人们对江南雪景的联想，增添了文章的情趣，吸引了读者的阅读兴趣，也增强了文章语言的诗意。

3. 【**参考答案**】《故都的秋》将江南的秋与北国的秋作对比，突出北国之秋的浓烈、酣畅，表达对故都之秋的向往。本文以写北国的冬景开篇，通过对北国冬天的自然景观和人文景观的概括叙述，为下文写江南的冬景作铺垫，以突出江南冬景与北国冬景的不同特点，表达对江南冬景的赞美、热爱之情。

4. 【**参考答案**】江南的冬天，冷而不寒，充满生机，处处都是悠闲的景象，人与大自然融为一体，在这样的境界中，世俗的名利纷争，荣辱得失都会被淡忘，也就是“胸襟洒脱起来”，这表明环境对人有很大的影响，就像江南水乡易养育水般女子，而塞外汉北则易养育威猛汉子。

**五、案例分析题**

【**参考答案**】课堂教学导入语的设计应该符合以下要求：①能激发学生兴趣；②能自然地引出新的教学内容；③用语简洁明了，符合学生的心理特点。这位教师的导入语用简洁明了的语言，自然地引出了新课，调动了学生的学习热情。教师还根据诗歌的文本特点和学习方法，选择了朗读导入的策略，通过示范式的声情并茂的朗读传达出诗歌的主要情感内容，让学生一下子就获得了极大的心灵震撼。教师用吟唱开启情感大门，让学生在与诗歌的情感共鸣中，走近了诗人，走近了大堰河。

**六、教学设计题**

【**参考答案**】教学活动：

环节一：导语激趣

我们都有过旅游的经历，山光水色，美不胜收，可我们常有“乱花渐欲迷人眼”之感；人文风物，丰富灿烂，可我们又有“身在宝山不识宝”之憾。这时，我们便想到了导游。导游，能带领我们探幽发微，得自然之精妙；能引导我们寻根问祖，得文化之精髓。导游之功在于“导”，阅读《登泰山记》，请你也当一回导游，带领大家去领略泰山的山水之美，文化之美。

环节二：广告激兴

根据课文第一段内容，参考有关资料，写一段介绍泰山的文字，为泰山作广告，激起游客的兴趣。

环节三：设计线路

根据课文第二段内容，带领游客从南面登山，设计登山线路。

(1)中谷登山。

泰安城→中谷→中岭→西谷→山巅

(2)东谷登山。

泰安城→东谷→天门

环节四：安排游程

根据课文内容，为游客安排泰山二日游。

第一天：从泰安城出发，登山至南天门，观赏泰山晚霞夕照，宿山顶。

第二天：五鼓起身，在日观亭看泰山日出，上午游岱祠、碧霞元君祠、皇帝行宫。下午返程途中观道中石刻及泰山松。

环节五：重点景观介绍

根据课文内容，向游客介绍泰山的重点景观。要求解说得清晰明了、文采飞扬，让游客陶醉，流连忘返。

(1)苍山负雪图。

姚鼐描述：苍山负雪，明烛天南。望晚日照城郭，汶水、徂徕如画，而半山居雾若带然。

请学生用现代散文的语言描述这种奇观。

(2)泰山日出图。

姚鼐描述：亭东自足下皆云漫。稍见云中白若樗蒱数十立者，山也。极天云一线异色，须臾成五采。日上，正赤如丹，下有红光动摇承之，或曰，此东海也。回视日观以西峰，或得日或否，绛皓驳色，而皆若偻。

请学生用现代散文的语言描述日出奇观。

环节六：作业

而今，崇尚文明旅游，“除了你的脚印，什么也不要留下；除了你的回忆，什么也不要带走”，作别泰山，留下什么样的回忆最好呢？熟读《登泰山记》，将泰山的美丽风光，泰山的灿烂文化，长留在你的心中。

## 教师招聘考试中学语文预测试卷(八)

**一、单项选择题**

1. C 【**解析**】本题考查字音的识记。A项，加点字的读音分别为 mēng / méng、mú / mó、yìn / yīn。B项，加点字的读音分别为 chà / chā、jué / jiáo、tù / tǔ。C项，加点字的读音分别为 zhān / zhān、lěi / lěi、qiǎng / qiǎng。D项，加点字的读音分别为 pǐ / pǐ、fěi / fēi、qì / qiè。
2. B 【**解析**】本题考查成语的正确使用。A项，天衣无缝：形容事物(多指诗文、话语等)严密，没有一点儿破绽。使用正确。B项，入木三分：形容书法刚劲有力，也用来形容议论、见解深刻。此处用于形容演技，使用错误。C项，阳奉阴违：表面上遵从，暗地里违抗。使用正确。D项，息息相通：形容关系密切。使用正确。
3. D 【**解析**】本题考查语言基础知识的运用。本段主要介绍了心境平和、乐观的重要性。A项，“就是”一词表述太绝对，且概括不全面，语段强调的是两方面的内容，即“心境一方面是个人价值观在内心里的隐性显现；另一方面，又会反过来影响人们对生活的判断与交流”。B项，根据原文“当你有一种积极、乐观的心境时，就算发生的各种事件较为不利，自身也能产生一种易于接受、心情舒适的反应”可知“发生不利的事情也要乐于接受让心情舒适”的前提是要有种积极、乐观的心境，表述不全面。C项，选项内容只是关于“心境的弥散性”的反映，表述不全面。
4. B 【**解析**】本题考查标点符号的正确使用。A项，括号内“头尾”与“主体”之间的分号应改为顿号。C项，应将“千古绝唱”后的句号移到引号的外面去，另外“李杜”与“二苏”均应用引号引起来，因为是特殊称谓。D项，应将省略号和“等”删掉一项。
5. C 【**解析**】本子考查句子的排序。本段内容是讲艺术的，根据开头一句的内容，后面应接解说“物象的内在运行关系”的内容，故第一个横线处要填⑥，排除A、B两项。由第②句中“阴阳气韵化生万物”与第⑥句的“阴阳气韵生万物”可知，第②句是对第⑥句的举例说明，故⑥②相连，排除D项，答案为C。
6. D 【**解析**】本题考查《义务教育语文课程标准》(2011年版)第四学段“识字与写字”的教学目标与内容。《义务教育语文课程标准》(2011年版)中要求第四学段(7～9年级)的学生能熟练地使用字典、词典独立识字，会用多种检字方法。累计认识常用汉字3500个左右。
7. C 【**解析**】本题考查《义务教育语文课程标准》(2011年版)总目标的内容。总目标突出了学生在语文学习中的主体地位，故C项错误。
8. B 【**解析**】本题考查《义务教育语文课程标准》(2011年版)课程总目标的内容。《义务教育语文课程标准》(2011年版)指出，课程目标的设计着眼于语文素养的整体提高。
9. B 【**解析**】本题考查《普通高中语文课程标准》(2017年版)中必修课程学习要求的相关内容。《普通高中语文课程标准》(2017年版)要求高中生45分钟能写600字左右的文章。课外练笔不少于2万字。
10. A 【**解析**】本题考查《普通高中语文课程标准》

(2017年版)中学科核心素养的相关内容。《普通高中语文课程标准》(2017年版)在审美鉴赏与创造的学科核心素养中表示:审美鉴赏与创造是指学生在语文学习中,通过审美体验、评价等活动形成正确的审美意识、健康向上的审美情趣与鉴赏品位,并在此过程中逐步掌握表现美、创造美的方法。

**二、填空题**

1. 弟子不必不如师;师不必贤于弟子
2. 路曼曼其修远兮;吾将上下而求索
3. 仁义不施而攻守之势异也
4. 狂人日记
5.《米开朗琪罗传》
6. 王维;孟浩然
7. 柳永
8. 米里哀
9. 雪莱
10. 沈从文

**三、文言文阅读题**

1. D 【解析】A项,廷:在朝廷,名词用作状语。B项,羞:以……为羞,意动用法。C项,成就:栽培,提拔。
2. B 【解析】前半段中"孺卿""宦骑"均做句子主语,之前都应断开,排除A、C两项。"河中溺死"是"驸马"的行为结果,"亡"是"宦骑"的行为结果,因此中间应断开,排除D项。故选B。
3. C 【解析】A项,"同时出使匈奴"说法错误,是李陵先去的匈奴。B项,"坚信朝廷不会怀疑自己的忠贞而加害自己"无中生有。D项,"诀别自刎"说法错误,李陵没有"自刎"。
4.【参考答案】(1)我们之所以离开亲人来侍奉您,是仰慕您的高尚的品德。

(2)况且(再说)皇帝现在年事已高,法令没有定规,大臣无罪而全家被杀的就有几十家。

**文章大意:**

**【材料一】**(渑池会)结束以后,回到赵国,由于蔺相如功劳大,被封为上卿,官位在廉颇之上。廉颇说:"我作为赵国的将军,有攻战城池作战旷野的大功劳,而蔺相如只靠言词立下功劳,可是他的地位却在我之上,况且蔺相如本来是卑贱的人,我感到羞耻,不甘心自己的职位在他下面。"扬言说:"我遇见蔺相如,一定要羞辱他。"蔺相如听说后,不愿意和廉颇相见。蔺相如每到上朝时,常常称病,不愿和廉颇争位次。过了些时候,蔺相如外出,看到廉颇,就掉转车子方向回避。于是蔺相如的门客就一起来向蔺相如抗议说:"我们之所以离开亲人来侍奉您,是仰慕您的高尚的品德。如今您与廉颇官位相同,廉颇传出坏话,而您却害怕躲避着他,胆怯得太过分。就是普通人对这种情况也感到羞耻,更何况是身为将相的人呢?我们这些人没有出息,请让我们辞去吧。"蔺相如坚决地制止他们,说:"诸位认为廉将军和秦王相比哪一个厉害?"众人都说:"廉将军不如秦王。"蔺相如说:"以秦王的威势,我尚敢在朝廷上呵斥他,羞辱他的臣子。我虽然无能,难道只害怕廉将军吗?只是我想到,强大的秦国之所以不敢对赵国用兵,就是因为有我们两人在呀。如今我们俩相斗,就如同两猛虎争斗一般,势必不能同时生存。我之所以这样做,是以国家之急为先,而将个人的私怨搁在后面罢了。"

**【材料二】**当初,苏武与李陵都为皇帝的侍从。苏武出使匈奴的第二年,李陵投降匈奴,不敢访求苏武。时间一久,单于派遣李陵去北海,为苏武安排了酒宴和歌舞。李陵趁机对苏武说:"单于听说我与你交情一向深厚,所以派我来劝说你,他一心向往,想以礼相待。你终究不能回归汉朝,白白地在这荒无人烟的地方受苦,你对汉朝的信义又能在哪里显示呢?前些时候你的大哥苏嘉做奉车都尉,跟随皇上到雍城的棫阳宫去,扶着皇帝的车子下殿阶,撞在柱子上,把车辕折断了,被判决为大不敬,用剑自杀了,赐钱二百万用以下葬。你弟弟孺卿跟随皇上去祭祀河东后土,一个骑马的宦官和黄门驸马抢着上船,把驸马推下去掉到河中淹死了。骑着马的宦官逃走了,皇上命令孺卿去追捕。孺卿抓不到,因害怕而服毒自杀。我出使的时候,你的母亲已去世,我送葬到阳陵。你的夫人年纪还轻,听说已改嫁了,家中只有两个妹妹,两个女儿和一个男孩,如今又过了十多年,生死不知。人生像早晨的露水,何必长久地像这样折磨自己!我刚投降时,精神恍惚,好像发狂一样,痛心自己对不起汉朝,加上母亲关押在保宫。你不肯投降的心情,怎能超过当时我呢?况且皇帝现在年事已高,法令没有定规,大臣无罪而全家被杀的就有几十家,安危不可预料。你还为谁守节呢?希望你听从我的谋划,不要再说什么了。"苏武说:"我苏武父子没有功劳和恩德,都被皇帝栽培提拔,位在将军之列,爵位封为通侯,兄弟三人都是皇帝的亲近之臣，常常愿意以身许国。现在得到牺牲自己以效忠国家的机会，即使受到斧钺和汤镬这样的极刑，我也心甘情愿。大臣侍奉君王，就像儿子侍奉父亲，儿子为父亲而死，没有什么遗憾，希望你不要再说了！"李陵与苏武共饮了几天，又说："你一定要听从我的话。"苏武说："我料想自己已经是死去的人了！单于一定要使我投降，那么就请结束今天的欢乐，让我在你的面前死去！"李陵见苏武对朝廷如此真诚，慨然长叹道："啊，义士！我李陵与卫律罪行严重，无以复加！"说着眼泪直流，浸湿了衣襟，告别苏武离开。

四、古诗鉴赏题

1.【参考答案】以动衬静，用桥的轻微的响声和遥远的狗叫声衬托夜晚的宁静。

2.【参考答案】①月夜归家的喜悦。诗人月夜归丁卯桥村舍，听见桥响犬吠，看见紫蒲红叶，归家的愉悦心情油然而生。②摆脱官场、回归田园的轻松和满足。诗人本来就有回家的打算，心愿终于得到满足，摆脱了官场俗务得以归园田居。

五、现代文阅读题

1. A 【解析】A项，表述错误，从文中来看，选项表述没有满足"还原出照片人物的指纹信息"的重要条件，即"恰巧焦点对准指纹"。

2. D 【解析】D项，"应避免在网络上传播微距(小于0.5米)拍摄的未经处理的照片，因为这类照片存在着指纹信息被盗的风险"表述错误，原文是"传播有指纹的微距(小于0.5米)拍摄的照片原始文件"，D选项中遗漏了"有指纹的"这个重要定语。

3. B 【解析】B项，"如果我们没有对上传到网络上的照片进行压缩处理，别人就可以通过技术手段对图像进行处理，进而将指纹信息提取出来"推论有误，虽然压缩照片能降低指纹被盗的风险，但即使不压缩，由原文第4段末尾可知，"想通过单独一张照片获取指纹可能难度较大"。

4. A 【解析】B项"同时渲染出了悲凉的气氛"错误，文章开头对宾客的表述是为了交代故事发生的背景，引出下文对铁厨子的描写，并无"悲凉的气氛"。C项，"巧妙地暗扣了小说的主题"错误，应该是直接紧扣小说的主题。D项，小说采用的是叙述性的语言，文章"朴实"，而不是"欢快活泼、华丽"。

5.【参考答案】(1)聪慧善学、刻苦勤勉。立志苦练，操刀娴熟自如，将萝卜、土豆切得细如发丝；用萝卜做出两桌花样不同的宴席，宾客吃过竟浑然不知。(2)刚毅正直。养母为了降低成本贪图小利，使用地沟油，铁厨子严词拒绝，离开酒店。(3)知恩图报。养母中风偏瘫，铁厨子不计前嫌，昼夜伺候，报答养育之恩。

6.【参考答案】(1)前两次描写突出了养母的性格，并为后文故事的发展作铺垫。(2)第三次写铁厨师病逝后，养母将铁橱子赶出家门，暗示养母不近人情的性格，推动了小说故事情节的发展。(3)第四次写养母开酒店、用地沟油，被铁橱子拒绝后开始对铁厨子好言相劝，后来又气急败坏。前后态度的巨大差异，表现了其唯利是图的本性，衬托了铁厨子正直的性格。(4)第五次描写养母因酒店被查封，中风偏瘫，铁厨子不计前嫌，侍奉左右，起到升华主题的作用。

六、写作题

【写作指导】

这是一则材料作文。材料给出"扬长避短"的三层解释，让考生根据其中的一层解释进行构思写作，故可以从这三种解释中提炼出来的立意有：①要学会灵活运用，善于变通；②要学会鼓励、欣赏、赞美他人的长处；③善于学习、积极进取。

【参考例文】

**扬长避短，成就人生**

当今社会无论我们做什么事，在辛勤付出的同时，都需要对客观事实进行了解，扬长避短，发挥自己的优势，这样才能更好地发展自我，实现人生的价值。

兔子是短跑冠军，但是不会游泳，这是由它先天条件决定的，即使再努力地学习也不会成功。兔子发展短跑的特长，不去学习游泳之类的薄弱项目，才能在优势项目中立于不败之地。否则，游泳没学会却把短跑给忘了，那又该怎么办？

所以说，发扬长处，避开短处，才是成功的硬道理。

聪明的人懂得扬长避短。从《三国演义》到《雍正王朝》再到《长征》，唐国强在观众心目中的分量越来越重。尤其是他凭借在《长征》中的出色表演，得到了"美菱杯"中央电视台黄金时间电视剧观众最喜爱的演员金奖，这让他的演艺事业达到了顶峰。当有观众问唐国强有没有信心演好《贫嘴张大民的幸福生活》中的张大民时，他毫不犹豫地回答说自己演不了，并说还有一些角色也演不好，比如说鲁智深等。因为每个演员由于外形、气质等天生的因素，都有一定的局限性，虽然大家都在尝试突破自己，但不是任何角色都能够胜任，聪明的人懂得去扬长避短。

在团队合作中也要懂得扬长避短。在现代的公司和企业中，流传着这样一个“长板和短板”的理论。在一个公司中肯定会有地域优势、市场优势、技术优势、资金优势、管理优势等诸多优势中的部分或全部，这就是“优势”，也就是所谓的“长板”，不具备的就算“短板”。每个公司都是“长板”和“短板”的组合，只有将“长板”和“短板”互补，发挥“长板”的优势，弥补“短板”的不足，才能在日趋激烈的商业竞争中立于不败之地。由此可见，扬长避短是成功的一项重要因素。

的确，纵观古今，扬长避短成就人生的人和事比比皆是。春秋时期，田忌通过用下等马对上等马，中等马对下等马，上等马对中等马的方式来弥补马匹自身的不足，从而赢得胜利；我国著名的文学家钱锺书，年轻的时候虽然数学不及格，但清华大学破格录取了他，终在文学方面成为一代大师；抗战时期，中国共产党放弃走苏联红军“城市包围农村”的老路，毅然决定发挥自身优势“以农村包围城市”，最终取得了战争的胜利。

一位名人曾经说过：“人必须悦纳自己，扬长避短，不断前进。”一个成功的人，他一定懂得发扬自己的长处，来弥补自身的不足。他能够发掘自身才能的最佳生长点，扬长避短，脚踏实地朝着人生的最高目标迈进。

## 教师招聘考试中学语文预测试卷(九)

**一、基础知识题**

1. C 【解析】本题考查字音的识记。A项，憩息(qì)，饿殍遍野(piǎo)。B项，山岚(lán)，倾圮(pǐ)。D项，熨帖(yù)。

2. A 【解析】本题考查字形的辨析。B项，“寒喧”应为“寒暄”，“瘦消不堪”应为“瘦削不堪”。C项，“残骇”应为“残骸”，“司马轻衫”应为“司马青衫”。D项，“拊赝”应为“拊膺”，“缭倒”应为“潦倒”。

3. B 【解析】本题考查成语的运用。A项，清规戒律：束缚人的死板的规章制度。用在此处感情色彩错误。C项，妄自菲薄：过分地看轻自己。用在此处不合语境，并且该词不能带宾语。D项，刮目相看：用新的眼光来看待。用在此处望文生义。

4. B 【解析】本题考查选词填空。花拳绣腿：指姿势好看而搏斗时用处不大的拳术，比喻外表好看而没有实用价值的做法。雕虫小技：比喻微不足道的技能(多指文字技巧)。结合语境，此处应用“雕虫小技”。深居简出：平日老在家里待着，很少出门。离群索居：离开同伴而过孤独的生活。结合语境，此处应用“离群索居”。风气：社会上或某个集体中流行的爱好或习惯。风尚：在一定时期中社会上流行的风气和习惯。结合语境，此处应用“风尚”。

5. D 【解析】本题考查病句的辨析。A项，主宾颠倒。“对于我们，用什么样的溢美之词苏子诗文都不觉得有过”应改为“对于苏子诗文，用什么样的溢美之词我们都不觉得有过”。B项，成分残缺。应在“通过”的前面加上“作者”。C项，语序不当。应改为“劳动没有贵贱之分，无论是春耕秋收辛勤劳作的农民，还是救死扶伤护佑生命的医生，他们都推动着社会的发展、时代的进步”。

6. B 【解析】本题考查标点符号的正确使用。A项，最后的句号应在引号之外。C项，“己所不欲，勿施于人”属于引用的内容，应加上双引号。D项，两个“因为”引导的句子都是对前面“总觉得心上不安”的原因的一个疑问，应将分号和第二个句号改为问号。

7. C 【解析】本题考查词汇、短语、句子知识的理解与运用。A项，“团员”“雾霾”为名词，“好说”“自矜”为动词。B项，“荒草萋萋”“两会召开”“阳光灿烂”为主谓短语，“热烈欢迎”为偏正短语。D项，句子的主干应是“问题引发关注”。

8. B 【解析】本题考查文学、文化常识的积累与运用。B项，《朝花夕拾》是散文集，不是散文诗集。

9. C 【解析】本题考查文学常识的积累与运用。C项，《史记》是我国第一部纪传体通史，作者是西汉著名史学家、文学家司马迁。

10. A 【解析】本题考查文言虚词的理解与运用。A项，均表修饰。B项，语气助词／兼词，从这里。C项，比／对于。D项，结构助词，用于主谓之间，取消句子独立性／结构助词，的。

11. A 【解析】本题考查文言句式的理解与运用。A项，都是宾语前置句。B项，判断句／状语后置句。C项，被动句／状语后置句。D项，判断句／被动句。

12. C 【解析】本题考查句子的翻译。A项，“数”“理”指“天数、命运”，正确的翻译应为“胜负存亡的命运”。B项，“弱”在这里是“削弱”的意思，正确的翻译应为“邻国的势力雄厚了，您秦国的势力就相对削弱了”。D项，前一个“食”，动词，吃；后一个“食”，名词，指食物。“检”指“制止、约束”，正确的翻译应为“(诸侯贵族家)猪狗吃人所吃的东西，不加制止”。

13. C 【解析】本题考查文学常识的积累与运用。根据内容看，前面是“万树花前一老翁”，后句应该围绕“老翁”写，排除B、D两项。A项，虽写“老翁”，但和整体节奏情感不符。故选C项。

14. B 【解析】本题考查文学常识的积累与运用。A项，“三闾”是屈原曾任官职，由此可知此句写的是屈原。B项，从“托孤”“报国还倾忠义心”可知写的是诸葛亮。C项，“灵均”是屈原的字，由此可知此句写的是屈原。D项，《离骚》是屈原的代表作，由此可知此句写的是屈原。

15. D 【解析】本题考查文学常识的积累与运用。D项，《红楼梦》是章回体小说。

**二、古诗文默写**

1. 云横秦岭家何在
2. 以其求思之深而无不在也
3. 料峭春风吹酒醒
4. 此情可待成追忆
5. 转轴拨弦三两声
6. 江间波浪兼天涌
7. 不绝如缕；小弦切切如私语
8. 商女不知亡国恨；隔江犹唱后庭花
9. 夙兴夜寐；靡有朝矣
10. 中通外直；不蔓不枝

**三、语言文字运用**

1.【参考答案】(1)感慨人生如朝露般短暂易逝，曹操梦想贤才归附建立功业，希冀打败孙刘一统天下。

(2)不满贫寒家庭的穷困和限制，孙少平梦想外面的世界和人生的价值，追求理想生活和自我。

2.【参考答案】端午节是我国夏历五月初五以吃粽子、赛龙舟等形式纪念屈原的一个民间传统节日。

3.【参考答案】(1)藏书是好事，值得赞扬，可流芳千古。好书可传播文化，让天下人受益。

(2)恶习遗臭万年

**四、阅读鉴赏题**

1.【参考答案】首句以动写静，以一种强烈的视觉感受和饱满的色彩，呈现了春草蓬勃的生命力，极具形态的动感和内在的神韵。

2.【参考答案】结尾两句借助“光，影，声，色”的“赤裸”和“痛苦”的“等待”，强化了“紧闭的肉体”所受到的“迷惑”，既是对前文的回应，又是对突破和开放的渴望。

3. A 【解析】A项，六合：天地四方。

4. B 【解析】⑤是指陈涉的行为，⑥是说秦始皇统一天下，排除⑤⑥。故选B。

5. D 【解析】D项，“歌颂了秦始皇统一天下的丰功伟绩”错误，本文题目是《过秦论》，主要是批评指责秦朝的过失。

6.【参考答案】(1)向南攻取百越的土地，把它划为桂林郡和象郡。

(2)天下人如同云一样聚集起来，回声似的应和他，许多人担着粮食如影随形地跟着陈涉。

**文章大意：**

到秦始皇的时候，发展六世遗留下来的功业，以武力来统治各国，吞并了西周、东周，灭掉了各诸侯国，登上皇帝的宝座来统治天下，用严酷的刑罚来奴役天下的百姓，威势震慑四海。向南攻取百越的土地，把它划为桂林郡和象郡；百越的君主愿意降服，把自己的性命交给狱官。(秦始皇)于是又命令蒙恬在北方修筑长城，守卫边境，使匈奴退却七百多里；胡人不敢到南边来牧马，勇士不敢拉弓射箭来报仇。在这个时候，废除了先王的法度，焚烧诸子百家的著作，来使百姓愚昧；毁坏高大的城墙，杀掉英雄豪杰；收缴天下的兵器，集中在咸阳，销毁兵器，熔铸成十二尊金人，来削弱百姓的反抗力量。然后据守华山以为帝都城墙，以黄河作为帝都的护城河，凭借着高耸的华山，下临着深不可测的黄河，把这当作坚固的屏障。好的将领手执强弩，守卫着要害的地方，可靠的大臣和精锐的士卒，拿着锋利的兵器，盘问过往行人。天下已经安定，秦始皇心里认为这关中的险固地势、方圆千里的坚固的城防，是子子孙孙称帝称王的万代的基业。

秦始皇去世之后，他的余威(依然)震慑着边远地区。可是，陈涉不过是个以破瓮做窗户、草绳做户枢的贫家子弟，是下层的百姓，(后来)做了被征发的人；才能不如平常的人，并没有孔丘、墨翟那样的贤德，也不像陶朱、猗顿那样富有；(他)置身于戍卒的队伍中,从田野间兴起,率领着疲惫无力的士兵,指挥着几百人的队伍,掉转头来攻打秦国;砍下树木作武器,举起竹竿当旗帜,天下人如同云一样聚集起来,回声似的应和他,许多人担着粮食如影随形地跟着陈涉。崤山以东的英雄豪杰于是一齐起事,消灭了秦的家族。

秦朝的天下并没有缩小变弱,雍州的土地,崤山和函谷关的险固,和原来一样。陈涉的地位,并不比齐、楚、燕、赵、韩、魏、宋、卫、中山的国君更加尊贵;农具木棍不比钩戟长矛锋利;那因有罪而被贬调去守边的士兵也不能和九国军队抗衡;军队作战的谋略,行军用兵的方法,也比不上先前九国的武将谋臣。然而成功和失败却发生了不同的变化,功业完全相反,为什么呢?假使拿崤山以东诸国跟陈涉比一比长短大小,量一量权势力量,就更不能相提并论了。然而秦凭借着它的小小的地方,发展到兵车万辆的国势,统理八州,使六国诸侯都来朝见,已经一百多年了;这之后把天下作为家业,用崤山、函谷关作为自己的内宫;陈涉一人起义国家就灭亡了,秦王子婴死在别人(项羽)手里,被天下人耻笑,这是为什么呢?就因为不施行仁政而使攻守的形势发生了变化啊。

7.【参考答案】①中原凌厉的风、深红的落日、无垠的原野等自然景象;②中原弥漫着浓厚历史气息的城堞、石碑、石像等历史遗迹;③流存于中原人血液中的纵横捭阖的气概。(意思相近即可)

8.【参考答案】①善用整句。如"战争的风云、英雄的情操,艺术的拙朴、民气的强悍"一句,结构整齐、酣畅淋漓,表现了中原大地悠久历史文化积淀的丰富内涵。②妙用修辞。如"城堞外表如同千疮百孔的马蜂窝"一句中,作者把散落在广袤原野中短粗的城堞比作马蜂窝,生动形象地表现了饱经风雨侵蚀的城堞早已千疮百孔的特点,显现了历史的悠久。③语言凝重而深沉,表达了作者对苍茫中原的敬畏之感。

9.【参考答案】(1)此句运用了比喻的修辞手法,把散落的短粗的城堞比作马蜂窝,并由此联想到宝剑和英雄,写出了城堞的悠久和其所承载的厚重的历史,表达了对苍茫中原的敬畏。

(2)此句运用拟人的修辞手法,写出了黄河平静的表面下生命力张扬的特点,也含蓄地点明了中原大地广博雄浑的风格和中原人豪放洒脱的气度。

## 五、写作题

**【写作指导】**

该专题征文活动的主题"追梦·奋斗",也就是本次作文的主题,包括两个并列关系的关键词"追梦"和"奋斗"。写作时,要两者并重。同时,还要注意联系当今社会时代,以"传递新时代强音"。参考立意:①在奋斗中追梦圆梦;②梦想的实现需要艰苦的奋斗;③朝着梦想不断奋进;④既要仰望星空,更要脚踏实地;等等。

**【参考例文】**

### 奋斗中追梦圆梦

从"幸福都是奋斗出来的"到"我们都在努力奔跑","奋斗"一词热度不减,拨响时代的主旋律。千禧一代承继奋斗的精神,开拓奋斗之前路,奋中前进,奋中创新,奋中体味甘苦,奋中追梦圆梦。

"奋"是发奋,奋方得进。我们的民族从不缺少奋斗的传统,从大禹治水三过家门而不入的上古传说,到卧薪尝胆、囊萤映雪的历史,再到建国初时党带领各族人民以奋斗之姿如火如荼建设新中国,"奋斗"是流淌于中华血脉中的不灭基因。新的时代,奋斗方求更大进步,这进步是个人之进步,汇聚国家的进步。《中国诗词大会》中,武亦姝在古诗词中笃志求进,奋得才女之质;"最美女兵"宋玺,孜孜求进,先考入北大,再经奋斗与考验执行亚丁湾护航任务,奋得新时代青年精彩;"大国工匠"徐立平,不懈奋斗打磨自身技术,为航天发展精益求精……

无论何时我们都要发扬奋斗的精神,不停歇前进的脚步。

"奋"是奋勇,奋中有新。奋斗不是蛮干,而是依托改革与创新的实践。我们看到供给侧改革、营改增给经济发展注入新活力,看到"墨子"显威、"悟空"神眼、"嫦娥"登月……我们生于新的时代、长于新的时代,创新的心态坚持奋斗,是我们眼中所见、耳中所闻、心中所想,更是即将承担重任的吾辈之信念。

"奋"中苦乐自知。"奋斗都是艰辛的,没有艰辛就不是真正的奋斗。"奋斗不是一句空口号,而是真切与生活交织、见证苦辣酸甜的生存状态。"天眼之父"南仁东,仅为选址便在贵州山坳中摸爬滚打十二年,风餐露宿,如当地老农;每年春运,各地车站可见浩荡迁徙大军,其中大多是背井离乡为美好生活在外乡奋斗的游子……奋斗苦吗?苦!可艰难困苦,玉汝于成。

引领着我们不断奋斗的,是梦想。因为心怀梦想，我们的奋斗不是无源水、无根草，而是具有了坚实的意义，小到个人梦的莹莹闪烁，大到中国梦的熠熠生辉。当新时代的我们将一个个小的梦想汇入中国梦的河流，奋斗就更有力量、更具朝气、更明方向。滚滚洪流中千万人一同奔跑，前方自有心中所愿、光明坦途。

伟大的时代，崭新的我们，奋方得进，奋中有新，奋得其时，奋以追梦，新的前路，新的未来，承重任正当其时，奋斗不负所托。

## 教师招聘考试中学语文预测试卷(十)

**一、单项选择题**

1. A 【解析】本题考查字音的识记。B项，取缔(dì)，疾风劲(jìng)草。C项，挟(xié)持。D项，扣人心弦(xián)。

2. D 【解析】本题考查字形的辨析。A项，“繁文辱节”应为“繁文缛节”。B项，“娇瞋”应为“娇嗔”。C项，“陷井”应为“陷阱”。

3. B 【解析】本题考查词语的正确使用。“荒僻”是指荒凉偏僻，与“偏僻”比较，更符合句意。“取缔”是指明令取消或禁止。“取消”是指使原有的制度、规章、资格、权利等失去效力。“惭愧”是指因为自己有缺点，做错了事或未能尽到责任而感到不安，多用于口语。“愧怍”是指惭愧，常用于书面语。故选B。

4. C 【解析】本题考查病句的辨析。A项，主客体颠倒，应改为“大学生村官制度是希望将优秀的大学生吸引到农村来”。B项，语序不当，应改为“使人民的生命财产安全受到严重侵害”。D项，搭配不当，领导干部不是一种特殊职业。

5. C 【解析】本题考查对文言虚词的理解与运用。C项，“其言兹若人之俦乎”出自陶渊明《五柳先生传》，“其”代指前文的“黔娄之妻”。

6. B 【解析】本题考查对词类活用的掌握。A项，名词“犬”修饰动词“坐”，作状语，比喻“坐”的状态，译为“像狗那样”。C项，名词“斗”“蛇”分别修饰动词“折”“行”，作状语，译为“像北斗星那样”“像蛇那样”。D项，方位名词“右”“左”修饰动词“刻”，作状语，译为“在右边”“在左边”。

7. B 【解析】本题考查现代汉语句式的理解与运用。B项是一个陈述句。

8. C 【解析】本题考查文学常识的积累。C项，《巴黎圣母院》是法国文学家维克多·雨果所著小说。

9. A 【解析】本题考查文学常识与语言基础知识的积累与运用。A项，《楚辞》和《诗经》的用韵并非完全不同。

10. D 【解析】本题考查《义务教育语文课程标准》(2011年版)第四学段目标与内容。《义务教育语文课程标准》(2011年版)“第四学段”(7～9年级)中关于写作的目标与内容有：“写作要有真情实感，力求表达自己对自然、社会、人生的感受、体验和思考。”“能根据文章的基本内容和自己的合理想象，进行扩写；能变换文章的文体或表达方式等，进行改写。”“运用联想和想象，丰富表达的内容。”

**二、填空题**

11. 吴楚东南坼；乾坤日夜浮

12. 鸿雁长飞光不度；鱼龙潜跃水成文

13. 以中有足乐者；不知口体之奉不若人也

14. 学习情境；活动任务

15. 培养语文学科核心素养；语文实践活动

**三、阅读鉴赏题**

16. 【参考答案】(1)C 【解析】C项，“即使身体‘衰残’也要抗争到底，不委屈自己”表述错误。“贪啸傲，任衰残，不妨随处一开颜”表达的意思是“自己贪图的是任意放纵，蔑视世俗的生活，任凭自己在这种无拘无束的生活中衰老，别妨碍自己的处处开心”。

(2)①词人所爱慕的隐居生活不是他的本意，最高统治者不图恢复，不重用抗敌人才，使爱国的英雄们无所作为而白白衰老。②最高统治者的求和苟安与爱国志士的抗敌主张完全不同。表达了词人对南宋王朝压制抗敌人才，使自己遭受打击而壮志难酬的愤怒之情。

17. 【参考答案】(1)D 【解析】D项，期：满。

(2)B 【解析】A项，成为／替。B项，都为“他的”。C项，凭借／因为。D项，动词，去、往、到／助词，不译。

(3)C 【解析】最后一段“斥武宗为那壁”“冒请珠袍等物”就是“诏贬”原因。

(4)太师伯颜对有壬发怒并问他：“是你暗示御史台官员弹劾彻里帖木儿吗？”

**文章大意：**

彻里帖木儿，姓阿鲁温氏。祖父多次立战功，是西域的大族。彻里帖木儿自幼沉稳坚毅，胸有大志，早年入宫为宿卫，后升为中书直省舍人，于是被任命为监察御史。当时右丞相帖木迭儿执政，生杀予夺都出自他的意愿，行路人都不敢正眼看他。彻里帖木儿却敢于与他对抗，依次列出他的奸诈行为，帖木迭儿想要中伤他。恰逢山东大水，盐税亏损严重，彻里帖木儿被任命为山东转运司副使。仅一月，他就将所亏盐税皆如数补齐。彻里帖木儿转任刑部尚书，京师豪强都怕他，不敢犯法，而无罪被法律制裁的人大都得到释放。

天历二年，彻里帖木儿被任命为中书右丞，不久升为中书平章政事，出任河南行省平章政事。黄河水变清，有关部门的官吏认为是祥兆，请求上报朝廷。彻里帖木儿说："我知道做臣子的忠诚、做孩子的孝顺、天下太平、百姓安定是祥瑞之兆，其余的对太平有什么好处？"这年闹大饥荒，彻里帖木儿提出赈济灾民。其僚属认为必须先由县上报给府，府上报于省，省上报朝廷。彻里帖木儿慨叹道："百姓饿死的已经很多，却还要拘于平常的程序吗？请示批准往返要几个月，百姓能存活下来的就没有几个了。这是地方官府畏罪，将百姓的怨恨归于朝廷，我不这样做。"他大开粮仓赈济百姓，才上书朝廷请朝廷惩治自己的专擅之罪。文宗听说后很高兴，赐给他龙衣、上等酒。

至顺元年，云南伯忽然反叛，彻里帖木儿以知行枢密院事的身份领兵讨伐，他治理军队纪律严明，军队经过的地方秋毫无犯。叛军被扫平，朝廷给他的赏赐很丰厚，他都分赐给将士。军队返回时，他的行囊中只有梳洗用具而已。

回朝后任上都留守。先前，上都官吏买商人的货物，不立即付给报酬，因此商人无法返回，甚至有饿死冻死的。彻里帖木儿为他们向朝廷请示。皇帝有旨，朝廷拿出四百万贯钱钞偿还给商人。调任江浙行省平章政事，为政严厉，官衙内秩序井然。不久召他回朝拜为御史中丞，朝中大小官员均害怕他。

当初，彻里帖木儿在江浙，恰逢举行科举考试，看到在馆驿盛宴招待考官，内心颇为不高兴，所以他进入中书省，把废科举列为第一件事。至元元年，任命彻里帖木儿为中书平章政事。他首先主张废除科举制度，又想要把太庙四祭减为一祭。监察御史吕思诚等人列举他的罪状弹劾他，皇帝不同意，诏令彻里帖木儿仍然署理中书平章政事之职。当时，废科举的诏书已经拟定，但还没有加盖皇帝玉玺，参政许有壬入朝争辩。太师伯颜对有壬发怒并问他："是你暗示御史台官员弹劾彻里帖木儿吗？"许有壬说："科举如果被废除，天下人才就断绝了希望。"伯颜说："举子多以贪赃而身败名裂，又有假冒蒙古、色目人名义的。"有壬说："科举未行之前，御史台中因贪赃而受惩处者无数，怎能说贪赃尽出于举子？举子不能说没有过错，但比起来还是少一些。"伯颜内心同意许有壬的话，但废科举的提议已经定下来，不可中途停止，便用温和语言来劝解许有壬。

彻里帖木儿曾经指斥武宗为"那壁"，"那壁"（蒙古语）的意思是"彼"。又曾以妻弟阿鲁浑沙之女为自己的女儿，来向皇帝请求赏赐珠袍等物。于是御史又弹劾他的罪行。皇帝下诏将彻里帖木儿贬官到南安，人们都表示很痛快。过了很长时间，彻里帖木儿死于南安。

18.【参考答案】(1)B 【解析】B项，"对未来生活的迷茫"说法错误。老人的一番对话是流露出他们对自己"老了"的无奈心态，并没有表现出他们对未来生活的迷茫。

(2)①为人物活动提供典型环境。描写海浪风雪之大，表现天气的寒冷、恶劣，营造出紧张、凶险的氛围，交代了故事发生的背景。②推动情节的发展。因海浪风雪的大，老刚和金豹不放心，走出铺子搬动舢板，才发现了落水者；也因为恶劣的天气，两个年轻人才会迷路，才有后面相关的情节。③烘托两位老人舍己救人的形象。为了救起巨大海浪中的落水者，两位老人点燃铺子救人，舍弃了个人利益，环境描写从侧面烘托老人的高尚品质。④凸显主旨。因海浪风雪之大，点燃铺子救人的举措无意救了他们儿子的命，凸显小说"帮助别人就是帮助自己"这一主旨。

(3)①与前文情节互为照应，使这个故事紧凑，结构浑然一体。②情节跌宕起伏，出人意料又在情理之中，增强了情节发展的张力。③使主题得到了升华，不仅仅是对舍己救人的歌颂，更凸显"帮助别人就是帮助自己"的温暖主题。④引发读者不尽的思考，能起到言有尽而意无穷的效果。

四、写作题

19.【写作指导】

这是一道材料作文。审视材料，中心词是“宽恕”“原谅”，可以把作文立意确定在“宽恕别人与善待自己”之类的关系型话题的范围之内。参考角度：①以宽容之心待人；②把握好宽恕的分寸；③宽恕别人就是善待自己；等等。

【参考例文】

**宽恕别人等于善待自己**

古人云：“以恕己之心恕人，则全交；以责人之心责己，则寡过。”现代最新科学研究显示：原谅别人有益身心健康。这些都道出了一个至真的道理：宽恕别人等于善待自己。

安德鲁·马修斯说：“一只脚踩扁了紫罗兰，它却把香味留在那脚跟上，这就是宽恕。”一个人如果有紫罗兰的这种精神，他就会有许许多多的朋友，因为宽恕了别人，就等于善待了自己。

古往今来，多少有识之士、大度之人用宽容之心换来了和谐的人际关系和成功的事业。

赵国曾是战国七雄之一，后来受到秦国的威胁。赵王破格提拔了地位低下的蔺相如。蔺相如与秦王交涉几次，均巧妙地挫败了秦王，维护了赵王的尊严。之后蔺相如又被提拔几次，位在廉颇之上，这使廉颇心中极为不快，他扬言要让蔺相如难堪。而蔺相如却以宽容之心待他，为此还主动躲避廉颇。后来廉颇听说蔺相如是为了国家利益才躲避他，羞愧难当，敬意顿生。于是负荆请罪，最终两人握手言和，留下了“将相和”的千古佳话。如果蔺相如鼠肚鸡肠，与廉颇斤斤计较，不宽恕他，恐怕会两败俱伤，还会危及赵国的安全。可见，蔺相如宽恕别人不仅善待了自己，还维护了国家的利益。

齐桓公曾与管仲有一箭之仇，但他不计前嫌，依然重用有才能的管仲，任用管仲为相。这需要多么宽广的心胸啊！正是这种宽容使管仲对齐桓公忠心耿耿，帮助齐桓公力挫群雄，成就霸业。

一次，楚庄王在宴请群臣时，灯火忽然全灭，有大臣便趁机非礼许姬，许姬告诉楚庄王有人非礼自己，非礼者的帽缨被拽了下来，要求楚庄王点灯察看，但楚庄王阻止了她，并命所有大臣都摘下帽缨后才可点灯。后来在一次恶战中，楚国惨败，一员虎将单枪匹马舍命护救楚庄王突围。经询问，楚庄王才知道那个舍生忘死救自己的人就是那次宴会中被自己宽恕的人。楚庄王宽恕了臣子，换来了臣子的感恩戴德，保全了自己的性命。这个事例不正说明了宽恕别人就是善待自己吗？

宽恕别人等于善待自己，这种处世原则适用于古代的君臣，适用于现代社会中的人与人之间，也适用于民族与民族、国家与国家之间。宽恕别人吧，因为宽恕别人就是善待自己！